CAD/CAE/CAM
工程软件实践丛书

超单元法应用实践
以汽车仿真为例

成传胜 ◎ 著

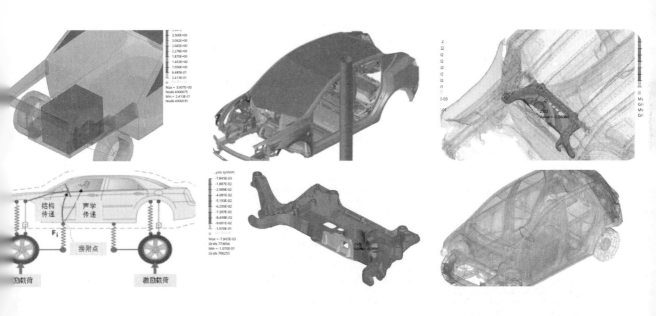

清华大学出版社
北京

内 容 简 介

本书以超单元实践为主线，以理论基础为核心，引导读者渐进式地学习各种常用工具的超单元使用方法和技巧。超单元的基本原理是相通的，但由于每种工具的使用场景不同，导致其相应的超单元使用方法有所区别。掌握超单元的使用技巧，能够让我们在产品的开发过程中提升效率，缩短优化时间。

本书共 10 章，主要分为基础理论和实战应用两部分。基础理论部分(第 1～3 章)详细讲述超单元的基本理论和原理方面的知识点，为后续的超单元实战应用提供理论依据；实战应用部分(第 4～10 章)从零起步，STEP BY STEP 保姆级系统深入地剖析常用工具超单元的实战核心知识点及实际应用技巧和难点。本书示例代码丰富，实践性和系统性较强，保姆级地讲解，助力读者透彻理解书中的重点、难点。

本书适合初学者入门，精心设计的案例对于工作多年的仿真从业人员也有参考价值，可作为从事机械、汽车、航空航天、船舶、电子等行业工程技术人员的自学或参考用书，也可作为高等院校和培训机构相关专业的教学参考书。

图书在版编目(CIP)数据

超单元法应用实践：以汽车仿真为例 / 成传胜著.-- 北京：清华大学出版社，2025.2.
--(CAD/CAE/CAM 工程软件实践丛书). -- ISBN 978-7-302-67958-5

Ⅰ. U462-39

中国国家版本馆 CIP 数据核字第 20258GF935 号

责任编辑：赵佳霓
封面设计：郭　媛
责任校对：韩天竹
责任印制：沈　露

出版发行：清华大学出版社
　　　　网　　　址：https://www.tup.com.cn，https://www.wqxuetang.com
　　　　地　　　址：北京清华大学学研大厦 A 座　　　　　　邮　　编：100084
　　　　社 总 机：010-83470000　　　　　　　　　　　　邮　　购：010-62786544
　　　　投稿与读者服务：010-62776969，c-service@tup.tsinghua.edu.cn
　　　　质量反馈：010-62772015，zhiliang@tup.tsinghua.edu.cn
　　　　课件下载：https://www.tup.com.cn，010-83470236
印 装 者：三河市铭诚印务有限公司
经　　销：全国新华书店
开　　本：186mm×240mm　　　　　印　张：28.25　　　　　字　　数：745 千字
版　　次：2025 年 3 月第 1 版　　　　印　次：2025 年 3 月第 1 次印刷
印　　数：1～1500
定　　价：119.00 元

产品编号：105114-01

前言

笔者从事数值仿真十数年，从最初的结构仿真，到后续的 NVH 及其余模块仿真。每块都有各自的特点和应用场景，其中最主要的区别在于各自有其独有的分析工况和评价指标。随着产品开发周期的愈加压缩，仿真分析及优化时间也被严重收缩，所以一直在想如何把一些高效的分析和优化方法分享给需要的同仁，最终下决心对一套高效的仿真方法和实战经验进行梳理和总结，于是便有了这本书。

由于每个常用的工具都有其独有的特点，所以在处理时会有所区别。针对高效的超单元方法，更是如此。超单元其实很早就有专家在研究，通过查阅相关文献，20 世纪 80 年代国内就有很多高校教师及研究机构，特别是高校教师相对较多在做这方面的工作。例如，1989 年段根宝的《模态综合超单元法的简化解》一文中通过在子结构的固定对接界面最低频率比整体结构基频较高的条件下，导出了模态综合超单元法的简化解，并通过数值运算证明了该方法的有效性。随着各行各业的快速发展，产品的规模也越来越大，产品的开发周期也越来越短，如何高性价比地在极短的时间快速得到仿真结果和提出优化方案，本书以此为主线，基于实际项目进行了总结和阐述。

从开始想整理这部分内容，到最终动手做，中间经历了很多曲折，完全没有想到其工作量之大，一度在思考做这件事的意义和价值。经过反复梳理和提炼，整理出常用工具的超单元方法和实战流程。超单元法到底有哪些优势和效益，如某锂电池完整模型单元数约为 651 万个，通过采用超单元法进行随机振动分析，分析结果显示完整模型的计算时间为 4h5min15s，而采用两种超单元法的计算时间分别为 31min6s 和 32min11s，求解时间降低 87.32%，并且结果基本一致。对于整车级的 NVH 仿真，通常一个近 400 万个单元的整车模型路噪仿真需要十几小时的时间，若进行优化，则还需要耗费大量的时间，而采用超单元法后，其优化时间将大幅缩短，如路噪优化时间由原先的十几小时缩短至 4h 以内。

超单元法的灵活应用需要不断地进行项目实战和总结，不仅在建模上，在解决工程问题中同样如此。超单元法不仅适用于汽车、机械等行业，同样适用于其他专业及行业，特别是大模型及数字孪生等新生领域。

Preface

本书的主要特色和价值

本书主要面向CAE仿真的初级到高级人员,为性能开发和仿真设计人员提供有价值的参考和借鉴。

主要特色

(1) 涵盖当前主流分析软件的各种超单元应用方法和技巧。

(2) 结合实际工程解决方案的思路和逻辑,对解决过程进行详细说明和解答。

(3) 力求文字易懂和具体,详解分析要点和操作步骤。

(4) 将积累多年的实战经验融合到书籍中,力求初学者快速入门,学习路径清晰全面,轻松入门到进阶。

(5) 全面丰富的基础知识讲解、分析思路、分析流程,也十分适合辅助学习其他CAE工具书。

主要价值

各级人员通过本书的学习,可以获得或达到以下能力:

(1) 掌握不同软件超单元的原理和应用方法。

(2) 掌握不同软件超单元仿真的基本原理、逻辑和脉络。

(3) 掌握不同软件超单元仿真的建模流程及细节等。

(4) 掌握汽车整车中超单元的应用实战技巧和优化方法。

(5) 掌握整车级NVH模态、动刚度、传递路径的超单元分析、优化方法及细节。

(6) 掌握超单元在其他行业中的应用方法和实战技巧。

本书的主要内容

本书共10章,主要内容如下:

(1) 详细介绍了超单元的相关理论基础。

(2) OS超单元中的关键字及应用技巧。

(3) OS超单元法在动力电池包中的应用流程和技巧。

(4) Abaqus超单元法在汽车悬臂及支架中的应用流程和技巧。

(5) LS-DYNA子模型超单元法在电池挤压中的应用流程和技巧。

(6) LS-DYNA子结构超单元法在电池侧柱碰撞中的应用流程和技巧。

(7) Nastran超单元法在汽车开发中的应用流程和技巧。

(8) 超单元法在动力学及动刚度中的应用流程和技巧。

(9) 整车传递路径超单元建模流程及分析方法。

(10) 各种实际工程中的实战技巧和经验总结。

(11) 复合材料建模流程及实战技巧。

(12) 常用的材料特性、单元选择、接触算法等实战技巧。

全书在简要讲解相关理论的基础上,较全面地阐述了各种超单元功能模块的使用方法和技巧,并包含丰富的优化问题的方法和思路,以及工程应用实例。扫描目录上方的二维码可获取本书配套资源。

本书是学习汽车及其他行业 CAE 分析技术及超单元应用的必备手册,可作为从事机械、汽车、航空航天、船舶、电子等行业的工程技术人员的自学或参考用书,也可作为理工科院校相关专业师生的教学用书。

致谢

在本书的编写过程中,得到了很多好友的帮助和支持,特别感谢我的爱人赵德云女士,感谢她的帮助和支持,感谢我的孩子们的理解和支持。

衷心感谢汤晖老师和清华大学出版社赵佳霓编辑在图书出版过程中给予的帮助和指导。

在本书的编写过程中,参考了一些相关的书籍和文献文档,在此感谢这些作者的劳动和付出。

由于笔者水平有限,书中难免出现错误和疏漏,敬请各位专家和广大读者批评指正。

最后,由衷感谢一路以来支持、鼓励和鞭策过我的广大朋友们;希望这本书能为您高效仿真提供点支持,也希望更多的同行分享自己的专业知识和经验。

成传胜

2024 年 11 月

目　录

配套资源

Contents

第1章

绪 论

CAE(Computer Aided Engineering)指基于计算机并通过专业软件对工程问题和产品进行受力分析,以获得在特定使用工况下的模拟结果。CAE方法的基本思想是将结构离散化,用有限个易分析的单元来表示复杂的对象,单元之间通过有限个节点连接,然后根据变形协调条件进行综合求解,最后得到期望的结果。基于有限元思想的CAE方法,其基本过程是将连续体的求解区域分解为有限个子区域,即将一个连续体简化为由有限个单元组合的等效组合体;通过将连续体离散化,把求解连续体的场变量(应力、位移、压力和温度等)问题简化为求解有限的单元节点上的场变量;此时得到的基本方程是一个代数方程组,而不是原来描述真实连续体场变量的微分方程组;求解后得到近似的数值解,其近似程度取决于所采用的单元类型、数量及对单元的插值函数。

CAE方法理论上可以模拟实际中的各种工况,包括强度、刚度、屈曲稳定性、动力响应、热传导、接触、弹塑性及大变形等,但由于受各种条件的限制,其往往仅能计算特定或指定工况的受力情况,是一种近似数值分析方法,其分析结果和精度与材料、工艺、边界、载荷、连接等各种因素相关。

CAE方法的重要性主要表现在以下几个方面:

(1)在产品设计前期或设计期间可以评估结构或产品设计的合理性,提前发现潜在的问题和风险点,进而进行优化设计,满足产品性能要求。

(2)可以模拟大部分实际使用的工况或场景,同时可减少试验次数和时间,降低研发费用,缩短开发周期。

(3)在样品或量产阶段,可根据出现的问题和现象快速查找原因,并根据失效模式进行优化分析,寻找出最优方案,进一步提升产品性能。

总之,CAE方法在很大程度上替代了传统设计中资源消耗极大的物理样机验证设计过程,通过不断地进行优化迭代和分析能预测产品在整个生命周期内的可靠性和潜在的失效模式,能极大地缩短产品开发周期,同时能提高产品的市场竞争力。

1.1 整车性能开发背景

整车性能开发涉及的面非常广,在所有动态性能领域(NVH、碰撞安全、操稳、经济性等)

中,CAE占据着重要地位,包括车身、发动机、电机、动力电池等动力系统、底盘及悬架、内饰系统、电子电器等。

1.1.1　整车性能开发流程

整车性能开发是一个目标制定-分解-验证的综合性全过程,该流程同样适用于其他领域,如工程机械、船舶、航空等,其主要内容如下。

1. Benchmark 分析

(1) 数据库的整理和挖掘。

(2) 竞品车的对比测试与分析(主观与客观)。

2. 目标设定

(1) 确定市场及竞争目标。

(2) 考虑成本、质量与其他系统之间的平衡。

(3) 确定目标。

3. 设计认证(包括仿真分析)

(1) CAE是性能开发中重要的一环,特别是数字样机阶段,能预测设计缺陷及缩短开发周期等。

(2) 在实车调校阶段,能协助支持实车问题解决并提供相应方案。

(3) 以整车NVH性能为例,整车CAE仿真的主要阶段如图1-1所示;整车仿真的主要内容如图1-2所示(包括但不限于)。

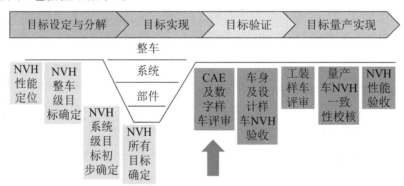

图 1-1　整车 CAE 仿真的主要阶段

1.1.2　CAE 仿真分析

CAE仿真分析主要包括以下几个方面的内容:

(1) 竞品车CAE分析。

(2) 目标定义(根据竞品车和相近车型定义)。

(3) 开发车型CAE分析及优化(包括开发的前期各阶段)。

(4) 开发车型的试验相关性及模型标定。

（5）实车问题跟踪及解决方案的提出。

1.1.3 汽车仿真内容

1. 汽车强度耐久仿真内容（不限于）

强度耐久分析包括的内容涵盖零部件级、TB级到整车级，其中零部件级占据大部分工作；分析内容主要包括刚度、强度、疲劳等；刚度主要包括零部件及各子系统关键区域、关键连接点的刚度；强度主要包括车身、门盖件、底盘零部件及关键安装支架等的静强度和动强度等；疲劳主要包括零部件级、系统级（如 TB 级、底盘系统等）及整车的疲劳分析和优化。

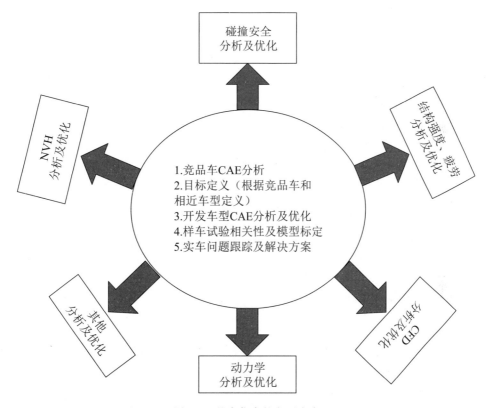

图 1-2 整车仿真的主要内容

2. 汽车 NVH 仿真内容（不限于）

1）结构 NVH 分析

（1）车身骨架系统：车身模态分析、车身弯曲刚度分析、车身扭转刚度分析、车身接附点动刚度分析（包括底盘安装点及附件安装点）、车身钣金灵敏度分析、车身阻尼片布置分析、车身局部安装点静刚度分析（如座椅及安全带卷收器）等。

（2）底盘系统：转向系统模态分析、动力传动系统模态分析、传动系统扭振分析、悬置系统模态分析、关键支架及系统模态分析等。

（3）Trimmed Body 级：TB 模态分析、GPA 分析、PACA 分析、FRF 分析、声腔模态分析、

NTF 分析、VTF 分析、IPI 分析(一般在车身级进行,可在早期进行优化分析)。

(4) 整车级:整车模态分析、整车 TPA 分析、整车路噪分析(如怠速、加速分析)、动力总成质心灵敏度分析、整车 Spindle 灵敏度分析、传动轴不平衡分析、轮胎不平衡分析、整车 Brake Shudder 分析、整车 Impact 分析、整车冷却风扇不平衡分析等。

2) 声学 NVH 分析

(1) 零部件及关键子系统隔声量分析(如防火墙)。

(2) 整车风噪、声学包、内外声场等分析。

(3) 异响分析、关门瞬时冲击分析等。

3. 汽车碰撞安全仿真内容(不限于)

汽车碰撞安全分析包括整车级、系统级及零部件级;整车级如国标及国际标准中要求的前后碰撞等;系统级,如顶盖抗压、行李箱冲击、汽车安全带安装固定点、ISOFIX 固定点系统等;零部件级,如侧及后防护栏、乘用车内部凸出物等。

4. 汽车 CFD 仿真内容(不限于)

汽车 CFD 分析包括整车级及零部件级,如整车风阻、除霜除雾、吹面吹脚等;零部件级,如电池包热仿真、电机热仿真等。

5. 汽车动力学仿真内容(不限于)

汽车动力学包括整车级及系统级,如悬架 K&C、操纵稳定性、平顺性等。

6. 汽车其他仿真内容

除了以上五大模块的分析及优化,还包括整车涉水、热匹配、密封等分析及优化。

1.2　超单元简介

1.2.1　超单元产生的背景

汽车 CAE 仿真中的内容和类型众多,对于整车级的仿真,如何快速高效地提升仿真效率,超单元起着重要的作用。对于整车级的 NVH 仿真,通常一个路噪仿真需要十几小时的时间,若优化,则还需要耗费大量的时间,而采用超单元后,其优化时间将大幅缩短,如路噪优化时间将由原先的近 20h 缩短至 4h 以内。

1.2.2　超单元的意义

1. 大幅度降低计算时间、提升分析效率

对于各种模型,特别是超大模型,如整车、工程机械等,采用超单元技术后,整体模型的分析及优化时间将大幅度降低。

2. 充分利用有限的计算资源和硬件

由于超单元可以大幅度降低整体模型的自由度,所以对计算资源及硬件的要求相对较低,进而可以分析各种复杂模型和超大模型。

3. 有效避免模型错误带来的额外风险

若整体模型中出现错误,则需要对整个模型进行处理及重新计算,而采用超单元后,不管是残余模型还是超单元模型出现问题,修改时间和计算时间也将大幅降低。

4. 可以实现模型的模块化处理

根据产品或平台的开发需要,可以对相同的系统或零部件采用超单元替代,从而可以实现不同平台或车型的模型模块化,极大地缩短车型的开发周期,能更好地实现结果的统一化和标定化处理。

5. 可以实现模型的保密

由于超单元可根据需要不显示具体的模型信息,仅采用矩阵格式进行显示,所以可以实现模型或关键部分的保密,以及不同区域的模型安全传递和使用。

1.2.3 超单元的定义

在一个有限元完整模型中,根据分析需要,特别是在优化过程中不变的部分,我们将完整模型切割成超单元模型和残余模型,即除了残余模型(可能需要优化或更改)之外全部为超单元模型,并通过采用特定的方法对超单元模型的特性通过模态、矩阵或传递函数进行表示及提取,这一过程称为超单元的生成(或缩聚),然后对残余模型与超单元的缩聚结果进行关联,关联过程可能是直接矩阵输入或模态(或传递函数)矩阵调用等;最后根据分析需要进行相应的工况分析及快速迭代优化,进而在有限的时间内寻找到满足要求的设计方案。整个超单元的应用流程如图 1-3 所示。

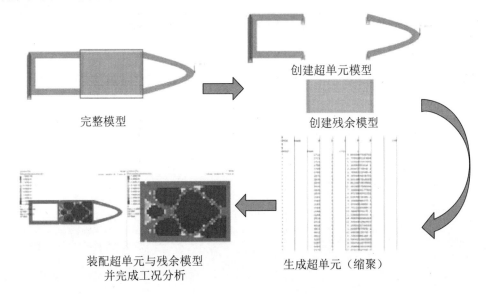

完整模型

创建超单元模型

创建残余模型

**装配超单元与残余模型
并完成工况分析**

生成超单元(缩聚)

图 1-3 超单元的应用流程

根据超单元的特点及定义,可以得到超单元方法与传统有限元之间的差异,见表 1-1。

表 1-1　有限元与超单元对比

名　称	有　限　元	超　单　元
相同点	以节点作为输入/输出载体	以界面点作为输入/输出载体
	以材料和结构属性(如厚度、截面等)定义系统的属性	以质量矩阵、刚度矩阵、传递函数及载荷矩阵等定义系统的属性
不同点	基于三维几何模型生成	基于已创建的有限元单元或者试验数据生成
	有直观的可视化实体模型	采用 h3d、pch、dmg、op2、op4 等格式表述,无可视化的实体模型,但可通过 PLOTEL 单元实现可视化
	计算资源及硬件等要求较高	由于自由度大幅度降低,所以对计算资源及硬件等要求相对较低

　　例如,某动力电池整个完整模型单元数为 651.7254 万个,通过采用超单元进行随机振动分析,分析结果显示完整模型的计算时间为 4h5min15s,而采用两种超单元方法后时间分别为 31min6s 和 32min11s,求解时间降低 87.32%,并且结果基本一致,效果非常明显,对比结果见表 1-2。

表 1-2　Z 向随机振动结果

方　案	完整模型/MPa	超单元方法 1/MPa	超单元方法 2/MPa
Z 向	35.94	35.678	35.749
计算时间	04:05:15	00:31:06	00:32:11

第 **2** 章

超 单 元 的 理 论 基 础

超单元方法通常用于处理大模型及超大模型(如单元达到百万级别),其可以将一个复杂的大模型分为若干个不同的子模型,每个子模型可以看作一个超单元,每个超单元都是独立的,包括各自的节点、单元、约束及载荷等,同时每个超单元的计算也是独立的,而整个模型的求解就是对残余(剩余)结构的求解,然后通过数据恢复得到各超单元内部节点上的结果。

2.1 超单元相关理论

2.1.1 超单元基本概念

1. 超单元的动力方程

超单元法首先将各超单元的内部自由度缩聚到界面自由度上,然后把这些消除内部自由度的超单元与残余结构通过装配进行工况求解,而模态综合超单元法基于精确动态缩聚的变换矩阵,能够得到精度很高的系统动力学方程。

超单元的动力学方程一般可以采用以下形式表述:

$$M\ddot{u} + C\dot{u} + Ku = F + R \tag{2-1}$$

将一个结构分解成超单元区域及残余区域,为了方便推导缩聚矩阵,将整个位移向量划分为内部(O-SET)和外部(A-SET,界面)自由度位移。

$$u = \begin{bmatrix} u_o \\ u_a \end{bmatrix} \tag{2-2}$$

其中,o 表示内部自由度,a 表示界面自由度,具体如图 2-1 所示。

式(2-2)中的两种自由度,可以进一步解析:

(1) 与其他超单元或残余结构不直接连接的部分为内部自由度,其 R 部分为 0,即超单元自身内部单元之间的“内力”互相抵消,记为 u_o,其对应主结构或残余结构为省略的自由度。

(2) 与其他超单元或残余结构连接的部分为外部自由度或界面自由度,其 R 部分不为 0,

即为超单元之间的"内力",记为 u_a,其对应主结构或残余结构为待求解的自由度。

按照外部自由度和内部自由度进行分割,一个超单元的动力方程可以写成以下形式:

$$\begin{bmatrix} M_{oo} & M_{oa} \\ M_{ao} & M_{aa} \end{bmatrix} \begin{bmatrix} \ddot{u}_o \\ \ddot{u}_a \end{bmatrix} + \begin{bmatrix} C_{oo} & C_{oa} \\ C_{ao} & C_{aa} \end{bmatrix} \begin{bmatrix} \dot{u}_o \\ u_a \end{bmatrix} + \begin{bmatrix} K_{oo} & K_{oa} \\ K_{ao} & K_{aa} \end{bmatrix} \begin{bmatrix} u_o \\ u_a \end{bmatrix} = \begin{bmatrix} F_o \\ F_a \end{bmatrix} + \begin{bmatrix} 0 \\ R_a \end{bmatrix} \tag{2-3}$$

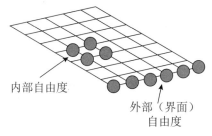

内部自由度

外部(界面)
自由度

图 2-1 内部与外部自由度图示

2. 超单元的静态缩聚

将式(2-3)展开,对于静力学问题,所有的 $\boldsymbol{M}$ 和 $\boldsymbol{C}$ 矩阵元素均为 0,即方程(2-3)可以简化为

$$\begin{bmatrix} K_{oo} & K_{oa} \\ K_{ao} & K_{aa} \end{bmatrix} \begin{bmatrix} u_o \\ u_a \end{bmatrix} = \begin{bmatrix} F_o \\ F_a \end{bmatrix} + \begin{bmatrix} 0 \\ R_a \end{bmatrix} \tag{2-4}$$

将式(2-4)按行列式展开,可得

$$K_{oo}u_o + K_{oa}u_a = F_o \tag{2-5}$$

$$K_{ao}u_o + K_{aa}u_a = F_a + R_a \tag{2-6}$$

将式(2-5)进一步分解可得

$$u_o = K_{oo}{}^{-1}(F_o - K_{oa}u_a) \tag{2-7}$$

将式(2-7)代入式(2-6)可得

$$(K_{aa} - K_{ao}K_{oo}{}^{-1}K_{oa})u_a = F_a - K_{ao}K_{oo}{}^{-1}F_o + R_a \tag{2-8}$$

按静力等效问题可以进一步将式(2-8)表述为

$$\boldsymbol{K}_{\text{reduced}} u_a = \boldsymbol{F}_{\text{reduced}} + R_a \tag{2-9}$$

进一步基于式(2-8)可分别得到缩聚后的刚度矩阵和载荷矩阵如下:

$$\boldsymbol{K}_{\text{reduced}} = K_{aa} - K_{ao}K_{oo}{}^{-1}K_{oa} \tag{2-10}$$

$$\boldsymbol{F}_{\text{reduced}} = F_a - K_{ao}K_{oo}{}^{-1}F_o \tag{2-11}$$

静态缩聚小结:

(1) 对于线性静力学问题,缩聚后的模型能提供精确的解。

(2) 对于特征值问题,缩聚后的模型仅提供完整特征值问题的解的近似值作为满足约束的向量,特征值问题 $\boldsymbol{K}_{\text{reduced}} u_a = \lambda \boldsymbol{M}_{\text{reduced}} u_a$;约束条件 $u_o = -K_{oo}{}^{-1}K_{oa}u_a$。

(3) 在静力缩减中不会计算特征模态。

(4) 通过静力缩减得到的质量矩阵是近似的。

各超单元的 u_a 是整个系统中残余结构分析自由度 u_A 的一部分,可以采用和一般单元装配成总体矩阵相同的方式,由各超单元的界面矩阵装配得到残余结构矩阵,然后求解出 u_A,再通过各超单元进行数据恢复;即先从 u_A 中分解出 u_a,再由方程(2-7)得到超单元的 u_o,进而与 u_a 一起构成超单元的完整自由度集合,即对式(2-7)进行整理,得到式(2-12),如下所示。

$$\begin{bmatrix} u_o \\ u_a \end{bmatrix} = \begin{bmatrix} -\mathbf{K}_{oo}{}^{-1}\mathbf{K}_{oa} \\ \mathbf{I} \end{bmatrix} u_a + \begin{bmatrix} \mathbf{K}_{oo}{}^{-1}\mathbf{F}_o \\ 0 \end{bmatrix} \tag{2-12}$$

进一步在得到超单元各节点的位移之后,可以进行应变、应力等各种物理量的计算。

3. 超单元的 GUYAN 静力缩减理论

超单元中的静力缩减一般采用 GUYAN 缩减,即静力缩减与质量和阻尼矩阵无关,只与位移和载荷向量有关,其原理与上述相同。

对于静力学问题可以表述为

$$K_{aa}u_a = F_a \tag{2-13}$$

将整个自由度分割成 o(内部自由度)和 a(外部或界面自由度),如式(2-14)所示,其中带横杠表示矩阵来自整体矩阵一部分,即界面矩阵,其中 $\mathbf{K}_{ao} = \mathbf{K}_{oa}{}^T$。

$$\begin{bmatrix} \mathbf{K}_{oo} & \mathbf{K}_{oa} \\ \mathbf{K}_{ao} & \overline{\mathbf{K}_{aa}} \end{bmatrix} \begin{bmatrix} u_o \\ u_a \end{bmatrix} = \begin{bmatrix} F_o \\ \overline{F_a} \end{bmatrix} \tag{2-14}$$

将式(2-14)的第1行展开可得

$$\mathbf{K}_{oo}u_o + \mathbf{K}_{oa}u_a = F_o \tag{2-15}$$

在式(2-15)两边同时乘以 $\mathbf{K}_{oo}{}^{-1}$ 得到式(2-16)和式(2-17):

$$\mathbf{K}_{oo}{}^{-1}(\mathbf{K}_{oo}u_o + \mathbf{K}_{oa}u_a) = \mathbf{K}_{oo}{}^{-1}F_o \tag{2-16}$$

$$u_o + \mathbf{K}_{oo}{}^{-1}\mathbf{K}_{oa}u_a = \mathbf{K}_{oo}{}^{-1}F_o \tag{2-17}$$

基于式(2-17)作如下定义:

(1) 将 $-\mathbf{K}_{oo}{}^{-1}\mathbf{K}_{oa} = \mathbf{G}_{oa}$ 定义为转换边界,其主要意义如下。

①体现内部自由度 o 和外部自由度 a 之间的关系;

②用来转换阻尼、质量和载荷矩阵,同时可在每个超单元下计算。

(2) 将 $\mathbf{K}_{oo}{}^{-1}F_o = u_o^o$ 定义为固定边界位移,其主要意义如下。

①a 固定,o 位移由 o 载荷引起;

②如果没有 o 载荷,则该位移为0。

(3) 将 $\mathbf{G}_{oa}u_a = u_o^a$ 定义为自由边界位移,其主要意义为由边界 a 自由度的位移引起的 o 位移。

(4) 整体的内部位移为固定位移和自由边界位移之和,即 $u_o^o + \mathbf{G}_{oa}u_a = u_o$。

对式(2-14)的第2行进行展开,得到式(2-18)

$$\mathbf{K}_{ao}u_o + \overline{\mathbf{K}_{aa}}u_a = \overline{F_a} \tag{2-18}$$

将 $u_o^o + \mathbf{G}_{oa}u_a = u_o$ 代入式(2-18)中得到式(2-19):

$$\mathbf{K}_{ao}(u_o^o + \mathbf{G}_{oa}u_a) + \overline{\mathbf{K}_{aa}}u_a = \overline{F_a} \tag{2-19}$$

$$\boldsymbol{K}_{ao}(\boldsymbol{K}_{oo}{}^{-1}\boldsymbol{F}_o)+\boldsymbol{K}_{ao}\boldsymbol{G}_{oa}u_a+\overline{\boldsymbol{K}_{aa}}u_a=\overline{\boldsymbol{F}_a} \tag{2-20}$$

进一步定义以下关系式：

① 将 $\boldsymbol{K}_{ao}\,\boldsymbol{G}_{oa}+\overline{\boldsymbol{K}_{aa}}=\boldsymbol{K}_{aa\,\mathrm{residual}}$ 定义为转换边界（界面）刚度矩阵；

② 将 $\boldsymbol{G}_{oa}{}^T\boldsymbol{F}_o+\overline{\boldsymbol{F}_a}=\boldsymbol{F}_{a\,\mathrm{residual}}$ 定义为转换边界（界面）载荷矩阵。

进一步对式（2-20）进行演变，可得残余求解，如式（2-21）所示。

$$\boldsymbol{K}_{aa\,\mathrm{residual}}u_{a\,\mathrm{residual}}=\boldsymbol{F}_{a\,\mathrm{residual}} \tag{2-21}$$

根据式（2-21）可求解界面自由度位移。

4. 超单元的动力缩减理论

1）动态缩聚通用理论

超单元动力缩减采用的是部件模态综合法（Component Mode Synthesis，CMS）和部件动态综合法（Component Dynamic Synthesis，CDS），也称为频响函数超单元法。一般超单元的边界包括固定、自由及混合等，固定边界的部件模态综合法即为 CB/CBN 方法。

相比于静力缩减，在进行动力缩减时需要使用一个新的自由度集（t-set），用以表征超单元的物理边界自由度。

在动力缩减时，需要增加用来表示超单元模态向量响应的广义自由度 q，其内部自由度可采用边界和广义自由度来表示，如式（2-22）所示。

$$u_o=\begin{bmatrix}G_{ot}\,|\,G_{oq}\end{bmatrix}\begin{bmatrix}u_t\\\hline u_q\end{bmatrix} \tag{2-22}$$

在求解 O 集（界面）的固定边界模态时，需要提取出与 O 集相关的刚度矩阵和质量矩阵，如式（2-23）和式（2-24）所示。

$$\begin{bmatrix}K_{oo}&K_{oa}\\K_{ao}&K_{aa}\end{bmatrix}\rightarrow\boldsymbol{K}_{oo} \tag{2-23}$$

$$\begin{bmatrix}M_{oo}&M_{oa}\\M_{ao}&M_{aa}\end{bmatrix}\rightarrow\boldsymbol{M}_{oo} \tag{2-24}$$

求解如式（2-25）所示特征值方程，进而得到固定边界的模态，共包括 q 个特征向量，如式（2-25）所示。

$$\boldsymbol{K}_{oo}\varnothing_{oo}-\omega_k^2\boldsymbol{M}_{oo}\varnothing_{oo}=\boldsymbol{0} \tag{2-25}$$

在进行动力模态综合分析时，首先生成一组约束模态，每个约束模态表示超单元的一种运动模式，它是一条边界自由度具有单位运动而其他边界自由度固定的情况下的超单元的变形形态，所以每个边界自由度都有一个对应的约束模态。

其次固定边界模态与约束模态一起构成广义坐标，如式（2-26）所示。

$$\varnothing_G=\begin{bmatrix}\varnothing_{oo}&\varnothing_{oa}\\0&\varnothing_{aa}\end{bmatrix} \tag{2-26}$$

式（2-26）中的第 1 行的项存储在 $\boldsymbol{G}_{ot}$ 和 $\boldsymbol{G}_{oq}$ 中，第 2 行的项不存储。

动力缩减超单元的刚度矩阵如式（2-27）所示。

$$\boldsymbol{K}_{aa} = \begin{bmatrix} \boldsymbol{K}_{qq} & 0 \\ 0 & \boldsymbol{K}_{tt} \end{bmatrix} \tag{2-27}$$

其中

$$\boldsymbol{K}_{qq} = \boldsymbol{G}_{oq}^{\mathrm{T}} \boldsymbol{K}_{oo} \boldsymbol{K}_{oq}$$

$$\boldsymbol{K}_{tt} = \overline{\boldsymbol{K}}_{tt} + \boldsymbol{K}_{ot}^{\mathrm{T}} \boldsymbol{G}_{ot} \tag{2-28}$$

动力缩减超单元的质量矩阵如式(2-29)所示。

$$\boldsymbol{M}_{aa} = \begin{bmatrix} \boldsymbol{M}_{qq} & \boldsymbol{M}_{qt} \\ \boldsymbol{M}_{qt}^{\mathrm{T}} & \boldsymbol{M}_{tt} \end{bmatrix} \tag{2-29}$$

其中，$\boldsymbol{M}_{qq}$ 和 $\boldsymbol{M}_{qt}$ 为动态矩阵，$\boldsymbol{M}_{qt}^{\mathrm{T}}$ 和 $\boldsymbol{M}_{tt}$ 为静态矩阵，并且可表述如式(2-30)所示。

$$\boldsymbol{M}_{qq} = \boldsymbol{G}_{oq}^{\mathrm{T}} \boldsymbol{M}_{oo} \boldsymbol{G}_{oq}$$

$$\boldsymbol{M}_{qt} = \boldsymbol{G}_{oq}^{\mathrm{T}} \boldsymbol{M}_{ot} + \boldsymbol{G}_{oq}^{\mathrm{T}} \boldsymbol{M}_{oo} \boldsymbol{G}_{ot}$$

$$\boldsymbol{M}_{tt} = \overline{\boldsymbol{M}}_{tt} + \boldsymbol{M}_{ot}^{\mathrm{T}} \boldsymbol{G}_{ot} + \boldsymbol{G}_{ot} \boldsymbol{M}_{ot} + \boldsymbol{G}_{ot}^{\mathrm{T}} \boldsymbol{M}_{oo} \boldsymbol{G}_{ot} \tag{2-30}$$

2) CBN/GM 动态缩聚理论

动态缩聚由静态模式和特征模态组成，用于构造模态振型的界面或边界自由度应代表后续分析中的受力自由度集，在有限元分析中指连接到残余结构或其他超单元组件的界面节点。

用于界面自由度定义的关键字有 ASET/ASET1、BSET/BSET1、CSET/CSET1、BNDFIX/BNDFIX1 和 BNDFREE/BNDFRE1，这些定义了要约束或释放的界面自由度。

CMS 指定界面或边界自由度的目的主要是考虑由于约束或作用在界面自由度上的外力引起的静态变形；如果省略这些静态模式，则需要大量的特征模态。与主体惯性力引起的变形相比，由约束力引起的柔性变形在大多数约束模型中通常占主导地位，因此，界面自由度的准确定义，特别是将所有受力自由度作为界面自由度在内是从残余结构分析中获得准确结果的重要前提。

(1) CBN(Craig Bampton Nodal)方法通过固定接口系统的正则模态分析产生特征值的对角矩阵 $\boldsymbol{D}_\omega$、特征模态矩阵 $\boldsymbol{A}_\omega$，在特征模态分析中，可以通过截断模态频率，进而决定 $\boldsymbol{A}_\omega$ 的列。

此外，进行静态分析的目的是用来生成静态模式。对于受约束的界面自由度，在每个界面自由度中应用一个单位位移，而所有其他界面自由度都是固定的。对于不受约束(自由)的界面自由度，将通过在每个界面自由度中施加单位力来执行惯性释放，这将产生静态位移模式(或矩阵)$\boldsymbol{A}_s$ 及界面力 f_a，重新生成缩聚后的模态刚度矩阵 $\boldsymbol{K}_{\mathrm{reduced}}$ 和质量矩阵 $\boldsymbol{M}_{\mathrm{reduced}}$，分别如式(2-31)和式(2-32)所示，其中位移矩阵如式(2-33)所示。

$$\boldsymbol{K}_{\mathrm{reduced}} = \boldsymbol{S}^{\mathrm{T}} K \boldsymbol{S} = \begin{bmatrix} \boldsymbol{D}_\omega & \\ & f_a \end{bmatrix} \tag{2-31}$$

$$\boldsymbol{M}_{\mathrm{reduced}} = \boldsymbol{S}^{\mathrm{T}} M \boldsymbol{S} \tag{2-32}$$

$$\boldsymbol{S} = \begin{bmatrix} \boldsymbol{A}_\omega & \boldsymbol{A}_s \end{bmatrix} \tag{2-33}$$

CBN 方法界面结果由静力模式和动态模式组成，即静力分析是在固定界面下每个节点(若对某个节点分析时其余节点固定)都进行单位强迫位移分析得到静刚度等特性；模态分析是基于界面固定约束进行模态分析得到动态特性,而 CC 方法界面是自由状态,其仅有动态模式,模态分析基于界面自由状态进行。CBN 与 CC 界面对比如图 2-2 所示。

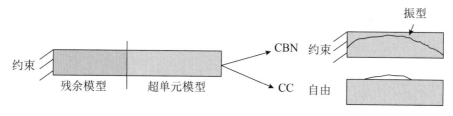

图 2-2　CBN 与 CC 界面对比

(2) 通用模态(General Modal,GM)方法与 CBN 类似,GM 方法还需要静态模式和特征模式,然而,GM 包括一个额外的正交化过程,以此产生对角简化矩阵。

GM 方法对缩聚矩阵进行额外的特征值分析,如式(2-34)所示。

$$(\boldsymbol{K}_{\text{reduced}} - \lambda \boldsymbol{M}_{\text{reduced}})\boldsymbol{A}_{\text{GM}} = 0 \tag{2-34}$$

式(2-34)中 $\boldsymbol{A}_{\text{GM}}$ 是缩聚矩阵生成的系统特征向量。第 2 次生成缩聚的刚度矩阵如式(2-35)所示,质量矩阵如式(2-36)所示,其中 λ_{GM} 是新特征值,$\boldsymbol{I}$ 为识别矩阵。

$$\boldsymbol{K}_{\text{reduced}}^{\text{GM}} = \boldsymbol{A}_{\text{GM}}^{\text{T}} \boldsymbol{K}_{\text{reduced}} \boldsymbol{A}_{\text{GM}} = \lambda_{\text{GM}} \boldsymbol{I} \tag{2-35}$$

$$\boldsymbol{M}_{\text{reduced}}^{\text{GM}} = \boldsymbol{A}_{\text{GM}}^{\text{T}} \boldsymbol{M}_{\text{reduced}} \boldsymbol{A}_{\text{GM}} = \boldsymbol{I} \tag{2-36}$$

正交模式(或有效模式)的计算如式(2-37)所示。

$$\boldsymbol{A}_{\text{ort}} = \boldsymbol{S} \boldsymbol{A}_{\text{GM}} \tag{2-37}$$

正交模式可以直接应用于原始刚度和质量矩阵,以生成缩减的 GM 矩阵,这些模式与原始刚度和质量矩阵正交,如式(2-38)和式(2-39)所示。

$$\boldsymbol{K}_{\text{reduced}}^{\text{GM}} = \boldsymbol{A}_{\text{ort}}^{\text{T}} \boldsymbol{K} \boldsymbol{A}_{\text{ort}} = \lambda_{\text{GM}} \boldsymbol{I} \tag{2-38}$$

$$\boldsymbol{M}_{\text{reduced}}^{\text{GM}} = \boldsymbol{A}_{\text{ort}}^{\text{T}} \boldsymbol{M} \boldsymbol{A}_{\text{ort}} = \boldsymbol{I} \tag{2-39}$$

(1) CB(Craig Bampton)方法采用的是固定界面,一般用在硬连接结构上,部件模态不包含 6 个刚体模态,外部节点可以用来加载和约束。

(2) CC 方法采用的是非固定界面,一般用在柔性连接上,部件包含 6 个刚体模态。等效载荷矩阵采用惯性释放法施加到残余结构上;该方法只能采用 AMSES 方法进行分析。

(3) Generating Modal(Matrices) 混合模式,该方法综合了 CBN 和 CC 两种方法的功能,以局部结构的静态和动态(包括静刚度和模态)特性来表征超单元,其刚度矩、质量、阻尼等都可以采用此方法缩聚。

(4) CBN 一般可采用 ASET(1)定义,其默认为 BSET(BNDFIX(1)),而 GM 一般采用 CSET(BNDFREE(1))定义。

5. 部件模态综合法 CMS 的边界条件

(1) 固定边界:默认所有外部(界面)自由度在 B-set 中。

(2) 自由边界:指定所有外部(界面)自由度在 C-set 中。

(3) 混合边界:指定外部(界面)自由度在 C-set 和 B-set 中。

（4）自由边界和混合边界容易遇到以下问题。由于没有内部约束，所以自由-自由部件的刚体模态就是静态变换向量的一个线性组合。静态变换向量可以描述部件的任何可能的刚体运动，缩聚矩阵容易奇异，导致求解失败，可以将最低频率设置一个非零的值避免计算刚体模态（如 0.1 或 1）。

2.1.2　超单元基本术语

1. 对于线性静力学问题

线性静力学问题可采用式（2-40）进行表述，包括刚度矩阵、位移向量及载荷向量等。

$$Ku = F \tag{2-40}$$

这些矩阵缩减所需要耗费的时间通常与结构自由度数的平方成正比，通过用这些部分的较小自由度集（超单元组件的边界自由度）和一组代表性的缩减矩阵来表示结构的部分（超单元组件），可以提高求解速度，超单元与残余结构如图 2-3 所示。

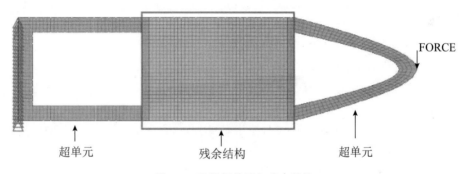

图 2-3　选择超单元和残余结构

2. 超单元基本术语

1）DMIG

DMIG（Direct Matrix Input at Grid points）可用于直接定义要包含在模型中的矩阵（例如刚度和质量矩阵），可以在控制部分使用 K2GG、M2GG、B2GG 等引用超单元缩聚的相关矩阵信息。

2）残余结构

创建超单元后保留的完整模型部分是残余结构（Residual Structure）（或简称为剩余），通过与超单元组装进行相应的工况分析及优化。

3）超单元创建

对整个模型进行合理拆分，以确定可以作为超单元缩减（聚）的部分，超单元和残余结构之间的连接通过界面连接点（ASET、BNDFIX、BNDFREE 等）来定义和识别。将整体模型划分为超单元需要考虑多种因素，如计算速度、简化矩阵的稀疏性或密度、超单元缩减方法的类型和解决方案的类型（例如静态与动态）等。在识别界面点之后，直接从完整模型中删除残余结构进行超单元的创建和缩聚求解（其目的是避免因其他原因导致额外的错误产生），其中最关键的是需要根据实际情况选择合适的超单元创建方法，如 CMSMETH 或 CDSMETH 等。

3. OS 创建超单元方法

OS 提供了 3 种创建超单元的方法：

（1）静态缩减（PARAM，EXTOUT 或 CMSMETH（GUYAN））通过代数转换将线性矩阵方程简化为超单元（或子结构）的界面自由度。此外，负载向量被缩减到界面自由度，这包括来自点载荷和压力载荷的载荷向量，以及由于加速度（GRAV 和 RLOAD）引起的分布载荷。

有两种方法可以在 OS 中进行静态缩减。

方法一：通过指定 ASET/ASET1 并使用 PARAM 和 EXTOUT 输出缩聚矩阵。

方法二：通过指定 ASET/ASET1 并使用 CMSMETH 中的 GUYAN 方法输出超单元。

对于静态缩减，只允许使用 ASET 关键字，此方法对于刚度矩阵是精确的，对于质量矩阵是近似的。如果有 ASET 或 ASET1 但没有 CMSMETH 卡片，则使用静态缩聚法用来生成缩聚矩阵。

对于没有 CMSMETH 的静态缩减，如果 SUBCASE 用于静力分析，则在默认情况下不会创建缩减质量矩阵，但是，使用 PARAM、MASSDMIG 和 YES 可创建用于静态分析的缩减质量矩阵。对于特征值分析，质量和刚度矩阵将缩减，但没有缩减的载荷向量。动态分析不推荐静态缩减，因为静态缩减其质量没有动态缩减准确。

（2）CMSMETH 动态缩减超单元方法。

动态缩减将弹性体的有限元模型缩减为界面自由度和一组正则模态，缩减矩阵将基于静态模式及来自正则模态分析的模式生成。

用于动态缩减的方法有 CBN 和 GM，使用 GM 方法，得到的矩阵总是对角的，并且它们在物理上不附着于界面自由度，因此，MPC 将在残余结构计算中生成，以将矩阵连接到界面自由度。使用 CSET 的 CBN 也能产生对角矩阵，这相当于使用 CSET 时的 GM。当使用 CBN 或 GM 方法时，要在 CMSMETH 上定义计算的频率范围或要计算的模态和存储模态数据的 SPOINT ID 编号。

可以使用 CMSMETH 中输入的 LOADSET 上的 USETYPE 字段来缩减模型中应用的负载，USETYPE 字段可以设置为 REDLOAD、RESVEC 或 BOTH，只能缩减静态负载，但 METHOD=GM 不支持此功能。

CBN 和 GM 方法是动态分析的首选方法，因为它们可以准确地捕捉质量矩阵。对于动态缩聚，刚度、质量、静态载荷、结构和黏滞阻尼及流固耦合矩阵都可以生成。模态频率响应分析采用 CMS 超单元方法，而直接频率响应分析采用 CDS 超单元方法；模态频率响应分析通过计算系统的特征值（频率）和特征向量，其系统的响应可通过特征向量和模态响应计算得到，而直接频率响应分析是通过求解一组复矩阵方程直接计算离散激励频率下的结构响应。

（3）CDSMETH 动态缩减超单元方法。

对于残余运行重复多次的模型是有效的，超单元生成时间可能比 CMS 更长，但与残余结构组装后的整体模型计算会更快。CDSMETH 在创建时需要 METHOD、FREQi、CSET、CSET1、BNDFRE1、BNDFREE 等关键字，并且残余结构计算仅支持直接频率响应分析。

对于动态缩减方法整体上推荐使用 CMS 方法，对于大多数问题均适用；会生成刚度、质量、结构和粘性阻尼、流体-结构耦合矩阵,不会生成缩聚荷载向量。

4. 存储超单元

缩减矩阵可以保存为多种文件格式,如.h3d、.pch、.dmg、.op2 和.op4 等,具体可通过以下格式创建。

(1) PARAM、EXTOUT、DMGPCH 可以用于输出.pch 格式的超单元。

(2) PARAM、EXTOUT、DMIGIN 可以用于输出.dmg 格式的超单元。

(3) PARAM、EXTOUT、DMIGOP2 可以用于输出.op2 格式的超单元,仅适用于 CMS超单元,不适用静态缩聚。

(4) PARAM、EXTOUT、DMIGOP4 可以用于输出.op4 格式的超单元,仅适用于 CMS超单元,不适用静态缩聚。

如果存在 CMSMETH 关键字,则总是输出.h3d 格式的超单元,除非设置了 output、h3d、NO。

Optistruct 中提供了多种创建超单元的缩聚方法,每种方法又可以运用不同的卡片设置实现。

超单元计算方法有 CB(Craig-Bampton)、CC(Craig-Chang)、CBN、GM、GUYAN,整车超单元通常采用 GM 方法,其中 CB 和 CC 主要用于生成用在多体动力学中的柔性体超单元,GM 主要用于动力学超单元生成,CBN 和 GUYAN 主要用于静力超单元生成。

CB 及 CBN 为固定界面法,CC 为自由界面法,GM 为混合界面法,GUYAN 为静态缩减法。

超单元边界一般包括自由、固定及混合界面,自由界面一般采用 BNDFREE(1)及 CSET(1);固定界面一般采用 BNDFIX(1)及 BSET(1),ASET(1)默认为固定界面,不同超单元的主要差异见表 2-1。

表 2-1 不同超单元缩减方法差异

缩聚类型	卡片类型	描 述
静态缩聚 (Static Reduction)	PARAM,EXTOUT	仅适用于稳态分析,因为静态缩聚中刚度矩阵是准确的,而质量矩阵精度会有损失,所以不推荐用于动力学分析
	CMSMETH(METHOD=GUYAN)	
CMS 动态缩聚 (CMS Dynamic Reduction)	CMSMETH(METHOD=CBN)	推荐用于动力学分析,固定边界或者自由边界都可以采用这种方法,但若为固定边界,则缩聚出来的质量和刚度矩阵会存在非对角项
	CMSMETH(METHOD=GM)	由于缩聚矩阵是对角的,物理上与界面自由度不关联,所以在残余结构分析时会在缩聚矩阵和残余结构之间生成MPC;该方法通用性高,也可用于采用 PFMODE 卡片输出模态贡献量时的诊断分析
	CDSMETH	采用此方法开展残余结构分析的速度比 CMS 要快,原因在于分析中的有效自由度不依赖于模态数量,这种方法对于残余结构分析要重复多次的情况非常适用

5. 调用缩聚矩阵

通过 PARAM 和 EXTOUT 关键字控制写入缩减矩阵的文件格式有几种形式,如.pch、.dmg、.op2 和 .op4 等,常用的是.pch 格式。同时可以使用 DMIGNAME 关键字控制写入.pch 和.dmg 文件的矩阵的名称,默认情况下不使用,并且矩阵将被赋予后缀 AX。

对于写入.h3d 文件的动态缩减超单元,默认不存储内部节点或单元数据,但是,模型数据可用于指定位移、速度或加速度结果的内部单元,以及残余运行中应力和应变结果的内部单元。SEINTPNT 关键字可用于将残余运行中的内部点转换为外部点,以便它们可以用作优化中的连接点、加载点或响应点。

以.pch 或.dmg 格式存储的缩减矩阵可以通过 INCLUDE 关键字调用,以.h3d 文件的缩减矩阵需要使用 ASSIGN 进行调用。与以.pch 或.dmg 格式存储的矩阵不同,存储在.h3d 文件中的矩阵在检索时命名,而不是在创建时命名。ASSIGN 和 H3DDMIG 命令为从该文件中检索的矩阵提供后缀 matrix-name。在默认情况下,.h3d 文件中的所有矩阵都用于分析;如果只使用部分矩阵,则使用 K2GG、M2GG、K42GG 和 B2GG 数据指定要使用哪些矩阵。

由于矩阵是按名称引用的,因此确保在使用多个缩减矩阵时它们具有唯一的名称。K2GG 是一个刚度矩阵,并且刚度矩阵必须是对称的,并且适用于所有子工况。M2GG 是一个质量矩阵,并且质量矩阵必须是对称的,并且适用于所有子工况。在默认情况下,重力和离心载荷将由残余运行中的外部质量矩阵(M2GG)生成(可通过 PARAM 和 CMSALOAD 调整)。重力和离心载荷也可以在 DMIG 运行中作为缩减载荷(P2G)生成。需要注意确保 M2GG 和 P2G 的重力/离心加载不会产生双重效应。

B2GG 是粘性阻尼矩阵,粘性阻尼矩阵必须是对称的,并且在应用任何约束之前进行添加。

K42GG 是一个结构单元阻尼矩阵,结构单元阻尼矩阵必须是对称的,并且在应用任何约束之前向其中添加,只能从材料卡上指定的材料 GE 生成。

P2G 和 P2GSUB 是一个负载矩阵,负载矩阵必须是列式的,并且在应用任何约束之前向其中添加。外部质量矩阵(M2GG)不考虑重力和离心载荷。重力和离心载荷必须包含在产生缩减的载荷中,然后可以在 DMIG 输入中使用 P2G 和 P2GSUB 以获得准确的静态结果。P2G 必须在第 1 个 SUBCASE 之上使用。如果 DMIG 中有多个载荷向量,则它们将被应用在连续的静态 SUBCASE 中,直到它们全部被使用或直到每个静态 SUBCASE 都有一个载荷向量。P2GSUB 在特定的 SUBCASE 中使用。如果在 DMIG 中有多个载荷向量,则可以使用 P2GSUB 指定在该 SUBCASE 中要使用哪个载荷向量。

A2GG 是流固耦合矩阵,只允许有一个流固耦合矩阵。

6. 超单元的阻尼

如果是粘性阻尼,则可以直接伴随着超单元的生成而缩聚,如 CVISC、CDAMPi、CBUSH(其中 PBUSH 属性中给定参数 B)单元;如果是结构阻尼,则有些可以伴随着超单元的生成而缩聚,有些不行。如果是定义在 PBUSH、PELAS 及 Material 里面的 GE 参数,则结构阻尼是可以缩聚的。超单元的阻尼类型见表 2-2。

如果结构阻尼以 PARAM、G 或 SDAMP 的形式出现,则不能伴随超单元一起缩聚。如果在残余结构分析里用这种卡片,则阻尼会加载到整个模型上(包括残余结构和超单元),但如果确实需要在超单元中添加 SDAMP,则可以在生成超单元时设置 DMIGMOD 卡片。在 DMIGMOD 卡片中设置 HYBDAMP 参数;由 control card 进入,激活 DMIGMOD 卡片。

(1) METHOD 栏,定义 EIGRL 卡片的 ID,SDAMP 将作用于所有 EIGRL 计算出来的模态;如果空白,则作用于所有的模态。

(2) SDAMP 栏,定义要采用的 TABDMP1 卡片 ID。

(3) KDAMP 栏,若设置为−1,则表示将粘性阻尼转换为结构阻尼,添加到复刚度矩阵中。

表 2-2　超单元的阻尼类型

名　　称	阻 尼 类 型	是否在生成过程中缩聚	说　　明
粘性阻尼	CVISC、CDAMPi、CBUSH (PBUSH)卡片里设置粘性阻尼参数 B	是	缩聚矩阵的名称为 BA♯,默认状态下♯为 AX
	SDAMP	否	如果在残余结构分析里用到 SDAMP 卡片,则这个卡片会运用到全局,即整个模型。如果 SDAMP 在残余结构分析里要用在 DMIG(超单元)上,则可以通过 DMIGMOD 卡片里的 HYBDAMP 选项实现
结构阻尼	指 MAT 里的 GE,PBUSH 里的 GE,PELAS 里的 GE	是	缩聚矩阵的名称是 K42♯,默认状态下♯就是 AX
	PARAM 和 G	否	如果残余结构分析里用到 PARAM 和 G 卡片,则这个卡片会被运用到全局

7. 频响函数超单元(CDS)的阻尼

与静态阻尼和动态阻尼不同,模型中的任何阻尼(粘性阻尼元件、SDAMP、结构阻尼等)都将包含在 CDSMETH 的缩减矩阵中。

8. MASS

PARAM 和 WTMASS 不能应用于读取模型中的超单元(.h3d 或.pch)。如果材料单位和 PARAM 中的质量单位不正确,则需要通过 WTMASS 更新结构质量矩阵。

9. CMS 与 CDS 主要差异

在默认情况下,残余结构计算后的输出仅适用于残余结构。如果需要超单元某些部分的输出,则可以使用 MODEL 卡片进行相应设置。

(1) CMS 超单元生成可采用适用性更广的 GM 法,边界点均可采用 free-free。

（2）CMS 超单元生成中直接在 Attachment Definition 步骤时选中所有的对外连接点和响应点（一般特指声腔响应点）。

（3）CDS 超单元生成中可以直接在界面点定义过程中选择所有的界面连接点和响应点，但是头文件中的 CDSMETH 卡片没有设置 OSET，不过超单元生成头文件里还会对声腔点创建节点集。残余模型频响分析里也可以正常输出声腔点的响应。可以在 CDS 创建过程中勾选存储传递函数，这样便可在头文件中得到 OSET。

2.2　超单元创建

详细的超单元创建方法及流程可参阅后续章节，本节仅作简要说明。

2.2.1　超单元创建方法 1 简述

1. 静力超单元创建方法一

采用 PARAM 和 EXTOUT 卡片的静态缩聚，本例以某悬臂支架为例进行讲述。

（1）首先从完整模型中切割出需要做成超单元的部分，将不需要生成超单元的部分网格删除，具体的残余结构与超单元模型如图 2-4 所示。

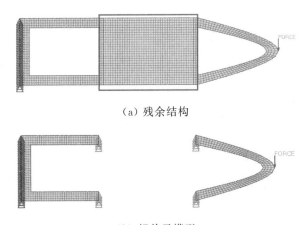

（a）残余结构

（b）超单元模型

图 2-4　残余结构与超单元模型

（2）在残余结构模型中，通过 ASET（或 ASET1）创建界面点边界，如图 2-5 所示。

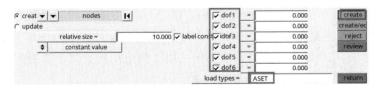

图 2-5　创建界面点

（3）设置分析工况，由于本例中整体模型的载荷和约束都被缩聚在超单元内部，所以在生成超单元时就要设置分析工况，工况中需要包含载荷与约束，如图 2-6 所示。

（4）在控制卡片 PARAM 中将 EXTOUT 设置为 DIMGPCH，以输出超单元缩减矩阵，如图 2-7 所示。

图 2-6 分析工况   图 2-7 超单元矩阵输出关键字

2. 静力超单元创建方法二

采用 CMSMETH 中的 CBN 方法进行静态缩聚，创建超单元及残余结构部分与方法一相同，不同点主要体现在以下部分。

（1）在 Loadcollector 中选择 CMSMETH，在 METHOD 中选择 CBN，相关参数如 UB_FREQ、NMODES、SPID、SOLVER、AMPFFACT 等均可以不设置，但建议设置 SPID，便于对 SPOINT ID 进行管理。

同时采用 CMSMETH 卡片进行静态缩聚，不能将载荷直接放入工况中，只能通过 LOADSET 进行加载，如图 2-8 所示。

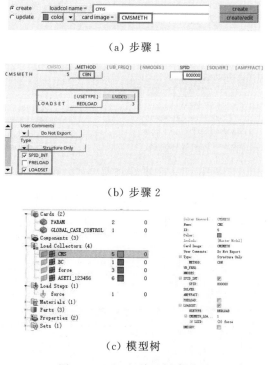

（a）步骤 1

（b）步骤 2

（c）模型树

图 2-8 CBN 超单元创建流程

（2）最后，通过在控制卡片中的 GLOBAL_CASE_CONTROL 中选择图 2-7 中的 CMSMETH 关键字，或者在 Loadstep 的工况定义中直接设置，如图 2-9 所示。

（3）导出模型并提交 Optistruct 计算，即可生成超单元，结果默认为 H3D 文件。

2.2.2 超单元创建方法 2 简述

本节基于 Process Manager 创建 CMS 超单元，其主要步骤如下：

（1）可根据需要创建 PLOTEL 单元，用于后期的数据恢复，如图 2-10 所示。

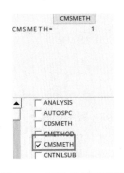

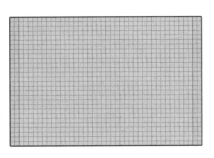

图 2-9　CBN 关键字引用　　　　　　　　　图 2-10　残余模型图

（2）选择 Tools→Freq Resp Process→CMS SE generation，如图 2-11 所示。

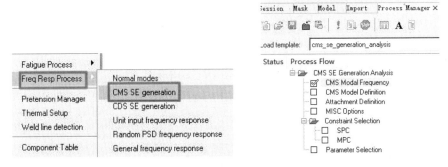

图 2-11　创建 CMS 超单元步骤 1

（3）选择超单元生成算法，默认为 CBN，也可以切换为 GM，设置关注的频率上限；若有耦合的流体网格，则需要设置流体频率上限，并设置 SPOINT 的起始 ID 号，默认会自由识别 ID 号，如图 2-12 所示。

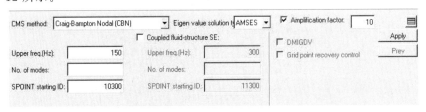

图 2-12　创建 CMS 超单元步骤 2

（4）设置 Recovery 模型参数，默认会选择 Plotel 选项，即使用模型中创建的 Plotel 单元作为数据恢复；也可根据需要选择单元 Set 集，如图 2-13 所示。

图 2-13 创建 CMS 超单元步骤 3

（5）创建界面点，在 CBN 算法中只能选择 Fixed 类型（BNDFIX1 或 BSET）；若采用 GM 算法，则可以选择 Fixed 和 Free-Free（BNDFRE1 或 CSET）两种界面约束类型，如图 2-14 所示。

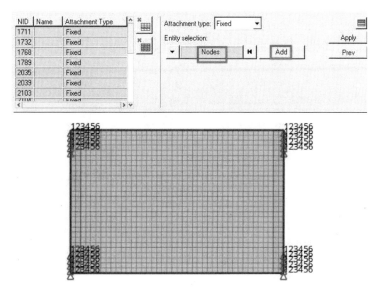

图 2-14 创建 CMS 超单元步骤 4

（6）设置结构及流体阻尼，同时根据需要是否设置流固耦合参数，当无流体时默认为选择结构阻尼，如图 2-15 所示。

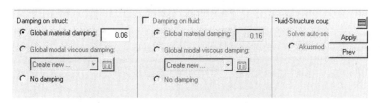

图 2-15 创建 CMS 超单元步骤 5

（7）根据需要创建 SPC 和 MPC 约束，若无，则直接单击 Apply 按钮进入下一步，如图 2-16 所示。

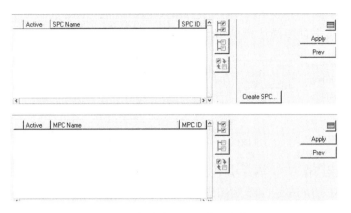

图 2-16　创建 CMS 超单元步骤 6

（8）设置超单元计算中的参数控制，一般勾选 AUTOSPC、CHECK 及输出文件格式 H3D 等，如图 2-17 所示。

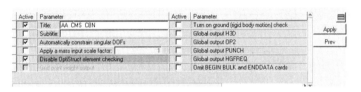

图 2-17　创建 CMS 超单元步骤 7

（9）导出模型，提交 Optistruct 计算，结果可以得到一个 H3D 格式的超单元结果文件；后续通过 ASSIGN 调用超单元并与残余结构装配，再进行相应工况分析及优化，如图 2-18 所示。

图 2-18　创建 CMS 超单元步骤 8

2.2.3　超单元创建方法 3 简述

本节基于 Process Manager 创建 CDS 超单元，采用 PM 方法创建 CDS 超单元，整体流程与 CMS 相似，其主要步骤如下：

（1）选择 Tools→Freq Resp Process→CDS SE generation，如图 2-19 所示。

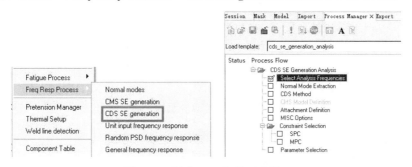

图 2-19 创建 CDS 超单元步骤 1

（2）根据需要设置下限和上限频率值、频率增量等参数，然后单击 Update 按钮，如图 2-20 所示。

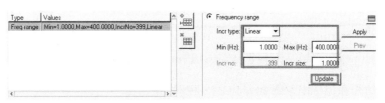

图 2-20 创建 CDS 超单元步骤 2

（3）设置模态特征值提取方法，OS 可以选择 AMSES，以及截止上限频率和放大因子等参数，最大上限频率默认为计算模态的 1.5 倍，同时默认勾选放大因子且设置为 10，如图 2-21 所示。

图 2-21 创建 CDS 超单元步骤 3

（4）采用流程化创建 CDS 超单元，只能采用 SVDNP 算法，若要修改为 BME，则可将创建完成的 CDSMETH 导入软件中或通过文本进行修改。此处可以选择是否同时输出 CMS 超单元及是否将传递函数存储到 CDS 超单元中；如果同时输出 CMS 超单元，则与 CMS 超单元一样需要设置 Recovery 模型，如图 2-22 所示。

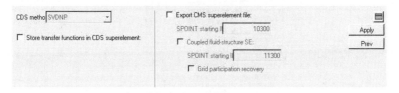

图 2-22 创建 CDS 超单元步骤 4

（5）设置界面点，在 CDS 超单元生成中，界面点类型只能为 Free-Free，如图 2-23 所示。

（a）界面点类型为 Free-Free

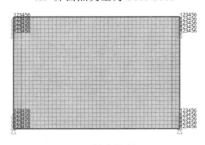

（b）创建结果

图 2-23　创建 CDS 超单元步骤 5

（6）设置结构和流体阻尼参数，与 CMS 相同。

（7）是否需要添加 SPC 和 MPC 约束，与 CMS 相同。

（8）设置超单元计算中的全局参数控制，与 CMS 相同，如图 2-24 所示。

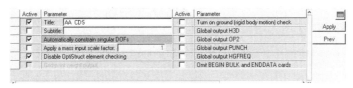

图 2-24　创建 CDS 超单元控制参数步骤 6

（9）导出模型，提交 Optistruct 计算，结果可以得到一个 H3D 格式的超单元文件；后续可以通过 ASSIGN 调用超单元，并与残余结构装配，进行相应工况分析及优化，如图 2-25 所示。

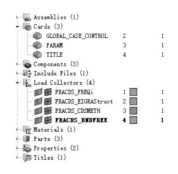

图 2-25　创建 CDS 超单元步骤 7

2.3　小结

本章阐述了超单元的静力学及动力学基本理论,同时对静态缩聚及动态缩聚的原理进行了讲解。基于 OS 超单元的创建及调用等方法进行了说明,最后通过简单的实例对静力超单元及动力超单元缩聚方法及流程进行了讲解,通过本章读者可以了解超单元的基本原理及创建方法,具体的细节可关注后续章节的相关内容。

第3章

OS 超 单 元 法 的 关 键 字 应 用

OS 中超单元计算方法有 CB、CC、CBN、GM、GUYAN 等,整车超单元通常采用 GM 方法,其中 CB 和 CC 主要用于生成用在多体动力学中的柔性体超单元,GM 主要用于动力学超单元生成,CBN 和 GUYAN 主要用于静力学超单元生成。

CB 及 CBN 为固定界面法,CC 为自由界面法,GM 为混合界面法,GUYAN 为静态缩减法。超单元边界一般包括自由、固定及混合界面,自由界面一般采用 BNDFREE(1) 及 CSET(1);固定界面一般采用 BNDFIX(1) 及 BSET(1),ASET(1) 默认为固定界面,其中 CB 和 CC 方法结果一致,其中 CBN 和 GUYAN 方法 mode1~6 为 0,而 GM 方法 mode1~6 为 0,mode7~12 一般小于 0.2Hz。

3.1 界面关键字

3.1.1 关键字 ASET/ASET1

1. 两个关键字的区别

该关键字用于定义超单元装配体矩阵缩聚的界面自由度(集),用于生成超单元的边界(界面)连接点。

这两个关键字的主要差别为:①ASET 可以分别定义各个节点自由度(G 为节点,C 为相应节点自由度);②ASET1 用于为所有连接点同时定义一个或多个自由度;③在默认情况下,ASET 和 ASET1 的界面自由度为固定边界;④如果没有定义 ASET/ASET1,则是 BSET 与 CSET 的并集,详细的对比见表 3-1。

表 3-1 ASET 和 ASET1 关键字对比

名称	节点号	自由度	节点号	自由度	节点号	自由度	节点号	自由度	节点号	自由度
ASET	G1	C1	G2	C2	G3	C3	G4	C4	...	...

续表

名称	节点号	自由度	节点号	自由度	节点号	自由度	节点号	自由度	节点号	自由度
举例	1000	123	1001	1234	1002	12345	1003	23456	...	...
ASET1	C	G1	G2	G3	G4	G5	G6	G7	...	...
举例	123456	1000	1001	1002	1003	1004	1005	1006	...	...

2. 两个关键字的创建步骤

这两个关键字可以通过以下步骤创建，其中 ASET 和 ASET1 的关键字差异如图 3-1 中 (c)和(d)所示。

（a）步骤 1

（b）步骤 2

（c）步骤 3，ASET 关键字

（d）步骤 4，ASET1 关键字

图 3-1　ASET 和 ASET1 关键字创建流程

3.1.2　关键字 BNDFIX/BNDFIX1

1. 两个关键字的区别

用于定义超单元装配体矩阵缩聚的界面自由度集，用于超单元生成的边界（界面）连接点，用于 CMS 超单元生成。关键字 BNDFIX 和 BNDFIX1 为固定边界，与 BSET 和 BSET1 相同。

这两个关键字的主要差别为：①BNDFIX 可以分别定义各个节点自由度（G 为节点，C 为相应节点自由度);②BNDFIX1 用于为所有连接点同时定义一个或多个自由度;③在默认情况下,BNDFIX 和 BNDFIX1 的界面自由度为固定边界;④ ASET/ASET1、BNDFIX/BNDFIX1 和 BNDFREE/BNDFRE1 不允许同时出现在一个模型中;⑤BSET 与 CSET 不能有交集,所有 BSET/BSET1 的界面自由度都在 ASET 中。如果定义了 ASET 和 CSET,则将会自由生成 BSET。

2. 两个关键字的创建步骤

这两个关键字与 ASET 创建步骤相同,其中 BNDFIX 和 BNDFIX1 的关键字差异见表 3-2,其创建过程如图 3-2 所示。

表 3-2 BNDFIX 和 BNDFIX1 关键字对比

名称	节点号	自由度	节点号	自由度	节点号	自由度	节点号	自由度	节点号	自由度
BNDFIX	G1	C1	G2	C2	G3	C3	G4	C4	...	...
举例	1000	123	1001	1234	1002	12345	1003	23456	...	...
BNDFIX1	C	G1	G2	G3	G4	G5	G6	G7	...	...
举例	123456	1000	1001	1002	1003	1004	1005	1006	...	...

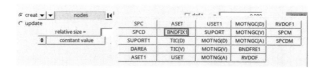

(a) 步骤 1

(b) 步骤 2,BNDFIX1 关键字

图 3-2 BNDFIX1 关键字创建流程

3.1.3 关键字 BNDFREE/BNDFRE1

1. 两个关键字的区别

用于定义超单元装配体矩阵缩聚的界面自由度集,用于超单元生成的边界(界面)连接点,用于 CMS 超单元生成。关键字 BNDFREE 和 BNDFRE1 为固定边界,与 CSET 和 CSET1 相同。

这两个关键字的主要差异为:①BNDFREE 可以分别定义各个节点自由度(G 为节点,C 为相应节点自由度);②BNDFRE1 用于为所有连接点同时定义一个或多个自由度;③在默认情况下,均表示界面自由度为自由边界;④CSET 和 BSET 不能有交集,所有 CSET 和 CSET1 的界面自由度都应在 ASET 中。如果定义了 ASET 和 BSET,则将会自由生成 CSET;⑤在 CDS 超单元中,所有子结构的界面自由度都必须用 CSET 定义,不使用 ASET 及 BSET 卡片。

2. 两个关键字的创建步骤

这两个关键字可以通过以下步骤创建,与 ASET 步骤相同,其中 BNDFREE 和 BNDFRE1 的关键字差异见表 3-3,其创建过程如图 3-3 所示。

表 3-3 BNDFREE 和 BNDFRE1 关键字对比

名称	节点号	自由度	节点号	自由度	节点号	自由度	节点号	自由度	节点号	自由度
BNDFREE	G1	C1	G2	C2	G3	C3	G4	C4	...	...
举例	1000	123	1001	1234	1002	12345	1003	23456	...	...
BNDFRE1	C	G1	G2	G3	G4	G5	G6	G7	...	...
举例	123456	1000	1001	1002	1003	1004	1005	1006	...	...

(a) 步骤 1

(b) 步骤 2,BNDFRE1 关键字

图 3-3 BNDFRE1 关键字创建流程

3.2 求解关键字

3.2.1 关键字 CMSMETH

1. CMSMETH 关键字的定义

关键字 CMSMETH 用于定义 CMS 超单元计算方法,包括频率上限、模态数、起始 SPOINT 标量点等。

同时需要指定特征值求解器,也可以考虑预载和残余向量生成。同时 ASCII 文件也能包含 CELAS4 和 CDAMP3 阻尼单元数据,详细见表 3-4。

表 3-4 CMSMETH 关键字

CMSMETH	CMSID	METHOD	UB_FREQ	NMODES	SPID	SOLVER	AMPFFACT	SHFSCL
+			UB_FREQ_F	NMODES_F	SPID_F	GPRC		
+	PRELOAD							
+	LOADSET							
+	DMIGDV							

表 3-4 中各行的用途如下。

(1) 第 1 行:定义结构的 CMS 超单元缩聚方法,以及上限频率、模态数、特征值求解器及放大因子等。

(2) 第 2 行:定义流固耦合问题的流体域 CMS 超单元缩聚方法。

(3) 第 3 行:定义子结构的预载(预应力)情况,支持通过非线性工况(STATSUB(PRELOAD),进行超单元预应力的设置。

(4) 第 4 行:用于定义超单元的静态缩聚。

(5) 第 5 行:定义 DMIGDV;指示为 DMIG 生成包含 CELAS4 和 CDAMP3 单元数据或用于产生 ASCII 文件的设计变量定义,用来研究超单元中的特征值/阻尼如何影响剩余结构的性能。

表 3-4 中的关键字的详细释义如下:

(1) CMSID 为 CMSMETH 的 ID 号。

(2) METHOD 为超单元缩聚方法,包括 CB、CC、CBN、GM、GUYAN 等。

(3) UB_FREQ 为结构特征值分析的上限频率,默认为空白。

(4) NMODES 为结构特征值分析提取的模态数,默认为空白。

(5) SPID 为用于 DMIG 矩阵输出的结构特征值模态的起点 ID,在设置时不能是模型中的节点号,可尽量设置得大点,不清楚时可设置为 80 000 000。

(6) SOLVER 为特征值计算方法,包括 Lanczos 和 AMSES,默认为 Lanczos。

(7) AMPFFACT 用于提高特征值和特征向量的精度,超单元模态求解将达到 AMPFFACT×V2 的频率。AMPFFACT 值越高,结果越准确,运行时间越长,默认值为 5.0。

(8) SHFSCl 用于提升振动分析的性能,以及用于估计第一阶柔性模态频率,默认为空白。

(9) UB_FREQ_F 为流体特征值分析的上限频率。如果为 0.0 或空白,则不使用上限。

(10) NMODES_F 为流体特征值分析中提取的模态数。如果设置为 −1 或空白,则模态的数量是无限的。

(11) SPID_F 为用于 DMIG 矩阵输出的流体特征值模态的起点 ID,在设置时不能是模型中的节点号,可尽量设置得大点,不清楚时可设置为 90 000 000。

(12) GPRC 为节点参与因子恢复控制,允许使用外部超单元计算和存储流体结构界面网格形状数据(与流体-结构界面相关联的模态)。仅当在 METHOD 字段中输入 GM(通用模态公式),并且所有边界自由度均为自由(BNDFREE)时适用。如果任何边界自由度是固定的,并且将 GPRC 设置为 YES,则程序将以错误终止,默认值为 NO(YES 或 NO)。

残余结构节点与超单元节点的配对如图 3-4 所示,即两者的界面连接点需要一一对应。

2. CMSMETH 关键字说明

CMSMETH 结构超单元有以下 5 种创建方法。

(1) CB:固定界面法,用于创建多体动力学柔性体超单元。

(2) CC:自由界面法,用于创建多体动力学柔性体超单元。

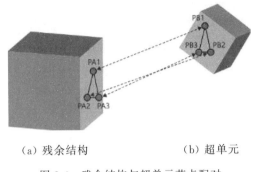

(a) 残余结构   (b) 超单元

图 3-4　残余结构与超单元节点配对

（3）CBN：固定界面法，用于创建结构动力学/静力学的以 DMIG 格式存储的外部超单元。

（4）GM：混合界面法，用于创建结构动力学/静力学的以 DMIG 格式存储的外部超单元。

（5）GUYAN：静态缩聚法，用于创建静力学计算的以 DMIG 格式存储的外部超单元。

在使用以上方法创建超单元时，需要注意以下细节：

（1）GUYAN 与 CBN 不包括结构特征模态，当 GUYAN 使用时，其参数 UB_FREQ 和 NMODES 无效，即若设置，则该参数在计算中不起作用。

（2）结构和流体的 SPOINT ID 号应具有不同的编号，任何流体的 SPOINT ID 都不能位于结构的 SPOINT ID 之间，即两种标量点编号需独立。

（3）针对特征值求解算法，在选取 AMSES 时，需要设置模态频率的上限值。

CMSMETH 关键字可以通过以下步骤创建，如图 3-5 所示。

（1）首先单击 Load Collectors 按钮，在 card image 中选择 CMSMETH 关键字，如图 3-5(a)和图 3-5(b)所示。

（2）其次在关键字编辑栏中的 METHOD 选择合适的缩聚方法，以及是否考虑流体模型缩聚等，对于仅结构类的缩聚选择 Structure Only 即可；若是流固耦合类问题（如果 TB 模型和声腔 Cavity 模型一起缩聚，则需要选择 Fluid-Structure），则如图 3-5(c)所示。

（3）在 CMSMETH 关键字中的结构超单元有 6 种缩聚方法，每种方法都有其适用场合，如 CB 和 CC 常用于多体动力超单元缩聚，CBN 和 GM 可用于动力学或静力学缩聚，GUYAN 常用于静力学超单元缩聚，以及其他的相应的关键字含义等如图 3-5(d)所示；其中 UB_FREQ 为模态频率上限，NMODES 为计算的模态数量，SPID 为子结构（超单元）的辅助自由度标量点起始 ID 号，主要用于数据恢复；SOLVER 为特征值求解算法，包括 LAN（兰索斯法）和 AMSES（Automated Multi-level Sub-structuring Eigenvalue Solution Method）。

Lanczos 方法的优点是可以准确地计算特征值和振型，这种方法对于模态数量较少且需要每个模态完整振型的计算是有效的，但缺点是对于需要数百个模态数百万自由度的大型问题，其速度较慢，需要耗费较长的计算时间，在这种情况下，建议采用 AMSES 或 AMLS 方法，并配合关键字 EIGRL 使用。

AMSES 方法的优点是只需计算特征向量的一部分，因此占用磁盘空间较小，也将大大缩短计算时间。对于典型的 NVH 频率响应分析,大约仅需要 100 个自由度。在这种情况下,对于数百万自由度模型的求解可以在极短的时间内完成。AMSES 方法的缺点是计算相对不太准确,模态频率仍能精确到小数点后多位。对于 NVH 分析,重要的是振型形成涵盖所有可能变形模式的模态空间,但每个单独的振型是否准确并不那么重要,其关键字为 EIGRA;针对仅进行模态分析,建议采用 EIGRL。

AMLS 使用自动化的多级子结构方法对特征值进行提取,需要调用第三方 AMLS 求解器才可使用,其配合 EIGRL 卡片使用。

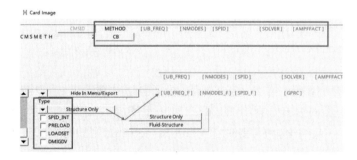

(a) 步骤 1

(b) 步骤 2

(c) 步骤 3

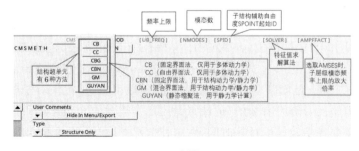

(d) 步骤 4

图 3-5　CMSMETH 关键字结构超单元创建步骤

CMSMETH 流体与结构耦合超单元有以下 3 种创建方法。

流体与结构耦合超单元可采用 CBN、GM 和 GUYAN 等 3 种方法,其中 GM 为常用方法。该关键字主要包括流体域频率上限、流体域模态数和子结构流体域辅助自由度 SPOINT 起始 ID 等。

流固耦合 CMSMETH 超单元关键字可以通过以下步骤创建,如图 3-6 所示。

(1) GPRC 用于流固耦合界面的节点参与度计算,仅当采用 GM 算法时可用。

(2) GUYAN 和 CBN 不包括结构模态;当选择 GUYAN 时,上限频率和模态数将会被忽略。

(3) 结构上限频率、结构模态数、流体上限频率、流体模态数不能同时为空,且当模型中有结构和流体单元时,上限频率和模态数不能同时为空。

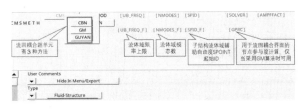

（a）步骤 1

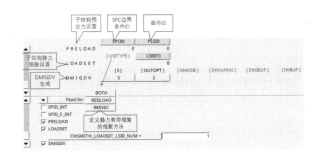

（b）步骤 2

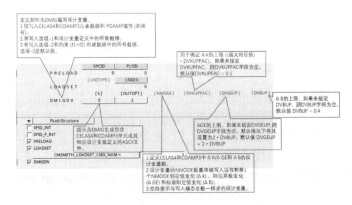

（c）步骤 3

图 3-6　CMSMETH 关键字结构与流体耦合超单元创建步骤

（4）当上限频率和模态数为 0 时，此特殊情况下在 CMS 生成中将不包括结构模态。如果同时指定了上限频率和模态数，则低于上限频率的最低模态数将被接受作为结构 SPOINTS；流体 SPONITS 同样如此。

（5）如果在使用 CB 方法时定义了 PARAM、EXTOUT、DMIGPCH（或 DMGBIN），则将采用 DMIG 矩阵形式输出缩聚后的刚度和质量矩阵。

（6）当使用 PARAM 和 EXTOUT 输出 DMIG 矩阵时，可以通过指定"output，H3D，NONE"语句控制不输出 H3D 文件。

（7）AMPFFACT 主要用来提高特征值和特征向量的准确性，但会耗费一定的计算时间。对于缸体和悬架等实体结构，建议使用较高的 AMPFFACT 值。如果未指定 AMPFFACT，并且模型包含大量实体单元，则 AMPFFACT 的值将自动重置为 10。

（8）CMSMETH 超单元中 CBN 和 GUYAN 及界面定义方法 CB/CC 可用于静态载荷缩聚，而 GM 超单元不支持静态载荷缩聚。

（9）如果在关键字中定义了 DMIGDV 可选卡片，则在超单元生成后会创建文本文件（ASCII）filename_dmig_dv.inc，该文件可以研究超单元的特征值和阻尼的变化如何影响残差结构的性能。

（10）SDAMPING 不能包含在 CMS 超单元的生成中，SDAMPING 可以包含在 CDS 超单元的生成中。可以使用 DMIGMOD 将残余结构计算中的 SDAMPING 应用于 CMS 中的 GM 方法超单元。如果残余结构计算中的 CMS 超单元不需要 SDAMPING，则可以从模型中删除相应的 DMIGMOD 数据。

（11）CMS 超单元不支持模型中与频率相关的材料。

3.2.2　关键字 CDSMETH

关键字 CDSMETH 用于在每个加载频率下生成组件动态矩阵，也称为频率响应函数超单元方法。

1. CDSMETH 关键字说明

CDSMETH 关键字的详细意义如图 3-7 所示，创建方法有 SVDNP 和 BME 两种，SVNDP 方法是利用奇异值分解计算动态刚度矩阵的，而 BME 是利用消元法计算动态刚度矩阵的，一般推荐 SVDNP 方法。

CDSMETH 关键字的定义见表 3-5。

（1）CDSID 为 CDSMETH 的 ID 号。

（2）GTYPE 为动刚度矩阵的计算方法，有 SVDNP 和 BME 两种方法；SVDNP 通过变换转动自由度后传递函数的奇异值分解计算动刚度矩阵；BME 采用块矩阵消元法计算动刚度矩阵；对于大型模型，块矩阵消除（BME）方法可能是一个问题；BME 选项仅在小型模型或其他方法不起作用时推荐使用。同时采用 SVDNP 时需要指定 OSET，即响应点 SET；若采用 BME，则可不指定 OSET，亦可指定 OSET。

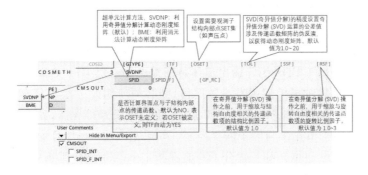

（a）结构部分释义

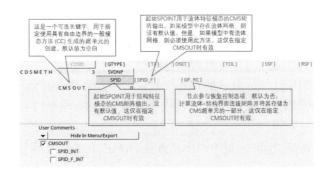

（b）流体部分释义

图 3-7　CDSMETH 关键字

表 3-5　CDSMETH 关键字

CDSMETH	CDSID	GTYPE	TF	OSET	TOL	SSF	RSF
	(9)	(10)	(11)	(12)			
	CMSOUT	SPID	SPID_F	GP_RC			

（3）TF 是指在每个计算频率处的连接点和内部响应点生成传递函数,默认为 NO,当指定 OSET 时会自动打开。

（4）OSET 为内部节点,一般为响应点;如果指定了 OSET,在残余向量运行中,相应的内部节点则可以被恢复,TF 将自动设置为 YES,默认为空白。

（5）TOL 为奇异值分解(SVD)计算的容差值,该计算涉及传递函数矩阵的伪反演,以获得动刚度矩阵,默认值为 1e-20。

（6）SSF 为结构比例因子,用于在奇异值分解(SVD)计算之前对与结构自由度相关的传递函数项进行比例变换,默认值为 1。

（7）RSF 为旋转比例因子,用于在奇异值分解(SVD)计算之前对与旋转自由度相关的传递函数项进行比例变换,默认值为 1×10^{-3}。

（8）CMSOUT 为一个可选关键字,用于指定使用具有自由-自由边界的通用模态方法

(Craig-Chang 方法)生成的组件模型合成(CMS)超单元的创建,默认为空白。

(9) SPID 是用于 CDS 矩阵输出结构特征模态的起点 ID,没有默认值。这仅在指定 CDSOUT 时有效,在设置时不能是模型中的节点号,可尽量设置得大点,如 80 000 000。

(10) SPID_F 是用于 CDS 矩阵输出流体特征模态的起点 ID。如果模型中存在流体网格,则不存在默认值,但是,如果模型中有流体网格,则必须使用此方法。只有在指定 cmsout 时,此选项才有效;在设置时不能是模型中的节点号,可尽量设置得大点,如 90 000 000。

(11) GP_RC 用于节点参与因子恢复控制。如果是 YES,则计算流体-结构界面连接处矩阵,并将其存储为 CDS 超单元的一部分。只有在指定 cmsout 时,此选项才有效,默认为 NO。

2. CDS 超单元创建时需要注意的相关细节

(1) CDSMETH 仅支持模态频率响应分析工况,响应可根据需要进行恢复,在超单元与残余结构中的这些界面连接点必须通过 BNDFRE1、BNDFREE、CSET 或 CSET1 定义。

(2) 在指定了 CDSMETH 的模态频率响应分析中,必须使用 FREQ 或 FREQ1(或 1~5 中的任何一个)关键字指定可用于恢复的频率。

(3) 当使用 CDSMETH 时,可以通过减少残余结构计算中的 CSET 点数量实现合理的加速,即在创建超单元时,选择合理的界面连接点非常重要,建议选择两者的活动连接部分(如螺栓、球铰或衬套等)。

(4) 对于大模型缩聚,建议采用 SVDNP 方法,BME 方法仅推荐用于小型模型或其他方法不起作用的情形下。

3.3 超单元的复制及定位

3.3.1 DMIGMOD 关键字的含义

在实际使用超单元时,可以灵活复制和重新定义超单元。该方法使用的关键字为 DMIGMOD,该关键字可以调整复制超单元的匹配节点、SPOINT、单元、坐标系等的编号偏置,超单元混合阻尼输出及定义后的节点容差等。DMIGMOD 关键字的主要含义见表 3-6。

表 3-6　DMIGMOD 关键字

DMIGMOD	MTXNAME	SHFGID	SHFSPID	SHFSPID_F	SHFCID	SHFEID	SHFRID
+	HYBDAMP	METHOD	SDAMP	KDAMP	METHOD_F	SDAMP_F	KDAMP_F
+	ORIGIN	A1	A2	A3			
+	GIDMAP	GID1	GID1A	GID2	GID2A	GID3	GID3A
+	CIDMAP	CID1	CID1A	CID2	CID2A	CID3	CID3A
+	RELOC	PA1	PA2	PA3	PB1	PB2	PB3
+	GRDTOL	ERREXT	TOLEXT	ERRINT	TOLINT		

表 3-4 中各行的用途如下:

（1）第1行：需要偏置超单元的识别号，防止 ID 重复。

（2）第2行：定义超单元阻尼生成的方式。

（3）第3～6行：提供了多种调整超单元位置的重定位方法。

（4）第7行：定义残余结构节点和重定位超单元界面节点的融合容差。

表 3-4 详细的释义如下：

（1）第1行：MTXNAME 为需要复制的超单元矩阵名称；SHFGID 至 SHFRID 分别用于指定偏置后的超单元节点、结构标量点、流体标量点、坐标系、单元、刚性单元的范围。

（2）第2行：HYBDAMP 至 KDAMP_F 分别为激活超单元阻尼创建、EIGRL 识别号（用于指定产生的模态混合阻尼应用于超单元）、超单元结构模态阻尼 TABDMP1 识别号、指定是否将结构黏性模态阻尼作为结构阻尼代替黏性阻尼输入复刚度矩阵中（－1 表示是）、超单元流体模态阻尼 TABDMP1 识别号、指定是否将流体黏性模态阻尼作为结构阻尼代替黏性阻尼输入复刚度矩阵中（－1 表示是）。

（3）第3行：ORIGEN 为采用原点方法定义超单元、A1、A2 和 A3 为定位后的超单元坐标原点。

（4）第4行：GIDMAP 为匹的超单元节点 ID 号；GID1、GID1A 和 GID2 为残余结构的节点号；GID2、GID2A 和 GID3A 为超单元的对应节点号；采用复制超单元与残余结构匹配的节点不能共线。

（4）第5行：CIDMAP 为匹的超单元坐标系 ID 号；CID1、CID1A 和 CID2 为残余结构的坐标系；CID2、CID2A 和 CID3 为超单元的对应坐标系。

（5）第6行：RELOC 用于指定残余和超单元匹配节点号；PA1、PA2 和 PA3 为残余结构的不共线节点号；PB1、PB2 和 PB3 为超单元相匹配的节点号，如图 3-8 所示。

（6）第7行：GRDTOL 为残余结构与超单元相匹配节点的融合容差；ERREXT 指定基于定义的容差值输出不一致的外部节点位置错误或警告；TOLEXT 定义与外部节点位置相比较的容差；ERRINT 指定基于定义的容差值输出不一致的内部节点位置错误或警告；TOLINT 定义与内部节点位置相比较的容差。

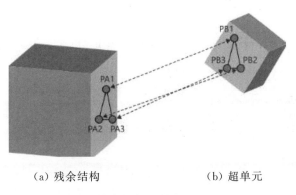

(a) 残余结构　　　　(b) 超单元

图 3-8　残余结构与超单元节点配对

3.3.2 DMIGMOD 关键字的应用

如某悬臂支架左端约束 1～6 自由度,则向右端施加 1N 的集中力,模型中部分成 4 块相同尺寸的区域。分析工况包括静力分析、约束模态分析、模态频率响应分析(右侧载荷处施加单位力,左侧全约束),如图 3-9 所示。

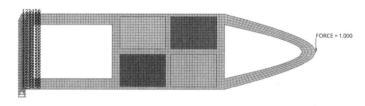

（a）完整模型图

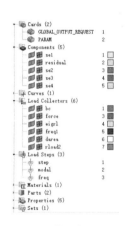

（b）模型树图

图 3-9   某悬壁支架超单元分析图

首先创建完整模型的工况,同时进行三个工况的分析。

1. 超单元方法一

（1）将中部 4 块相同区域采用一个超单元进行分析,界面点采用 ASET1 创建,超单元缩聚方法采用 CMSMETH 中的 CBN 方法,如图 3-10(a)～(f)所示。

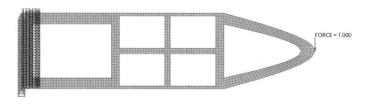

（a）残余结构模型

图 3-10   超单元方法一创建流程

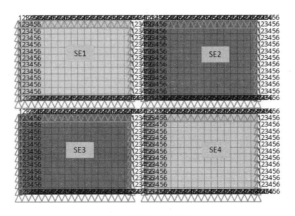

（b）超单元模型图

（c）超单元缩聚模型树

	CMSID	METHOD	[UB_FREQ]	[NMODES]	SPID	[SOLVER]	[AMPFFAC
CMSMETH	6	CBN		20	100000	LAN	

（d）CMSMETH 参数

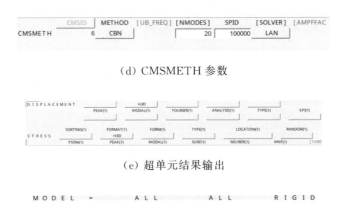

（e）超单元结果输出

MODEL   =   ALL   ALL   RIGID

（f）超单元 MODEL 卡片输出

图 3-10 （续）

（2）得到超单元结果后，在残余模型中通过 ASSIGN 语句关联超单元结果进行工况计算。

2. 超单元方法二

（1）利用 DMIGMOD 方法超单元的复制和定位，首先创建左上位置的 SE1 超单元模型，并提交计算得到超单元结果，如图 3-11 所示。

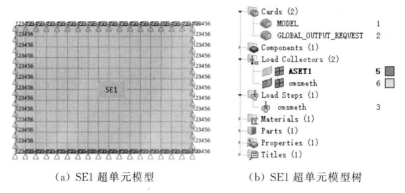

（a）SE1 超单元模型　　　　（b）SE1 超单元模型树

图 3-11　SE1 超单元创建流程

（2）将生成的 SE1 超单元进行复制得到其余 SE2、SE3 和 SE4 这 4 个相同超单元，并对 SE2、SE3 和 SE4 超单元的 SHFGID、SHFSPID、SHFEID 和 SHFRID 的编号进行重新分配，避免重复；将残余模型需要匹配的节点号与复制的 SE1 超单元进行匹配，如图 3-12(a)～(d) 所示。

（3）创建整个模型（包括残余模型及 4 个超单元模型）的 SET 节点集；同时创建 CONNECT 关键字，用于将复制的 3 个超单元与残余模型节点等效及融合，如图 3-12(d) 所示；最后进行残余模型的计算。

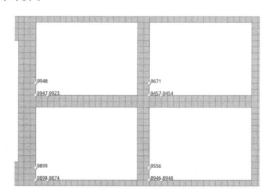

（a）残余模型匹配节点编号

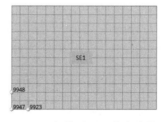

（b）SE1 超单元匹配节点编号

图 3-12　超单元方法二创建流程

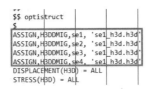

（c）四个超单元矩阵名定义及复制

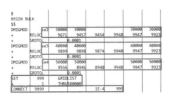

（d）SE2、SE3 和 SE4 三个超单元重新定位及连接

图 3-12 （续）

3. 结果对比

将完整的基础模型、超单元方法一及超单元方法二的 3 个工况的结果进行对比，其中静力位移及应力云图如图 3-13 所示，左上角为完整模型、右上角为超单元方法一、左下角为超单元方法二（DMIGMOD 方法）。静力结果对比见表 3-7，从结果可以看出三种模型的位移及应力完全一致。

表 3-7 三种模型的静力结果对比

结　果	完　整　模　型	超单元方法一	超单元方法二
位移/mm	0.003625	0.003625	0.003625
应力/MPa	15.237093	15.237093	15.237093

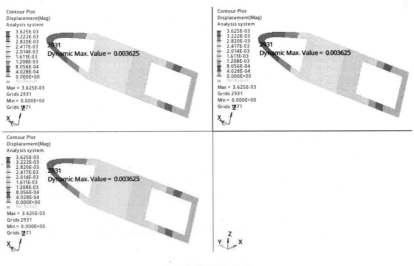

（a）位移结果对比

图 3-13 静力工况结果对比

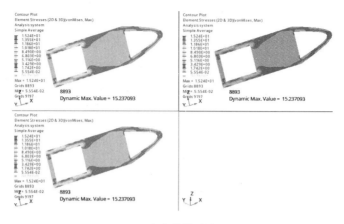

（b）应力结果对比

图 3-13 （续）

三种模型的模态结果（10 阶）对比见表 3-8，从对比结果中可以看出两种超单元方法与基础结果接近，方法一的最大差值比率为 0.0026%，方法二的最大差值比率为 0.0386%。

表 3-8　三种模型的模态结果对比（前 10 阶）

阶数	完整模型	超单元方法一	超单元方法二	方法一与完整差值	方法二与完整差值
1	1550.892	1550.892	1550.893	0.0000%	0.0001%
2	5393.061	5393.063	5393.078	0.0000%	0.0003%
3	10171.220	10171.240	10171.560	0.0002%	0.0033%
4	10760.280	10760.300	10760.610	0.0002%	0.0031%
5	22729.780	22729.860	22730.280	0.0004%	0.0022%
6	25187.960	25188.180	25191.450	0.0009%	0.0139%
7	42803.700	42804.190	42810.510	0.0011%	0.0159%
8	45477.460	45478.390	45492.700	0.0020%	0.0335%
9	49856.100	49857.830	49864.440	0.0035%	0.0167%
10	60125.160	60126.700	60148.350	0.0026%	0.0386%

三种模型的右侧响应点（2931）的加速度频率响应结果对比如图 3-14 所示，从对比结果中可以看出两种超单元方法与基础结果的幅值及相位一致。

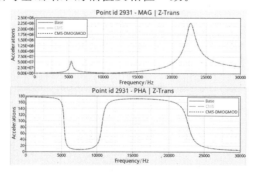

图 3-14　频率响应工况结果对比

3.4　控制关键字

3.4.1　MODEL 关键字

该关键字用于全局性控制输出的单元集、节点集及刚性单元集等,其格式为 MODEL、ELSET、GRIDSET、RIGIDSET;对于超单元可通过该关键字输出超单元模型或 PLOTEL 简化显示。

在常规分析中,若未定义 MODEL 卡片,则在默认情况下为 MODEL、ALL、NONE、ALL,即输出所有的单元及单元相关的节点。在 CMS 等超单元生成时,若未使用 MODEL,则默认为 MODEL、NONE、NONE、NONE,即不输除 ASET 节点以外的任何单元或节点。

对于较大模型当进行 CMS 超单元缩聚时,常常在 CMS 超单元模型建立 PLOTEL 单元,然后使用 MODEL、PLOTEL、NONE、NONE,或定义关注的单元或节点集,然后使用 MODEL、elem_SID、grid_SID、rigid_SID 获取子结构内部响应。

3.4.2　AMSE4CMS 关键字

该关键字提供控制是否采用 AMSES Eigensolver(特征值求解器)进行 CMS 超单元的创建,该关键字会加速超单元的创建,特别是在采用 ASET 自由度定义时,如果达到数千个 ASETS,则效果明显。

这个关键字仅支持采用 CMSMETH 中的 CBN、GM、CB 等时有效,针对这些方法,AMSE4CMS 默认处于打开的状态,而对于其余的方法,不会打开,但采用 ASET 定义自由度且采用 GM 方法时除外。

当采用 GUYAN 与 AMSES 结合使用时,在默认情况下会打开该关键字。此外,GUYAN 将被转换为具有 0.001Hz 上限的 CBN 方法。

3.5　小结

本章基于 OS 模块,详细阐述了不同界面关键字、计算及控制等关键字。每种关键字具有其特定的含义和适用场景,在 CMS 超单元中 GM 方法较为常用;在 CDS 超单元中 SVDNP 较为常用。若需要显示装配的超单元模型,则可通过 MODEL 卡片进行相应设置。

第 4 章

OS 超单元法在动力电池包中的应用

OS 超单元因其具有丰富的超单元缩聚方法和较高的求解精度而得到广泛应用;特别是在汽车产品的开发过程中,在 NVH、静力学及动力学等方面应用较为普遍。本节将基于新能源动力电池包的模态和随机振动仿真工况对超单元的应用进行讲解。

4.1 实战一:超单元拓扑优化应用

4.1.1 应用背景

先利用一个小例子对超单元进行讲解,根据某悬臂支架产品的受力模式,以及对某悬臂梁进行静力分析,同时使用不同的静态缩聚方法进行缩聚,并对缩减的模型进行拓扑优化分析,其目的是对比完整模型与采用不同超单元缩聚方法下的静力结果之间的差异。

简易悬臂梁的左侧固定,右侧施加一个向下的力,如图 4-1 所示。绿色区域为非设计区域,浅蓝色区域为设计区域。

彩图 4-1

图 4-1 悬臂梁分析模型

4.1.2 采用 DMIG 方法进行拓扑优化

1. 悬臂支架拓扑优化问题描述

(1) 目标:应变能最小化。

(2) 约束:将体积分数上限设计为 40%。

（3）设计变量：设计空间内的单元密度。

2. DMIG 法拓扑优化流程

在 OS 中，可利用 ASET（或 ASET1）定义超单元界面自由度，即超单元与残余结构相连接部分的自由度，该连接部分采用直接矩阵输入方式。在超单元缩聚过程中随着界面 ASET 数目的增加，静态缩减法的精度和成本也相应增加。例如在正常情况下使用静态缩减法后，用于计算的矩阵规模将会减小，但如果缩减的 DMIG 矩阵比较密，则计算时间反而比整个模型采用缩减后的稀疏矩阵计算时间更长，此时就无法体现超单元的效果，因此在实际应用中为了防止缩减矩阵过密，通常会合理选择界面点创建 ASET。一般选择节点较少区域作为界面点，如图 4-2(a) 所示，而不选择图 4-2(b) 中的区域，在实际项目中可以灵活地选择。

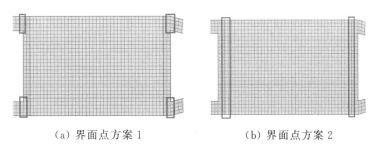

（a）界面点方案 1　　　　　　　　（b）界面点方案 2

图 4-2　悬臂梁界面点选择

1) 创建超单元界面关键字

采用 Asets 关键字建立界面自由度，用以指定超单元界面自由度，如图 4-3 所示。

图 4-3　悬臂梁界面 Asets 关键字

2) 创建界面自由度

在 constraints 界面中，选择如图 4-4 所示的界面节点，如果勾选 1～6 全部的自由度，则这些自由度将分配到 ASET 集中。

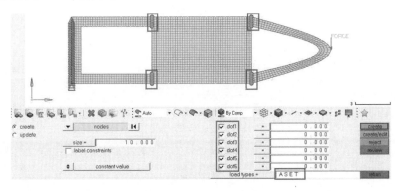

图 4-4　创建悬臂梁界面自由度

3）创建超单元模型

创建超单元模型，用于生成刚度缩减矩阵和载荷向量，载荷和边界条件直接作用在该模型中，同时删除用于优化计算的模型单元，即残余模型，如图 4-5 所示。

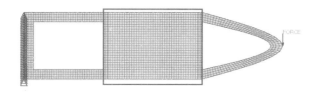

（a）创建前的超单元模型

（b）创建后的超单元模型

图 4-5　创建超单元模型

4）创建超单元缩减矩阵存储关键字

为了输出超单元缩减矩阵，需定义关键字 PARAM 和 EXTOUT。该关键字主要有 4 种格式，本例使用 DMIGPCH 格式将超单元缩聚矩阵以 ASCII 的格式存储到文件. pch 中，如图 4-6 所示。

OSDIAG	PFPANEL	SENSITIVITY
OUTFILE	PROPERTY	SENSOUT
OUTPUT	RADPRM	SHAPE
P2G	RESPRINT	SHRES
PARAM	RESTART	SUBTITLE
PFGRID	RESULTS	SWLDPRM
PFMODE	SCREEN	SYSSETTING

（a）步骤 1

（b）步骤 2

图 4-6　创建超单元缩聚矩阵格式

5）超单元模型计算

（1）可以通过 OptiStruct 界面中的求解器或采用单独求解器计算超单元模型，如图 4-7 所示。

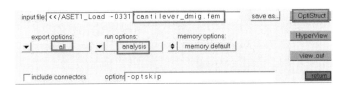

（a）步骤 1

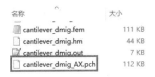

（b）步骤 2

图 4-7　超单元模型计算

（2）超单元模型计算完成后，缩减矩阵将采用 DMIG 格式存储到 .pch 文件。在默认情况下，缩减刚度矩阵的名字是 KAAX，缩减质量矩阵的名字是 MAAX，缩减载荷矩阵的名字是 PAX。由于本例中不使用质量矩阵，所以不会写入 .pch 文件中；另外也可通过 DMIGNAME 修改缩减矩阵的名称，如图 4-8 所示。

（a）步骤 1，超单元计算结果

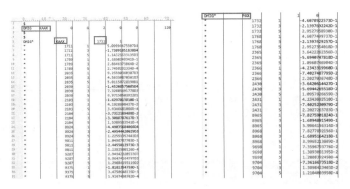

（b）步骤 2，缩聚后的超单元矩阵信息

图 4-8　超单元缩聚矩阵

6）创建残余模型

基于完整模型,将超单元区域模型删除,超单元结果将利用 DMIG 矩阵进行关联,如图 4-9
所示。

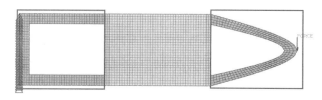

（a）步骤 1,完整模型

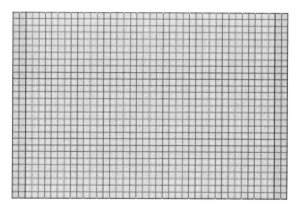

（b）步骤 2,残余模型

图 4-9　创建残余模型

7）调用超单元界面结果

将超单元与残余模型进行装配,将调用超单元界面节点结果,用于残余模型分析,如图 4-10
所示。界面缩聚 DMIG 矩阵的调用按如下步骤进行,在控制卡片 INCLUDE_BULK 中输入
PCH 文件,具体设置如下,本优化将在计算模型 cantilever_dmig_AX. pch 文件相同的文件夹
中运行。如果需要在其他文件夹中运行,则需要定义此文件的完整路径。在 control cards 中
单击 INCLUDE BULK 并输入 PCH 文件。

GAPPRM	INCLUDE_CTRL	M2GG
GLOBAL_CASE_CONTROL	INFILE	MECHCHECK
GLOBAL_OUTPUT_REQU	K2GG	MODEL
GRDSET	K2PP	Model Documentation
GROUNDCHECK	K42GG	MODESELECT
HISOUT	LABEL	MSGLMT
INCLUDE_BULK	LOADLIB	OMIT

（a）步骤 1

图 4-10　调用超单元刚度及载荷矩阵

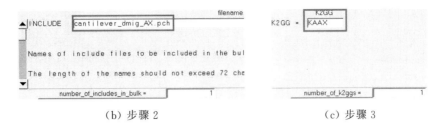

（b）步骤 2　　　　　　　　　　　　（c）步骤 3

单击 K2GG 关键字后输入 KAAX（此为缩减刚度矩阵的名字）；单击 P2G 关键字，在 P2G 中输入 PAX，如图 4-10 所示。

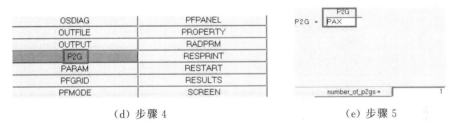

（d）步骤 4　　　　　　　　　　　　（e）步骤 5

图 4-10 （续）

8）创建拓扑优化设计变量

根据拓扑优化三要素，在 optimization 中设置设计变量、属性及优化参数等，具体设置内容如图 4-11 所示。

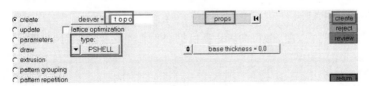

（a）步骤 1

（b）步骤 2

（c）步骤 3

图 4-11　创建拓扑优化设计变量

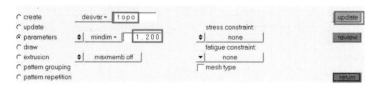

(d) 步骤 4

图 4-11 （续）

9）创建拓扑优化响应

根据拓扑优化三要素，在 response 中设置体积分数、应变能等参数，具体设置内容如图 4-12 所示。

(a) 步骤 1

(b) 步骤 2

图 4-12 创建拓扑优化响应

10）创建拓扑优化约束

根据拓扑优化三要素，在 dconstraints 中设置体积分数约束，具体设置内容如图 4-13 所示。

(a) 步骤 1

(b) 步骤 2

图 4-13 创建拓扑优化约束

11）创建拓扑优化目标

根据拓扑优化三要素，在 object 中设置目标，即综合应变能最小为优化目标，具体设置内容如图 4-14 所示。

图 4-14 创建拓扑优化目标

12）拓扑优化分析计算

通过计算，可以得到悬臂支架在给定条件下的拓扑优化结果，如图 4-15 所示。

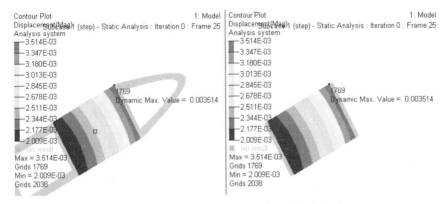

（a）步骤 1，拓扑优化前完整与超单元位移结果对比

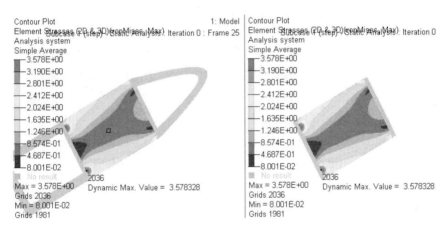

（b）步骤 2，拓扑优化前完整与超单元应力结果对比

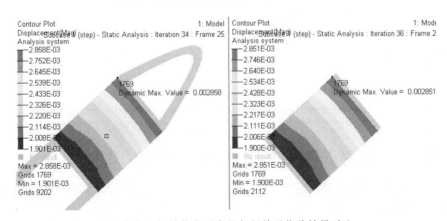

（c）步骤 3，拓扑优化后完整与超单元位移结果对比

图 4-15　完整与超单元残余结果

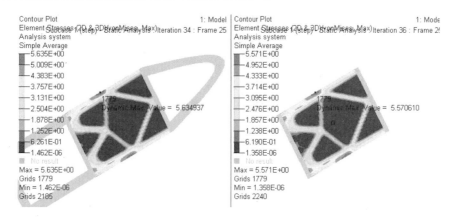

（e）步骤 4，拓扑优化后完整与超单元应力结果对比

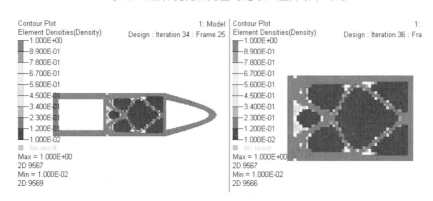

（f）步骤 5，拓扑优化后完整与超单元残余单元密度对比

图 4-15 （续）

完整与超单元残余结果对比见表 4-1。

表 4-1 完整与超单元残余结果对比

名　　称	完 整 模 型	超 单 元 模 型	差　　值
优化前最大位移/mm	3.514e-3	3.514e-3	0
优化前最大应力/MPa	3.578328	3.578328	0
优化后最大位移/mm	2.858e-3	2.851e-3	−0.244927%
优化后最大应力/MPa	5.633947	5.570610	−1.124203%

4.2　实战二:超单元副车架安装点静刚度应用

4.2.1　应用背景

本节以某副车架后悬置安装点静刚度分析为例进行研究,该副车架整体材质为铝,其弹性

模量 E 为 69 000MPa,泊松比为 0.33,密度为 2.7e-9t/mm³;通过采用超单元进行副车架不同材质的后悬置安装点静刚度对比分析研究,如图 4-16 所示。

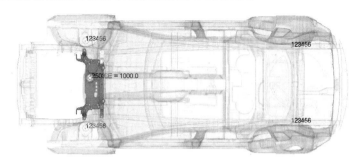

图 4-16　某副车架后悬置安装点静刚度

4.2.2　采用 DMIG 方法进行超单元缩聚

当采用 DMIG 方法进行超单元缩聚时,为了得到界面连接点的缩聚矩阵,使其加载点及载荷无关,如加载点如图 4-17(a)所示,副车架与车身的界面连接点如图 4-17(b)所示。

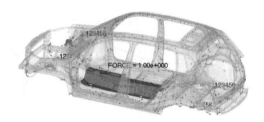

(a) 加载点图示

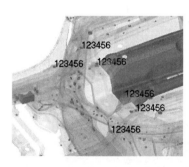 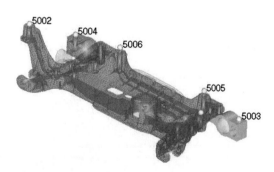

(b) 界面连接点图示

图 4-17　某副车架界面点图示

1. DMIG 法超单元缩聚流程

相应的详细操作参阅 3.2.1 节中所述的流程,关键步骤如下。

(1) 定义界面点 ASET1,如图 4-18 所示。

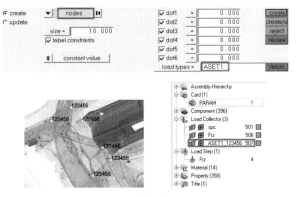

图 4-18　创建某副车架界面点

（2）定义超单元输入 DMIG 格式，当采用 DMIG 方法时需要选择合适的界面节点，如本例共有 6 个节点，用于生成缩聚矩阵，若界面节点较多，则会导致缩聚后的矩阵结果文件较大，需要综合选择合适的界面点，如图 4-19 所示。

（a）步骤 1，设置 DMIG 矩阵输出

（b）步骤 2，超单元计算结果

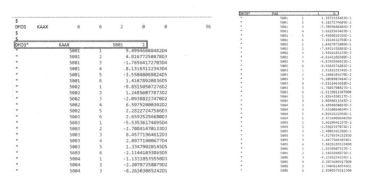

（c）步骤 3，缩聚刚度矩阵 KAAX　　　（d）步骤 4，缩聚载荷矩阵 PAX

图 4-19　某副车架连接的车身超单元计算

2. 创建残余模型

（1）创建残余模型，并调用超单元刚度及载荷矩阵结果，如图4-20所示。残余模型的创建是基于基础模型进行操作的，即从保留界面连接点处保留残余模型，其余部分全部删除即可。

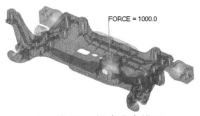

（a）步骤1，创建残余模型

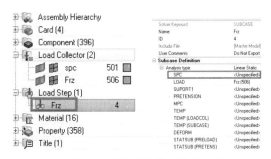

（b）步骤2，创建残余模型分析工况

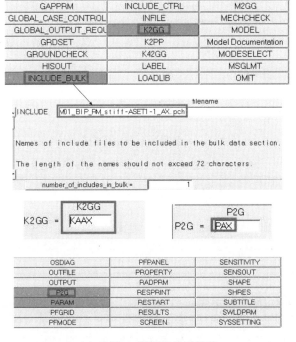

（c）步骤3，调用超单元矩阵

图4-20　创建残余模型及调用超单元矩阵

（2）基于残余模型及超单元结果，对残余模型进行静力分析，如图 4-21 所示。后悬置在 Z 向 1000N 作用下的位移和应力对比见表 4-2。从表中可以看出超单元结果与完整模型结果一致，最大误差为 0.011153%，求解时间缩短 96.082474%，效果明显。

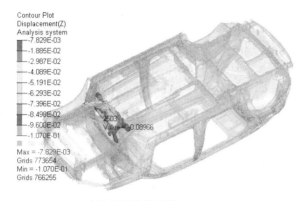

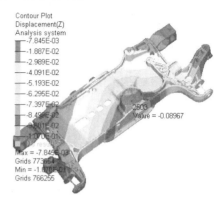

（a）完整模型位移结果：0.08966mm　　　　（b）超单元模型位移结果：0.08967mm

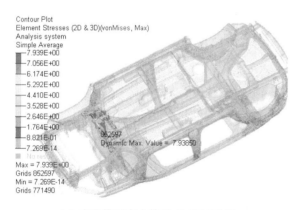

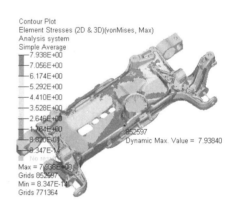

（c）完整模型应力结果：7.93850MPa　　　　（d）超单元模型应力结果：7.93840MPa

图 4-21　完整模型与残余模型结果对比

表 4-2　完整模型与超单元残余模型结果对比

名称	完整模型	超单元模型	差值
最大位移/mm	0.08966	0.08967	0.011153%
最大应力/MPa	7.93850	7.93840	−0.001260%
求解时间/s	485	19	−96.082474%

（3）利用超单元方法，基于残余模型对副车架本体进行不同材质的对比分析，对比结果如图 4-22 所示。基于超单元方法的前副车架静刚度分析结果见表 4-3，从结果可以看出 AZ31（镁合金）的应力小于铝材质，而 PA（尼龙）的应力和变形均比铝和镁合金大；基于超单元方法可以快速地对副车架进行分析及优化。

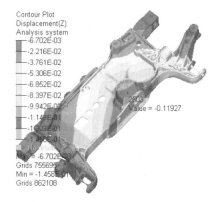

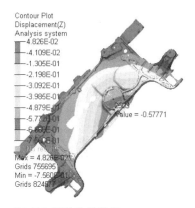

（a）镁合金材质（AZ31）位移结果：0.11927mm　　（b）PA材质位移结果：0.57771mm

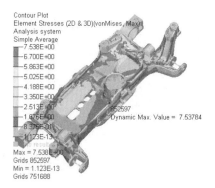

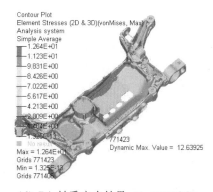

（c）镁合金材质（AZ31）应力结果：7.53784MPa　　（d）PA材质应力结果：12.63925MPa

图 4-22　基于超单元不同结果对比

表 4-3　基于超单元不同材质结果对比

名　　称	完整模型/AL	超单元模型/AL	超单元模型/AZ31	超单元模型/PA
最大位移/mm	0.08966	0.08967	0.11927	0.57771
最大应力/MPa	7.93850	7.93840	7.53784	12.63925
求解时间/s	485	19	24	25

4.3　实战三：超单元在动力电池模态分析中

4.3.1　分析背景

1. 使用 CMS 及 CDS 等多种超单元缩聚方法进行模态分析

（1）采用不同的超单元缩聚方法对某电池包案例进行模态分析。

（2）同时对比不同超单元缩聚方法计算的整体模型之间的结果差异。

（3）如图 4-23 所示为某电池包模型，6 个安装点固定，求整个模型的模态频率及振型。

2. 分析模型说明

如图 4-23 所示,包括完整模型、超单元模型及残余模型等;残余模型仅包括下托盘,其余均为超单元模型;为了便于超单元结果的数据恢复及结果显示,将各个界面连接点采用 PLOTEL 单元连接。

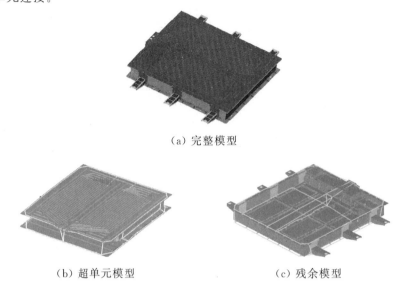

（a）完整模型

（b）超单元模型　　　　　　　　　（c）残余模型

图 4-23　某动力电池包模型

4.3.2　超单元缩聚方法:GM

采用 GM 方法创建超单元,有多种方法,如通过界面创建、通过 STEP BY STEP 创建及头文件创建,这两种方法较为常用;本节分析采用这两种方法创建 GM 超单元。

方法一:界面创建 GM 超单元

(1) 将超单元模型的界面连接点采用 BNDFREE1 进行界面自由度定义,首先创建界面 SET 集,然后进行界面自由度定义,如图 4-24 所示。

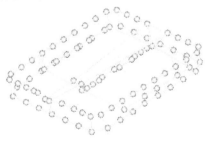

（a）界面连接点

图 4-24　创建界面自由度

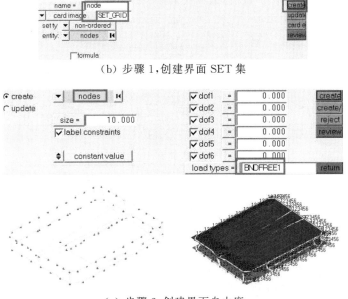

（b）步骤1，创建界面 SET 集

（c）步骤2，创建界面自由度

图 4-24　（续）

（2）创建超单元关键字，本节采用 CMSMETH 进行超单元缩聚，同时采用 GM 方法，其中模态频率上限值一般根据需要计算的模态结果进而确定，如果要计算的整体模态频率上限为 100Hz，则为了提高计算精度，超单元模态结果一般为此频率的 4 倍以上，当然有时也可设置得一致，整体对结果影响有限，如图 4-25 所示。

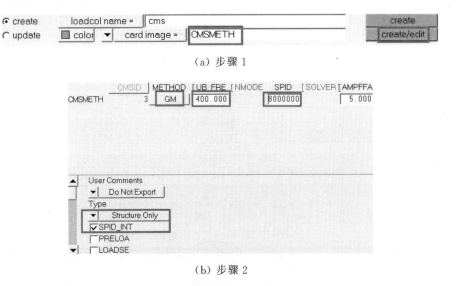

（a）步骤1

（b）步骤2

图 4-25　创建超单元缩聚关键字

（3）创建超单元计算控制参数，包括调用 CMSMETH、接地检查及模型控制输出等，具体设置如图 4-26 所示。

GAPPRM	INCLUDE_CTRL	M2GG
GLOBAL_CASE_CONTROL	INFILE	MECHCHECK
GLOBAL_OUTPUT_REQUEST	K2GG	MODEL
GRDSET	K2PP	Model Documentation
GROUNDCHECK	K42GG	MODESELECT
HISOUT	LABEL	MSGLMT
INCLUDE_BULK	LOADLIB	OMIT

（a）步骤 1

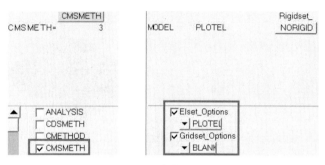

（b）步骤 2

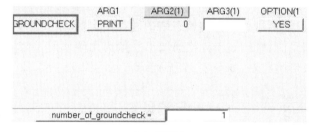

（c）步骤 3

OSDIAG	PFPANEL	SENSITIVITY
OUTFILE	PROPERTY	SENSOUT
OUTPUT	RADPRM	SHAPE
P2G	RESPRINT	SHRES
PARAM	RESTART	SUBTITLE
PFGRID	RESULTS	SWLDPRM
PFMODE	SCREEN	SYSSETTING

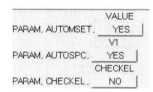

（d）步骤 4

图 4-26　创建超单元缩聚控制参数

方法二：STEP BY STEP **方法创建** GM **超单元**

（1）本节采用 STEP BY STEP 方法创建 GM 超单元，具体的操作步骤如图 4-27 所示，各个参数的意义与第 3 章中的内容一致。

（a）步骤 1

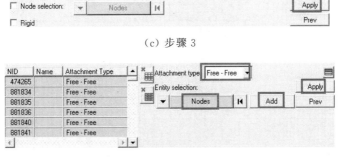

（b）步骤 2，SPOINT 会自由识别创建，也可输入一个较大的节点号，避免和现有模型节点号重叠

（c）步骤 3

（d）步骤 4，采用自由界面方法

（e）步骤 5

图 4-27 方法二创建 GM 超单元

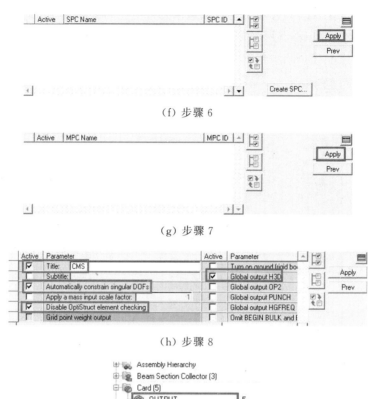

(f) 步骤 6

(g) 步骤 7

(h) 步骤 8

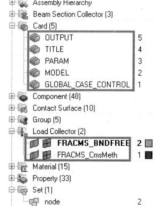

(i) 步骤 9

图 4-27 （续）

（2）超单元计算，可采用的计算界面如图 4-28 所示，可以根据需要设置相应的求解控制参数，如单元质量检查、AMSES 加速及指定 CPU 核数等。

（3）完整模型计算，将残余模型与超单元结果进行装配，从而进行模态计算，本节采用头文件方法，如图 4-29 所示，其中超单元调用一般放在第 1 行，通过关键字 ASSIGN 引用；第二部分为模态分析工况及相关参数；第三部分为残余模型的关联，通过关键字 INCLUDE 关联。

图 4-28　超单元计算界面

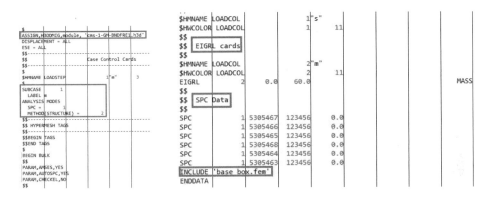

图 4-29　组装后的模态计算头文件

（4）组装后的模态计算结果如图 4-30 所示，其中左侧为完整模型结果，右侧为超单元模型结果；从结果可以看出超单元结果与完整结果一致。

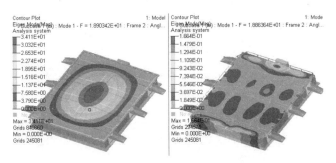

（a）底护板模态对比（右侧底护板缩聚为超单元，振型未显示）

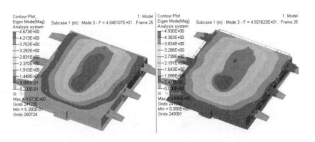

（b）整体模态对比（右侧为超单元）

图 4-30　组装后的模态计算结果

4.3.3　超单元其余缩聚方法

（1）采用 GM 中的其余超单元缩聚方法，如图 4-31 所示，主要包括 CB、CC、CBN 及 GUYAN 等方法。

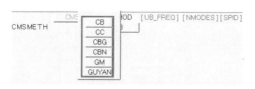

图 4-31　GM 其余超单元缩聚方法

（2）采用 CDS 超单元缩聚方法，CDS 超单元可以采用界面创建，也可采用 STEP BY STEP 创建，本节分别采用这两种方法创建 CDS 超单元。

方法一：界面创建超单元，具体的操作步骤如图 4-32 所示，详细的各参数和卡片含义详见第 3 章中的内容。

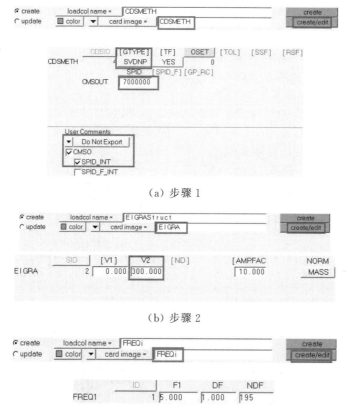

（a）步骤 1

（b）步骤 2

（c）步骤 3，该频率范围的设置原因是为了使其与后续的随机振动分析频率范围一致

图 4-32　CDS 超单元缩聚方法一

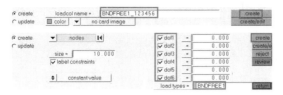

（d）步骤 4

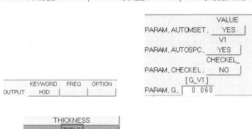

（e）步骤 5

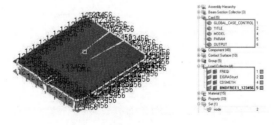

（f）步骤 6

（g）步骤 7

图 4-32 （续）

方法二:STEP BY STEP 创建超单元,具体的操作步骤如图 4-33 所示,详细的各参数和卡片含义详见第 3 章中的内容。

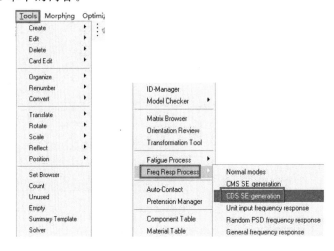

（a）步骤 1

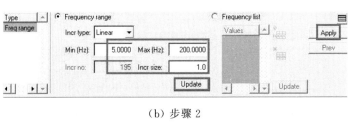

（b）步骤 2

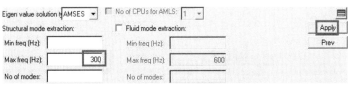

（c）步骤 3

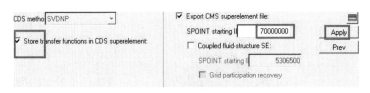

（d）步骤 4

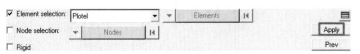

（e）步骤 5

图 4-33　CDS 超单元缩聚方法二

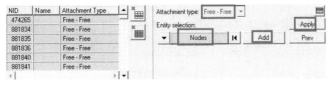

（f）步骤6

（g）步骤7

（h）步骤8

（i）步骤9

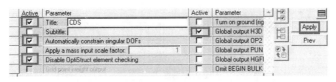

（j）步骤10

（k）步骤11

图4-33 （续）

（3）通过计算可以得到组装后的整个电池包的模态结果，如图 4-34 所示，结果分别包括 CB、CC、CBN、GM、CDS 及 GUYAN 等，其中一阶模态 CC 和 CB 的结果为 56.26Hz，GUYAN 的结果为 51.7Hz，其余的结果均为 18.9Hz 左右。

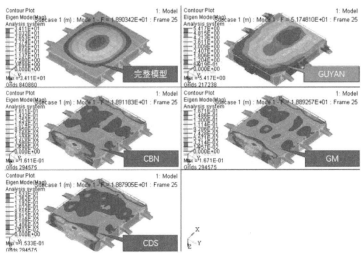

（a）其余超单元缩聚底护板模态结果

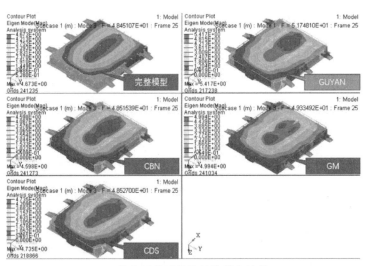

（b）其余超单元缩聚整体模态结果

（c）CB 方法的结果为 56.26Hz

图 4-34　各种超单元方法模态计算结果

(Scratch disk space usage for starting iteration = 6209 MB)
(Running out-of-core solution)

Volume　　　　　　= 5.90429E+006　Mass　= 1.99519E-002

Subcase	Mode	Frequency	Generalized Eigenvalue	Generalized Stiffness	Mass
1	1	5.625872E+01	1.249509E+05	1.249509E+05	1.000000E+00

（d）CC方法的结果为56.26Hz

图4-34　（续）

各种超单元缩聚方法的结果对比见表4-4。

表4-4　各种超单元缩聚方法的结果对比

方　　案	完整模型	GM法	GUYAN法	CBN	CDS	CC	CB
底护板一阶	18.90	18.86	51.75	18.91	18.88	56.26	56.26
一阶整体	48.45	49.22	51.75	48.52	48.53	56.26	56.26
计算时间	00:36:23	00:03:34	00:07:58	00:03:38	00:03:37	00:03:38	00:03:38

采用CC和CB法超单元进行模态分析结果出现奇异，CC和CB属于动力学柔性体超单元，GUYAN属于静力缩减方法，即不建议采用这3种进行模态分析。

4.3.4　超单元不同界面自由度定义差异

采用不同界面自由度定义之间的差异，即在界面连接点分析采用BNDFRE1、ASET1和BNDFIX1这3种方法进行定义，得到组装后的整体模型模态结果如图4-35所示，一阶整体模态结果和求解时间见表4-5。

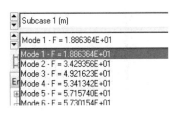

（a）CMS-GM-BNDFRE1　　　（b）CMS-GM-ASET1　　（c）CMS-GM-BNDFIX1

图4-35　各种界面方法定义模态计算结果

表4-5　一阶整体模态结果和求解时间

界面自由度定义方法	一阶模态/Hz	求　解　时　间
BNDFRE1	18.86	00:04:43
ASET1	18.89	00:03:10
BNDFIX1	18.89	00:04:19

（1）由于GM中的BNDFRE1、ASET1及BNDFIX1等界面方法对结果影响较小，所以可

通用;只是 BNDFRE1 为自由界面,一般用于衬套连接方式中,而 ASET1 和 BNDFIX1 为固定界面,一般用于螺栓等硬连接中。

(2) CSET/BNDFREE 不允许用在 CMSMETH 卡片中的 CC/CB/CBG/GUYAN 等关键字。

4.4 实战四:超单元在动力电池随机振动分析中

4.4.1 分析背景

根据国标 38031 的电池包随机振动要求,同时选择合适的车辆类型,车辆"形式认证"基本采用法规中的车辆分类,主要分为以下几类。

(1) M 类为载客四轮车,依据车辆载客人数及车辆最大设计总质量分为 M1、M2、M3 三类。

(2) N 类为载货车辆,依据车辆最大设计总质量分为 N1、N2、N3 三类。

(3) O 类为挂车,依据车辆最大设计总质量分为 O1、O2、O3、O4 四类。

(4) L 类为两轮或三轮车,依据发动机排量、车速及功率分为 L1、L2、L3、L4、L5、L6、L7 七类。

(5) G 类为越野车,G 类车不是单独的一类,是 M、N 类中的一种。欧洲各国车辆注册因各国关注的对象不同,所以车辆分类不同。车辆类型术语名称欧洲各国(如德国、法国)的标准与国际标准基本相同。一般乘用车为 M 类,其 PSD 谱如图 4-36 所示。

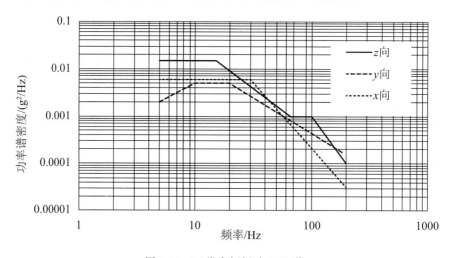

图 4-36 M 类车辆振动 PSD 谱

4.4.2 随机振动相关理论

1. 随机振动背景

(1) 根据振动问题的时不变假设,通常采用线性等效,由此将动振动响应问题分解为自由振动和强迫运动或振动分析,主要考查与频率相关的结构或系统的应力或位移等,具体的分类见表 4-6。

表 4-6　振动分析分类

名　　　称	类　　　型	子　类　型
振动响应问题	自由振动	实模态分析（Normal）
		复模态分析（Complex）
	强迫运动（加速度、位移）	响应分析，如瞬态及频率响应等与频率相关的应力或位移结果分析
		响应谱分析，如冲击 SRS 等与频率或时间相关的应力结果分析
		随机响应分析（统计方法），如电池包随机振动响应分析等，主要考查与频率相关的应力或位移结果
	强迫振动（外力、压力）	地震对系统的响应分析等

在 OS 中可以通过 ENFMOTN 参数控制绝对位移（或加速度/速度）和相对位移（或加速度/速度）的输出，PARAM，ENFMOTN，ABS（默认值）表示分析结果是模型的绝对运动，而若采用 REL，则运动相对于强迫运动的结果。在振动分析中，等效于用大质量法且从分析中排除刚体运动。某电池包模型如图 4-37 所示，共有 4 个安装点，其中 5305463 为其一安装点编号，4166310 为上盖上某一响应点，通过随机振动分析，可以得到 4166310 的响应对比结果，如图 4-38 所示。从图中可以看出采用 ABS 和 REL 两种方法后，同一响应点在5Hz 起始频率下的响应值有所不同，ABS 为 9836.51mm/s^2，

图 4-37　某电池包模型图

而 REL 为 26.513mm/s^2 接近于 0；由于 5Hz 时的安装点强迫加速度为 9810mm/s^2，所以说明选择 ABS 后响应点的加速度为绝对值，而 REL 为相对于安装点的相对加速度。

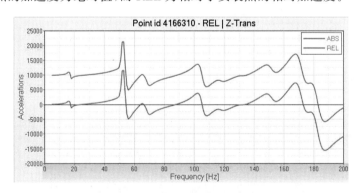

图 4-38　某电池包上盖同一响应点两种结果对比图

通过在 GLOBAL_OUTPUT_REQUEST 中设置 PSDF 输出，可以得到安装点的 PSD 曲线，如图 4-39（b）所示，由图 4-39（a）转换，该图与输入的 PSD 谱一致。

（a）步骤 1，PSD 输出设置

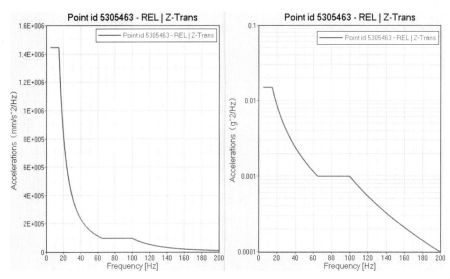

（b）步骤 2，PSD 输出验证

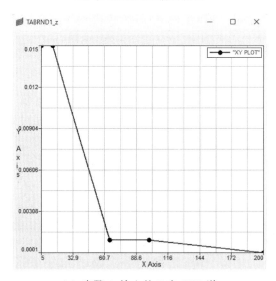

（c）步骤 3，输入的 Z 向 PSD 谱

图 4-39　某电池包上盖同一响应点两种结果对比图

（2）随机振动分析方法的基本假设，其包括载荷和响应满足正态分布假设，以及零均值假设。随机振动采用双边的置信水平，并且通常采用 3σ 双边置信，即 $\pm 3\sigma$；通常随机振动应力分级见表 4-7，随机振动应力分级如图 4-40 所示。

$$F(x) = \frac{1}{\sqrt{2\pi}\,\sigma} \int_{-\infty}^{x} \mathrm{e}^{-\frac{(x-\mu)^2}{2\sigma^2}} \mathrm{d}x \tag{4-1}$$

$$\sigma = \sqrt{\frac{1}{n} \sum_{i=1}^{n} (a_i - \mu)^2} = \mathrm{RMS} \tag{4-2}$$

表 4-7　应力分级

应力的范围	发 生 概 率	失 效 概 率	意　义
$\gamma\sigma$	$P(\lvert x \rvert \leqslant \gamma\sigma)$	$P(\lvert x \rvert > \gamma\sigma)$	每百万数
1σ	68.27%	31.73%	317300
2σ	95.45%	4.55%	45500
3σ	99.73%	0.27%	2700
6σ	99.9999998%	0.0000002%	0.002

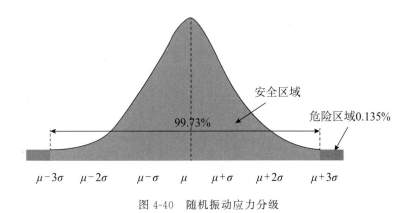

图 4-40　随机振动应力分级

2. 功率谱密度相关理论

功率谱密度（Power Spectral Density，PSD）指在频率域内表示随机振动过程在各频率成分上的统计特性。功率谱密度的基本概念对于平稳的随机过程 $x(t)$，时间历程是非周期的，因此不能用傅里叶级数表示，而且 $x(t)$ 是一个无限长的信号，通常不满足条件式(4-3)。

$$\int_{-\infty}^{+\infty} \lvert x(t) \rvert \mathrm{d}t < \infty \tag{4-3}$$

所以也不能通过傅里叶变换得到该随机过程的频域信息，此时可以通过对该随机过程的自相关函数 $R_x(\tau)$ 做傅里叶变换，以此进行处理。如果对随机过程 $x(t)$ 的零点进行处理，使该过程的平均值为 0，并且假定 $x(t)$ 不含周期性分量，则 $R_x(\tau \to \infty) = 0$，条件为式(4-4)。

$$\int_{-\infty}^{+\infty} \lvert R_x(\tau) \rvert \mathrm{d}\tau < \infty \tag{4-4}$$

若式(4-4)得到满足，就可以得到自相关函数的 $R_x(\tau)$ 傅里叶变换和逆变换。

$$S_x(\omega) = \frac{1}{2\pi} \int_{-\infty}^{+\infty} R_x(\tau) \mathrm{e}^{-\mathrm{i}\omega\tau} \mathrm{d}\tau \tag{4-5}$$

$$R_x(\tau) = \int_{-\infty}^{+\infty} S_x(\omega) e^{i\omega\tau} d\omega \tag{4-6}$$

其中函数 $S_x(\omega)$ 称为功率谱密度。若令式(4-6)中的 τ 为 0，则可得到式(4-7)。

$$R_x(\tau = 0) = E(x^2) = \int_{-\infty}^{+\infty} S_x(\omega) d\omega \tag{4-7}$$

这是 $S_x(\omega)$ 最重要的一个特性，即功率谱密度曲线下的面积就是随机信号 $x(t)$ 的均方值，所以函数 $S_x(\omega)$ 又称均方谱密度，其单位是 g^2/Hz 或 $(mm/s^2)/Hz$。

由此可见，$S_x(\omega)$ 表示随机过程的均方值在频率域内的分布密度；由于在电学中电压和电流的平方与功率成正比，因此将 $S_x(\omega)$ 称作功率谱密度函数，或简称自谱。在随机振动中 $S_x(\omega)$ 表示能量在各频率上的分布密度。PSD 使用单边谱进行分析，即将式(4-5)表示为以下形式：

$$G_x(\omega) = \begin{cases} 2 \times S_x(\omega) & \omega \geqslant 0 \\ 0 & \omega < 0 \end{cases} \tag{4-8}$$

在实际计算时，通常采用的是加速度功率谱密度（Acceleration Power Spectral Density，APSD），由于加速度可以更好地表征高频率段的特征（一般达到 200Hz 以上），所以也可以采用速度功率谱密度（Velocity Power Spectral Density，VPSD）及位移功率谱密度（Displacement Power Spectral Density，DPSD），这三者之间的转换关系如式(4-9)所示。

$$VPSD(\omega) = \frac{APSD(\omega)}{\omega^2}, DPSD(\omega) = \frac{APSD(\omega)}{\omega^4} \tag{4-9}$$

3. 正态分布相关理论

工程中常见的随机信号通常服从高斯分布。高斯分布（Gaussian Distribution）又称为正态分布（Normal Distribution），是一个非常常见的连续型概率分布。正态分布是统计学上一个十分重要的概念，常用在自然（如雨量统计及天气预报等）和社会科学等方面，表示一个不明确的随机变量。

若随机变量 X 服从一个数学期望为 μ、方差为 σ^2（每个样本点到平均值的平均距离）的正态分布，如式(4-10)所示。μ 和 σ 只能反映载荷的幅值或强度的变化，不能完全反映频谱特性。

$$f_X(x) = \frac{1}{\sqrt{2\pi}\sigma} \exp\left[-\frac{(x-\mu)^2}{2\sigma^2}\right], x \in [-\infty \sim +\infty] \tag{4-10}$$

$$X \sim N(x - \mu, \sigma^2)$$

期望值（均值）μ 决定了正态分布曲线的位置，其标准差 σ 决定了整个分布的幅度，均值和方差计算公式如下：

$$\mu = E[X] = \int_{+\infty}^{-\infty} xf(x) dx, \sigma^2 = E[(X-\mu)^2] = \int_{+\infty}^{-\infty} (x-\mu)^2 f(x) dx \tag{4-11}$$

常见的标准差事件发生的概率计算如下：

$$P_r = \{X \leqslant x_a\} = \int_{-\infty}^{x_a} \frac{1}{\sqrt{2\pi}\sigma} \exp\left[-\frac{(x-\mu)^2}{2\sigma^2}\right] dx \tag{4-12}$$

$$P(\mu - \sigma \leqslant X \leqslant \mu + \sigma) = 0.6826$$

$$P(\mu - 2\sigma \leqslant X \leqslant \mu + 2\sigma) = 0.9546$$
$$P(\mu - 3\sigma \leqslant X \leqslant \mu + 3\sigma) = 0.9973 \tag{4-13}$$

将计算的事件概率结果汇总到一张图中，可以得到典型的正态分布图，如图 4-41 所示。从正态分布图中可以更直观地看出整个事件发生的概率与均值和方差相关，该方法也常用于异响仿真的结果统计，进而根据统计结果与 DTS 进行比较分析，得到相关区域出现异响的概率及决定是否需要进行优化分析等。

Steinberg 根据应力的高斯分布将结构的应力水平划分为 3 个层次，分别为 1σ、2σ、3σ 应力三区间法假设。3σ 区间内所有应力发生的概率为 99.73%，应力水平高于 3σ 的频率为 0.27%。即仿真后得到的 1σ 应力扩大 3 倍得到 3σ 应力，只要 3σ 应力低于材料的疲劳极限（有时采用屈服强度），就认为结构满足随机振动要求。

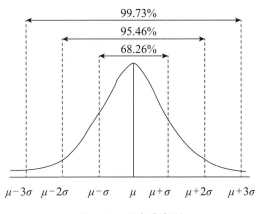

图 4-41　正态分布图

4. 基于频率响应法的电池包随机振动仿真原理

对电池包随机振动响应分析，其 PSD 谱通常采用 GB 38031 或 GB 31743 中的要求，或采用企业实际采集的路谱数据。当采用实际采集的 PSD 数据时，通常选取各个点最大外包络线作为 PSD 输入谱。当选择合适的 PSD 作为电池包随机振动分析输入谱后，首先进行电池包的频率响应分析，获得整个电池包的加速度功率谱激励和响应之间的传递函数 TF，然后将传递函数的平方与加速度功率谱相乘获得随机振动的响应。

$$S_{\text{out}}(\omega) = |H(i\omega)|^2 S_{\text{in}}(\omega) \tag{4-14}$$

其中，$S_{\text{in}}(\omega)$ 为加速度功率谱激励，单位为 $\dfrac{\text{g}^2}{\text{Hz}}$，$H(i\omega)$ 为传递函数 TF 的平方，即 $\dfrac{\text{MPa}^2}{\text{g}^2}$，$S_{\text{out}}(\omega)$ 为电池包的响应，即 $\dfrac{\text{MPa}^2}{\text{Hz}}$。

采用均方根应力和应力分布的三区间法评价随机振动，一旦确定了随机振动的响应的谱密度，响应的均方根值就可以根据式(4-15)得出：

$$E(\omega) = \int_{-\infty}^{+\infty} S_{\text{out}}(\omega) d\omega \tag{4-15}$$

由此可知响应的谱密度曲线与横坐标围成的面积为响应的均方根值。

在 OS 中随机振动单位必须保持一致,即频率响应函数 TF 的单位必须与 PSD 输入谱的单位保持一致,载荷类型与 PSD 的载荷类型要保持一致,采用的是对数还是线性必须一致,一般采用双对数格式。通常采用的单位闭合制为 mm、tom、MPa、sec,输入的 PSD 谱单位为 $\frac{g^2}{Hz}$,转换为 $\frac{mm}{s^2}$ 后为 $9810^2 \frac{(mm/s^2)^2}{Hz}$,所以输入的动态激励载荷为 1g,其单位为 $9810 \frac{mm}{s^2}$,应力单位为 MPa;输出的加速度 PSD 单位为 $\frac{(mm/s^2)^2}{Hz}$,应力 PSD 单位为 $\frac{MPa^2}{Hz}$。

$$1\frac{g^2}{Hz} = 9810^2 \frac{(mm/s^2)^2}{Hz} = 386.22^2 \frac{(in/s^2)^2}{Hz} \tag{4-16}$$

5. 随机振动 RMS 计算方法 1

在进行电池包随机振动分析中,往往需要对比不同 PSD 对结构的影响程度,首先对比整个频率范围内的 RMS 值,该值直接影响整个振动的强度和结果,RMS 具体的计算流程如下所示,GB38031 中的 Z 向 PSD 谱如图 4-42 所示。

对于双对数 LOG-LOG 图中两点 (f_1, a_1) 和 (f_2, a_2),其斜率和偏置计算公式如下:

$$\text{slope} = \frac{\log(a_2) - \log(a_1)}{\log(f_2) - \log(f_1)}, \text{offset} = \frac{a_1}{f_1^{\text{slope}}} \tag{4-17}$$

通过斜率和偏置可以计算两点直线与 x 轴围成的面积计算公式如下:

$$\text{area} = \frac{\text{offset}}{\text{slope}+1}(f_2^{\text{slope}+1} - f_1^{\text{slope}+1})(\text{slope} \neq -1) \tag{4-18}$$

当 slope=1 时,这种情况比较特殊,式(4-18)是不成立的。对于这种情况,$a = \frac{\text{offset}}{f}$ 集成到一个自然对数函数中。

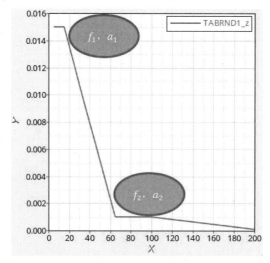

图 4-42　GB38031 中 Z 向 PSD 谱图

$$\text{area}=\text{offset}\times(\log(f_2)-\log(f_1))(\text{slope}=-1) \tag{4-19}$$

1）位移 RMS 计算公式

根据位移与加速度的关系可知：

$$\text{displacement}=\frac{\text{acceleration}}{\omega^2}=\frac{\text{acceleration}}{(2\pi f)^2} \tag{4-20}$$

则两点连线的直线方程，在位移密度下可变换成：

$$d=\frac{\text{offset}}{(2\pi)^2}\times f^{(\text{slope}-4)} \tag{4-21}$$

进一步得到 x 轴从 f_1 到 f_2 积分，得到位移下的面积为

$$\text{area}=\frac{1}{(2\pi)^2}\frac{\text{offset}}{\text{slope}-3}(f_2^{\text{slope}-3}-f_1^{\text{slope}-3})(\text{slope}\neq3) \tag{4-22}$$

当 slope＝3 时，使用自然对数函数为

$$\text{area}=\frac{\text{offset}}{(2\pi)^2}(\log(f_2)-\log(f_1))(\text{slope}=3) \tag{4-23}$$

例如，以 GB380381 中 Z 向 PSD 谱为例，可以计算得到位移 RMS 的结果见表 4-8，从表中可以看出 RMS 值为 0.639g，与标准中的 0.64g 一致。

表 4-8　位移 RMS 计算结果（以 GB380381 中 Z 向 PSD 谱为例）

频率/Hz	加速度 PSD/$g^2\cdot Hz^{-1}$	斜率	偏置	加速度面积 (G^2)	速度面积 $(Gs)^2$	位移面积 $(Gs^2)^2$
5	0.015	—	—	—	—	—
15	0.015	0	0.015	0.15	5.06606E-05	2.47144E-08
65	0.001	−1.846812891	2.229008667	0.188943746	8.76088E-06	5.87876E-10
100	0.001	0	0.001	0.035	1.36394E-07	5.64913E-13
200	0.0001	−3.321928095	4404.090044	0.034454125	5.56783E-08	1.00223E-13
—	—	—	总和	0.408397871	5.96135E-05	2.53029E-08
—	—	—	均方根(G)	0.639060147	0.007720981	0.000159069

在实际工程中可能感兴趣的是 Peak-to-Peak（峰值到峰值）的位移而不是 RMS 位移值，因为激振器行程采用峰值到峰值划分等级。由于振动是高斯随机的，所以不可能找到一个绝对的峰值。可以计算的是一个平均值，或者典型的峰值。对于高斯随机值，平均单侧峰值水平大约是 RMS 值的 3 倍（也称为 3σ 水平）。为了得到双侧位移，也就是峰对峰位移，这个数值需要乘以 2，所以典型的峰对峰位移值计算如下：

PPD（Peak-to-Peak Displacement）＝2×3×（0.061414946 in RMS）

＝0.368489673 in Peak-to-Peak

注：$Gs^2=\sqrt{(Gs^2)^2}$，如表 4-8 中 $(Gs^2)^2=2.53029E-08$，(Gs^2) RMS＝$\sqrt{2.53029E-08}=$ 0.000159069，(Gs^2) RMS×386.09＝0.061414946 in RMS，unit conversion displacement (mm) RMS＝0.061414946×25.4×2×3＝9.359637706。

$$RMS(G)=\sqrt{0.408397871}=0.639060147 \tag{4-24}$$

2）速度 RMS 计算公式

根据速度与加速度的关系可知

$$velocity=\frac{acceleration}{\omega}=\frac{acceleration}{2\pi f} \tag{4-25}$$

则两点连线的直线方程，在速度密度下可变换成

$$v=\frac{offset}{(2\pi)^2}\times f^{(slope-2)} \tag{4-26}$$

进一步得到 x 轴从 f_1 到 f_2 的积分，得到速度下的面积为

$$area=\frac{1}{(2\pi)^2}\frac{offset}{slope-1}(f_2^{slope-1}-f_1^{slope-1})(slope\neq1) \tag{4-27}$$

当 slope=1 时，使用自然对数函数为

$$area=\frac{offset}{(2\pi)^2}(\log(f_2)-\log(f_1))(slope=1) \tag{4-28}$$

可以把这些面积加起来得到均方速度，然后用平方根得到随机谱的均方根速度值。同时，若使用 G 中的加速度单位，则需要一个单位转换因子，具体如下所示，以 GB380381 中 Z 向 PSD 谱为例，可以计算得到速度 RMS 的结果，见表 4-9，从表中可以看出 RMS 值为 0.639g，与标准中的 0.64g 一致。

$$1G=386.09\frac{in}{s^2}=9806.65\frac{mm}{s^2}=9.80665\frac{m}{s^2} \tag{4-29}$$

表 4-9　速度 RMS 计算结果（以 GB380381 中 Z 向 PSD 谱为例）

频率/Hz	加速度 PSD/$g^2\cdot Hz^{-1}$	速度面积 $(Gs)^2$	位移面积 $(Gs^2)^2$	速度 RMS	位移 RMS	速度英寸转换 RMS	位移英寸转换 RMS
5	0.015	—	—	—	—	—	—
15	0.015	5.06606E-05	2.47144E-08	0.007117625	0.000157208	—	—
65	0.001	8.76088E-06	5.87876E-10	0.002959879	2.42462E-05	—	—
100	0.001	1.36394E-07	5.64913E-13	0.000369315	7.51607E-07	—	—
200	0.0001	5.56783E-08	1.00223E-13	0.000235963	3.1658E-07	—	—
—	总和	5.96135E-05	2.53029E-08	0.007720981	0.000159069	2.98099358	0.061414946

注：Gs RMS＝$\sqrt{Gs^2}$，如表 4-9 中 Gs^2＝6.09125E-05，Gs RMS＝0.007804648，in/s RMS＝0.007804648×386.09＝3.013296738，unit conversion Velocity(mm/s) RMS＝3.013296738 in RMS×25.4(mm/s) RMS＝76.53773714(mm/s) RMS，$RMS(G)=\sqrt{0.408397871}=0.639060147$；1 英寸≈2.54 厘米。

6. 随机振动 RMS 计算方法 2

对于加速度 PSD 谱可以用另外一种方法计算随机振动 RMS 值，根据 GB380381 中 Z 向随机振动的 PSD 谱如图 4-43 所示，计算加速度总均方根值 Grms，其详细的各公式的推导过程如下。

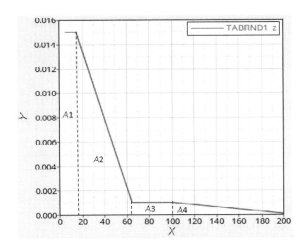

图 4-43 GB380381 Z 向随机振动 PSD 谱

(1) 针对第 1 个频段,可直接计算所包络矩形的面积 $A_1 = (15-5) \times 0.015 = 0.15g^2$。

(2) 针对第 2 个频段所包络图形的面积 A_2,可采用以下步骤。第 1 步,首先计算倍频程 (Octaves)n,由 $n = \dfrac{\lg\left(\dfrac{f_H}{f_L}\right)}{\lg 2}$,并将 $f_H = 65$ 和 $f_L = 15$ 代入得到 $n = 2.115\text{Oct}$。

(3) 计算 PSD 谱增量 dB,把 $\text{ASD}_L = 0.015\ \dfrac{g^2}{\text{Hz}}$,$\text{ASD}_H = 0.001\ \dfrac{g^2}{\text{Hz}}$ 代入 $\text{lolg}\dfrac{\text{ASD}_H}{\text{ASD}_L}$ 中可得增量为 $10\lg\left(\dfrac{\text{ASD}_H}{\text{ASD}_L}\right) = -11.7609\text{dB}$。

(4) 计算斜率 m,$m = \dfrac{-11.7609}{2.115} = -5.56\text{dB/Oct}$。

(5) 根据增量推导 m、ASD_H、ASD_L、f_H 和 f_L 之间的关系,据 $\text{dB} = \dfrac{\text{dB}}{\text{Oct}} \times \text{Oct} = m \times \dfrac{\lg\left(\dfrac{f_H}{f_L}\right)}{\lg 2} = 10\lg\left(\dfrac{\text{ASD}_H}{\text{ASD}_L}\right)$,又 $\dfrac{\text{ASD}_H}{\text{ASD}_L} = 10^{\frac{\text{dB}}{10}}$,进一步可得到

$$\frac{\text{ASD}_H}{\text{ASD}_L} = 10^{\frac{\text{dB}}{10}} = 10^{\left[\frac{m}{10} \times \frac{\lg\left(\frac{f_H}{f_L}\right)}{\lg 2}\right]} = \left[10^{\lg\left(\frac{f_H}{f_L}\right)}\right]^{\frac{m}{10\lg 2}} = \left(\frac{f_H}{f_L}\right)^{\frac{m}{10\lg 2}}, \quad \text{ASD}_H = \text{ASD}_L \times \left(\frac{f_H}{f_L}\right)^{\frac{m}{10\lg 2}}$$

采用积分方式求解面积 A_2,可得

$$A_2 = \int_{f_L}^{f_H} \text{ASD}_L \times \left(\frac{x}{f_L}\right)^{\frac{m}{10\lg 2}} dx = \text{ASD}_L \times \left(\frac{1}{f_L}\right)^{\frac{m}{10\lg 2}} \times \int_{f_L}^{f_H} (x)^{\frac{m}{10\lg 2}} dx$$

$$= \text{ASD}_L \times \left[1 + \frac{m}{10\lg 2}\right]^{-1} \times \left(\frac{1}{f_L}\right)^{\frac{m}{10\lg 2}} \times (x)^{1 + \frac{m}{10\lg 2}} \Big|_{f_L}^{f_H}$$

设 $1+\dfrac{m}{10\lg 2}\neq 0$，则当 $m\neq 10\lg 2\approx -3$ 时，有

$$\mathrm{ASD_L}\times\left[1+\frac{m}{10\lg 2}\right]^{-1}\times\left(\frac{1}{f_L}\right)^{\frac{m}{10\lg 2}}\times\left((f_H)^{1+\frac{m}{10\lg 2}}-(f_L)^{1+\frac{m}{10\lg 2}}\right)$$

$$=10\lg 2\times\frac{\mathrm{ASD_L}}{10\lg 2+m}\times\left[f_H\times\left(\frac{f_H}{f_L}\right)^{\frac{m}{10\lg 2}}-f_L\right]$$

将 $\mathrm{ASD_H}=\mathrm{ASD_L}\times\left(\dfrac{f_H}{f_L}\right)^{\frac{m}{10\lg 2}}$ 代入上式，可得

$$10\lg 2\times\frac{\mathrm{ASD_L}}{10\lg 2+m}\times\left[f_H\times\left(\frac{f_H}{f_L}\right)^{\frac{m}{10\lg 2}}-f_L\right]=10\lg 2\times\frac{\mathrm{ASD_H}}{10\lg 2+m}\times\left[f_H-f_L\times\left(\frac{f_L}{f_H}\right)^{\frac{m}{10\lg 2}}\right]$$

$$(4\text{-}30)$$

即当 $m\neq -3$ 时，该公式适用于任何一段频谱的面积计算。

当 $m=-3$ 时，$\dfrac{m}{10\lg 2}=-1$，$A_2=\displaystyle\int_{f_L}^{f_H}\mathrm{ASD_L}\times\left(\frac{x}{f_L}\right)^{\frac{m}{10\lg 2}}\mathrm{d}x=\mathrm{ASD_L}\times\left(\frac{1}{f_L}\right)^{\frac{m}{10\lg 2}}\times\displaystyle\int_{f_L}^{f_H}(x)^{\frac{m}{10\lg 2}}\mathrm{d}x=$

$\mathrm{ASD_L}\times\left(\dfrac{1}{f_L}\right)^{-1}\times\displaystyle\int_{f_L}^{f_H}\frac{1}{x}\mathrm{d}x=\mathrm{ASD_L}\times f_L\times\ln x\,|_{f_L}^{f_H}=ASD_L\times f_L\times\ln\dfrac{f_H}{f_L}$ $(4\text{-}31)$

$\mathrm{ASD_L}$ 表示任一频段低频 f_L 时的值，同样 $\mathrm{ASD_H}$ 表示任一频段高频 f_H 时的值。

由于 A_2 段频谱的斜率 $m\neq -3$，所以把 $\mathrm{ASD_H}=0.001\,\dfrac{\mathrm{g}^2}{\mathrm{Hz}}$，$m=-5.56$，$f_H=65\mathrm{Hz}$，$f_L=$

$15\mathrm{Hz}$ 代入式(4-30)可得 $A_2=10\lg 2\times\dfrac{\mathrm{ASD_H}}{10\lg 2+m}\times\left[f_H-f_L\times\left(\dfrac{f_L}{f_H}\right)^{\frac{m}{10\lg 2}}\right]=10\lg 2\times\dfrac{0.001}{10\lg 2-5.56}\times$

$\left[65-15\times\left(\dfrac{15}{65}\right)^{\frac{-5.56}{10\lg 2}}\right]=0.18897\mathrm{g}^2$。

（6）计算第 3 个频段所包络图形的面积 A_3，$\mathrm{ASD_L}=\mathrm{ASD_H}=0.001\,\dfrac{\mathrm{g}^2}{\mathrm{Hz}}$，由第（4）步可知斜

率 $m=0$，把 $m=0$，$f_H=100\mathrm{Hz}$，$f_L=65\mathrm{Hz}$，代入式(4-30)可得 $A_3=10\lg 2\times\dfrac{0.001}{10\lg 2+0}\times$

$\left[100-65\times\left(\dfrac{65}{100}\right)^{\frac{0}{10\lg 2}}\right]=0.035\mathrm{g}^2$；同理可得第一频段所包络的面积 $A_1=10\lg 2\times\dfrac{0.015}{10\lg 2+0}\times$

$\left[15-5\times\left(\dfrac{5}{15}\right)^{\frac{0}{10\lg 2}}\right]=0.15\mathrm{g}^2$。

（7）计算倍频程（Octaves）n，由 $n=\dfrac{\lg\left(\dfrac{f_H}{f_L}\right)}{\lg 2}$，并将 $f_H=200$ 和 $f_L=100$ 代入得

到 $n=1\mathrm{Oct}$。

计算谱增量 dB，把 $\mathrm{ASD_L}=0.001\,\dfrac{\mathrm{g}^2}{\mathrm{Hz}}$，$\mathrm{ASD_H}=0.0001\,\dfrac{\mathrm{g}^2}{\mathrm{Hz}}$ 代入可得 $10\lg\left(\dfrac{\mathrm{ASD_H}}{\mathrm{ASD_L}}\right)=$

$-10\mathrm{dB}, m=\dfrac{\mathrm{dB}}{\mathrm{Oct}}=\dfrac{-10}{1}=-10\mathrm{dB/Oct}, f_\mathrm{H}=200\mathrm{Hz}, f_\mathrm{L}=100\mathrm{Hz}$，代入式(4-30)可得，$A_4=10\lg2\times$

$\dfrac{\mathrm{ASD_H}}{10\lg2+m}\times\left[f_\mathrm{H}-f_\mathrm{L}\times\left(\dfrac{f_\mathrm{L}}{f_\mathrm{H}}\right)^{\frac{m}{10\lg2}}\right]=10\lg2\times\dfrac{0.0001}{10\lg2-10}\times\left[200-100\times\left(\dfrac{100}{200}\right)^{\frac{-10}{10\lg2}}\right]=0.03445\mathrm{g}^2$。

(8) 计算整个频段面积的平方根，即图 4-43 中所示的随机振动谱图中的加速度总均方根值 $G_\mathrm{rms}=\sqrt{A_1+A_2+A_3+A_4}=\sqrt{0.15+0.18897+0.035+0.03445}=0.63908\mathrm{g}$。

7. 随机振动 RMS 计算方法 3

对于多边形加速度 PSD 谱，其 G_rms 计算公式为 $G_\mathrm{rms}=\sqrt{A_1+A_2+A_3}$，详细的计算主要包括以下流程，某多边形 PSD 谱如图 4-44 所示，其计算过程及结果见表 4-10。

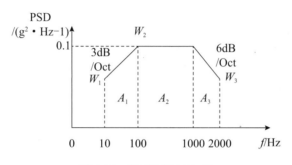

图 4-44　某多边形 PSD 谱

表 4-10　某多边形 PSD 谱

名称	f_i	f_j	psd_i	Psd_j	slope	area
平直谱	100	1000	0.1	0.1	0	90
上升谱	10	100	—	0.1	3	4.95
下降谱	1000	2000	0.1	—	6	50
总计	—	—	—	—	—	144.95
RMS	—	—	—	—	—	12.03951826

(1) 平直谱的计算如式(4-32)所示。
$$A_1=\mathrm{PSD}_i\times(f_j-f_i)=0.1\times(1000-100)=90 \tag{4-32}$$

(2) 上升谱的计算如式(4-33)所示。
$$A_2=\dfrac{\mathrm{PSD}_j\times f_j}{\dfrac{m}{3}+1}\left[1-\left(\dfrac{f_i}{f_j}\right)^{\frac{m}{3}+1}\right] \tag{4-33}$$

式中功率谱密度 $\mathrm{PSD}_j=0.1$；初始频率和末端频率分别为 10Hz 和 100Hz，斜率 slope 为 3，通过计算可得 $A_2=4.95$。

（3）下降谱的计算如式（4-34）所示。

（4）
$$A_3 = \frac{PSD_i \times f_i}{\frac{m}{3} - 1} \left[1 - \left(\frac{f_i}{f_j} \right)^{\frac{m}{3} - 1} \right]$$
(4-34)

式中功率谱密度$PSD_i = 0.1$；初始频率和末端频率分别为$1000Hz$和$2000Hz$，斜率 slope 为 6，通过计算可得 $A_3 = 50$。

8. 随机振动功率谱密度转换及均方根加速度计算

频率与功率谱密度的计算如式（4-35）所示。

$$\frac{y_2}{y_1} = \left(\frac{f_2}{f_1} \right)^{\frac{k}{3}}$$
(4-35)

式中 f_1 和 f_2 分别为两个频率点，y_1 和 y_2 分别为两个频率点对应的功率谱，k 为功率谱密度中的斜率；某 PSD 谱见表 4-11，通过计算可得 PSD 谱前后值，结果见表 4-12，PSD 谱斜率计算结果见表 4-13，PSD 谱均方根计算结果见表 4-14。

表 4-11　某 PSD 谱

频率范围/Hz	功率谱密度/(g^2/Hz)	斜率/(dB/oct)
10	0.004986	6
95	0.45	6
130	0.45	−14.7
200	0.055	−14.7
600	0.055	−15
2000	0.0001337	−15
总 A rms/g	8.5	—

表 4-12　PSD 谱前后值计算结果

名称	slope	f_i	f_j	y_1	y_2
前值	6	10	95	0.00498615	0.45
后值	−15	600	2000	0.055	0.00013365

表 4-13　PSD 谱斜率计算结果

名称	f_i	f_j	y_1	y_2	slope
前值	10	95	0.00498615	0.45	6.020640028
后值	600	2000	0.055	0.00013365	−15.05056457

表 4-14　PSD 谱均方根计算结果

名称	f_i	f_j	y_1	y_2	slope	Area
升	10	95	0.004986	0.45	6.020640028	14.20106713
平	95	130	0.45	0.45	0	15.75

续表

名 称	f_i	f_j	y_1	y_2	slope	Area
降	130	200	0.45	0.055	−14.68812384	12.2121643
平	200	600	0.055	0.055	0	22
降	600	2000	0.055	0.0001337	−15.05056457	8.150174895
总计	—	—	—	—	—	72.31340632
RMS	—	—	—	—	—	8.503728966

9. 扫描时间和扫描速率的计算公式

（1）线性扫描时间如下：

$$T_L = \frac{f_H - f_L}{V_L} \tag{4-36}$$

其中，f_H 和 f_L 分别为上限频率和下限频率（Hz），V_L 为线性扫频速度（Hz/min），T_L 的单位为 min。

（2）对数扫描时间如下：

$$T_0 = \frac{n}{V_0} \tag{4-37}$$

其中，n 为倍频程（Oct），V_0 为对数扫描速度（Oct/min），$n = \dfrac{\lg\left(\dfrac{f_H}{f_L}\right)}{\lg 2}$，$T_0$ 单位为 min。

（3）对数扫描速率如下：

$$V_0 = \frac{n}{T_0} = \frac{\lg\left(\dfrac{f_H}{f_L}\right)/\lg 2}{T_0} \tag{4-38}$$

如某产品以 0.1g 从 5Hz 到 100Hz 再回到 5Hz 的正弦扫描，其中对数扫描速率为 0.1Oct/min，则扫描时间接近 90min。

代入对数扫描时间公式可得倍频程：

$$n = \frac{\lg\left(\dfrac{f_H}{f_L}\right)}{\lg 2} = \frac{\lg\left(\dfrac{100}{5}\right)}{\lg 2} = 4.32 \text{Oct} \tag{4-39}$$

扫描时间为 $T_0 = \dfrac{n}{V_0} = \dfrac{4.32}{0.1} = 43.2 \text{min}$，则总共扫描时间（考虑往返时间）为 $43.2 \times 2 = 86.4 \text{min}$，符合规定的扫描时间 90min。

10. 随机振动响应的意义

对于随机振动中的位移、速度及加速度，这三者之间的区域及特点主要如图 4-45 所示，其中横坐标为频率，纵坐标为响应幅值。

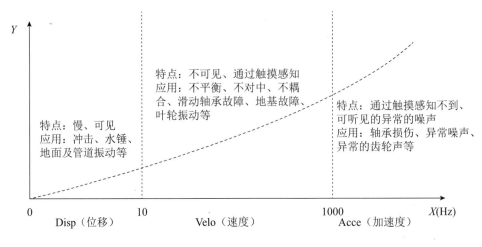

图 4-45   振动严重度评价(JIS-B-0906)

4.4.3   OS 随机振动分析设置

1. 随机振动分析关键字

（1）根据电池包与车身的安装点形式,电池包安装点约束采用 SPC 关键字,即定义约束与车身安装点 dof1～dof6 自由度,模拟电池包与车身的螺栓连接(注:若有条件,则建议采集电池包安装点处的实际 PSD 谱,此时分析与实际更接近,若无条件,则可采用 GB38031 中的 PSD 谱);对于有中间安装点的电池包,建议考虑车身结构,此时与实际更加接近,如图 4-46 所示。

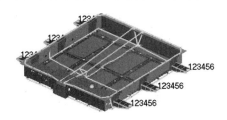

图 4-46   定义 SPC 关键字

（2）创建模态关键字 EIGRL,即定义提取的模态频率范围,一般为采集(计算)频率的 1.5 倍以上,大多数为 2 倍,这样可以减小因截断误差导致的计算结果;通过将上限频率设置为 220Hz、300Hz 和 400Hz 进行计算,可以发现对随机振动工况 RMS 应力影响有限,约 5% 左右,如图 4-47 所示。

图 4-47   定义 EIGRL 关键字

（3）创建激励频率关键字 FREQ1，即定义激励频率范围，该频率范围为计算的 PSD 谱频率范围，如图 4-48 所示。

（4）创建激励加速度幅值曲线关键字 TABLED1，即定义激励加速度的动态曲线（动态激励加速度为单位加速度 SPCD 乘以幅值曲线 TABLED1），本例为单位激励加速度，恒幅值变化，即设置为1，如图 4-49 所示。

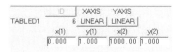

图 4-48　定义 FREQ1 关键字　　　　　图 4-49　定义 TABLED1 关键字

（5）创建单位加速度及频率相关的动态载荷关键字 RLOAD2（RLOAD2 为幅值相位格式，若为实部，则虚部采用 RLOAD1；若不涉及相位或虚部，则两个关键字可通用），本例将单位加速度 SPCD 定义在 RLOAD2 载荷集编号中（也可单独定义 SPCD 单位加速度激励载荷集），再通过 RLOAD2 定义动态载荷，如图 4-50 所示。采用同样的方法分别创建 RLOAD2_Y 和 RLOAD2_Z 等。本例中的 9810 为 1g 的等效转换，即 PSD 谱中纵坐标为 g^2/Hz，转换为 $9810(mm/s^2)^2/Hz$。如果此处被定义为1，则 TABLED1 中需要定义为 9810。

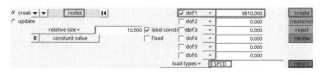

（a）创建 X 向单位加速度

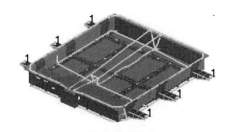

（b）X 向单位加速度创建结果

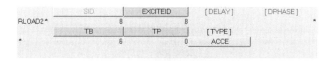

（c）X 向动态载荷集

图 4-50　定义 RLOAD2 关键字

（6）创建随机振动 PSD 谱关键字定义，即通过 TABRND1 关键字并采用双对数 LOG-LOG 定义 PSD 谱（注意，不要采用双线性 LINEAR，对结果影响较大），如图 4-51 所示。采用同样的方法分别定义 TABRND1_X 和 TABRND1_Y。

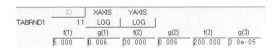

图 4-51　定义 TABRND1 关键字

（7）创建载荷集功率谱密度因子定义，即通过 RANDPS 关键字定义用于随机分析的与频率相关的载荷功率谱密度，其公式为 $S_{jk}(F) = (X + iY)G(F)$，其中 X 和 Y 分别为复数的实部和虚部，即为 PSD 谱的系数；$G(F)$ 为 PSD 谱曲线，为图 4-52(b) 中的 TID；图 4-52(b) 中的 $J(1)$ 和 $K(1)$ 为激励载荷工况，关键字设置如图 4-52(b) 所示。

特别说明：RANDPS 中 J 为激励载荷集工况编号，K 为应用载荷集工况编号，X 和 Y 为复数分量，TID 为功率谱曲线编号，其中 $K \geqslant J$，随机振动分析中 $J = K$，其 Y 为 0，即虚部为 0。

由于随机振动分析是基于模态频率响应分析结果，所以首先要创建单位加速度模态频率响应分析工况，即 rload_x、rload_y 和 rload_z，如图 4-52 中(a)所示。同理分别创建 3 个方向的随机载荷关键字 RANDPS，如图 4-52 中(c)所示。

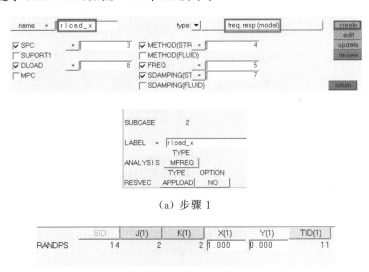

（a）步骤 1

（b）步骤 2

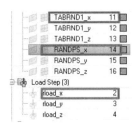

（c）步骤 3

图 4-52　定义 RANDPS 关键字

（8）创建随机振动分析工况及定义求解参数，如图 4-53 所示。在 14 版中需要通过 GLOBAL_CASE_CONTROL 定义 RANDOM 关键字，在 2021 高版本中可以直接在 Analysis 中的 loadsteps 进行定义，如图 4-53（b）所示。本例采用方法二创建，如图 4-53（c）所示。设置输出随机振动 RMS 应力结果，需要提前创建零件 SET 集，一般仅包括壳单元（实体单元表面包个 0.01 或 0.001mm 厚度的壳单元），当模型较大时，一般仅输出 Mises 应力，如图 4-53（d）中的 STRESS 设置。同时通过 ASSIGN 方法调用超单元结果，如图 4-53（e）所示。全局控制求解控制卡片设置如图 4-53（f）所示。

特别注意：在 loadsteps 中设置 RMS 结果输出的计算时间比全局 GLOBAL_OUTPUT_REQUEST 设置要快，另外也可以输出加载点的 PSD 谱（将输出参数 RMS 改为 PSDF），以便 PSD 谱的校核和验证，如图 4-53（d）中的 ACCELERATION 设置。

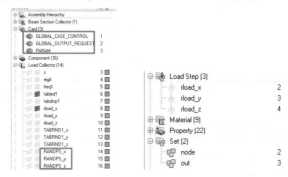

（a）步骤 1

（b）步骤 2，随机振动工况 RANDOM 定义方法一

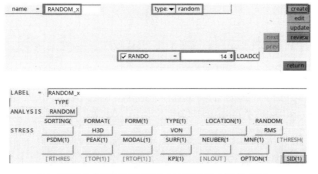

（c）步骤 3，随机振动工况 RANDOM 定义方法二

图 4-53　随机振动工况及求解关键字定义

（d）步骤 4

（e）步骤 5，超单元调用

（f）步骤 6

图 4-53 （续）

2. 随机振动计算头文件

通过以上创建步骤可得到随机振动分析工况和模型，另外随机振动分析工况也可以采用头文件方法进行创建，整个头文件包括工况、全局控制参数、求解参数及超单元引用等，其中超单元调用一般设置在整个头文件的最开始 ASSIGN 关键字段，接下来是 3 个方向的模态频率响应分析工况，以及相关的参数设置，最后为残余模型的关联，通过 INCLUDE 关键字引用，详细的设置如图 4-54 所示。

3. 随机振动分析结果

当采用线弹性计算理论和基于屈服强度的强度准则对承受压力的板进行强度校核时，应采用板的上下表面应力进行校核，即根据受力情况选择 Z1 或者 Z2，因为板的局部弯曲使板的上（或下）表面的应力较中面应力有所增加。如果板只受拉压，则可以只考虑板中面上的应力。在随机振动结果中建议分别查看 Z1 及 Z2 的应力结果，选择最大的值作为随机振动结果值。

（1）若遇到厚度不均、突变或圆角过渡区域，则建议勾选 Average Options 中的 Average across component boundary 复选框，以查看均化后更准确的结果，如图 4-55（b）所示（注此复选框建议默认勾选）。从图中可以看出，不同表面其应力值不一样，在读取时一般选择较大面的 RMS 应力作为分析结果值，如图 4-55(c)～ 图 4-55(d)所示。

图 4-54 电池包随机振动计算头文件

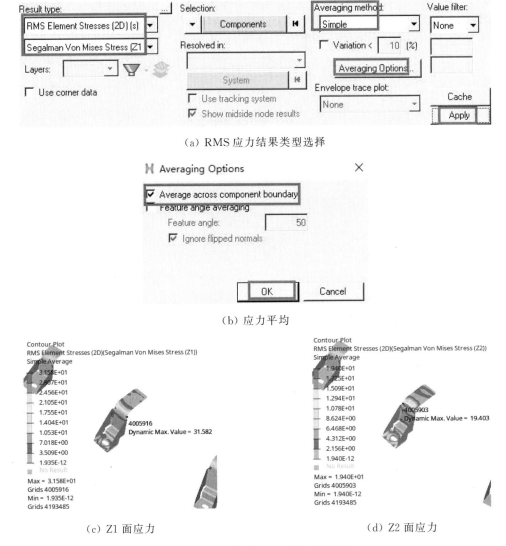

(a) RMS 应力结果类型选择

(b) 应力平均

(c) Z1 面应力   (d) Z2 面应力

图 4-55 随机振动 RMS 应力查看流程

当采用实体单元建模时,模型的最大应力很可能在外表面,一般在外表面再建一层极薄的膜单元(单元厚度可设为 0.01mm 或 0.001mm,可通过生成实体的 faces 定义膜单元属性,从而使材料与实体材料一致),这样可以获取更加准确的表面应力。在进行后处理时,可以查看模型上的最大应力。某电池包随机振动下的 3 个方向的结果如图 4-56 所示。

(2)随机振动结果包括 X、Y 和 Z 3 个方向;其中每个方向三幅图分别为:左上为完整模型结果,右上为 CMS 超单元结果,左下为 CDS 超单元结果。对完整模型与两种超单元模型的结果进行整理,便可得到详细的对比结果,见表 4-15;对比结果显示采用 CMS 及 CDS 超单元进行静力学分析可以得到较好的一致结果,其计算时间大幅度减小。

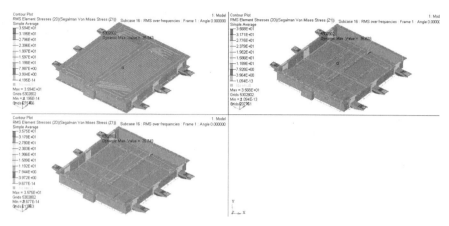

(a) X 向随机振动计算结果(左上为完整模型结果、右上为 CMS 超单元结果、左下为 CDS 超单元结果)

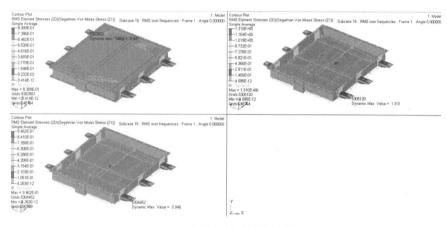

(b) Y 向随机振动计算结果

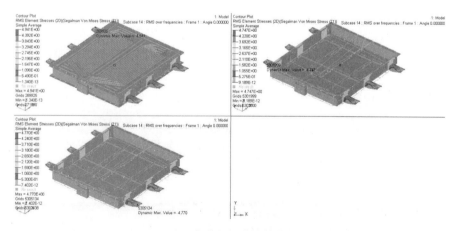

(c) Z 向随机振动计算结果

图 4-56　电池包随机振动计算结果

表 4-15 三个方向的随机振动结果

激 励 方 向	完整模型/MPa	CMS 超单元/MPa	CDS 超单元/MPa
Z 向	35.94	35.678	35.749
Y 向	0.831	1.310	0.9462
X 向	4.941	4.747	4.770
计算时间	04:05:15	00:31:06	00:32:11

4.4.4　OS 与 Abaqus 随机振动对比

在 4.4.3 节中基于 OS 进行了随机振动流程创建及分析,若采用 Abaqus 方法,则同样可以得到随机振动结果,但与 OS 结果可能会存在差异,一般采用 OS 的相对较为普遍。本节将基于 Abaqus 进行流程讲解,本例模型已通过 OS 创建,包括材料、截面属性、刚性单元 RBE2(对应 Abaqus 中的 COUP_KIN),整个模型如图 4-57 所示。

图 4-57　某支架振动模型图

1. 创建材料及属性

(1) 创建材料特性,包括密度及弹性模量,密度为 $7.85e-9t/mm^3$,弹性模量为 210 000MPa,泊松比为 0.3,如图 4-58 所示。该材料的屈服强度约为 $260\sim320MPa$,抗拉强度约为 $340\sim480MPa$。

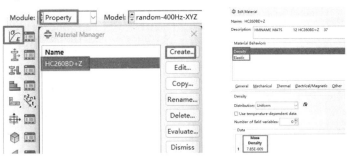

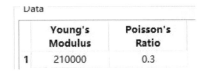

图 4-58　创建材料特性

（2）创建属性,采用壳单元模拟,厚度为 1.2mm,材料选择上一步创建的材料特性,如图 4-59 所示。

图 4-59　创建材料属性

2. 创建分析步

（1）创建分析步,由于 Abaqus 中的 Random response 分析步是基于模态的随机响应分析,所以需要创建包括模态和随机振动两种分析步,其中随机振动包括 X、Y 和 Z 3 个方向,如图 4-60 所示。模态特征值提取默认采用 Lanczos,同时设置提取模态频率上限(本例计算频率为 200Hz,则提取频率为 400Hz),如图 4-60(a)所示;扫频频率范围为关注的频率区间,如本例主要考查 5～200Hz 范围内的结果,分别设置上下限频率值,以及频率区间内的间隔数和疏密程度(本例采用间隔 1Hz,共 195 个点(Number of Points));同时将间隔点在不同频率范围的疏密(Bias)设置为 1;间隔点数和疏密影响计算时间和结果,默认 Number of Points 和 Bias 分别为 20 和 3,其中 Bias 仅当间隔数大于 3 时有效,如图 4-60(b)所示。

进行随机振动响应分析,需要设置模态阻尼比,阻尼比可通过模态数(Modes)或频率范围(Frequencies)设置,本例采用模态数设置方法,其中 200Hz 对应的是第 13 个模态,阻尼比可通过测试或模态应变能法得到,通常结构应力分析设置为 0.03 左右,如图 4-60(c)所示。

（2）创建场变量,包括位移、RMISES(Mises 等效应力的均方根)等,同时可设置结果输出间隔方式,如图 4-61 所示。

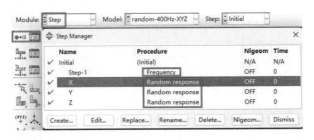

（a）步骤 1

图 4-60　创建分析步

(b) 步骤 2,设置提取模态数和频率范围

(c) 步骤 3,可以选择模态范围内阻尼或频率范围内阻尼

图 4-60 （续）

(a) 步骤 1

(b) 步骤 2 　　　　　　　　　　　　　(c) 步骤 3

图 4-61　创建场变量

（3）创建历史变量,历史变量可根据需要选择,如位移、速度和加速度,如图 4-62 所示。

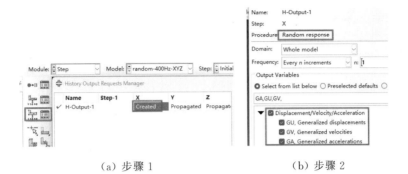

（a）步骤 1　　　　　　　　（b）步骤 2

图 4-62　创建历史变量

3. 创建载荷步

（1）Abaqus 中支持以下类型的 PSD 施加,包括集中载荷、分布载荷和基础运动（BASE MOTION）,并且 BASE MOTION 的类型包括加速度、速度和位移。首先创建 3 个方向的随机振动 PSD 谱,本例采用电池包 GB380381 中的 PSD 功率谱密度。通过 Tools 下的 Amplitude 中的 PSD Definition 创建,选择 Gravity（base motion）,然后将 Reference gravity 设置为 9810,该值为单位转换值 $9810\mathrm{mm/s^2}$,在表格中输入对应的 PSD 谱;在 Abaqus 中定义 PSD 曲线是以离散点的形式进行输入,将关键点上的数据以数据列表的形式输入,默认将两个频率点间的 PSD 值进行线性插值处理,这样便可得到整个 PSD 曲线。功率谱密度公式 $S_{jk}(F)=(X+\mathrm{i}Y)G(F)$,其中 X 和 Y 分别为复数的实部和虚部,即为 PSD 谱的系数;$G(F)$ 为 PSD 谱曲线,$J(1)$ 和 $K(1)$ 为激励载荷工况,相关参数设置如图 4-63 所示。

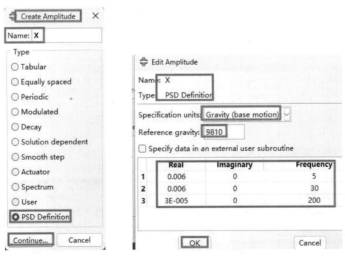

（a）步骤 1

图 4-63　创建 PSD 谱流程

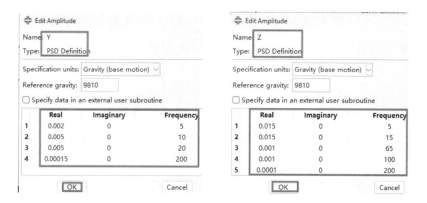

（b）步骤 2

图 4-63 （续）

（2）创建随机振动载荷，在 Create Boundary Condition 中选择 Acceleration base motion，并在 Basic 中选择对应的激励方向，在 Correlation 中定义 PSD 谱之间的相关性，一般选择 correlated；若只有一个激励点且各个方向是独立的，则可以选择不相关，同时调用已创建的 PSD 谱，如图 4-64 所示。

（a）步骤 1

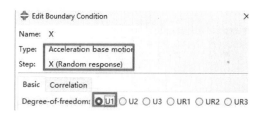

（b）步骤 2

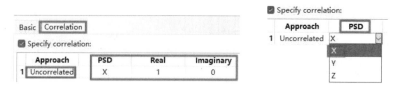

（c）步骤 3

图 4-64 创建 PSD 载荷流程

4. 选择单元类型及提交计算

根据需要选择合适的单元类型,全例选择全积分单元 S3 和 S4,并提交计算。

5. 结果处理

通过 Abaqus 计算可得两种软件在 0～400Hz 内的模态整体差值在 0.5% 以内,具体见表 4-16,一阶模态对比振型如图 4-65 所示,而随机振动 Z 向 RMISES 最大应力为 12.81MPa,而采用 OS 时的 Z 向最大应力为 10.34MPa,相差 19.28%,具体见表 4-17,3 个方向的应力对比如图 4-66 所示。

表 4-16　模态结果对比(0～400Hz)

Order	Abaqus-6.14	OS-V14.0	Gap(OS-Abaqus/Abaqus)
1	55.89	55.78	−0.20%
2	103.09	102.58	−0.49%
3	128.41	127.87	−0.42%
4	170.13	169.91	−0.13%
5	228.35	227.95	−0.18%
6	261.45	260.35	−0.42%
7	269.69	269.10	−0.22%
8	282.41	281.55	−0.30%
9	296.54	295.54	−0.34%
10	328.89	329.59	0.21%
11	336.52	335.74	−0.23%
12	342.28	341.50	−0.23%
13	371.30	371.81	0.14%

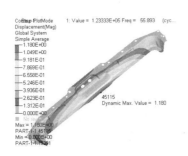 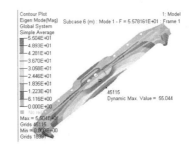

(a) Abaqus 结果:55.89Hz　　　　(b) OS 结果:55.78Hz

图 4-65　一阶模态结果对比

表 4-17　随机振动应力结果对比(5～200Hz)

方向	Abaqus-6.14	OS-V14.0	Gap(OS-Abaqus/Abaqus)
Z	12.81	10.34	−19.28%
Y	0.93	0.64	−31.18%
X	5.79	3.71	−38.34%
参考值(1σ应力)	56		/

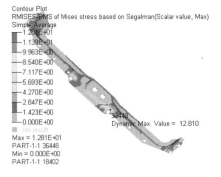

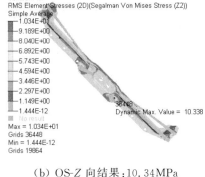

（a）Abaqus-Z 向结果：12.81MPa　　　　（b）OS-Z 向结果：10.34MPa

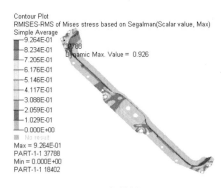

（c）Abaqus-Y 向结果：0.93MPa　　　　（d）OS-Y 向结果：0.64MPa

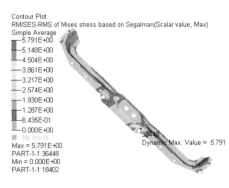

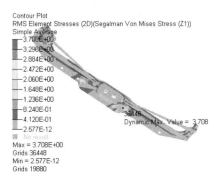

（e）Abaqus-X 向结果：5.79MPa　　　　（f）OS-X 向结果：3.57MPa

图 4-66　随机振动应力结果对比

　　通过 Abaqus 计算得到的均方根 RMISES 应力为 3σ 均方根应力，其为 99.73％频率区间内的平均应力。一般随机振动的评判准则是根据计算得到的 3σ 均方根应力应小于疲劳强度（有时采用屈服强度）的 1/3，实际计算结果为 1σ 应力，则参考值为疲劳强度（有时采用屈服强度）的 1/6。若无疲劳试验值，则一般金属件的弯曲疲劳强度取抗拉强度的 45％～55％（通常取中值 50％），拉压疲劳强度为 30％，扭转疲劳强度为 25％，焊缝热影响区为 80％。如果

HC340590 的抗拉强度为 590MPa，则其 1σ 应力为 98MPa。若计算的 1σ 应力小于 98MPa，则判定其满足随机振动要求。非金属（如复合材料 SMC/PCM）的弯曲疲劳强度一般为抗拉强度的 1/10 左右，如果 PCM 的抗拉强度为 360MPa，则其参考 1σ 应力为 36MPa；如果 SMC 的抗拉强度为 150MPa，则其参考 1σ 应力为 15MPa。常见材料的性能参数见表 4-18。

表 4-18　常见材料的性能参数（参考）

材料	密度/(t·mm^{-3})	弹性模量/MPa	泊松比	抗拉强度/MPa	弯曲疲劳强度/MPa
DC06	7.85E-09	194000	0.24	250	125
SMC	1.84e-09	10600	0.3	150	75
B250P1	7.85E-09	210000	0.3	440	196
Q420B	7.85E-09	208000	0.285	520	260
HC420/780DP	7.85E-09	191661	0.30	935	467.5
PA66-GF25	1.60E-09	9000	0.30	141	70.5
Al3003-H14	2.70E-09	69870	0.33	162	81
B340LA	7.85E-09	205000	0.30	440	220
AL6063	2.7E-09	69000	0.33	220	110
SMC	1.73e-09	10500	0.32	80	40
AL6061_T6	2.7E-09	69000	0.33	354.5	177.25
AlSi10MgMn	2.7E-09	69000	0.33	220	110
AL6005-T6	2.73e-09	69000	0.33	276	100
AL5083-O	2.73e-09	69000	0.33	315	118.8
AL5182-O	2.69e-09	69000	0.33	268	105.3
HC340/590DP	7.85E-09	210000	0.3	590	295
DC03	7.85e-09	210000	0.3	270	135
A356	2.75e-09	69000	0.33	260	90
HC420/780TR	7.85e-09	210000	0.3	780	390
HC420/780DP	7.85e-09	210000	0.3	780	390
HC600/980QP	7.85e-09	210000	0.3	980	490
DC04	7.85e-09	210000	0.3	270	135
SMC	1.85e-09	9000	0.32	150	75

4.4.5　模态识别方法

1. 模态识别方法实战一

对于任何一个系统，其关键的主振动（或主模态）尤为关键，常在整个系统中占有比较大的比重，对于系统的设计和性能判定也非常重要。一般复杂系统主振型的质量分数会占到总质量的 85% 以上，而简单的会更高，而如何识别其主振型的模态方法有很多种，对于车身等复杂系统整体模态可通过四点法、十点法或二十四点法的 FRF（频率响应函数）进行识别；对于车身局部或传动轴整体弯曲模态可通过单点 FRF 或 EFFMASS 方法进行诊断识别；每种方法均有其各自的特点，适用场景也有所区别，而通过 EFFMASS 方法在很多场合具有广泛的应用场景，通过设置关键字 PARAM，EFFMAS，YES 查看哪一阶模态占主导，即为某一方向的主频率，但设置此关键字后计算时间可能会加长，其关键字如图 4-67 所示。

```
PARAM,AMSES,YES
PARAM,AUTOSPC,YES
PARAM,CHECKEL,NO
PARAM,EFFMAS,YES
$$
```

	EFFMAS
PARAM,EFFMAS,	YES

图 4-67　EFFMAS 关键字图示

1）EFFMAS 关键字说明

（1）设置 EFFMAS 后，结果会输出三项内容，分别为模态参与因子（Modal Participation Factors）、模态参与因子比率（Modal Participation Factor Ratio）和模态有效质量（Modal Effective Mass）。

（2）默认情况为 NO，即不起作用；当 EFFMAS 小于 0 时，模态特征值分析时不会输出模态参与因子等信息。

（3）当 EFFMAS 大于 0 或为 YES 时会输出模态参与因子、模态参与因子比例及模态有效质量三项内容；模态参与因子的表达式如下所示。

$$PF = \frac{\boldsymbol{\emptyset}^{\mathrm{T}} m V}{M}$$

（4）模态参与因子是衡量每个模态与刚体模态的接近程度的指标。

（5）模态参与因子比率是 3 个转动和 3 个移动方向的模态参与因子除以该方向所有模态的最大模态参与因子，因此，6 个方向中的每个方向对于具有最大模态参与因子的模态的值都是 1.0，而其他模态的值都小于 1.0。

（6）模态有效质量是衡量每种模态有多少质量的指标，模态有效质量计算表达式如下所示。

$$EFFMAS = PF \times \{\boldsymbol{\emptyset}^{\mathrm{T}} m V\}$$

其中，$\boldsymbol{\emptyset}$ 为特征向量矩阵；m 为系统质量矩阵；V 为目标函数矩阵，通过 6 个刚体模态作为正则模态分析的目标函数，进行计算得到 PF 和 EFFMAS，$\boldsymbol{M}$ 为对角模态质量矩阵。

2）实例说明

某一平板结构如图 4-68 所示，厚度为 3mm，材料为钢，对 4 个角进行全约束，进行整体约束模态分析。

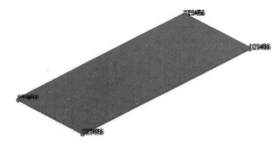

图 4-68　某平板结构图示

3）创建 EFFMAS 流程

首先在 PARAM 中设置有效质量参数 EFFMAS，该关键字主要用来输出模型的模态参与因子、模态参与因子比例及模型有效质量，如图 4-69 所示。

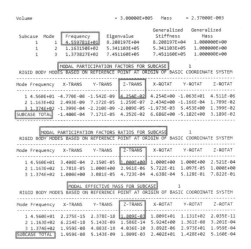

图 4-69　EFFMAS 结果显示图示

图 4-69 中分别包括系统体积、质量;同时会输出频率设置范围内的模态信息(频率、特征值等)。

(1) 第 7 行为模态参与因子,该值是基于基础局部坐标系下原始参考点的刚体模态;从分析结果中可以看出第一阶模态为 45.60Hz 时 Z-TRANS(Z 向平移)的模态参与因子为 4.254e-2,在该方向占比为 4.254E-2/4.252E-2=100.05%,即此模态的振型为 Z 向弯曲。

(2) 第 14 行为模态参与因子比率,在 45.60Hz 时的 Z-TRANS 为 1,即该方向为此模态的主振型。

(3) 第 20 行为模态有效质量,在 45.60Hz 时的 Z-TRANS 为 1.809e-3/1.809e-3=100%,即该方向为此模态的主振型;通常一个系统的主模态有效质量占比需大于 85% 以上,根据模态质量占比可以进一步判断结构的设计合理性,以进行相应优化。

(4) 不管是从模态参与因子、模态参与因子比率还是模态有效质量看,45.6Hz 模态为整体第一阶 Z 向弯曲模态,采用 EFFMAS 方法对于大型模型(如电池包系统)可以快速识别出主振型模态,如本例的前三阶模态振型和频率值如图 4-70 所示。

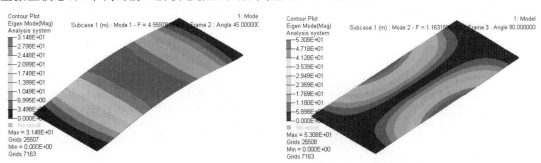

(a) 45.6Hz 模态振型-一阶 Z 向弯曲　　　　　(b) 116.3Hz 模态振型-绕 X 向扭转

图 4-70　模态分析结果显示图示

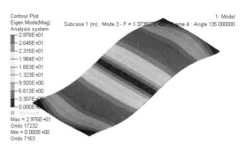

（c）137.4Hz 模态振型-二阶 Z 向弯曲

图 4-70 （续）

2. 模态识别方法实战二

（1）对于快速的模态识别还可以采用以下方法进行，可以采用高版本（如 2021）的 Hyperview，首先加载 NVH 模块，然后调用 Modal FRF 应用，如图 4-71(a)～(c)所示。

（2）加载计算结果，同时设置开始和结束频率值，如图 4-71(d)和图 4-71(e)所示。

（3）定义激励载荷，通常采用单位力作为频率响应函数 FRF 的激励载荷，直接在模型中选择任意一点作为激励，一般选择边缘处，如图 4-71(f)和图 4-71(g)所示。

（4）定义响应点，根据需要将合适的位置点作为响应点，通常选择振型比较大的区域；同时设定计算频率区间，计算 FRF 并导出响应结果，如图 4-71(h)和图 4-71(i)所示。

（5）结果分析，在界面中可以直接显示分析结果，同时设置纵坐标显示模式（一般为 Linear 线性格式）；从结果可以看出在计算的频率范围 0～200Hz 内有 3 个峰值，对应 3 个模态频率，如图 4-71(j)～(l)所示。

同时可直接在结果中进行诊断分析，如在 45.6Hz 下显示模态参与贡献图，再在 Model 上右击 Normal Mode Animation 即可实时显示对应的模态振型，进而直接判定该频率是由哪一阶模态主导的，如图 4-71(m)和图 4-71(n)所示。

（6）也可以将(4)中计算的 FRF 结果单独在 Hypergraph 中打开，一般同时选择所有的响应点，y 轴显示幅值和相位，如图 4-71(o)和图 4-71(p)所示；从图中可以很直观地看出峰值（幅值为 MAG）和对应的相位值（相位角为 PHA），如第 1 个峰值为 45.6Hz，标准的相位角为 90°或 270°，结合模态振动结果可综合判定该频率为一阶弯曲模态。

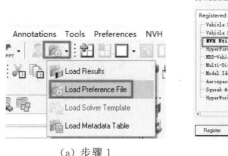

（a）步骤 1　　　　　　　　　（b）步骤 2

图 4-71　快速模态识别流程

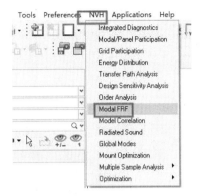

（c）步骤3

（d）步骤4

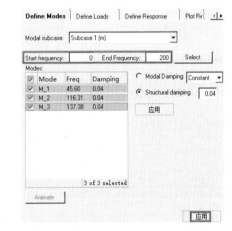

（e）步骤5

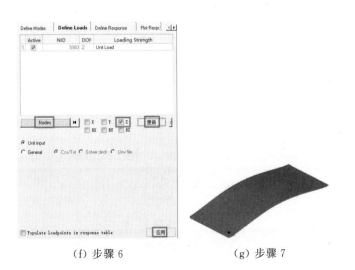

（f）步骤6　　　　　　（g）步骤7

图4-71 （续）

（h）步骤 8

（i）步骤 9

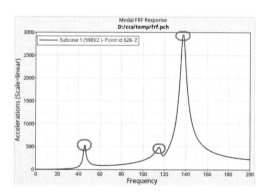

（j）步骤 10

（k）步骤 11

（l）步骤 12

图 4-71 （续）

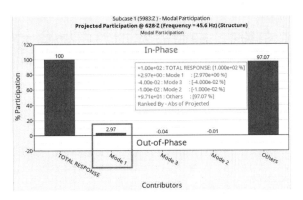

（m）步骤 13

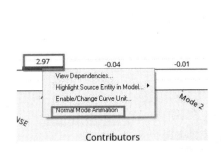
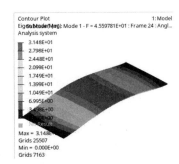

（n）步骤 14

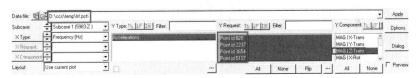

（o）步骤 15

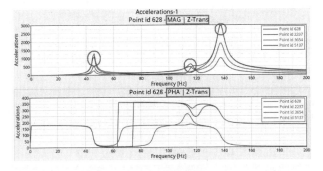

（p）步骤 16

图 4-71 （续）

4.5　实战五：超单元在动力电池静力学分析中

使用静态缩减法超单元进行静力学分析的步骤如下：

（1）通过采用不同的超单元缩聚方法对某案例进行静力分析。

（2）对比不同超单元缩聚方法与整体模型之间的结果差异。

图 4-72　电池包静力学模型

（3）某电池包模型如图 4-72 所示，两侧 6 个安装点固定，中部加载 1000N，求整个模型的位移和应力。

4.5.1　缩聚方法 1：CBN 法

1. 模型分解

如对某电池包模型中不变的部分进行超单元缩聚，同时将不变部分模型与动态变化模型的连接点采用 PLOTEL 单元连接，即框架显示用于结果显示，如图 4-73 中白色线所示。

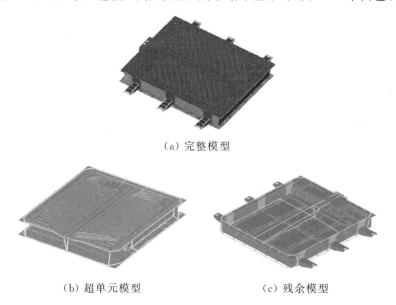

（a）完整模型

（b）超单元模型　　　　　　　（c）残余模型

图 4-73　某动力电池包模型

2. 创建界面点边界

界面点（或超单元与残余模型的连接点）采用 ASET（或 ASET1）方法进行创建，其建立后的界面自由度如图 4-74 所示。创建界面点时建议先建立界面点 SET 集，方便后续通过 BY SET 对界面点边界进行快速创建，如图 4-74(a)和图 4-74(b)所示。

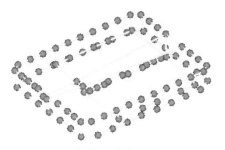

（a）步骤1，连接点图示

（b）步骤2，创建连接点 SET 集

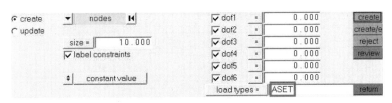

（c）步骤3，创建连接点自由度

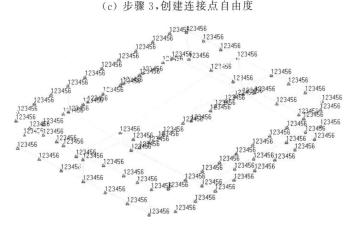

（d）步骤4，创建后的连接点边界图

图4-74　创建界面 ASET 自由度定义

3. 创建超单元关键字

本例采用 CMSMETH（模态超单元）关键字对子结构模型进行超单元缩聚，如图4-75所示，其中 UB_FREQ、NMODES、SPID、SOLVER、AMPFFACT 均可以不设置，但是建议手动设置 SPID（若采用 Tools 中的 Freq Resp Process 下的 CMS SE generation 方法，则会自由识别 SPID 点），便于对 SPOINT ID 进行管理，SPOINT 用于超单元数据恢复。

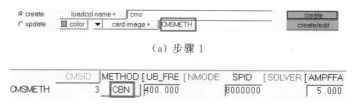

(a) 步骤 1

(b) 步骤 2

图 4-75　创建 CMSMETH 关键字

4. 创建控制参数

为了确保得到想要的超单元及结果,可进行一些控制参数的设置,如全局模块 GLOBAL_CASE_CONTROL 中的 CMSMETH 关键字的调用、模型输出设置、接地检查(可选)及全局控制参数等,如图 4-76 所示。

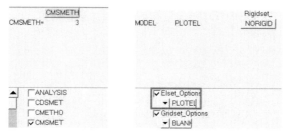

(a) 步骤 1

(b) 步骤 2

(c) 步骤 3

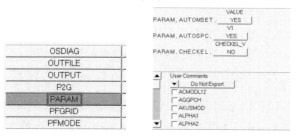

(d) 步骤 4

图 4-76　创建控制参数

接地检查命令可用于对刚度矩阵进行接地检查分析,以通过严格移动模型来暴露无意的约束,其详细的功能如图 4-77 所示。

（1）GROUNDCHECK 必须在每个工况前执行。

（2）对模型的所有自由度和不受 SPC 约束的所有自由度进行接地检查。

（3）该关键字会输出 G-Set、N-Set、F-Set 和 A-Set,各个 Set 用来描述矩阵中可能存在的问题。

G-Set:主要针对一端接地或错位的 CELAS 单元,并将未对齐的 CELAS 单元转换为 CBUSH 单元。

N-Set：指因刚体运动违反的 MPC。

A-Set 和 F-Set:阻止刚体运动的单点约束。

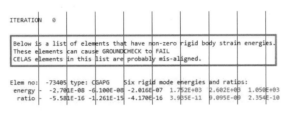

（a）步骤 1

（b）步骤 2

图 4-77　GROUNDCHECK 参数说明

5. 超单元计算

通过计算,可以得到超单元的结果;缩聚后的超单元数据包括刚度矩阵、质量矩阵等信息,如图 4-78(a)和图 4-78(b)所示。将超单元 H3D 结果文件导入后处理软件中可以查看其超单元模型和界面点信息,本例因通过 PLOTEL 单元进行显示,所以可根据需要显示模型或局部模型等,如图 4-78(c)和图 4-78(d)所示。

				Generalized	Generalized
Volume			= 3.60686E+007	Mass	= 8.53295E-002

Subcase	Mode	Frequency	Eigenvalue	Generalized Stiffness	Generalized Mass
559	1	1.952556E+01	1.505105E+04	1.505105E+04	1.000000E+00
559	2	3.558655E+01	4.999558E+04	4.999558E+04	1.000000E+00
559	3	5.504811E+01	1.196312E+05	1.196312E+05	1.000000E+00
559	4	5.715792E+01	1.289771E+05	1.289771E+05	1.000000E+00
559	5	5.730185E+01	1.296275E+05	1.296275E+05	1.000000E+00
559	6	5.945184E+01	1.395373E+05	1.395373E+05	1.000000E+00
559	7	5.969790E+01	1.406947E+05	1.406947E+05	1.000000E+00
559	8	5.981280E+01	1.412368E+05	1.412368E+05	1.000000E+00
559	9	6.162855E+01	1.499421E+05	1.499421E+05	1.000000E+00
559	10	6.219548E+01	1.527135E+05	1.527135E+05	1.000000E+00
559	11	6.327010E+01	1.580363E+05	1.580363E+05	1.000000E+00
559	12	6.385961E+01	1.609949E+05	1.609949E+05	1.000000E+00
559	13	6.711589E+01	1.778322E+05	1.778322E+05	1.000000E+00
559	14	6.881080E+01	1.869285E+05	1.869285E+05	1.000000E+00
559	15	6.881176E+01	1.869326E+05	1.869326E+05	1.000000E+00
559	16	6.881770E+01	1.869649E+05	1.869649E+05	1.000000E+00
559	17	6.882321E+01	1.869948E+05	1.869948E+05	1.000000E+00
559	18	6.935082E+01	1.898729E+05	1.898729E+05	1.000000E+00
559	19	6.938738E+01	1.900731E+05	1.900731E+05	1.000000E+00

(a) 步骤 1,超单元计算结果

559	1002	3.999329E+02	6.314428E+06	6.314428E+06	1.000000E+00
559	1003	3.999457E+02	6.314832E+06	6.314832E+06	1.000000E+00
559	1004	3.999995E+02	6.316532E+06	6.316532E+06	1.000000E+00

```
OUTPUT DMIG MATRIX IN H3D FORMAT

Stiffness matrix (KA) 1562 x 1562

Mass matrix (MA) 1562 x 1562
```

(b) 步骤 2,刚度和质量矩阵结果

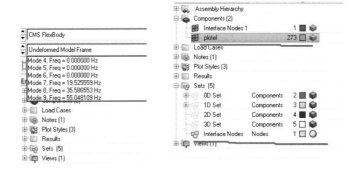

(c) 步骤 3,超单元结果显示 1

(d) 步骤 4,超单元结果显示 2

图 4-78　超单元计算结果

6. 静力学计算

对超单元模型结果与残余模型进行组装,再进行静力计算,其详细设置包括计算头文件、模型树等。本例静力计算头文件包括输出控制(如位移 DISPLACEMENT 及应变能 ESE)、工况信息、约束节点信息、加载力、约束边界、残余模型引用关键字(INCLUDE)及超单元结果调用关键字(ASSIGN)等,如图 4-79(a)所示,其中残余模型仅包括单元、节点、材料、属性等,同时勾选 OMIT 关键字,此关键字为去除 BEGIN 及 EDNDATA 字段信息,即整个模型为待引用的模型数据块,如图 4-79(b)~(d)所示。

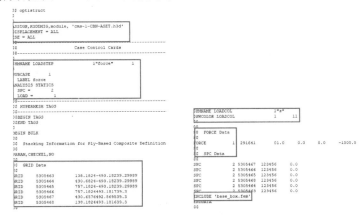

(a) 步骤 1,装配体计算头文件

(b) 步骤 2,残余模型

(c) 步骤 3,残余模型导出 OMIT 设置

(d) 步骤 4,超单元有限元模型

图 4-79 超单元与残余模型装配流程

7. 计算结果

通过计算超单元与残余模型装配体,便可得到其托盘的位移和应力,如图 4-80 所示。结果显示,完整模型与超单元模型的位移及应力结果一致,完整模型共有 651.7254 万个单元,而超单元与残余结构组装后的模型共有 98.8458 万个单元,求解时间由 38min13s 降到 2min22s,效果非常明显。

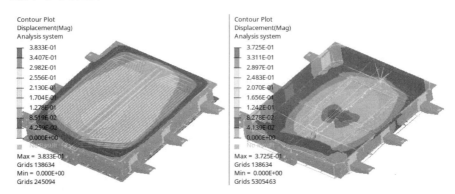

（a）步骤 1（整体显示）,完整模型:0.3831mm;超单元模型:0.3725mm

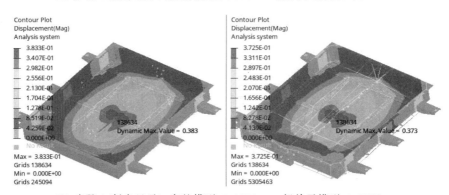

（b）步骤 2（托盘显示）,完整模型:0.3831mm;超单元模型:0.3725mm

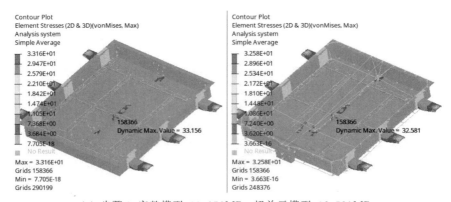

（c）步骤 3,完整模型:33.156MPa;超单元模型:32.581MPa

图 4-80　CBN 超单元与完整结果对比

(d) 步骤4(模型大小对比),完整模型:6 517 254 个;超单元模型:988 458 个

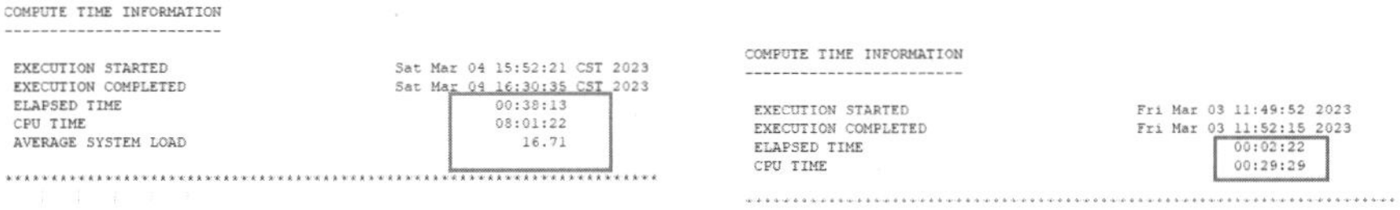

(e) 步骤5(计算时间对比),完整模型:38min13s;超单元模型:2min22s

图4-80 (续)

8. 结果对比

通过对计算结果进行整理,便可得到超单元与完整模型结果,见表4-19。采用CBN法超单元进行静力学分析可以得到较好的一致结果,其计算时间大幅度减小,降幅达到93.81%。

表4-19 超单元与传统方法结果对比

方 案	完 整 模 型	CBN 法
模型大小	6 517 254 个单元	988 458 个单元
托盘最大位移/mm	0.383	0.373
托盘最大应力/MPa	33.156	32.581
计算时间	38min13s	2min22s

4.5.2 缩聚方法2:GUYAN法

1. 创建GUYAN关键字

本例采用CMSMETH中的GUYAN方法对子结构模型进行超单元缩聚,详细的设置流程如图4-81所示,其中METHOD选择GUYAN,其中UB_FREQ、NMODES、SPID、SOLVER、AMPFFACT等可以不设置,但是建议设置SPID,便于对SPOINTID进行管理,方便超单元数据的恢复。同时若超单元缩聚部分有工况,而采用CMSMETH卡片进行静态缩聚不能将载荷直接放入工况中,则只能通过CMSMETH中的LOADSET选项进行加载。

2. 超单元计算结果

通过对GUYAN创建的超单元模型进行计算,便可得到其刚度矩阵对比,如图4-82所示,超单元计算结果对比如图4-83所示。

(a) 步骤1

图4-81 GUYAN超单元方法创建流程

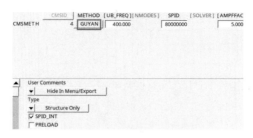

（b）步骤 2

（c）步骤 3,模型树显示

图 4-81　（续）

（a）CBN 方法　　　　　　　　　　　　　（b）GUYAN 方法

图 4-82　GUYAN 与 CBN 超单元刚度矩阵对比

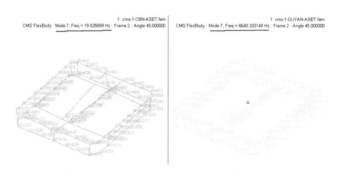

图 4-83　GUYAN 与 CBN 超单元结果对比

3. 超单元与残余模型装配头文件

对残余模型与超单元计算结果进行装配,同时设置静力计算的头文件,如图 4-84 所示。

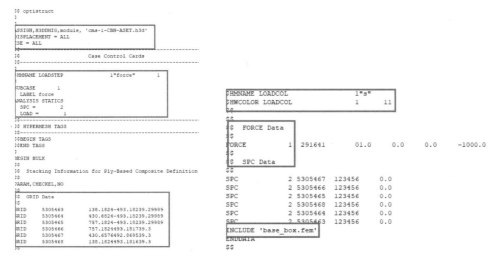

图 4-84 超单元结果与残余模型进行装配

4. 结果对比

通过计算,得到超单元与完整模型位移与应力结果分别如图 4-85 和图 4-86 所示,其结果对比见表 4-20。采用 GUYAN 和 CBN 法超单元进行静力学分析可以得到较好的一致结果,其计算时间大幅度减小,GUYAN 相比 CBN 法时间略长。

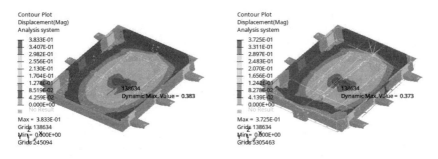

（a）完整模型　　　　　　　　　（b）CBN 模型

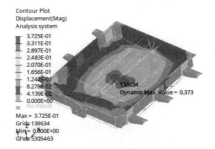

（c）GUYAN 模型

图 4-85 完整与超单元位移结果对比

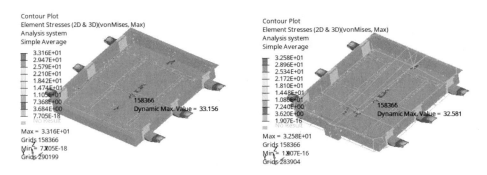

（a）完整模型   （b）CBN 模型

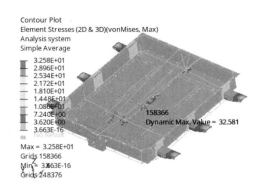

（c）GUYAN 模型

图 4-86   完整与超单元应力结果对比

表 4-20   超单元与传统方法结果对比

方　案	完整模型	CBN 法	GUYAN 法
模型大小	651.7254 万个单元	98.8458 万个单元	
托盘最大位移/mm	0.383	0.373	0.373
托盘最大应力/MPa	33.156	32.581	32.581
计算时间	38min13s	2min22s	4min21s

4.5.3　缩聚方法 3：其他方法

1. 超单元缩聚

本例采用 CMSMETH 中的其他方法对子结构模型进行超单元缩聚，其余方法如 CB、CC、GM、CDS 等，如图 4-87 所示。

2. 超单元计算结果

通过采用其余超单元缩聚方法进行计算，便可得到其计算超单元所花费的时间和结果，如图 4-88 所示，详细的结果对比见表 4-21。

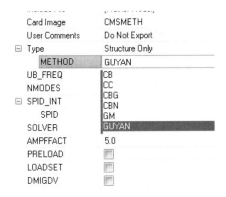

图 4-87　CMS 超单元的其余方法

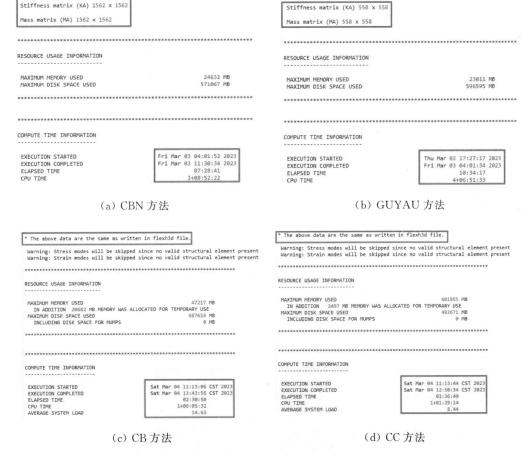

（a）CBN 方法　　　　　　　　　　　（b）GUYAU 方法

（c）CB 方法　　　　　　　　　　　（d）CC 方法

图 4-88　各种超单元计算结果及时间

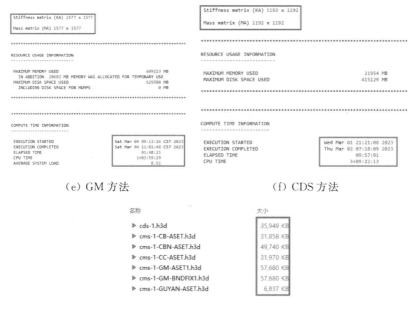

(e) GM 方法　　　　　　　　(f) CDS 方法

(g) 各种超单元结果大小

图 4-88 （续）

表 4-21　其余超单元结果与计算时间对比

方案	CBN 法	GUYAN 法	CB	CC	GM	CDS
模型大小/万个	98.8458					
结果大小/KB	49.74	6.876	31.858	31.97	57.68	35.949
计算时间	7h28min41s	10h34min17s	2h30min50s	1h36min49s	1h48min21s	9h57min1s

3. 超单元静力计算结果

通过采用不同界面边界计算超单元，其结果如图 4-89 所示。结果显示 GM 和 CDS 采用 ASET（或 ASET1）及 BNDFIX1 或 BNDFRE1 等作为边界定义方法不能应用于静态缩聚，同时 CB 和 CC 亦不能采用 ASET（或 ASET1）界面定义方法，其适用于动力学柔性体缩聚。

(a) GM-ASET/GM-ASET1　　　(b) GM、CDS-BNDFIX1/BNDFRE1

图 4-89　不同界面定义结果对比

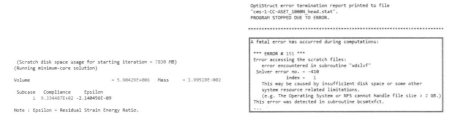

(c) CB-ASET   (d) CC-ASET

图 4-89　（续）

4. 基于 GUYAN 方法的界面定义结果

基于 GUYAN 采用不同界面定义其结果，如图 4-90 所示。ASET/ASET1 默认为固定边界，相当于 BNDFIX1，BNDFRE1 是自由边界。

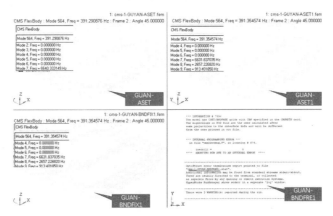

(a) GUYAN 不同界面定义方法对比

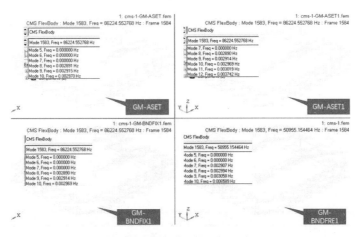

(b) GM 不同界面定义方法对比

图 4-90　基于 GUYAN 方法的不同界面定义结果对比

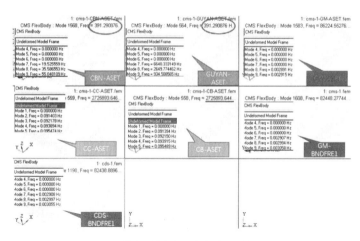

（c）其余不同界面定义方法对比

图 4-90 （续）

4.6 小结

本章基于 OS 超单元，详细阐述了其在新能源动力电池上的应用技巧和流程；同时通过采用不同超单元缩聚方法对静力、模态及随机振动等结果进行对比，分析结果显示静态缩聚一般采用 GUYAN 和 CBN 方法；同时研究了不同超单元缩聚方法及结果之间的差异，对不同界面点边界定义方法进行了对比研究，以及讲述了其适用场景。

第 5 章

Abaqus 超单元法在汽车悬臂及支架中的应用

当今社会产品类型多种多样,并且其产品设计的规模及复杂程度也越来越高,而 Abaqus 作为一款强大的力学分析工具,其在各行各业的应用也越来越广泛,随着设计的产品越来越复杂,仿真工程师在进行分析及优化时需要耗费大量的时间,特别是在计算资源非常有限的情况下;此时基于超单元思想的新方法应运而生,其目的是提高产品开发的效率,特别是对关注区域或关注零部件需要详细考查时,这些零部件需要进行网格细化或局部细化,从而获得更精确的结果。

采用超单元方法可以快速解决此类问题,如对规模庞大的系统,对除关注的零部件进行缩聚,形成超单元,从而减小计算模型规模,快速获得关注零部件结果并进行相应优化,这种方法在 Abaqus 中称为子结构方法(Substructural Method)。若关注某个系统某个零部件的局部问题,则需要对该零部件的局部进行网格细化,其余部分可以缩聚成超单元,同样可以快速获得想要的结果并进行优化,这种方法在 Abaqus 中称为子模型方法(Submodel Method)。本章将结合实际产品重点对这两种方法进行详细阐述及应用细节讲解。

5.1 Abaqus 超单元相关基础

5.1.1 Abaqus 超单元的背景

Abaqus 中子结构和子模型这两种方法的主要区别为子结构是对整体模型中的同类区域进行封装调用,而子模型是对整体结构的某一关注位置进行细化处理,以得到更加精确的结果;前者基于局部求整体响应,而后者基于整体求局部响应,其两者的主要差别见表 5-1。

表 5-1 Abaqus 子模型与子结构对比

对　比	子 模 型	子 结 构
特点	子模型分析是指从整个模型中截取关注的局部区域进行分析,并通过将整体分析中截取面上的载荷或位移传递给子模型边界来	子结构分析方法是指将一个完整模型划分为若干子结构(对于重复结构优势明显),先分别计算各子结构的刚度特性,然后将各子结构装配成整体

续表

对　比	子　模　型	子　结　构
特点	驱动子模型进行分析,即对分割出来的局部模型进行网格细化,由于局部网格少,所以可以快速进行计算和优化,进而得到更精确的结果	结构,最后确定整体结构的刚度特性,进而计算完整模型,从而得到相应结果。子结构是在线性分析的基础上消除了完整模型中保留节点以外的所有节点自由度;子结构的刚度及质量矩阵被缩聚成较小的矩阵,可根据需要进行恢复并求解
适用场景	(1)当子模型区域刚度变化较大时宜采用基于面的驱动,并且仅支持实体与实体单元,以及仅在静力学分析中使用;基于节点的驱动使用范围较广,支持多种单元类型之间的驱动,包括壳与实体单元,并且可以在Standard与Explicit之间进行相互驱动;同一个子模型中两种驱动方式可以混合使用。(2)子模型支持多层级分析,即一个子模型可以作为后续子模型的整体模型来使用;由于子模型具有边界驱动的优势,所以时常出现在较高精度的工况分析中,以用来克服边界误差	(1)在非线性分析中,可将模型的线性部分作为子结构,避免该部分的刚度矩阵在非线性迭代过程中多次重复计算。(2)适用于大规模复杂系统,如工程机械、汽车及船舶等,可以将整个结构分为若干子结构,最终实现对整个结构的超单元替换计算
类型	基于节点方法	基于曲面方法
优缺点	有大变形或有转动、刚度差异较大	刚度大、位移小、温度历程不相同的热应力分析
	考虑结构位移	考虑结构应力或应变
	适用较广泛	仅限实体到实体,并且是静力分析
	不能用于耦合热-电、耦合热-电化学和基于模态的线性动力学过程	
分析设置	BC-Submodel	Load-Submodel

5.1.2　Abaqus 子模型相关理论

Abaqus 中的子模型是利用圣维南(Saint-Venant)原理,在理想情况下子模型的分析边界需要"足够"远离子模型中的关注区域,以允许将施加的力替换为等效的局部力,此时子模型的结果与完整模型更接近,类似于剪刀剪纸。通常只要端部荷载保持静态等效,关注区域中的解就不会因端部效应而改变,即分布于弹性体上的一小块面积(或体积)内的荷载所引起的应力,在远离荷载作用区位置,整体只与荷载的合力和合力矩有关;荷载的具体分布仅影响作用区附近的应力分布。子模型的处理原理可概括为以下几点。

1. 基于圣维南原理

圣维南原理是指在离开应力集中位置一定距离时,应力集中的效应将不影响距离外的应力分布;通常将位移作为边界条件的原因是利用应变能在完整模型和局部模型边界之间的一种平衡。

2. 应力及位移选择

至于是利用应力(Stress)还是位移(Displacement)作为边界条件,通常把位移作为边界条件在实际应用中较为常见。在科罗拉多州立大学的有限元教程中,通过分析和总结得到一个结果,即在子模型分析中采用应力边界可以得到更加可靠的结果,但当今大部分主流的有限元分析软件,如 Abaqus、ANSYS、Nastran 等都是将位移作为边界条件。

3. 适用场景

Abaqus 中的子模型方法也适用热力学分析,只需将边界条件由位移场替换成温度场。

5.1.3 Abaqus 子结构相关理论

Abaqus 中子结构超单元分析主要通过刚度矩阵的缩聚,即将每个分离出来的子结构进行刚度矩阵缩聚,然后通过界面传递到主结构上。

1. 静力学相关基础

根据静力学方程,可得到关注区域子结构在外载荷 $\boldsymbol{F}$ 作用下的静力响应,可以采用式(5-1)表示。

$$\boldsymbol{K}\boldsymbol{u} = \boldsymbol{F} \tag{5-1}$$

同时将位移自由度分解成被保留(u_r)和被缩聚掉(u_e)两部分,即

$$\boldsymbol{u} = \begin{bmatrix} u_r \\ u_e \end{bmatrix} \tag{5-2}$$

进一步得到子结构在外力作用下的响应表达式为

$$\begin{bmatrix} K_{rr} & K_{re} \\ K_{er} & K_{ee} \end{bmatrix} \begin{bmatrix} u_r \\ u_e \end{bmatrix} = \begin{bmatrix} F_r \\ F_e \end{bmatrix} \tag{5-3}$$

根据式(5-3)可得

$$u_e = K_{ee}^{-1}(F_e - K_{er}u_r) \tag{5-4}$$

将式(5-4)展开可得

$$(K_{rr} - K_{re}K_{ee}^{-1}K_{er})u_r = F_r - K_{re}K_{ee}^{-1}F_e \tag{5-5}$$

通过矩阵变换可对整体刚度矩阵和载荷矩阵进行缩聚,进而得到缩聚之后的刚度矩阵和载荷矩阵,如式(5-6)~式(5-8)所示。

$$\boldsymbol{K}_s = \begin{bmatrix} I \\ -K_{ee}^{-1}K_{er} \end{bmatrix}^T \begin{bmatrix} K_{rr} & K_{re} \\ K_{er} & K_{ee} \end{bmatrix} \begin{bmatrix} I \\ -K_{ee}^{-1}K_{er} \end{bmatrix} \tag{5-6}$$

$$\boldsymbol{F}_s = \begin{bmatrix} I \\ -K_{ee}^{-1}K_{er} \end{bmatrix}^T \begin{bmatrix} F_r \\ F_e \end{bmatrix} \tag{5-7}$$

$$\boldsymbol{K}_s u_r = \boldsymbol{F}_s \tag{5-8}$$

从上述的刚度和载荷矩阵变换过程中可以看出,整个过程只有矩阵变换,并没有近似和假

设,所以矩阵K_s和F_s完全等价于矩阵K和F,即整个过程采用的是静力学方程进行转换,仅涉及刚度矩阵和载荷矩阵,即可得到较为精确的应力结果。

2. 动力学相关基础

从静态缩聚的原理可以看出,由于静态缩聚只与刚度矩阵和载荷矩阵有关,所以只要其缩聚后的数据恢复是精确的,即可得到相对精确的结果,但在动力学分析中由于子结构与质量、阻尼等相关,所以会导致其缩聚后的结果是近似的,而静力学缩聚默认采用 GUYAN 缩聚方法,即采用与静态缩聚相近的方法来处理质量矩阵和阻尼矩阵,如式(5-9)所示。

$$M_s = \begin{bmatrix} I \\ -M_{ee}^{-1}M_{er} \end{bmatrix}^{T} \begin{bmatrix} M_{rr} & M_{re} \\ M_{er} & M_{ee} \end{bmatrix} \begin{bmatrix} I \\ -M_{ee}^{-1}M_{er} \end{bmatrix} \qquad (5-9)$$

通过该方法处理后得到子结构的质量都集中在被保留的节点上,只有被保留的节点才会产生动力学响应,而子结构内部自由度的响应仅是刚度的函数,如式(5-10)所示。

$$u_e = K_{ee}^{-1}(F_e - K_{er}u_r) \qquad (5-10)$$

所以,采用 GUYAN 缩聚得到的内部自由度的响应相对于被保留的自由度是静态的;若子结构内部的动态响应对于整体系统非常重要,则需要采用更加准确的改进后的缩聚方法。

为了能更加准确地表征子结构内部的动态响应,可以通过引入与子结构振动模态相关的一些广义自由度来增强子结构内部响应,如式(5-11)所示。

$$u_e = K_{ee}^{-1}(F_e - K_{er}u_r) + \varnothing_{ea}q_a \qquad (5-11)$$

在式(5-11)中,$\varnothing_{ea}$为子结构的振型,q_a为广义坐标;在考虑子结构的动态特性之后,保留自由度和缩聚自由度的位移转换关系如式(5-12)所示,进而可得到更加精确的子结构分析结果。

$$\begin{bmatrix} u_r \\ u_e \end{bmatrix} = \begin{bmatrix} I & 0 \\ -K_{ee}^{-1}K_{er} & \varnothing_{ea} \end{bmatrix} \begin{bmatrix} u_r \\ q_a \end{bmatrix} + \begin{bmatrix} 0 \\ K_{ee}^{-1}F_e \end{bmatrix} = Tu' + \begin{bmatrix} 0 \\ K_{ee}^{-1}F_e \end{bmatrix} \qquad (5-12)$$

5.2　基于子模型方法的悬臂支架分析

子模型是整体模型的局部区域,它可以具有更精细的几何结构或网格划分,通过将整体分析中截断面上的载荷或位移传递给子模型边界的方法来驱动子模型进行分析。

5.2.1　Abaqus 子模型特点

1. 子模型的技术特点

在 Abaqus 中,有两种技术可用于子模型建模,分别称为基于节点和基于曲面的子模型。子模型边界驱动方式分为基于节点的驱动(通过 Load 模块 BC-Submodel 设置)和基于曲面的驱动(通过 Load 模块 Load-Submodel 设置)。基于节点的技术是指将完整模型中的节点结果插入子模型节点上,该方法较为常用,而在基于曲面的子模型中,应力场值传到子模型曲面积分点上。基于曲面的子建模仅限于实体到实体的应用和静态分析,对于所有其他分析,应使用基于节点的子建模技术。

在静态分析中,当采用力载荷时,如果子模型区域的平均刚度差异较大,则基于曲面的技术可以提供更准确的应力结果。若子模型区域中的刚度变化不大,则基于节点的和基于曲面的子模型结果接近,同时可以减小因刚体模态而引起数值问题。刚度差异的可能原因包括子模型中的开口或圆角等局部细节或微小的几何变化。

如果整个模型承受大位移或旋转,则基于节点的子模型可以提高驱动界面传递到子模型的精度,并且基于节点的子模型将提供更准确的位移场传递,而基于表面的子模型将提供更准确的应力场传递,从而更准确地确定子模型中的反作用力,这两种方法可以同时使用在不同边界的单个模型中。

2. 子模型的关键问题

(1) 由于子模型是从完整模型上切下来的一部分,所以子模型边界是指将子模型从完整模型切下来的分割界面。

(2) 子模型的驱动变量一般是位移,完整模型在子模型上的位移结果会被作为边界条件引入子模型中。如果完整模型和子模型在子模型边界上的节点分布不同,则 Abaqus 会对完整模型在此处的位移结果进行插值处理。

(3) 作用在完整模型上的边界条件、载荷、接触和约束等,如果位于子模型区域之内,则在子模型中要保持不变;如果位于子模型区域之外,则在子模型中不再出现。

(4) 完整模型在子模型边界上的位移结果是否准确,在很大程度上会影响子模型分析结果精度,因此要保证完整模型在子模型边界上有足够细化的网格,另外还要尽量选择位移变化不剧烈的位置作为子模型边界。

3. 子模型的主要分析步骤

(1) 完成对完整模型进行分析,并保存子模型边界附近的分析结果。

(2) 创建子模型,定义子模型边界。

(3) 设置各个分析步中的驱动变量。

(4) 设置子模型的边界条件、载荷、接触和约束。

(5) 提交对子模型的分析,检查分析结果。

5.2.2 建立某悬臂支架完整模型

本节基于一个汽车悬臂支架进行不同方法的子模型驱动界面创建及子模型工况分析,悬臂支架底座完全固定,转轴处受沿 Z 向的 10 000N 作用力,如图 5-1 所示。

1. 完整模型建模

(1) 创建分析模型的材料和属性等,其中材料弹性模量 E 为 210 000MPa,泊松比为 0.3,密度为 $7.85e-9t/mm^3$,如图 5-2(a)所示。模型创建可以采用 Hypermesh 中的 Abaqus 模块,也可直接在 Abaqus/CAE 中创建。若在 Hypermesh 中创建,材料名称中的第 1 个不能为字符,如图 5-2(b)中的 A45。基于 Abaqus/CAE 创建材料及属性步骤如图 5-3 所示。

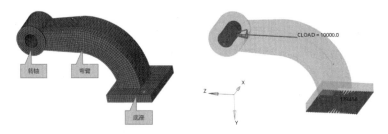

（a）悬臂支架模型　　　　　（b）悬臂支架边界图

图 5-1　某悬臂支架模型

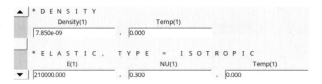

（a）创建材料

（b）创建属性 1

图 5-2　基于 Hypermesh 创建材料和属性

（a）创建材料

（b）创建属性 1

图 5-3　基于 Abaqus/CAE 创建材料和属性

（2）创建分析步，若在 Hypermesh 中创建，则可通过以下步骤建立，如图 5-4 所示。输出参数一般为节点位移、单元应力及应变，可根据需要进行选择，注意每个参数设置好后，一定要单击右下角的 Update，否则设置无效。基于 Abaqus/CAE 界面创建步骤如图 5-5 所示。

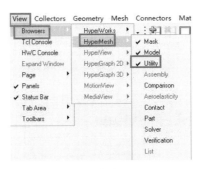

（a）步骤1

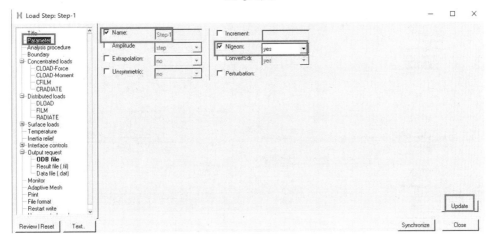

（b）步骤2

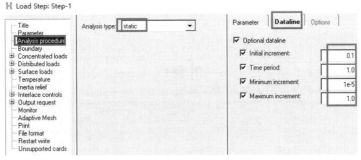

（c）步骤3

图 5-4　基于 Hypermesh 界面创建

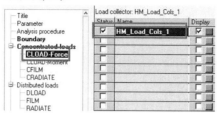

（d）步骤 4

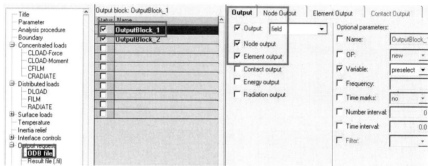

（e）步骤 5

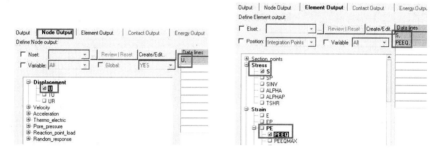

（f）步骤 6

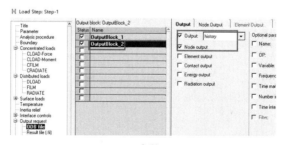

（g）步骤 7

图 5-4 （续）

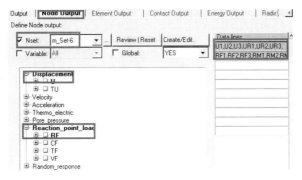

（h）步骤 8

（i）步骤 9

图 5-4　（续）

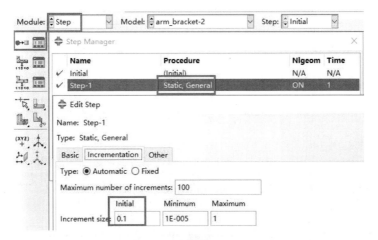

（a）步骤 1

图 5-5　基于 Abaqus/CAE 界面创建

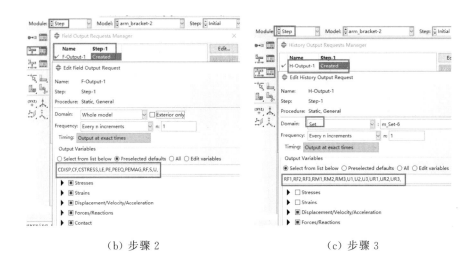

(b) 步骤 2 　　　　　　　　　(c) 步骤 3

图 5-5 　(续)

（3）创建分析模型的加载点，若在 Abaqus/CAE 界面中创建，则应首先在 Interaction 界面中创建集中点 Set（一般为圆轴孔的硬点或几何中心点），然后在 Constraint Manager 中的创建 Coupling，类型为 Kinematic（相当于 Hypermesh 中的 COUP_KIN 及 Optistruct 中的 RBE2，Hypermesh 中的 KINCOUP 在 Abaqus 中无法识别），而 Continuum distributing 相当于 Hypermesh 中的 COUP_DIS 及 Optistruct 中的 RBE3，如图 5-6 所示。

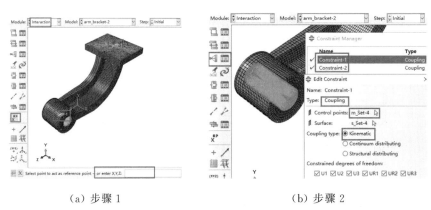

(a) 步骤 1 　　　　　　　　　(b) 步骤 2

图 5-6 　基于 Abaqus/CAE 界面创建

（4）创建分析模型的边界，基于 Hypermesh 界面创建边界，如图 5-7 所示，基于 Abaqus/CAE 界面创建边界，如图 5-8 所示。

（5）创建分析模型的单元类型，在 Hypermesh 中 Abaqus 模块下的默认实体单元为 C3D8R，即为线性减缩积分单元；在 Abaqus 中常见的实体单元包括完全积分、减缩积分、非协调及杂交等 4 种单元模式，按阶次可分为一阶（线性）和二阶单元。对于一般静力分析，可采用 C3D8R，即为减缩积分单元或二阶四面体单元（C3D10M）；在单元比较规则、无弯曲情况时可采用 C3D8I,即为非协调单元;对于橡胶类可采用 C3D8H,即为杂交单元;采用不同的单元类型,其应力和位移结果相差较大。

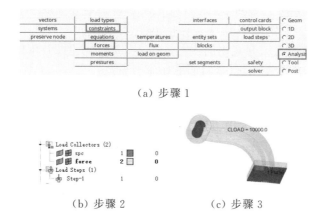

（a）步骤 1

（b）步骤 2 　　　　　　（c）步骤 3

图 5-7　基于 Hypermesh 界面创建

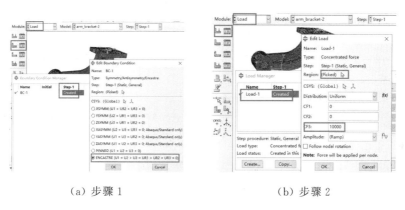

（a）步骤 1 　　　　　　　　（b）步骤 2

图 5-8　基于 Abaqus/CAE 界面创建

Abaqus 单元的主要差异及特点如下:

(1) 完全积分单元是指具有规则形状（边是直线并且边与边相交成直角）时,所用的 Gauss 积分点的数目足以对单元刚度矩阵中的多项式进行精确积分,如 C3D8。

(2) 减缩积分单元是指相比完全积分单元在每个方向上少用一个积分点,即一阶单元仅有一个积分点,二阶单元相当于完全积分的一阶单元,如 C3D8R。

(3) 非协调单元是指增强单元位移梯度的附加自由度引入线性单元,用于加强单元内部的变形梯度,不会导致单元间的变形不协调和材料干涉等问题,主要用于解决一阶完全积分单元的剪切自锁问题,具有较高的计算精度;一般用于单元比较规则且无较大扭曲情形下,如 C3D8I。

(4) 杂交单元是指对于具有不可压缩材料性质的任何单元,体积不发生变化,其压应力不能由节点位移计算,节点位移仅用于计算偏应变和应力,即当材料行为具有不可压缩（泊松比＝0.5）或非常接近于不可压缩（泊松比＞0.475）时,如橡胶材料,采用杂交单元,如 C3D8H。

（5）剪切自锁是在承受弯曲作用下,积分点处发生角度变化,即有剪切应力产生,这种虚假的剪切应力主要因为线性单元的边不能弯曲,进而导致单元在弯曲时过于僵硬,单元刚度较大。二阶线性单元虽然单元边可以弯曲,但在复杂应力状态下也可能有剪切自锁现象,如图 5-9 所示。在正常弯曲作用下,角度 α 保持不变,并且中间线与外边一起呈弯曲状态;当出现剪切自锁时,角度 α 变成 β,并且中间线与外边不呈弯曲状态,但角度的变化表明存在剪切应力,而实际在正常纯弯曲作用下,材料的剪切应力为 0。

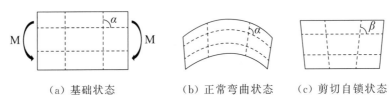

（a）基础状态　　　　（b）正常弯曲状态　　　（c）剪切自锁状态

图 5-9　剪切自锁图示

（6）沙漏是一种以比结构全局响应高得多的频率振荡及非物理的零能变形模式,产生零应变和应力,通常没有刚度,变形呈现锯齿形网格,沙漏仅出现在减缩积分（单点积分）的实体、壳及厚壳等单元上,具体可参阅第 7 章相关内容。Abaqus 中常见的单元特点及适用场景见表 5-2。

表 5-2　Abaqus 常见单元特点及适用场景

	完全积分单元		减缩积分单元		非协调单元	杂交单元
	一阶	二阶	一阶	二阶	一阶	一阶
单元特点	每个方向上有两个积分点	每个方向上有 3 个积分点	单元的中心只有一个积分点	每个方向上有两个积分点	在一阶单元中引入一个增强单元变形梯度的附加自由度。这种对变形梯度的增强允许一阶单元在单元域上对于变形梯度有一个线性变化	杂交单元包含一个可以直接确定单元压应力的附加自由度,节点的位移场则主要用来计算偏应变和偏应力
图示						
优缺点	优点:计算效率高; 缺点:存在剪切自锁问题,并且精度相对较低	优点:应力结果精度较高; 缺点:在复杂应力状态下,也有可能发生剪切自锁	优点:(1)在弯曲荷载下不易发生剪切自锁现象。(2)对位移的求解结果比较精确。(3)网格存在扭曲变形时,分析的精度不会受到太大的影响。(4)对于二阶减缩即使不划分很细的网格,也不会出现严重的沙漏问题。		优点:可以克服一阶完全积分单元中的剪力自锁问题; 缺点:对单元的扭曲很敏感,在使用时必须小心以确保单元扭曲是非常小的	优点:可用于模拟超弹性等不可压缩或接近不可压缩材料; 缺点:应用场景相对较为单一

续表

	完全积分单元		减缩积分单元		非协调单元	杂交单元
优缺点			(5)即使在复杂的应力状态下，对自锁问题也不敏感； 缺点：(1)单元存在沙漏模式，有可能过于柔软。 (2)同时不建议用于应力集中位置评估。(3)可通过伪应变能（ALLAE）和内能（ALLIE）来评价沙漏模式对计算结果的影响。(4)二阶减缩一般不能用于接触和大变形分析，但 C3D10M 可选用			
常见单元类型	C3D8、C3D4	C3D20、C3D10	C3D8R、C3D10M	C3D20R	C3D8I	C3D8H
适用场景	(1) 如果关注节点应力，则应尽量不要选用线性减缩积分单元（如 C3D8R），但对于模拟网格扭曲严重的问题，可采用网格细化的 C3D8R 单元。 (2) 若涉及接触、弹塑性及大变形问题，则应尽量不要选用二阶单元（如 C3D20），可选用修正二阶四面体单元（如 C3D10M）；对于小位移无接触可选用二阶四面体单元（如 C3D10）。 (3) 完全积分单元容易出现剪切闭锁和体积闭锁问题，尽量不要选用（如 C3D8、C3D20）。 (4) 对于规则的（关键区域无扭曲），可选用性价比高的非协调单元（如 C3D8I），但不能用于 Explicit。 (5) 若采用一阶四面体或五面体单元（C3D4 和 C3D6），则可通过细化网格提升计算结果的精度，一般不建议选用。 (6) 模拟大应变或者复杂接触条件问题，可选用 C3D8R、C3D8I、C3D10M、C3D8H（橡胶专用）。 (7) 对于关注应力可选用二阶减缩积分单元（如 C3D20R）；对于存在应力集中的局部区域，可选用二阶完全积分单元（如 C3D20）。 (8) 对于需要考虑薄膜作用或含有弯曲模式沙漏的问题及平面弯曲的问题，可选用线性完全积分（如 S4、S3）；其他可选用减缩单元（如 S4R、S3R）；对于小应变问题，可选用二阶完全或减缩单元（如 S8、S8R）。 (9) 对于包含接触问题，可选用一阶剪切变形梁单元（B21、B31）；若关注横向剪切变形，则可选用二阶梁单元（B22、B32）。若结构非常刚硬或者非常柔软，在几何非线性模拟中，则应当使用杂交梁单元（B21H、B32H 等）。若模拟承受分布载荷作用的梁，则可选用三阶梁单元（B23、B33）。若模拟开口薄壁横截面的结构，则应该采用应用开口横截面翘曲理论的梁单元（B31OS、B32OS）					

　　基于 Hypermesh 创建界面单元类型，如图 5-10 所示；基于 Abaqus/CAE 界面创建单元类型，如图 5-11 所示。

　　（7）提交计算，Hypermesh 中导出分析模型，可通过 Abaqus/CAE 界面提交，也可通过命令行提交，如图 5-12 所示。

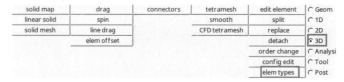

（a）步骤 1

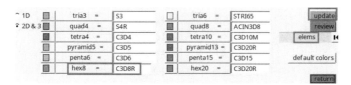

（b）步骤 2

图 5-10　基于 Hypermesh 界面创建

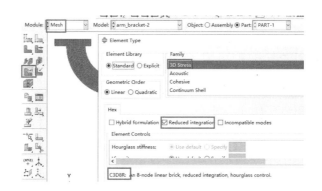

图 5-11　基于 Abaqus/CAE 界面创建

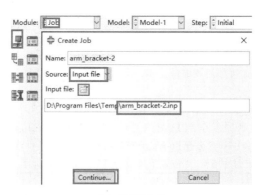

（a）界面提交

图 5-12　计算方法

```
*call.bat - 记事本
文件(F) 编辑(E) 格式(O) 查看(V) 帮助(H)
call abaqus job=arm_bracket-2.inp cpus=8 memory=2000m int
```

（b）命令行提交

图 5-12 （续）

2. 完整模型分析

通过计算得到悬臂支架的应力和位移，如图 5-13 所示。结果对比见表 5-3，其中 C3D8R 与实际较为接近。

表 5-3　不同单元类型结果对比

名　　称	C3D8	C3D8I	C3D8R	C3D8H
应力结果/MPa	57.74	62.57	44.28	57.74
位移结果/mm	0.188	0.1876	0.194	0.188

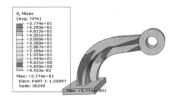

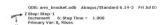

（a）C3D8 单元应力：57.74MPa　　　（b）C3D8 单元位移：0.188mm

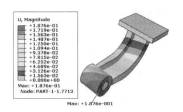

（c）C3D8I 单元应力：62.57MPa　　　（d）C3D8I 单元位移：0.1876mm

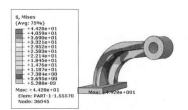
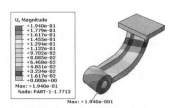

（e）C3D8R 单元应力：44.28MPa　　　（f）C3D8R 单元位移：0.194mm

图 5-13　不同单元类型结果对比

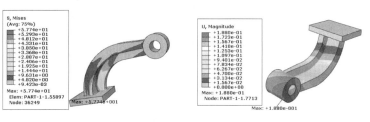

(g) C3D8H 单元应力:57.74MPa   (h) C3D8H 单元位移:0.188mm

图 5-13　(续)

5.2.3　建立悬臂支架子模型

在生成子模型前,必须先进行完整模型分析。所有类型的荷载和边界条件都可以应用于子模型,但是,应使子模型中的载荷和边界条件与完整模型一致,以避免出现不正确的结果。完整模型和子模型之间的初始条件应一致,所示为了避免此情况,应直接复制初始完整模型以创建子模型,使用创建切割工具去除子模型边界之外的材料。此方法将允许保留完整模型设置,并最大程度地降低创建子模型时出错的可能性,创建的局部子模型如图 5-14 所示。

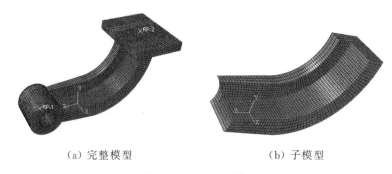

(a) 完整模型   (b) 子模型

图 5-14　完整与子模型

1. 创建子模型边界

子模型必须与完整模型设置一致,在创建子模型边界条件时,需要指定驱动节点,可以指定某些自由度作为驱动节点,通常所有自由度都作为驱动节点,对于实体单元可设置 123 自由度(子模型边界上的驱动变量为位移 U1、U2 和 U3,读入完整模型中第 1 个分析步的位移结果),同时指定完整模型的分析步序号,如图 5-15 所示,设置子模型的边界条件及驱动节点自由度;应注意的是只有基本变量可以作为驱动,如位移、温度、电势等。

当完整模型经历较大的位移或旋转时,必须确保子模型也经历这些位移或旋转。当使用基于节点的子模型建模时,驱动节点会自动考虑位移和旋转,以便子模型相对于完整坐标系正确定位,而对于基于曲面的子模型建模,仅使用曲面牵引力会使子模型不提供位移信息。相反,若要考虑位移,则子模型必须包括需要应用的边界条件、从节点和惯性。当同时使用这两种方法时,要确保所选区域保持一致的驱动方法,以防止产生过度约束。

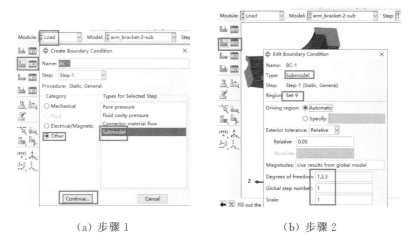

（a）步骤1　　　　　　　　　　（b）步骤2

图 5-15　创建子模型驱动边界

2. 修改子模型属性

当设置子模型时,应修改模型属性以调用完整模型的输出数据库或结果文件,如图 5-16 所示,图中修改创建的子模型属性,通过设置 Submodel 中的 Read data from job 中的完整模型的结果名称,需要读入的完整模型结果文件包括.odb 文件(或.fil 文件)和.prt 文件,这些文件都应该在该计算模型所对应的工作路径下。

此时在子模型分析时将会调用完整模型与子模型的驱动边界节点数据。同时需要删除子模型不需要的连接或未连接,如 Interaction 中的 Coupling 和边界及载荷等。

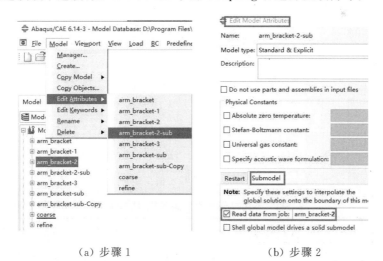

（a）步骤1　　　　　　　　　　（b）步骤2

图 5-16　调用完整模型结果

完整模型和子模型的单元类型须为三角形、四边形、膜单元、四面体、楔形及六面体等,完整模型中可以同时包含实体单元和壳单元,但所有从节点必须位于完整模型的壳单元内。子模型边界节点不能位于完整模型中信息不充分的受驱动变量插值区域中,包括只有一维单元(如梁和轴对称壳)、弹簧等其他特殊单元或轴对称单元的区域。

当使用壳单元时,通常应在完整模型中避免每个壳单元节点(S4R5、S8R5 等)有 5 个自由度,因为不会保存旋转结果,所以这些单元不能用于壳单元的子模型建模。

子模型不能用于耦合热-电、耦合热-电化学和基于模态的线性动力学过程,基于曲面的子模型只能在一般静态过程中使用。

3. 子模型计算

根据上一步创建的子模型工况提交计算,通过计算得到子模型的位移及应力结果,如图 5-17 所示。从子模型和完整模型的应力云图可知,子模型和完整模型相应区域的应力分布一致,即子模型可以用在后续的分析中。结果对比见表 5-4,可以看出,采用子模型超单元后其计算时间降低 72.7%,效果明显。

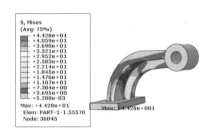
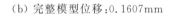

（a）完整模型应力:44.28MPa　　　　（b）完整模型位移:0.1607mm

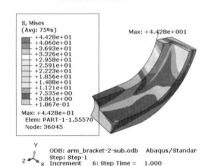
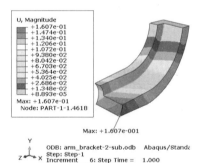

（c）子模型应力:44.28MPa　　　　（d）子模型位移:0.1607mm

图 5-17　完整与子模型结果

表 5-4　不同单元类型结果对比(C3D8R 单元)

名　称	完 整 模 型	子 模 型	差　值
应力结果/MPa	44.28	44.28	0
位移结果/mm	0.1607	0.1607	0
计算时间/s	9.9	2.7	-72.7%

4. 子模型局部细化

为了进一步考查悬臂支架弯臂处圆弧处应力,需要对其局部进行网格细化,如图 5-18 所示;其中图 5-18(a)的基础模型网格尺寸为 5mm,图 5-18(b)采用 3mm 网格尺寸对圆弧处进行细化。

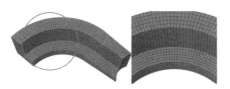

(a) 基础模型:网格尺寸 5mm

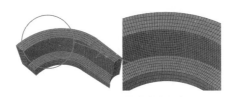

(b) 细化模型:网格尺寸 3mm

图 5-18　子模型局部细化

5. 子模型局部细化计算

根据上一步创建的子模型工况提交计算,通过计算得到子模型的位移及应力结果,如图 5-19 所示。结果对比见表 5-5,子模型局细化后的应力为 46.35MPa,较细化前增加 2.07MPa。

表 5-5　子模型细化结果对比(C3D8R 单元)

名　　　　称	完 整 模 型	子 模 型	子模型细化
应力结果/MPa	44.28	44.28	46.35
位移结果/mm	0.1607	0.1607	0.1607
单元数量/个	15314	6372	9504
计算时间/s	9.9	2.7	3.5

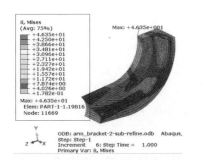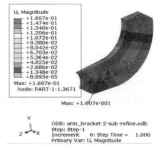

(a) 子模型细化应力:46.35MPa　　(b) 子模型细化位移:0.1607mm

图 5-19　子模型细化结果

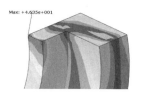

(c) 细化前:44.28MPa   (d) 细化后:46.35MPa

图 5-19 (续)

从细化的子模型结果可知,细化前的子模型和细化后的子模型的应力分布基本一致,并且由于细化子模型加密了网格,所以在圆角处能看到更多的细节特征,并且获得的应力结果更加光滑。

5.3 基于子结构方法的某支架分析

子结构的概念是单元概念的推广和扩大,即将若干个基本单元装配在一起,通过保留部分自由度的静力凝聚而成的一个新结构单元,这个新的结构单元称为原结构的子结构或称为广义单元(超单元),子结构分析是一种用于简化计算时间的方法;当结构中某些部分为重复结构时,可将其最小单元做成一个子结构单元,在实际分析时重复利用该单元,其另一种应用为当对整体结构中的某微小部分进行局部设计时,可将结构不变的部分做成一个子结构单元,在进行局部设计分析时也可重复利用该单元。

子结构的实现原理是将一组单元通过分块求解的方法把内部自由度消除,有时也称自由度凝聚。这样仅需对子结构进行一次刚度矩阵求解,对于重复次数较多的模型可节约大量计算时间。

求解时,需先求解子结构区域结果,Abaqus 会生成关于子结构区域的刚度矩阵,以用于后续的主结构求解及结果获取。

5.3.1 Abaqus 子结构特点

1. 子结构的技术特点

子结构分析方法的思路是将一个大型的复杂结构划分为若干个子结构,先分别确定各子结构的刚度特性,然后将子结构装配成整体结构,最后确定整体结构的刚度特性,其目的主要是为了节省计算时间,提高分析效率。一般来讲,以下几种情况可以用子结构进行分析。

(1) 在非线性分析中,可将模型的线性部分作为子结构,避免该部分的刚度矩阵在非线性迭代过程中多次重复计算。

(2) 在整体模型中有重复几何形状的模型,可以将重复部分作为子结构生成超单元,通过复制生成整体结构的其他部分,从而快速计算得到结果。

(3) 在计算资源相对紧缺且整体模型较大(单元数多、自由度多)时,一般计算耗时较长,影响项目节点,此时可以将整个结构分为若干个子结构,通过子结构最终对整体结果进行计算。

（4）子结构是一组单元的集合，在子结构中仅仅保留指定的节点自由度，而其他节点自由度会被消除，并且其他的节点结果均通过线性插值的方式获得。

（5）子结构技术的计算原理是将一组单元通过分块求解的方法把内部自由度消除（缩聚），仅需对子结构进行一次刚度矩阵求解，进而通过子结构复制实现整体模型的计算，此时可以节约大量的计算时间。

2．子结构的应用场景

（1）子结构分析的一大优势就是可以充分利用装配体中重复的结构，重复的结构可以通过一次计算得到某一部分结果，如飞机结构中，重复的机翼和尾翼。

（2）对于做成超单元的某重复模型结果，可以在同平台有该重复结果或在其他平台设计中用到该结果；同时可以节约计算硬件、内存和缩短计算时间，提升计算效率。

（3）总之子结构的主要应用在重复结构、同一平台的相同零部件、不同平台的同一个零部件等场景中。

3．子结构的主要分析步骤

（1）创建子模型，即先完成重复零部件中的一个零部件的建模，再进行分析（子结构分析），并保存重复模型的分析结果，包括子结构库文件.sup、子结构数据库文件.sim、分析数据库文件.mdl 和.stt、部件文件.prt 等。

（2）创建残余模型及属性。

（3）导入重复零部件（通过子结构创建），并与残余模型进行装配。

（4）设置完整模型的边界条件、载荷、接触和约束。

（5）对完整模型进行分析，通过创建多个图层的方式显示分析模型的整个结果，检查分析结果。

5.3.2　基于子结构的静力分析

本节基于一个工作台模型，包括底座和支脚，如图 5-20 所示。整个工作台材料为 Q235 钢材，弹性模量 E 为 210 000MPa，泊松比为 0.3，密度为 7.85e-9t/mm^3，整体分析工况为侧向受力分析。

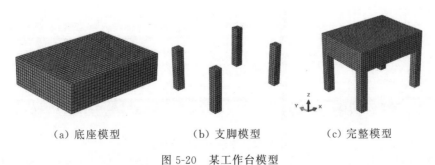

　　（a）底座模型　　　　　（b）支脚模型　　　　　（c）完整模型

图 5-20　某工作台模型

1. 创建支脚子结构模型

（1）首先建立一个支脚的网格模型，模型采用5mm尺寸建模，如图5-21所示。

（2）创建材料及属性，如图5-22所示。

（3）创建子结构分析步，通过 Linear perturbation 中的 Substructure generation 创建，如图5-23所示。对于采用静力方法创建子结构，通过在分析步中 Basic 下的 Substructure identifier：$Z=1$ 表示对子结构编号，用于缩聚自由度位移的恢复；子结构的场变量及历史变量无须进行设置。

（4）创建子结构边界自由度，通过 Boundary 中 Mechanical 的 Retained nodal dofs 创建，定义要保留的自由度的边界，实体单元可定义123，即通过 X、Y、Z 3个方向的平均位移作为驱动边界，如图5-24所示。

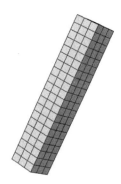

图 5-21　支脚模型

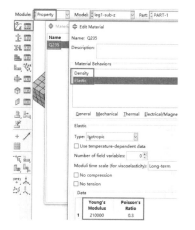

图 5-22　创建材料及属性

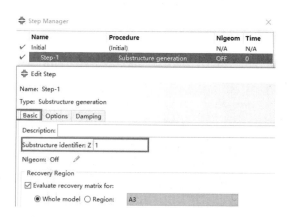

图 5-23　创建子结构分析步

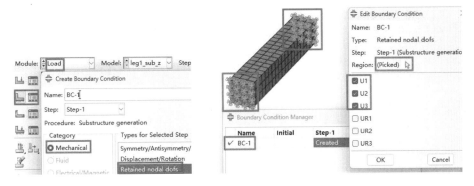

图 5-24　创建子结构边界自由度

（5）提交子结构模型进行计算，计算完成后会生成.sim文件，该文件为子结构模型，将用于后续完整模型装配，生成的所有文件如图 5-25 所示；其中.sup、.sim、.prt、.mdl 及.stt 文件将用于完整模型的子结构分析中，必须保留。

2. 组装子结构模型

（1）重新创建一个模型文件名，用于建立一个底座的模型，或导入创建好的底座模型，并创建材料及属性等，如图 5-26 所示。

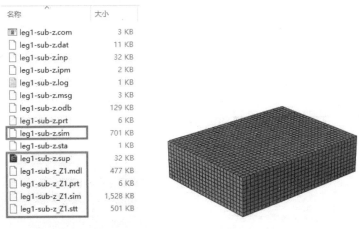

图 5-25　子结构计算结果　　　　图 5-26　底座模型

（2）创建完整模型有以下两种方法。

方法一：先分别创建并生成 4 个支脚的子结构模型及结果，其优势是若后续只更改其中某个或几个支脚，则仅需更新更改的子结构。

重新创建一个模型文件，如 full_bottom_leg_sub，建立一个底座的模型或导入创建好的底座模型，并创建材料及属性等；在 Part 模块下导入分析完成的 4 个支脚子结构模型，通过 File→Import→Part 导入，选择子结构文件 leg1-sub-z_Z1.sim，如图 5-27 所示。根据子结构保留的节点位移还原出内部被缩聚节点的位移，并基于 ue 和 ur 计算子结构的应力、应变等响应。

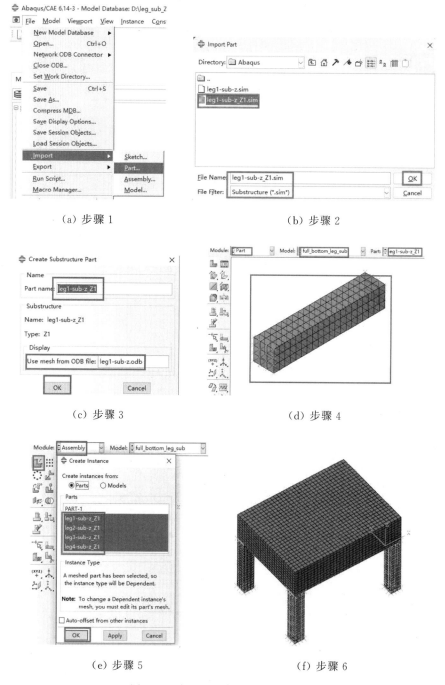

（a）步骤 1

（b）步骤 2

（c）步骤 3

（d）步骤 4

（e）步骤 5

（f）步骤 6

图 5-27　方法一组装的子结构模型

方法二：按方法一导入一个支脚子结构模型，再重复导入 3 次第 1 个支脚子结构模型，同时需要更改 Part name，导入过程中分别修改为 leg2、leg3 和 leg4，其余保持不变，导入的 4 个重复子结构模型如图 5-28(a)～(b)所示；装配子结构模型，如图 5-26(c)所示；调整支脚的位置，可通过标题栏 Creat Display Group 将不需要操作的支脚子结构隐藏，如图 5-28(d)所示；再利用 Assembly 中的 Translate Instance 定位支脚子结构，如图 5-28(e)所示，其余两个支脚按同样方法进行操作，利用一个支脚子结构模型重复操作组成完整的支架模型，如图 5-28(f)所示。

3. 创建完整子结构模型分析步

根据分析工况，创建一个静力分析步，如图 5-29(a)所示；其次创建子结构场变量，在 Domain 中选择 Substructure 及右侧所有的 4 个子结构，选择场变量输出如应力(s)和位移(U)，如图 5-29(b)所示；创建完整模型的场变量，如图 5-29(c)所示。通过定义子结构的场变量输出，在分析求解时会得到每个子结构在完整模型分析时的场变量。在后处理时，便可以利用 Abaqus 提供的插件对子结构的结果和全局结果进行合并，还原出完整模型的场变量结果；历史变量创建带能量的默认设置即可。

(a) 步骤 1

(b) 步骤 2

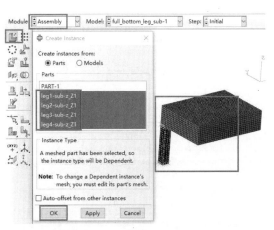

(c) 步骤 3

(d) 步骤 4

图 5-28　方法二组装的子结构模型

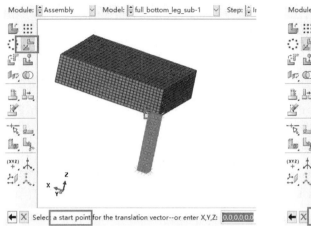

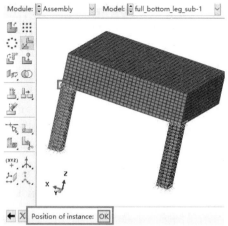

（e）步骤 5　　　　　　　　　　（f）步骤 6

（g）步骤 7

图 5-28　（续）

（a）步骤 1　　　　　　　　　　（b）步骤 2

图 5-29　创建完整模型分析步

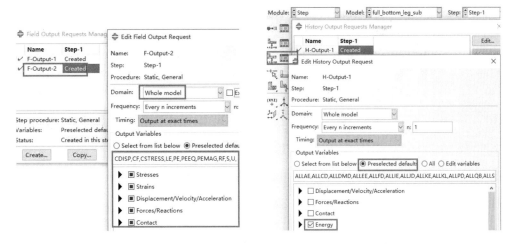

（c）步骤3　　　　　　　　　　　　　　（d）步骤4

图 5-29　（续）

4. 创建完整子结构模型连接

创建 4 个支脚子结构与底座的 Tie 连接,通过节点绑定方式建立支脚与底座的绑定连接,如图 5-30 所示。

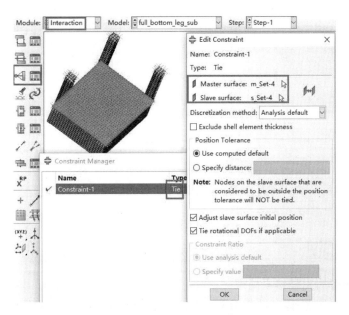

图 5-30　创建子结构模型连接

5. 创建完整子结构模型边界及载荷

根据分析要求,创建分析边界和载荷,约束支脚全自由度,在底座侧面施加 1MPa 压力,如图 5-31 所示。

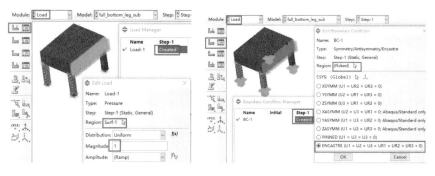

（a）步骤 1　　　　　　　　　　（b）步骤 2

图 5-31　创建子结构模型边界

6. 提交完整子结构模型计算

在提交计算时会重新对子结构模型进行节点或单元编号，单击 Yes 按钮即可，如图 5-32 所示。

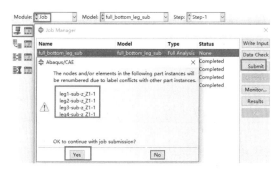

（a）步骤 1

（b）步骤 2

图 5-32　提交完整子结构模型计算

7. 子结构模型的完整结果处理

通过对子结构完整模型进行分析，打开分析结果，在默认情况下只显示基座结果，如图 5-33 所示。

查看子结构模型的完整结果有以下几种方法。

方法一：可以同时打开完整模型及子结构结果，同时勾选 Append to layers，即可自动装配，如图 5-34 所示。

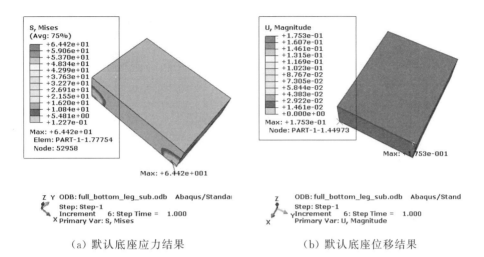

（a）默认底座应力结果　　　　　　　　（b）默认底座位移结果

图 5-33　提交完整子结构模型计算

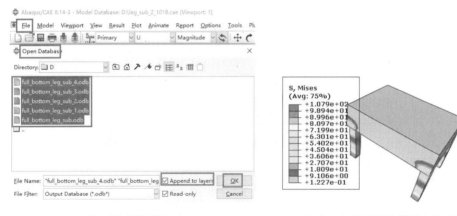

（a）打开完整模型方法一　　　　　（b）方法一完整子结构模型应力结果

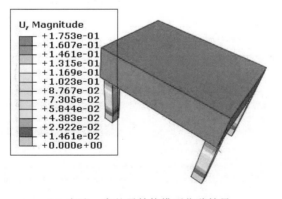

（c）方法一完整子结构模型位移结果

图 5-34　方法一完整子结构模型结果

方法二：后处理多图层显示方法，首先单独打开 5 个文件结果，其次通过多图层显示整个子结构模型结果，具体操作如图 5-35 所示。

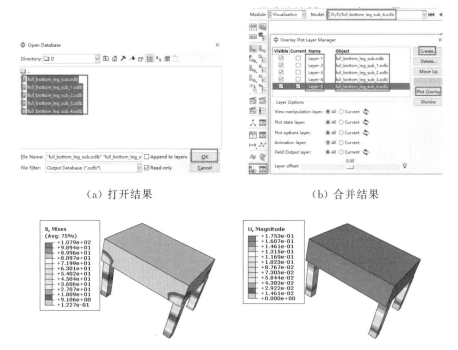

　　　　　　（a）打开结果　　　　　　　　　　　　　（b）合并结果

（c）方法二完整子结构模型应力结果　　　（d）方法二完整子结构模型位移结果

图 5-35　方法二完整子结构模型结果

方法三：利用 plug-ins 命令对 5 个结果进行处理，包括设置所要合并的分析步名称及场变量等，具体操作如图 5-36 所示。

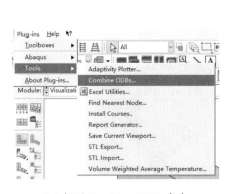
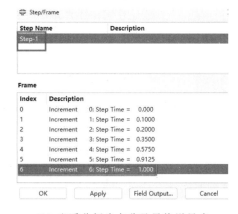

　　（a）打开 Combine ODBs 命令　　　　　（b）查看分析步名称及最终增量步

图 5-36　方法三完整子结构模型结果

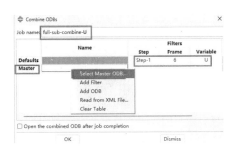
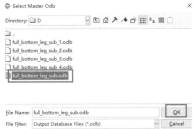

（c）设置生成参数 U　　　　　（d）打开主结构结果

（e）添加子结构结果　　　　　（f）选择子结构结果

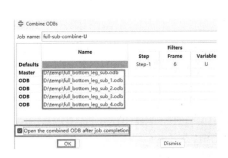

（g）合成所有模型　　　　　（h）参数 U 合成成功界面

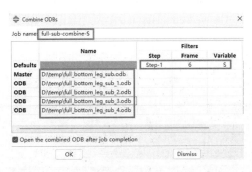

（i）设置生成参数 S　　　　　（j）参数 S 合成成功界面

图 5-36　（续）

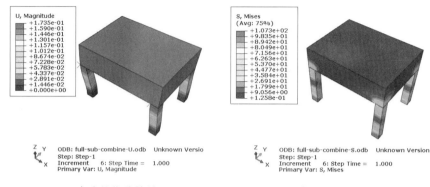

（k）合成的位移结果　　　　　　　　（l）合成的应力结果

图 5-36　（续）

　　方法四：利用命令行对 5 个结果进行处理，建议将这 5 个结果文件复制到单独的文件夹，以免覆盖原始结果，从而造成不便，具体操作如图 5-37(a)所示。首先打开 Abaqus Command，然后将界面切换到指定地址，如图 5-37(b)所示；abaqus substructure Combine baseodb＝full_bottom_leg_sub. odb copyodb＝full_bottom_leg_sub_1. odb。

　　其中，baseodb 为主结构结果文件，copyodb 为子结构结果文件，对 4 个子结构和主结构结果进行合并，合并后的结果如图 5-37 所示。

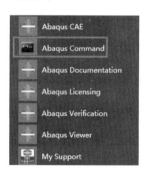

（a）打开 Abaqus Command 命令

（b）合并主结构与子结构结果

图 5-37　方法四完整子结构模型结果

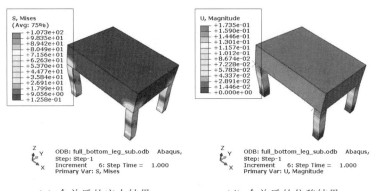

（c）合并后的应力结果　　　　（d）合并后的位移结果

图 5-37 （续）

对完整模型进行静力分析，可以得到其应力和位移结果，如图 5-38 所示；详细的结果对比见表 5-6。从结果可以看出，采用不同方法计算的结果与完整模型结果一致。采用子结构进行静力分析，其计算时间由 2.1s 降到 1.8s，降幅为 14.3％，效果明显。

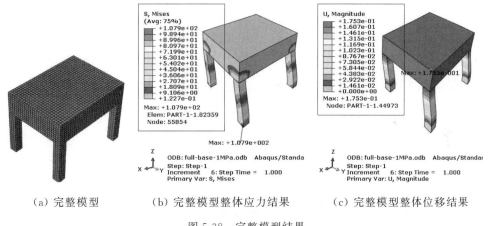

（a）完整模型　　　（b）完整模型整体应力结果　　　（c）完整模型整体位移结果

图 5-38 完整模型结果

表 5-6 完整与子结构结果对比

名　称	完整模型	子 结 构			
		方法一	方法二	方法三	方法四
应力结果/MPa	107.9	107.9	107.9	107.3	107.3
位移结果/mm	0.1753	0.1753	0.1753	0.1735	0.1735
计算时间/s	2.1	1.8			

8. 基于子结构底座轻量化

利用支脚子结构技术对底座进行轻量化，轻量化方案如图 5-39(a) 所示，再次与支脚子结构进行装配并进行分析，从而得到整个模型的应力和位移结果，如图 5-39 所示。

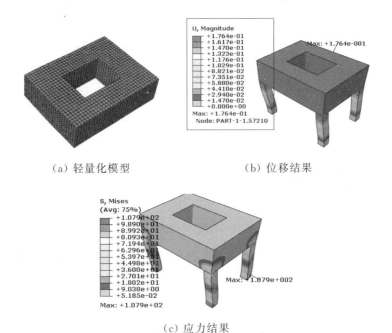

（a）轻量化模型　　　　　　　　（b）位移结果

（c）应力结果

图 5-39　轻量化模型结果

5.3.3　基于子结构的模态分析

在 5.3.2 节中通过创建支脚子结构，并与底座主模型进行组装，得到了基于子结构的完整模型结果。本节将在 5.3.2 节的基础上，对该支架总成进行约束模态分析。模态分析的支架模型如图 5-40 所示。

图 5-40　支架总成模态分析模型

1. 基于静力学的子结构模态分析

1）创建模态分析步

在 5.3.2 节中采用静力学创建了子结构模型，通过分析得到了结果，设置模态分析步，如图 5-41 所示。

图 5-41　创建模态分析步

2）模态分析结果

通过模态分析得到的模态结果如图 5-42 所示。从结果可以看出完整模型一阶频率为 347.93Hz，静力子结构结果为 352.68Hz，两者相差 4.75Hz。

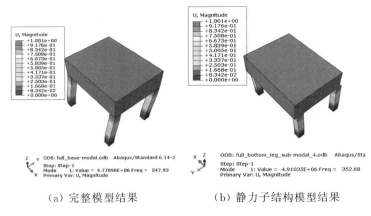

（a）完整模型结果　　　　（b）静力子结构模型结果

图 5-42　模态分析结果

2. 基于动力学的子结构模态分析

从静态缩聚的原理可以看出，静态缩聚和数据恢复都是精确的，但是在动力学中需要质量矩阵，若采用 GUYAN 进行静态缩聚，则其结果将不准确。为了得到更精确的结果，可以通过引入与子结构的振动模态相关的一些广义自由度来增强子结构内的响应，即通过设置相关参数生成带有动力扩展的子结构，具体设置如下所示。

1）创建动力子结构

在分析步 Step 中通过 Options 勾选计算缩减质量、结构阻尼及粘性阻尼，以及动力模态数范围或频率范围，用于生成带动力响应的子结构，如图 5-43 所示。

2）组装动力子结构

对生成的动力子结构与底座进行组装，方法和静力子结构一样，在分析步 Step 中重新选择子结构及修改 Tie 和边界，如图 5-44 所示。

图 5-43　创建动力子结构分析步

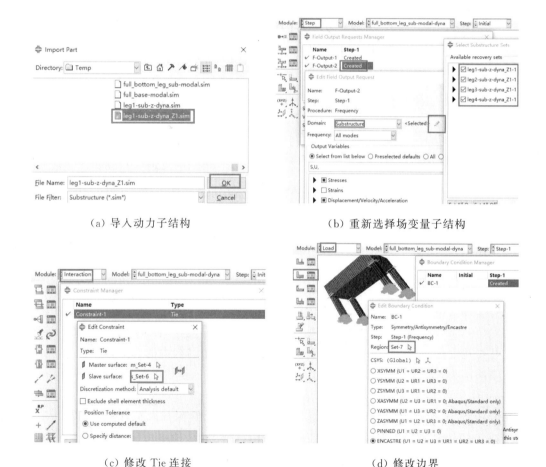

（a）导入动力子结构　　　　　　（b）重新选择场变量子结构

（c）修改 Tie 连接　　　　　　　（d）修改边界

图 5-44　修改动力子结构连接

3）完整动力子结构模态分析

对组装的完整动力子结构模型进行模态分析，得到结果如图 5-45 所示。由结果可以看出，采用带动力子结构模型，其计算的模态结果与完整模型更接近，一致性更好，对比结果见表 5-7。采用动力子结构进行模态分析，其计算时间由 1.8s 降到 1.3s，降幅为 27.8%，效果明显。

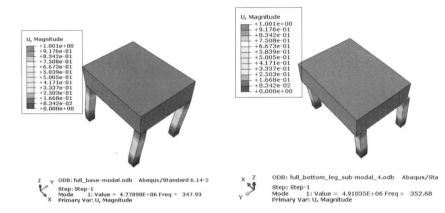

（a）完整模型结果　　　　（b）静力子结构模型结果

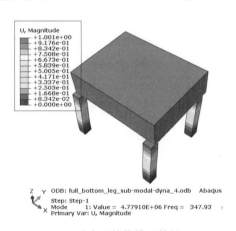

（c）动力子结构模型结果

图 5-45　模态分析结果

表 5-7　完整与子结构模态结果对比

振型	完整模型	静力子结构	动力子结构
一阶/Hz	347.93	352.68	347.93
二阶/Hz	352.11	356.95	352.11
三阶/Hz	551.26	569.60	551.31
四阶/Hz	1862.2	1875.2	1862.4
五阶/Hz	2847.5	2904.0	2849.5
计算时间/s	1.8	1.4	1.3

3. 基于动力学的子结构静力分析

将创建的动力子结构用于静力分析,设置方法同模态分析,通过分析得到的结果如图 5-46 所示。从结果可以看出,对于静力问题,采用动力子结构与静力子结构一致,即针对静力问题,两种子结构均可采用,见表 5-8。采用静力子结构进行模态分析,其计算时间由 2.1s 降到 1.8s,降幅为 14.3%,效果明显。

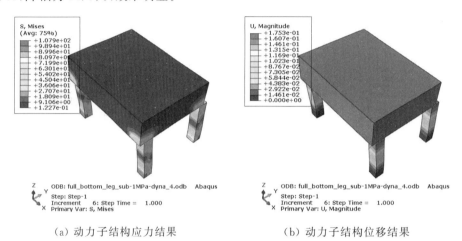

(a) 动力子结构应力结果　　　　　　　　(b) 动力子结构位移结果

图 5-46　动力子结构静力分析结果

表 5-8　完整与子结构静力结果对比

名　　称	完整模型	静力子结构	动力子结构
应力结果/MPa	107.9	107.9	107.9
位移结果/mm	0.1753	0.1753	0.1753
计算时间/s	2.1	1.8	1.9

5.4　小结

本章基于汽车某悬臂支架和支承支架,通过采用 Abaqus 的子模型和子结构超单元方法进行分析,并采用不同的处理方法和技巧对建模及处理流程进行了详细阐述,其中子模型的方法可以对关注区域更精确地进行分析,基于子结构的方法可以对重复结构进行快速复制,以在极短的时间内获得想要的结果。该方法适用于所有此类问题的解决。

第 6 章

LS-DYNA 子模型超单元法在电池支架中的应用

Lsdyna 是一款强大的非线性动力学分析软件,在各行各业中应用非常广泛,而在汽车显式分析中的应用也愈加广泛,特别是汽车碰撞分析,以及动力电池各种非线性分析等。在动力电池行业中随着模型越来越细化,模型的单元数也越来越多,规模也越来越大。在优化过程中会消耗大量计算资源,甚至会影响项目的开发节点。基于此,LS-DYNA 超单元应运而生。

LS-DYNA 超单元方法主要包括子结构(sub-structure)和子模型(sub-model),子结构主要用于大型结构装配分析中的分解和等效替代,通过界面数据传递关注区域及剩余区域的力学性能,而子结构主要用于某个零件的关注区域需要模型细化,如网格单元尺寸由大变小,进而得到局部更精确的分析结果。

6.1 子模型介绍

LS-DYNA 超单元子模型方法在模型细化方面有着广泛应用,子模型方法又称为切割边界位移法或者特定边界位移法,切割边界就是子模型从整个较粗糙的网格模型分隔开的边界,基础模型切割边界的计算位移值即为子模型的边界条件。子模型用于得到模型局部区域更加精确解的网格单元,它在模型的局部应力分析和网格收敛性分析中应用非常广泛,基础模型与子模型对比如图 6-1 所示。

（a）基础模型   （b）子模型(局部网格细化)

图 6-1 基础模型与子模型图

LS-DYNA 中的子模型分析又叫部件分析,既可用于静力分析,也可用于动力分析,主要分析流程也一样,主要包括以下 5 个步骤。

（1）创建并分析基础模型。

（2）创建子模型。

（3）提供切割边界插值。

（4）分析子模型。

（5）查看结果。

6.1.1　LS-DYNA 子模型关键字调用方法

LS-DYNA 中的子模型可利用一些关键字创建，每个关键字都有其特定的含义和应用场景。

1. 子模型关键字调用方法

LS-DYNA 子模型关键字可通过以下两种方法调用。

方法一：通过标题栏调用，选择 Tools→Create Cards→ * INTERFACE，如图 6-2 所示。

图 6-2　子模型建立参数调用方法一（2021 版）

方法二：在高版本（如 2021 版）中可直接在界面中按快捷键 Ctrl＋F，然后在搜索栏中输出关键字（如 interface），即可找到所需要建立的参数，如图 6-3 所示。

6.1.2 LS-DYNA 子模型关键字说明

在 LS-DYNA 中与子模型创建相关的主要关键字包括两大类,第一类是采用什么方式创建界面并生成界面传输文件(d3iff),为带 COMPONENT 关键字,如 FILE、NODE 及 SEGMENT 等;第二类是采用什么方式调用第一类关键字创建的界面传输文件 NODE、EDGE 及 SEGMENT 等,并用于子模型的计算。

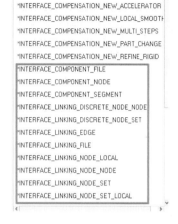

第一类关键字如下。

(1) *INTERFACE_COMPONENT_FILE:指定输出部件界面的数据文件,并可选择采用新的二进制格式,在 Hypermesh 高版本(如 2021 版本)中有此关键字,低版本可能需要通过手动输出,主要参数包括以下几个。

图 6-3 子模型建立参数调用方法二

ID:驱动界面编号,在子模型计算时调用。

FNAME:界面数据输出文件的文件名,默认为 d3iff。

FORMAT:使用的数据格式。如果文件格式为 1,则表示旧数据格式;如果文件格式为 2,则表示新数据格式(默认)。

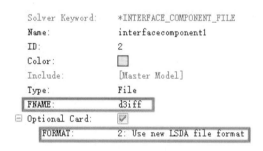

图 6-4 子模型 FILE 关键字

如果通过命令提交计算,并且在命令行中使用 Z="",则该卡将被忽略,同时默认使用新的 LSDA 文件格式。由于新的 LSDA 数据格式保持了坐标向量的完整精度,所以内部坐标向量在多数情况下会使用双精度,即使是单精度的计算文件。

(2) *INTERFACE_COMPONENT_OPTION1_{OPTION2}:OPTION1 可以是 NODE 或者 SEGMENT,OPTION2 为 TITLE,其目的是创建子模型的驱动界面集,该关键字与通过命令 Z=isf1 提交或通过 *INTERFACE_COMPONENT_FILE 命令提交配合使用。用于将驱动界面数据写入接口文件的输出间隔,由 *CONTROL_OUTPUT 上的 OPIFS 控制;如果未指定 OPIFS,则输出间隔默认为 *DATABASE_BINARY_D3PLOT 中 DT 值的 1/10,其关键字如图 6-5 所示。

其主要参数如下。

ID：驱动界面编号，在子模型计算时调用。

Type：界面节点 Set 类型。

Title：驱动界面名称。

SID：驱动界面的节点集或段面集编号，为 *SET_NODE 或 *SET_SEGMENT 集。

CID：局部坐标系编辑。

NID：节点号。

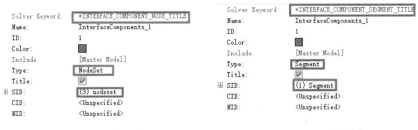

（a）NodeSet 关键字　　　　　　（b）Segment 关键字

图 6-5　子模型界面数据创建 NodeSet 和 Segment 关键字

其中，CID 和 NID 是可选择项，如果使用 CID，则此坐标系下的变换矩阵在每种输出状态下都会被写入界面文件中。如果使用 NID，则节点位移也被写入界面文件中。这个信息将会被用在 *INTEFACE_LINKING_NODE_LOCAL 关键字中。如果任何一个为非零，则界面文件将以新的 LSDA 格式写入，而旧的 LSDA 格式不支持此功能。

第二类关键字如下。

（1）*INTERFACE_LINKING_DISCRETE_NODE_OPTION：OPTION 可以是 NODE 或者 SET，其通过 NODE 或 NODE SET 集调用驱动界面数据，用于子模型分析，适用所有单元类型，其主要参数如图 6-6 所示。

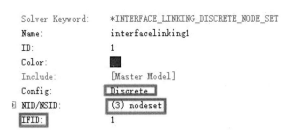

图 6-6　子模型界面数据调用 Discrete 关键字

Config：指选择需要驱动界面数据的方式。

NID：指选择需要驱动界面数据的节点或者节点集。

IFID：指子模型调用的驱动界面编号。

（2）*INTERFACE_LINKING_EDGE：通过 EDGE 方式调用驱动界面数据，适用于壳单元模型，即界面处有壳单元，其主要参数如图 6-7 所示。

壳元子模型分析中用于指定驱动边界数据，主要参数如下。

NSID：指定需要驱动的子模型节点集编号。

IFID：指定子模型引用的驱动界面编号。

（3）* INTERFACE_LINKING_SEGMENT：通过 SEGMENT 方式调用驱动界面数据，适用于壳单元和体单元模型，其主要参数如图 6-8 所示。

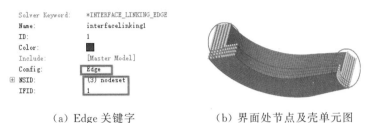

（a）Edge 关键字　　　　　（b）界面处节点及壳单元图

图 6-7　子模型界面数据调用 Edge 关键字

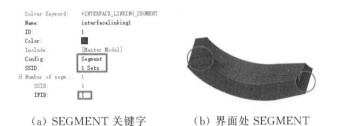

（a）SEGMENT 关键字　　　　　（b）界面处 SEGMENT

图 6-8　子模型界面数据调用 SEGMENT 关键字

SSID：指定需要驱动的子模型段面编号。

IFID：指定子模型调用的驱动界面编号。

（4）* INTERFACE_LINKING_NODE _OPTION：OPTION 可以是 NODE 或者 SET，其通过 NODE 或 NODE SET 集调用驱动界面数据，用于子模型分析，适用所有单元类型，其主要参数如图 6-9 所示。

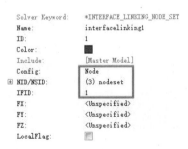

图 6-9　子模型界面数据调用 NODE 关键字

NID：指定需要驱动的子模型节点或节点集编号。

IFID：指定子模型调用的驱动界面编号。

FX:定义驱动界面 X 方向的位移比例因子函数编号。

FY:定义驱动界面 Y 方向的位移比例因子函数编号。

FZ:定义驱动界面 Z 方向的位移比例因子函数编号。

(5) *INTERFACE_LINKING_FILE:指定用于子模型分析中的驱动界面数据文件,即定义该关键字后可直接提交计算,不用通过命令行提交,其主要参数如图 6-10 所示。

FNAME:指子模型驱动界面的文件名,该关键字的作用与命令行参数 L 等效,当通过命令行指定了 L 参数值时,此关键字将被忽略。

(6) *CONTROL_OUTPUT:OPFIS 用于指定输出驱动界面数据的时间间隔,一般选择0;对于小模型,可以设置为 2e-06,甚至更小,对于大模型可设置为 0,否则可能会生成多个界面文件(d3iff),如图 6-11 所示。

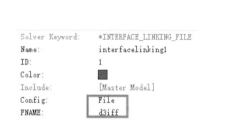

图 6-10　子模型界面数据调用 FILE 关键字　　图 6-11　驱动界面数据输出间隔关键字

6.2　基于 LS-DYNA 子模型的悬臂支架分析

通过对 LS-DYNA 子模型的关键字进行分析,可以发现创建用于子模型分析的驱动界面有很多种方式,调用驱动界面同样如此。本节基于一个汽车悬臂支架进行不同方法的子模型驱动界面创建及子模型工况分析,悬臂支架底座完全固定,转轴处受沿 Z 向的 10 000N 作用力,如图 6-12 所示。

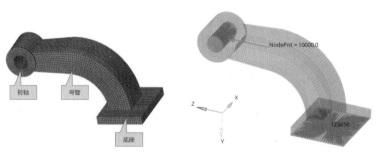

(a) 悬臂支架模型　　　　　　(b) 悬臂支架边界图

图 6-12　某悬臂支架模型

6.2.1　基于 SEGMENT 方法分析子模型

1. 创建子模型驱动界面数据

根据 SEGMENT 原理,对于采用实体单元创建的模型,首先要对模型进行分组,再创建关注的子模型界面区域。创建子模型界面区域的详细步骤如图 6-13 所示,其中创建子模型 SET 如图 6-13(a)所示;创建 SEGMENT 如图 6-13(b)和图 6-13(c)所示;创建子模型驱动界面如图 6-13(d)所示。

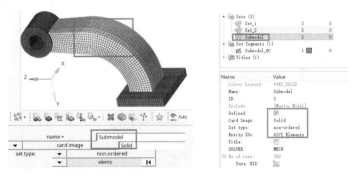

(a) 步骤 1

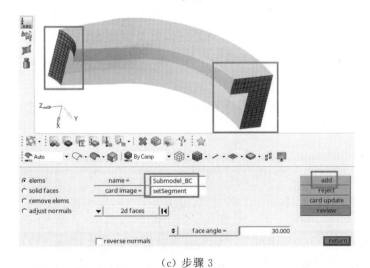

(b) 步骤 2

(c) 步骤 3

图 6-13　基于 SEGMENT 创建驱动界面

(d) 步骤 4

图 6-13 （续）

2. 完整模型参数设定

根据完整模型的工况，设置相应的计算参数。本例是静力学问题，基于 LS-YDNA 采用隐式非线性求解，其中总体控制参数如图 6-14 所示。

（1）* CONTROL_ENERGY：能量输出选项，包括沙漏能、阻碍能、滑移能及阻尼能等，如图 6-15 所示。

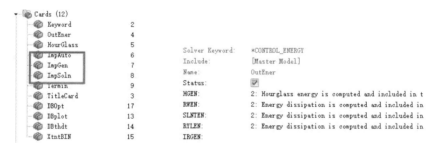

图 6-14　求解控制卡片　　　　　　　　图 6-15　能量输出卡片

（2）* CONTROL_HOURGLASS：单元沙漏能控制参数，包括沙漏控制类型及沙漏系数，本例采用 4 号沙漏控制类型（对于静态分析可采用刚度控制，对于有能量冲击则建议采用粘性控制，可改善沙漏问题），如图 6-16 所示。

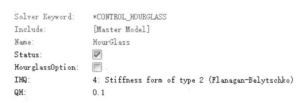

图 6-16　沙漏控制卡片

（3）* CONTROL_IMPLICIT_AUTO：激活自动步长控制，即将 IAUTO 设为 1，默认状态是固定时间步长，当平衡迭代失效后，可以尝试改为自动时间步长，其余参数保持默认即可，如图 6-17 所示。

```
Solver Keyword:    *CONTROL_IMPLICIT_AUTO
Include:           [Master Model]
Name:              ImpAuto
Status:            ☑
Options:           NONE
⊟ IAUTO_Option:    ☐
    IAUTO:         1: Automatically adjust time step size
  ITEOPT:
  ITEWIN:
  DTMIN:
⊟ DTMAX_Option:    ☐
    DTMAX:
⊟ DTEXP_Option:    ☐
    DTEXP:
  KFAIL:
  KCYCLE:
```

图 6-17 自动时间步长控制卡片

(4) ＊CONTROL_IMPLICIT_GENERAL：激活隐式求解，将 IMFLAG 设为 1，由于 LS-DYNA 默认为显式求解，所以其余参数保持默认即可，如图 6-18 所示。

```
Solver Keyword:    *CONTROL_IMPLICIT_GENERAL
Include:           [Master Model]
Name:              ImpGen
Status:            ☑
Options:           NONE
⊟ IMFLAG_Option:   ☐
    IMFLAG:        1: Implicit analysis
  DT0:
  IMFORM:
  NSBS:
  IGS:
  CNSTN:
  FORM:
  ZERO_V:
```

图 6-18 隐式求解激活卡片

(5) ＊CONTROL_IMPLICIT_SOLUTION：指定隐式分析求解方法，即线性还是非线性；1 为线性分析，相当于迭代次数为 1 的非线性分析；一般选择 12，即非线性且考虑弧长，其余参数保持默认即可，如图 6-19 所示。

```
Solver Keyword:    *CONTROL_IMPLICIT_SOLUTION
Include:           [Master Model]
Name:              ImpSoln
Status:            ☑
Options:           BLANK
NSOLVR:            12: Nonlinear with BFGS updates + optional arclength
ILIMIT:
MAXREF:
DCTOL:
ECTOL:
RCTOL:
LSTOL:
ABSTOL:
OptionalCard2:     ☐
```

图 6-19 隐式求解方法激活卡片

（6）＊CONTROL_TERMINATION：指定求解的总时长，对于隐式分析一般设为 1，其余参数保持默认即可，如图 6-20 所示。

（7）＊DATABASE_BINARY_D3PLOT：指定 D3PLOT 结果的输出间隔，对于隐式分析可以设为 1，其余参数保持默认即可，如图 6-21 所示。

Solver Keyword:	*CONTROL_TERMINATION
Include:	[Master Model]
Name:	Termin
Status:	☑
ENDTIM:	1.0
ENDCYC:	
DTMIN:	
ENDENG:	
ENDMAS:	
NOSOL:	

图 6-20　求解时长控制卡片

Solver Keyword:	*DATABASE_BINARY_D3PLOT
Include:	[Master Model]
Name:	DBplot
Status:	☑
DT:	1.0
LCDT:	
BEAM:	
NPLTC:	
PSETID:	
IOOPT:	

图 6-21　结果输出控制卡片

（8）＊DATABASE_BINARY_D3THDT：指定材料能输出到 D3THDT 文件的输出间隔，一般设为 1e-05，其余参数保持默认即可，如图 6-22 所示。

（9）＊DATABASE_EXTENT_BINARY：指定输出的结果类型，如单元积分点数量、应力及应变等相关参数，本例采用实体单元，将 STRFLG 设置为 1 即可，如图 6-23 所示。

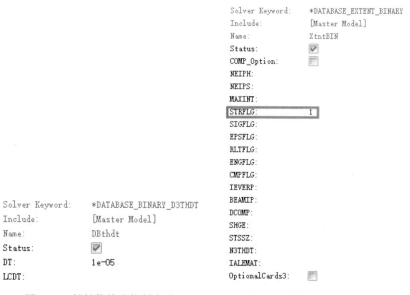

Solver Keyword:	*DATABASE_EXTENT_BINARY
Include:	[Master Model]
Name:	XtntBIN
Status:	☑
COMP_Option:	☐
NEIPH:	
NEIPS:	
MAXINT:	
STRFLG:	1
SIGFLG:	
EPSFLG:	
RLTFLG:	
ENGFLG:	
CMPFLG:	
IEVERP:	
BEAMIP:	
DCOMP:	
SHGE:	
STSSZ:	
N3THDT:	
IALEMAT:	
OptionalCards3:	☐

Solver Keyword:	*DATABASE_BINARY_D3THDT
Include:	[Master Model]
Name:	DBthdt
Status:	☑
DT:	1e-05
LCDT:	

图 6-22　材料能输出控制卡片　　　图 6-23　结果输出控制卡片

STRFLAG：如果设为 1，则会输出体单元、壳单元、厚壳单元的应变张量，用于后处理绘图，其余保持默认即可。

（10）＊DATABASE_GLSTAT：指定输出的结果，如能量、节点信息及合成界面力等，根据需要进行选择，如图 6-24 所示。

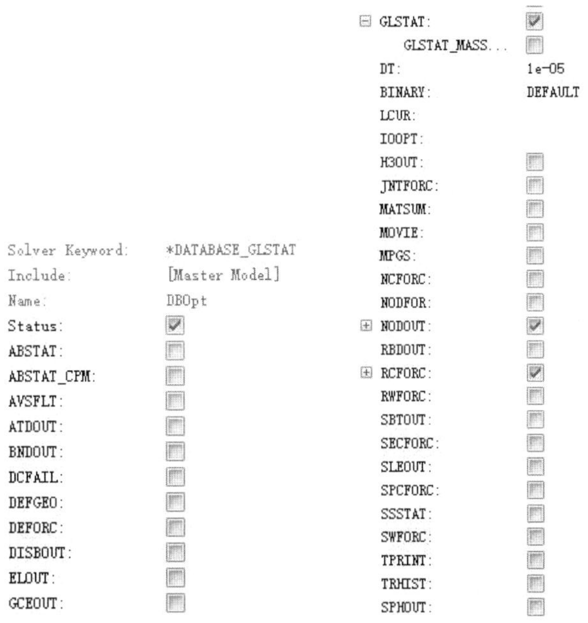

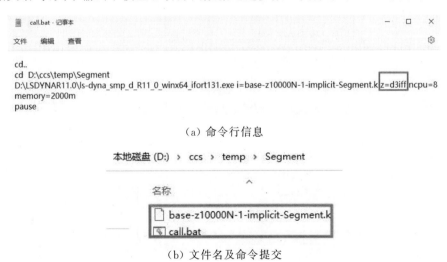

图 6-24　能量输出控制卡片

3. 完整模型求解

将设置好的完整模型导出，并提交计算。根据子模型驱动界面数据的创建方法，可以通过命令行提交计算，也可以通过求解器界面提交。

方法一：命令行提交。首先要创建一个 bat 文件，并采用记事本等文本编辑工具打开，输出以下相关语句，其中输出子模型驱动界面数据通过参数 z 执行，如图 6-25 所示。

```
cd..
cd  D:\ccs\temp\Segment
D:\LSDYNAR11.0\ls-dyna_smp_d_R11_0_winx64_ifort131.exe i=base-z10000N-1-implicit-Segment.k z=d3iff ncpu=8
memory=2000m
pause
```

（a）命令行信息

本地磁盘 (D:) ＞ ccs ＞ temp ＞ Segment

名称

base-z10000N-1-implicit-Segment.k

call.bat

（b）文件名及命令提交

图 6-25　命令行提交计算方法

名称	大小
base-z10000N-1-implicit-Segment.k	2,782 KB
call.bat	1 KB
d3dump01	74,611 KB
d3hsp	3,834 KB
d3iff	53 KB
d3plot	1,808 KB
d3plot01	6,096 KB
d3thdt	1,808 KB
glstat	3 KB
meminfo.log	1 KB
messag	15 KB
nodout	2 KB
rcforc	1 KB
status.out	0 KB

(c) 生成的驱动界面文件

图 6-25　（续）

方法二:在采用 SEGMENT 方法创建子模型驱动界面时,同时创建驱动界面文件名(如 d3iff),再通过界面直接提交计算文件即可,如图 6-26 所示;两种生成界面的方法的完整模型计算结果对比,如图 6-27 所示。

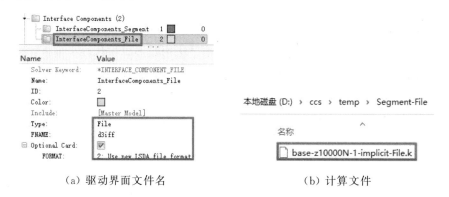

(a) 驱动界面文件名　　　　　　　　　(b) 计算文件

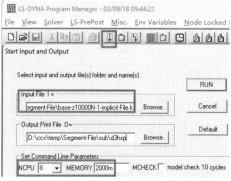

(c) 界面提交计算

图 6-26　界面提交计算方法

名称	大小
base-z10000N-1-implicit-File.k	2,782 KB
d3dump01	74,611 KB
d3hsp	3,834 KB
d3iff	34 KB
d3plot	1,808 KB
d3plot01	6,096 KB
d3thdt	1,808 KB
glstat	3 KB
meminfo.log	1 KB
messag	15 KB
nodout	2 KB
rcforc	1 KB
status.out	0 KB

（d）界面提交计算结果

图 6-26 （续）

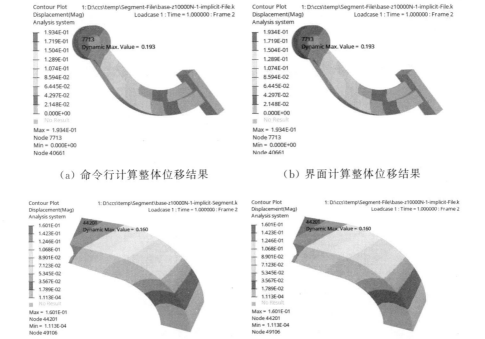

（a）命令行计算整体位移结果　　（b）界面计算整体位移结果

（c）命令行计算子模型区域位移结果　　（d）界面计算子模型区域位移结果

图 6-27 两种方法结果对比

4. 子模型计算

子模型计算同样有两种方法，一种是通过命令行调用子模型驱动界面数据，并进行子模型计算；另一种是直接通过界面提交并同时调用子模型驱动界面数据，进行子模型计算，其中调用子模型驱动界面 Segment 方法，如图 6-28 所示。

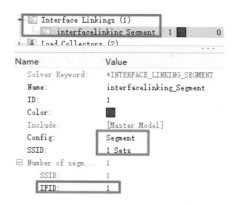

图 6-28　调用子模型界面 Segment 方法

方法一：命令行提交。首先要创建一个 bat 文件，并采用记事本等文本编辑工具打开，输出以下相关语句，其中调用子模型驱动界面数据通过参数 l 执行，如图 6-29 所示。

（a）命令行信息

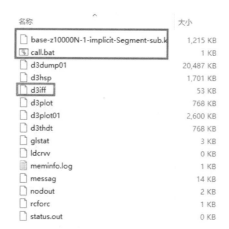

（b）生成的驱动界面文件

图 6-29　命令行提交计算方法

方法二：在采用 SEGMENT 方法调用子模型驱动界面时，同时创建驱动界面文件名（如 d3iff），再通过界面直接提交计算文件即可，如图 6-30 所示；两种生成界面的方法的子模型计算结果对比，如图 6-31 所示。

(a) 驱动界面文件名　　　　　　　　(b) 计算文件

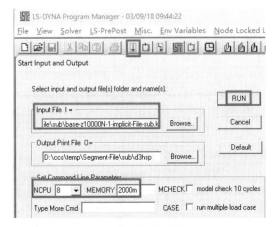

(c) 界面提交计算

名称	大小
base-z10000N-1-implicit-File.k	2,782 KB
d3dump01	74,611 KB
d3hsp	3,834 KB
d3iff	34 KB
d3plot	1,808 KB
d3plot01	6,096 KB
d3thdt	1,808 KB
glstat	3 KB
meminfo.log	1 KB
messag	15 KB
nodout	2 KB
rcforc	1 KB
status.out	0 KB

(d) 界面提交计算结果

图 6-30　界面提交计算方法

5. 完整模型与子模型对比

　　根据完整模型和子模型的计算结果,对比结果见表 6-1,从表中可以看出,不管采用何种方法,采用子模型超单元方法后计算时间降幅约为 33.3%,并且结果均一样,如图 6-32 和图 6-33 所示。

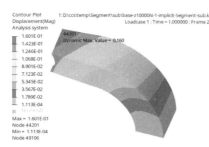 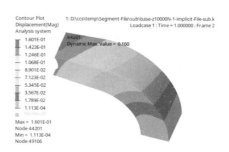

（a）命令行计算位移结果　　　　　　　（b）界面计算位移结果

图 6-31　两种子模型方法结果对比

表 6-1　完整与子模型结果对比

名　　　称	命令行方法		界面方法	
	整体-子模型区域	子　模　型	整体-子模型区域	子　模　型
位移结果/mm	0.1601	0.1601	0.1601	0.1601
应力结果/MPa	44.056	44.056	44.056	44.056
差值	0	0	0	0
计算时间/s	6.0	4.0	7.0	4.0

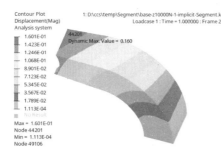 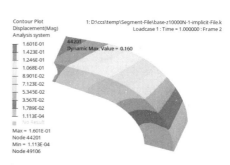

（a）命令行计算子模型区域位移结果　　　（b）界面计算子模型区域位移结果

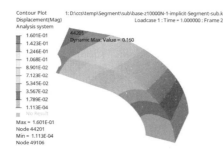 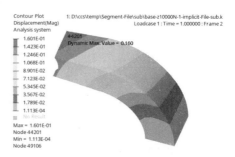

（c）命令行计算子模型位移结果　　　　　（d）界面计算子模型位移结果

图 6-32　两种子模型方法位移结果对比

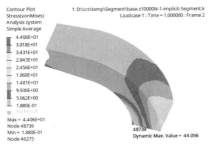

（a）命令行计算子模型区域应力结果　　　　（b）界面计算子模型区域应力结果

（c）命令行计算子模型应力结果　　　　（d）界面计算子模型应力结果

图 6-33　两种子模型方法应力结果对比

6.2.2　基于 NODESET 方法分析子模型

1. 创建子模型驱动界面数据

对于采用实体单元创建的模型,同 SEGMENT 步骤,创建子模型组及驱动界面 NodeSet 集的详细步骤如图 6-34 所示,其中创建 NodeSet 集如图 6-34(a)和图 6-34(b)所示;创建子模型驱动界面如图 6-34(c)和图 6-34(d)所示。

2. 完整模型计算

根据创建的完整模型,通过界面直接提交计算,生成驱动界面数据文件,如图 6-35 所示。

根据完整模型得到的驱动界面数据及子模型文件,得到的位移及应力结果如图 6-36 所示。从结果可以看出基于 NodeSet 集计算的结果与基于 SEGMENT 方法计算的结果一致。

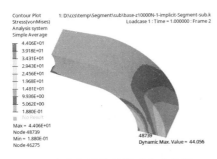

（a）步骤 1

图 6-34　基于 NodeSet 集创建驱动界面

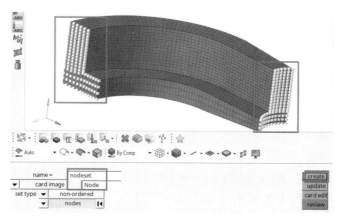

（b）步骤 2

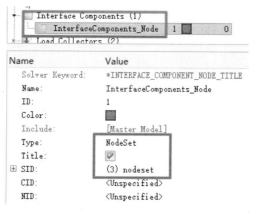

（c）步骤 3

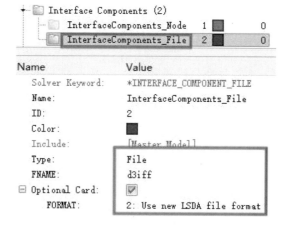

（d）步骤 4

图 6-34 （续）

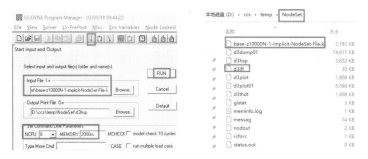

（a）界面提交　　　　　　　　　　（b）结果文件

图 6-35　基于 NodeSet 集计算驱动界面

（a）界面节点集定义　　　　　　（b）界面结果文件定义

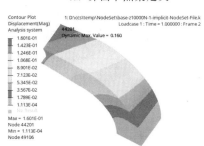
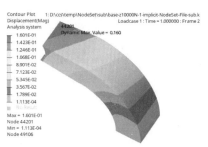

（c）完整模型-子模型区域位移结果　　　（d）子模型位移结果

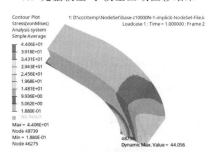
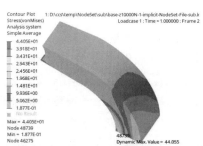

（e）完整模型-子模型区域应力结果　　　（f）子模型应力结果

图 6-36　基于 NodeSet 集子模型结果对比

6.2.3 基于 NODESET 方法分析子模型细化

1. 创建细化的子模型网格

为了进一步对比悬臂支架弯臂处不同网格尺寸对其应力的影响,对整个子模型进行网格细化,如图 6-37 所示。

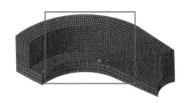

（a）基础子模型-网格尺寸 5mm　　　（b）细化子模型-网格尺寸 3mm

图 6-37　基于 NodeSet 集细化子模型对比

2. 创建细化的子模型驱动界面

通过创建子模型驱动界面关键字,调用其界面数据结果 d3iff,如图 6-38 所示。

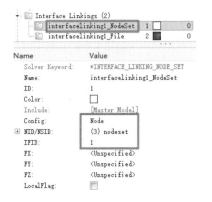
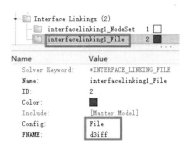

（a）采用 NodeSet 方法建立驱动界面　　　（b）调用驱动界面数据 d3iff

图 6-38　创建细化的子模型驱动界面

3. 分析细化的子模型

通过对细化的悬臂支架进行受力分析,便可得到其位移和应力结果,最大位移为 0.1601mm,最大应力为 44.739MPa,如图 6-39 所示。

4. 基于 SEGMENT 方法子模型细化结果

采用 SEGMENT 方法对细化的悬臂支架进行受力分析,便可得到其位移和应力结果,最大位移为 0.1601mm,最大应力为 44.68MPa,如图 6-40 所示;基于 SEGMENT 与 NODESET 方法的子模型结果对比见表 6-2,从表中可以看出,两种方法的基础与细化子模型位移和应力结果一致,其中细化应力结果比基础大约 0.624MPa,即若需要考查关注区域应力,则应对局部进行细化处理,以获得更准确的结果,这也是子模型的最大用途之一。

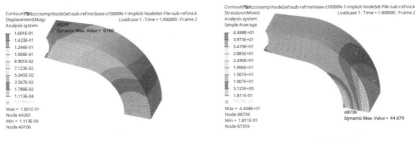

（a）位移结果　　　　　　　　　　（b）应力结果

图 6-39　基于 NodeSet 集细化子模型结果

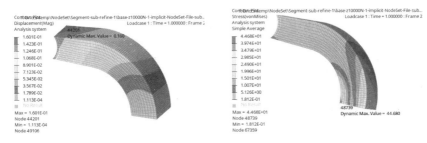

（a）位移结果　　　　　　　　　　（b）应力结果

图 6-40　基于 SEGMENT 集细化子模型结果

表 6-2　SEGMENT 与 NODESET 方法的子模型结果对比

名　称	SEGMENT 方法		NODESET 方法	
	基础子模型	细化子模型	基础子模型	细化子模型
位移结果/mm	0.1601	0.1601	0.1601	0.1601
应力结果/MPa	44.056	44.68	44.055	44.679
计算时间/s	6.0	4.0	5.0	4.0

6.3　LS-DYNA 隐式计算

6.3.1　隐式相关基础

1. 显式计算基础

LS-DYNA 中显式求解是采用中心差分法进行显式时间的积分,其方程为

$$\boldsymbol{M}\boldsymbol{a}_t = \boldsymbol{F}_t^{\text{ext}} - \boldsymbol{F}_t^{\text{int}} \tag{6-1}$$

显式求解的特点为①方程为非耦合,可以直接求解;②时常需要小的时间步以保持稳定状态;③不需要求解刚度矩阵;④适用于冲击、碰撞、穿透等高频非线性动力学响应问题。

2. 隐式计算基础

LS-DYNA 中隐式求解是采用 Newmark 隐式时间积分,其方程为

$$M\Delta a_t + K\Delta u_{t+1} = F_{t+1}^{ext} - F_t^{int} - Ma \tag{6-2}$$

隐式求解的特点为①对于线性求解问题,无条件稳定;②可以采用大的时间步计算;③对于非线性问题,采用 Newton-Raphson 方法需要一系列线性逼近迭代求解;④需要求解刚度矩阵;⑤适用于静力问题、准静态问题、低频动力学问题及特征值分析等。

3. 隐式求解相关卡片

由于 LS-DYNA 默认为显式求解,所以当需要采用隐式求解时,需要激活隐式求解的一些关键字和设置;LS-DYNA 中采用隐式求解的常用卡片有以下几种。

(1) *CONTROL_IMPLICIT_GENERAL:用于激活隐式求解,为必选项,如图 6-41 所示。IMFLAG 默认为 0,即为显式求解;若为 2,则在显式求解后无缝进行隐式回弹求解。DTO 为初始载荷步,一般设为 0.1。

图 6-41 激活隐式求解卡片

(2) *CONTROL_IMPLICIT_SOLUTION:指定线性还是非线性,若为非线性,则需要指定非线性迭代求解器类型、控制平衡迭代搜索次数及各种限值,为必选项,如图 6-42 所示。

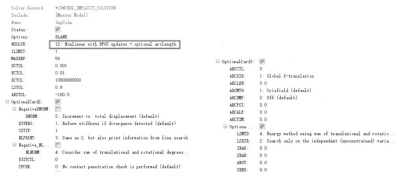

图 6-42 激活隐式分析类型卡片

(3) *CONTROL_IMPLICIT_DYNAMICS:指定激活静力还是动力分析。当 IMASS 为 0 时指静力分析;当 IMASS 为 1 时指低频动力分析,采用 NewMark 时间积分方法;当 IMASS 为 2 时指低频动力分析,采用模态综合法。在多数情况下,为必选项,如图 6-43 所示。

```
Solver Keyword:    *CONTROL_IMPLICIT_DYNAMICS
Include:           [Master Model]
Name:              ImpDyna
Status:            ☑
Options:           NONE
☐ IMassCurve:      ☐
   IMASS:          1: Dynamic analysis using Newmark time integration
   GAMMA:          0.6
   BETA:           0.38
   TDYBIR:
   TDYDTH:
   TDYBUR:
   IRATE:          1: Rate effects are off in constitutive models
   ALPHA:
```

图 6-43 激活隐式动力分析类型卡片

（4）＊CONTROL_IMPLICIT_AUTO：指定激活自动调整时间步长，在多数情况下，建议采用，如图 6-44 所示。

```
Solver Keyword:    *CONTROL_IMPLICIT_AUTO
Include:           [Master Model]
Name:              ImpAuto
Status:            ☑
Options:           NONE
☐ IAUTO_Option:    ☐
   IAUTO:          1: Automatically adjust time step size
   ITEOPT:         11
   ITEWIN:         5
   DTMIN:          0.0
☐ DTMAX_Option:    ☐
   DTMAX:          0.1
☐ DTEXP_Option:    ☐
   DTEXP:
   KFAIL:          0
   KCYCLE:         0
```

图 6-44 激活隐式自动调整时间步长卡片

（5）＊CONTROL_IMPLICIT_EIGENVALUE：激活特征值分析，可以设置输出各阶模态，在动力分析问题中需采用，如图 6-45 所示。该关键字需要设置 NEIG（表示输出多少阶模态振型），LFLAG 表示频率下限设置，RFLAG 表示频率上限设置，在多数情况下，建议采用。

```
Solver Keyword:    *CONTROL_IMPLICIT_EIGENVALUE
Include:           [Master Model]
Name:              ImpEigen
Status:            ☑
☐ NEIG_Option:     ☐
   NEIG:           0
   CENTER:         0.0
   LFLAG:          0: Left end point is -infinity
   RFLAG:          0: Right end point is +infinity
   EIGMTH:         2: Block Shift and Invert Lancros (default)
   SHFSCL:         0.0
☐ OptionalCard2:   ☑
   ISOLID:         0
   IBEAM:          0
   ISHELL:         0
   ITSHELL:        0
   MSTRES:         0: Do not compute the stresses
   EVDUMP:         0
   MSTRSCL:        0.01
```

图 6-45 激活隐式特征值提取卡片

（6）＊CONTROL_IMPLICIT_SOLVER：控制隐式求解器，此关键字为非必选项，如图 6-46 所示。

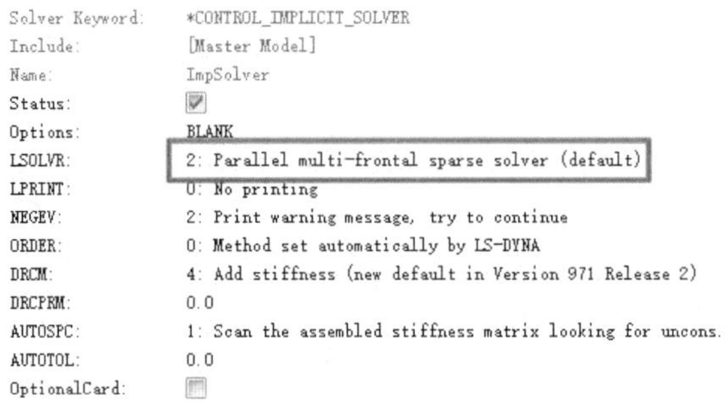

```
Solver Keyword:    *CONTROL_IMPLICIT_SOLVER
Include:           [Master Model]
Name:              ImpSolver
Status:            ☑
Options:           BLANK
LSOLVR:            2: Parallel multi-frontal sparse solver (default)
LPRINT:            0: No printing
NEGEV:             2: Print warning message, try to continue
ORDER:             0: Method set automatically by LS-DYNA
DRCM:              4: Add stiffness (new default in Version 971 Release 2)
DRCPRM:            0.0
AUTOSPC:           1: Scan the assembled stiffness matrix looking for uncons.
AUTOTOL:           0.0
OptionalCard:      ☐
```

图 6-46　激活控制隐式求解器卡片

6.3.2　各种隐式计算类型关键字

1. 隐式模态计算

LS-DYNA 中采用隐式进行模态计算，通常需要设置以下几个关键字。

（1）＊CONTROL_IMPLICIT_EIGENVALUE：控制提取特征值阶数，一般设置 NEIG 参数即可。

（2）＊CONTROL_IMPLICIT_GENERAL：激活隐式分析关键字，一般将 IMFLAG 设为 1。

（3）＊CONTROL_TERMINATION：非必选项。

模态结果可以通过查看 d3eigv 动画文件（查看振型）获得；eigout 文件用于记录前几阶模态。

2. 隐式静力计算

LS-DYNA 中采用隐式进行静力或准静态计算，通常需要设置以下几个关键字，隐式静力分析卡片如图 6-47 所示。

（1）＊CONTROL_IMPLICIT_GENERAL。

（2）＊CONTROL_IMPLICIT_SOLUTION。

（3）＊CONTROL_IMPLICIT_AUTO。

（4）＊CONTROL_IMPLICIT_DYNAMICS。

（5）＊CONTROL_IMPLICIT_EIGENVALUE。

（6）＊CONTROL_TERMINATION。

（7）＊CONTROL_TIMESTEP。

3. 隐式计算单元类型选择

当在 LS-DYNA 中采用隐式计算时，需要选择相对应的单元，主要包括壳单元、体单元及梁单元等。

1）壳单元常用的单元类型有 6、16、18、21

（1）ELFORM＝6：S/RHughes-Liu 单元，为 2×2 选择性缩减积分，每个节点有 6 个自由度，能退化为三角形单元，在 ∗ CONTROL_SHELLL 中设置统一的节点法向。

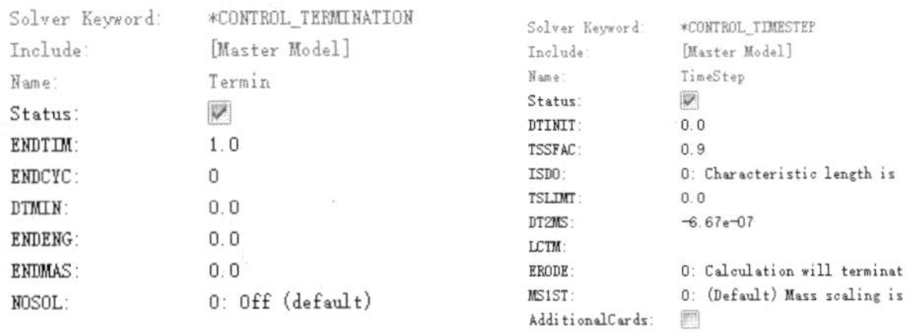

```
Solver Keyword:  *CONTROL_TERMINATION        Solver Keyword:  *CONTROL_TIMESTEP
Include:         [Master Model]              Include:         [Master Model]
Name:            Termin                      Name:            TimeStep
Status:          ☑                           Status:          ☑
ENDTIM:          1.0                          DTINIT:          0.0
ENDCYC:          0                            TSSFAC:          0.9
DTMIN:           0.0                          ISDO:            0: Characteristic length is
ENDENG:          0.0                          TSLIMT:          0.0
ENDMAS:          0.0                          DT2MS:           -6.67e-07
NOSOL:           0: Off (default)            LCTM:
                                             ERODE:           0: Calculation will terminat
                                             MS1ST:           0: (Default) Mass scaling is
                                             AdditionalCards: ☐
```

图 6-47　隐式静力分析卡片

（2）ELFORM＝16：快速全积分壳单元，面内 2×2 积分点，每个节点有 6 个自由度，厚度方向建议有 5 个积分点，不能退化为三角形，需要利用沙漏类型 8 增加翘曲刚度，改善收敛条件，适用于回弹计算。

（3）ELFORM＝18：线性壳单元，每个节点有 6 个自由度，由于是线弹性，所以厚度方向有两个积分点足够，仅用于线性问题和特征值问题，并且必须使用双精度计算。

（4）ELFORM＝21：全积分线性假定应变 C0 壳单元，为隐式计算推荐单元。

2）体单元常用的单元类型有 2、16、18

（1）ELFORM＝2：每个节点有 3 个自由度，2×2×2 选择性缩减积分。

（2）ELFORM＝16：10 节点四面体单元。

（3）ELFORM＝18：8 积分点增强应变线性体单元，每个节点有 3 个自由度，2×2×2 积分，仅用于线性问题和特征值问题。

3）梁单元常用的单元类型有 2、13

（1）ELFORM＝2：Belytschko-Scher 合成梁单元，需要设置截面各和惯性积。

（2）ELFORM＝13：小位移线性且有精确刚度的 Timosherko 梁单元，需要设置截面各和惯性积。

4. 隐式计算要求

当在 LS-DYNA 中采用隐式计算时，建议采用双精度求解器。

6.3.3　隐式模态计算实例

1. 算例说明

以某复合材料上盖为例。该上盖材料为 RTM，弹性模量 E 为 22 000MPa，泊松比为 0.3，密度为 1.9e-9t/mm³。分析边界为约束上盖四周螺栓孔 1～6 自由度，如图 6-48 所示。

2. 隐式模态计算

通过调用双精度求解器，并进行隐式模态计算，便可得到模态结果文件 eigout 及振型结果文件 d3eigv，如图 6-49 所示。各种求解器

图 6-48　某复合材料上盖

模态结果对比,见表 6-3,从结果可以看出 LS-DYNA 隐式计算模态可以得到相对较高精度的结果,该方法可以在模型调试中采用,可以检查模型中是否存在自由零件等,非常实用。

（a）步骤 1　　　　　　　　　　　（b）步骤 2

（c）步骤 3　　　　　　　　　　　（d）步骤 4

（e）步骤 5

（f）步骤 6

图 6-49　某复合材料上盖模态结果

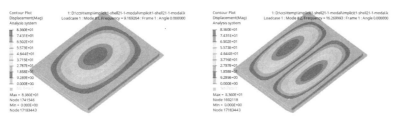

（g）步骤7

图 6-49　（续）

表 6-3　各种求解器模态对比

	LS-DYNA				Nastran	Optistruct	Abaqus
	ELFORM=2	ELFORM=16	ELFORM=18	ELFORM=21	—	—	—
一阶	9.173981	9.183987	9.186706	9.169264	9.190315	9.198311	9.1846
二阶	16.29013	16.29664	16.30177	16.26999	16.30664	16.34319	16.298
三阶	24.37815	24.40665	24.41172	24.38513	24.41641	24.48408	24.407
四阶	28.66166	28.66807	28.67443	28.63103	28.67847	28.84626	28.669
五阶	31.43540	31.45675	31.46655	31.41008	31.47666	31.65949	31.458

6.3.4　隐式静力计算实例

1. 算例说明

以某复合材料上盖为例。该上盖材料为 RTM，弹性模量 E 为 22 000MPa，泊松比为 0.3，密度为 1.9e-9t/mm^3。分析边界为约束上盖四周螺栓孔 1～6 自由度，在上盖内表面施加法向 6kPa 压力，同时在顶面 10mm 处限位，模拟整车地板，如图 6-50 所示。

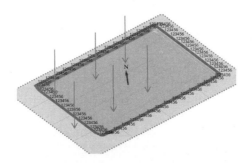

图 6-50　某复合材料上盖压力

2. 隐式静力计算

通过调用双精度求解器，并进行隐式计算，便可得到位移和应力结果，如图 6-51 所示。各种单元方程及 Abaqus 结果对比，见表 6-4。从表中可以看出，采用 LS-DYNA 进行静力隐式计算，壳单元推荐采用 16、-16（非线性）、21（非线性），这些结果与其他求解器结果的一致性较好。

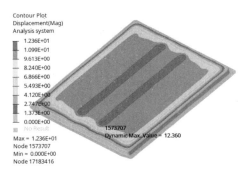

（a）位移结果

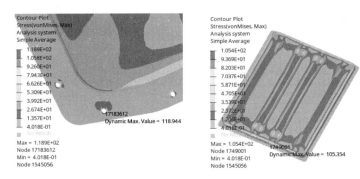

（b）法兰应力　　　　　　　　　　（c）上盖应力

图 6-51　某复合材料上盖结果

表 6-4　各种求解器静力对比

	LS-DYNA								Abaqus
	ELFORM =2+ nonlinear	ELFORM =16+ linear	ELFORM =16+ nonlinear	ELFORM =−16+ linear	ELFORM =−16+ nonlinear	ELFORM =20+ linear	ELFORM =20+ nonlinear	ELFORM =21+ nonlinear	—
最大 位移/ mm	12.36	12.36	12.36	穿透	12.36	穿透	12.17	12.36	10.781
法兰 最大 应力/ MPa	123.282	114.544	113.671		113.671		260.939	118.944	101.877
上盖 最大 应力/ MPa	105.655	105.287	105.262		105.262		107.788	105.354	101.877

6.4 小结

本章对 LS-DYNA 子模型超单元方法的关键参数及各种应用进行了讲解,并对 LS-DYNA 中的隐式求解关键字及实际应用场景进行了分析,并给出了合理的优化方案,该方法适用所有此类问题的解决。

第**7**章

LS-DYNA 子结构超单元法在电池侧柱碰中的应用

电动车行驶过程中会遇到各种复杂工况。为了提升电池包应对各种工况的能力,必须提高电池包的结构强度和振动性能,而电池包结构的设计方式会直接影响电池包的整体安全性能。随着对安全性能和能源的关注,电池包安全性能显得愈加重要;特别是电池包的强度特性要与电池包进行匹配设计,也常用于其耐久寿命评价。

当前用于电池包强度(包括静强度和动强度)的分析方法多种多样,同时由于需要考虑的电池包建模细节越来越多,导致其模型规模愈来愈大,计算耗时非常长,导致优化工作时间非常紧张,可能会严重影响项目的整体开发速度。本章设计一种快速计算动力电池包力学性能的关注区域子结构新方法及评价,该方法极大地缩短了计算时间,进而为产品优化迭代提供更多宝贵的时间。

7.1 LS-DYNA 超单元背景

LS-DYNA 超单元应用于电池包的力学计算及性能评估,特别是强度,越来越受到大家的关注。当前的分析基于传统的计算方法,特别在多个平台交叉进行设计开发或在多个方案的验证过程中,传统方法在计算模态及强度性能时往往需要耗费较多的时间和精力,进而影响了产品的快速迭代设计。

本章设计一种快速计算动力电池包力学性能的关注区域子结构新方法及评价,该方法通用性较强,而且精度较高,能为类似的产品冲击、柱碰、滑台、球击等相关性能分析提供技术支持和参考。本章提出的新方法能够极大地缩短电池包性能优化迭代计算及验证周期,能在较短的产品开发周期内计算多个优化方案,该方法和思路为同类电池包结构验证设计提供思路和参考。

LS-DYNA 子结构通过 * INTERFACE_COMPONENT 关键字定义子结构分析的驱动界面数据传递,即将子结构与残余结构交界的节点定义为子结构分析的数据传递节点;再通过 * INTERFACE_COMPONENT_FILE 将驱动界面节点的时间历程结果传递到指定的文件中(如 d3iff);最后在子结构分析中使用 * INTERFACE_LINKING_FILE 关键字调用驱动界面节点结果,用于子结构分析。LS-DYNA 子结构技术整体思路是将不关注的区域模型缩减成超单元,当对残余结构进行分析优化时,将不关注区域与残余结构关联,进而通过缩小计算规模得到关注区域的结构结果。

7.2 动力电池侧柱碰分析

汽车侧柱碰是整车性能分析中一项非常重要的考察项目,其主要目的是通过模拟整车侧面碰撞刚性柱,如电线杆、树干等类型的柱状物体,进一步考查在碰撞到这些物体时,对车内乘员的伤害程度及检验车身对乘员的保护效果,而动力电池作为整车中一个非常重要的动力能源系统,其在侧柱碰过程中的损伤程度及是否会引起更大的事故,如起火、爆炸等影响乘员的安全;通过整车柱碰分析可以在产品开发前期检验动力电池在柱碰过程中的可靠性。

7.2.1 整车侧柱碰工况

按照 ENCAP 对车辆侧面柱碰的要求,模拟车辆以 32km/h 的速度与直径为 254mm 的刚性柱且呈 75°角碰撞后的结果,考查乘员及动力电池的安全性,检验车辆与电池的结构设计的合理性,避免因侧柱碰时引起电池过大的电芯挤压变形,进而引起电池内部短路,引发电池包着火爆炸等现象。整车侧面柱碰试验工况如图 7-1 所示。

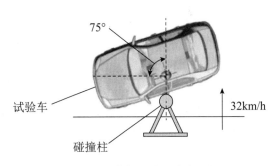

图 7-1　整车侧面柱碰试验工况

7.2.2 动力电池侧柱碰建模

1. 动力电池模型建立

根据动力电池三维数据,对动力电池零件进行网格划分,主要采用壳单元和部分实体单元建模。当前动力电池大部分以铝型材为主,如下箱体、液冷板、电芯等,这些零部件可采用壳单元建模,将三角形单元比例控制在 5% 以内;像 BDU 及 BMS 等可采用壳单元、等效六面体建模或四面体建模。整个模型壳单元尺寸一般约为 3~4mm,对于可能发生失效的零部件网格尺寸建议控制在 2mm 左右;当壳单元的单元类型为 2 时,厚度方向积分点数目一般为 3;当单元类型为 16 时,厚度方向积分点数为 5;可能失效区域建议采用单元类型 16。对于各向异型材料需要进行材料方向的定义,同时需要根据挤压工艺调整材料方向;材料方向一般通过 AOPT(=2,可通过向量关系定义)、A1/A2/A3 及 D1/D2/D3(定义向量方向)等确定,类似于 MATL21 材料定义。整个模型包括电池包所有的零部件,并根据实际情况建立相应的连接,如焊接、胶粘及螺接等。根据电池包各个零件之间的连接关系,建立相应的接触关系,如 Tie 绑定、Contact 接触等。

建立的动力电池包模型需要采用对应的材料,所有材料应考虑非线性阶段,即金属及非金属件需要考虑真实应力应变曲线,并且在有条件的情况下尽量考虑不同速率下的真实应力应变曲线。若无材料应力应变曲线,则关键受力件也必须考虑,如下箱体、液冷板、电芯铝壳、底护板、端板等,其余受力件如套筒、螺栓、各种胶可近似采用线性参数替代。电池包部分材料参数见表 7-1。

表 7-1　部分材料参数

零部件	材　　料	密度 t/mm³	弹性模量/MPa	泊松比	屈服强度/MPa	抗拉强度/MPa	断后延伸率
汇流排	Al-1060-0	2.7e-9	69000	0.33	36	73	22%
电芯壳体	AL-3003-H14	2.7e-9	69000	0.33	141	165	7%
水冷板	AL-3003	2.7e-9	69000	0.33	52	137	22%
下壳体	AL-6061-T6	2.7e-9	69000	0.33	250	275	9%
端板	PA66-GF30	1.7e-9	7400	0.34	—	>84	—
底护板	HC340/590DP	7.9e-9	210000	0.3	340	590	22%

(1)动力电池包下箱体材料参数建立,首先在标题栏 XYplots 下选择 Curve Editor,如图 7-2(a)所示;其次在 Curve Editor 中输入材料的真实应力应变曲线,同时将 SFA(x 轴比例系数)和 SFO(y 轴比例系数)设置为 1.0,如图 7-2(b)~(c)所示;最后建立材料 AL-6061-T6 的相关参数,包括材料方程(MATL24)、弹性模量(E)、密度(Rho)、泊松比(PR)、剪切模量(ETAN)及应力应变曲线;其中屈服应力(SIGY)、剪切模量(ETAN)、失效应变(FAIL)等参数可根据需要进行设定,如图 7-2(d)所示。

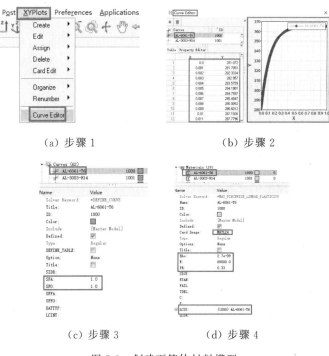

(a)步骤 1　　　　　　　　(b)步骤 2

(c)步骤 3　　　　　(d)步骤 4

图 7-2　创建下箱体材料模型

（2）在分析中应根据分析的工况类型，设置合适的材料应力应变曲线，即应考虑材料的应变率效应，需要设置不同应变率下的真实应力应变曲线。应变速率应从代表性材料试片测试中获得，准静态应变速率为 0.001/s 和 0.1/s，一般选择 0.001/s。动态应变速率应至少为 1/s 至 10/s 之间的一个应变速率。对于更高的动态应变速率，应获得 100/s 至 300/s 之间最小的一个应变速率。从材料试片测试中获得的数据采用的是工程应力应变格式，在模型中需要将工程应力-应变曲线转换为真实应力-应力曲线，如图 7-3 所示。

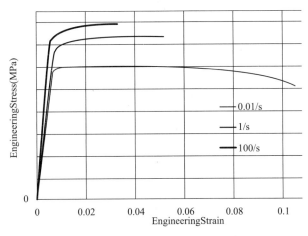

（a）不同应变速率下典型的应力应变图

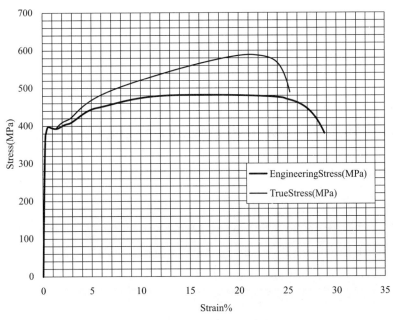

（b）典型的真实和工程应力应变图

图 7-3　材料应力应变关系

塑性金属材料的拉伸试验一般分为 4 个阶段,包括弹性阶段、弹塑性阶段、损伤开始出现的弹塑性阶段、裂纹产生至断裂阶段;在损伤出现后,金属样件内部的晶粒之间会有极小的孔洞间隙,当小孔洞累积发展后形成大的孔洞聚集时就会出现承载能力急剧下降而直至断裂现象。

样件的拉伸应力应变曲线为工程应力应变,在实际使用时需要转换为塑性应变之后的真实应力应变曲线。工程与真实应力应变的转换根据样件的体积不变原理进行转换,而体积不变原理只适用于缩颈之前的变形;当缩颈之后由于内部空洞的原因其体积会发生变化,即该原理不适用于缩颈后的转换,但该转换的公式适用于缩颈之前(一般为抗拉强度时)的数据,该数据一般适用于多数情况;若要得到缩颈之后的数据,则需要通过选择合适的硬化模型进行拟合得到。

应变率的概念:假设在单轴测试中试样均匀拉伸,无缩颈现象,使应变率在整个试样上均匀。工程应力应变和真实应力应变的计算试样,如图 7-4 所示。

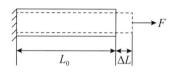

图 7-4　试样单轴拉伸图

长度变化量:$\Delta L = r \times t$,t 为加载时间,r 为加载速率。

工程应变:$\varepsilon_e = \dfrac{\Delta L}{L} = r \times t / L$,应变率:$\dot{\varepsilon}_e = \dfrac{\mathrm{d}\varepsilon_e}{\mathrm{d}t} = \dfrac{\mathrm{d}r}{\mathrm{d}L}$（1/s）。

真实应变:$\varepsilon_t = \ln(1 + \varepsilon_e) = \ln(1 + r \times t / L)$。

真实应变率:$\dot{\varepsilon}_t = \dfrac{\mathrm{d}\varepsilon_t}{\mathrm{d}t} = [\ln(1 + r \times t_2 / L) - \ln(1 + r \times t_2 / L)] / (t_2 - t_1)$。

真实应力:$\sigma_t = \sigma_e \times (1 + \varepsilon_e)$。

有效塑性应变:$\varepsilon_p = \varepsilon_t - \sigma_t / E$。

ε_{pl} 为有效塑性应变,真实应力由相应的塑性本构方程(硬化模型)拟合,常见的拟合准则主要有以下几种形式。

Ludwik 模型:$\sigma = K\varepsilon^n$,$\sigma(\varepsilon_{pl} = 0) = \sigma_0$。

Swift 模型:$\sigma = C(\varepsilon_0 + \varepsilon_{pl})^m$。

Hocky 模型:$\sigma = \sigma_{Sat} - (\sigma_{Sat} - \sigma_i)\mathrm{e}^{-a\varepsilon_{pl}^p}$。

S-H combined 模型:$\sigma = (1 - \alpha)\{C(\varepsilon_{pl} + \varepsilon_0)^m + \alpha(\sigma_{Sat} - (\sigma_{Sat} - \sigma_i)\mathrm{e}^{-a\varepsilon_{pl}^p})\}$。

Voce 模型:$\sigma = \sigma_0 + R_{sat}(1 - \mathrm{e}^{-\gamma\varepsilon_{pl}})$。

Hockett-Sherby 模型:$\sigma = A - B\mathrm{e}^{-C * \varepsilon_{pl}^H}$。

Stoughton-Yoon 模型:$\sigma = A - B\mathrm{e}^{-C * \varepsilon_{pl}^H} + D\varepsilon_{pl}$。

大多数塑性金属通常选择 S-H combined 模型作为真实应力的拟合公式。

若选择仅输入初始屈服应力 SIGY 和切线模量 ETAN 代替真实应力与有效塑性应变曲线,即 ETAN＝(Eh×E)/(Eh＋E),其中 Eh＝(σ_t－SIGY)/(ε_t－σ_t/E)＝(ETAN×E)/(E－ETAN)(E≥ETAN)。

单元中的有效应变率不仅取决于加载速率,还取决于形状和尺寸等因素。定义应变率灵敏度主要有以下 3 种方法。

方法一:定义应变率缩放对屈服应力的影响曲线,这种方法使用一条曲线定义一个系数,该系数依据应变率并应用于基本应力中。

方法二:通过 ＊DEFINE_TABLE 输入不同的应变率下的真实应力应变曲线。

方法三:使用 COUPER 和 SYMONDS 模型,应力因子 Stress Factor＝$\left(1+\dfrac{\dot{\varepsilon}}{c}\right)^{1/p}$,其中 $\dot{\varepsilon}$ 为应变率,c 和 p 为材料常量。

对于粘塑性公式,建议使用 VP＝1,即使用塑性应变率的第 2 个不变量,而不是总的应变率,可以减小模型中应变率灵敏度的噪声,这会使计算的应力没有振荡,但会增加计算成本。

应变率由 ＊DATABASE_EXTENT_BINARY 中的 STRFLG 设置为 1 输出,应变率的准确性取决于输出的分辨率。

(3)线性材料采用材料模型 MATL1,仅需要输入弹性模量、密度和泊松比等 3 个参数;焊点一般采用 MATL100,需要输入弹性模量、密度、泊松比、屈服应力和硬化模量(ET),屈服应力和硬化模量非必需的参数;塑料件可采用 MATL123,对于具有缓冲吸能的材料,材料模型一般采用 MATL57,如电池包底部的缓冲泡棉,如图 7-5 所示。

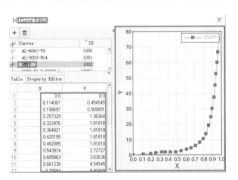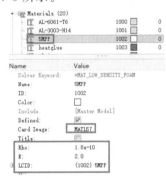

图 7-5 创建缓冲材料模型

2. LS-DYNA 常见材料模型

1) LS-DYNA 材料相关问题简述

LS-DYNA 材料模型非常多,在机械及汽车中常用的金属材料模型大概有以下(不限于)几种:

(1) ＊MATL1,也称 ＊MAT_ELASTIC,即脆性材料,不适合有冲击类的分析,需要设置弹性模量 E、泊松比 PR 及密度 RHO 等。

(2) ＊MATL3,也称 ＊MAT_PLASTIC_KINEMATIC,适合模拟各向同性和随动硬化塑性问题,可以考虑应变率效应,属性延性材料,除需要设置弹性模量 E、泊松比 PR 及密度

RHO 外,还需要设置屈服应力 SIGY 和剪切模量 ETAN,ETAN 若不清楚具体是多少,则可预先给定一小值,如 0.1;同时还可以设置应变率参数 SRC 和 SRP,对应 Cowper-Symonds model 中的 C 和 P 值,其计算公式为 $1+\left(\dfrac{\dot{\varepsilon}}{C}\right)^{1/P}$;若考虑材料失效,则可设置单元失效应变 FS 及 VP,如图 7-6 所示。

(3)＊MATL18,也称 ＊MAT_POWER_LAW_PLASTICITY,是幂函数塑性材料模型,采用包括 Cowper-Symbols 乘子的幂函数来考虑应变率效应,它提供各向同性硬化的弹塑性行为,主要应用于金属塑性成形分析,幂指数应变硬化模型为 $\sigma=k\varepsilon^n$,可以设置应变率参数 SRC 和 SRP,同时可以设置屈服应力 SIGY、率效应方程 VP 和单元删除塑性应变 EPSF 等。式中 k 是材料的硬度常数。n 为材料硬化指数,是描述材料在塑性变形过程中硬度的增加程度,是应变硬化率与应变关系指数;硬化指数越大,材料在塑性变形后的硬度增加越快。

(4)＊MATL24,也称 ＊MAT_PIECEWISE_LINEAR_PLASTICITY,即片段线性塑性模型,提供了多种方式来考虑材料的应变率,尤其是当材料的应变率变化

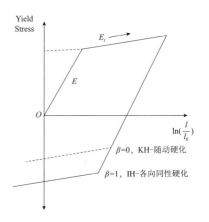

图 7-6　材料硬化模型图

范围比较大时优势明显,可以通过 3 种方式输入材料应力应变曲线,分别是 LCSS、EPS 和 ES(有效塑性应变和应力)、SIGY 和 ETAN(屈服应力和剪切模量)等,其中 SIGY 和 ETAN 类似 ＊MATL3,EPS 和 ES 输入数据适合 8 个以内点数据,LCSS 无限制;当这 3 种方式都输入后,其优先级是 LCSS＞EPS 和 ES＞SIGY 和 ETAN,即 LCSS 的优先级最高。对于速度冲击类的分析建议考虑应变率效应,如图 7-7 所示。HC340-590DP 材料在不同应变率效应下的应力应变曲线如图 7-8 所示,具体的材料参数见表 7-2。

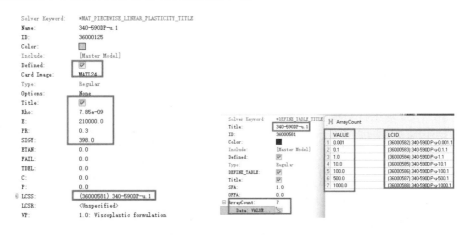

图 7-7　MATLAB 24 材料定义图

表 7-2　考虑应变率的 HC340-590DP 真实应力应变曲线列表

Effective Strain	Strain rates						
	0.001	0.1	1	10	100	500	1000
	Effective Stress						
0	398	432	450	467	484	496	502
0.001	413	448	466	484	502	515	520
0.002	431	469	487	506	525	538	543
0.003	444	483	502	521	541	554	560
0.004	455	494	514	534	554	567	573
0.005	464	504	524	544	565	579	585
0.01	497	540	561	583	604	620	626
0.02	538	585	609	632	655	672	679
0.029999999	568	617	642	667	691	709	716
0.039999999	592	643	669	695	720	738	746
0.050000001	612	665	692	718	745	763	771
0.059999999	630	684	712	739	766	786	794
0.07	646	702	730	758	786	805	814
0.079999998	660	717	746	775	803	823	832
0.090000004	673	732	761	790	820	840	849
0.1	686	745	775	805	835	855	864
0.12	708	770	801	831	862	884	893
0.14	729	792	823	855	887	909	918
0.16	747	812	844	877	909	932	942
0.18000001	764	830	864	897	930	953	963
0.2	780	848	881	915	949	973	983
0.22	795	864	898	933	967	991	1002
0.23999999	809	879	914	949	984	1009	1019

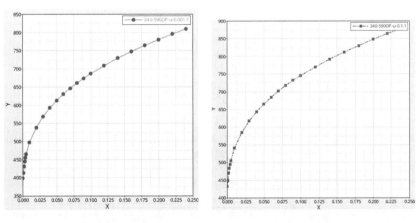

（a）应变率 0.001　　　　　　（b）应变率 0.1

图 7-8　MATL24 材料模型（HC340-590DP）（考虑应变率效应）

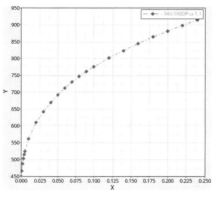

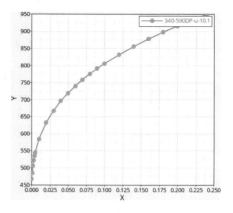

（c）应变率 0.1　　　　　　　　　　　　　（d）应变率 10

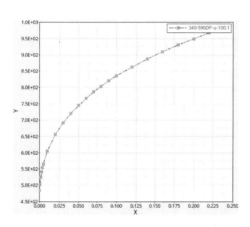

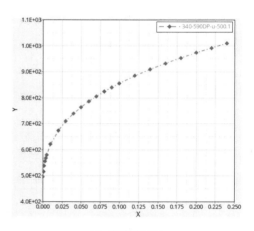

（e）应变率 100　　　　　　　　　　　　　（f）应变率 500

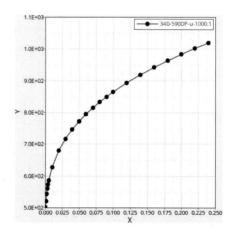

（g）应变率 1000

图 7-8　（续）

（5）MATL15 和 98，15 号为 JC 材料模型，需要定义相关参数，详见后续内容；其中 98 号是简化版的 15 号材料，最大区别在于此模型不考虑温度软化效应，导致其计算速度比 15 号快 50％，另外还不需要定义状态方程。

（6）MATL20，刚性材料模型，常用于模拟刚性连接面，如刚性夹具或刚性墙，需要设置弹性模量 E、泊松比、密度及需要约束的平动和转动自由度，可以基于全局坐标系或局部坐标系定义，其中 CON1 为平动自由度，CON2 为转动自由度，可根据实际情况进行相应设定，如图 7-9 所示。

（7）MATL38，在 LS-DYNA 中创建泡沫材料，可采用 MATL38 关键字（橡胶可以采用 MATL7），相关参数包括密度、剪切模型等，其中剪切模量的计算公式为 $G = \dfrac{E}{(2 \times (1+V))}$，$G$ 为剪切模量，V 为泊松比，弹性模量等；本例中 E 为 25MPa，泊松比为 0.3，如图 7-10 所示。

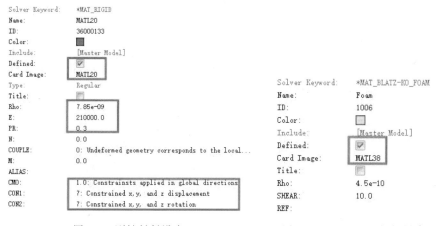

图 7-9　刚性材料设定　　　图 7-10　MATL38 材料创建

（8）MATL27，该材料为 * MAT_MOONEY-RIVLIN_RUBBER（或 MATL77 及 MATL181 等），即橡胶材料模型。需要设置密度、泊松比、常量 A 和 B 及样件的长度 SGL、宽度 SW、厚度 ST 及轴向方向的力与变形量之间的曲线等，如图 7-11 所示。MOONEY-RIVLIN 模型基于应变能函数创建，其相关参数如下：

$$W = A(I_1 - 3) + B(I_2 - 3) + C\left(\frac{1}{I_3^{\,2}} - 1\right) + D(I_3 - 1)^2$$

$$D = \frac{A(5v - 2) + B(11v - 5)}{2(1 - 2v)}$$

$$C = \frac{1}{2}A + B$$

2）MATL100 为焊点材料模型，也称为 * MAT_SPOTWELD

将焊点当成一种金属材料，需要设置密度 RHO、弹性模量 E、泊松比 PR，也可设置失效参数，如屈服应力 SIGY、

图 7-11　MATL27 材料创建

塑性硬化模量 EH、质量缩放时间步长等,如图 7-12 所示;同时还可以设置焊点失效时的轴力 NRR、合力 NRS 和 NRT 等。一般需要使用相对应的 * CONTACT_SPOTWELD,即将焊点与零件绑定在一起。在创建时若选择 MATL100,则为梁焊点模型,其对应的属性为 * SECTION_BEAM_TYPE9,而 MATL100(HEXA)为六面体焊点模型,如图 7-13 所示。

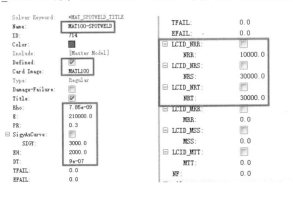

图 7-12　MATL100 材料创建

（a）梁焊点模型　　　　（b）梁焊点 CONTACT

（c）六面体焊点模型　　　（d）梁及六面体焊点图示

图 7-13　MATL100 焊点创建

钣金焊点失效精确模型建模流程如下:钣金之间的焊点失效模式主要有拉脱失效和焊核失效两种模式,其中拉脱失效指焊点热影响区材料沿焊核周围整圈撕裂但焊核保持完整,而焊核失效指焊核结合面分离但母材及热影响区材料未撕裂。在实际建模中若只是创建简单的六面体或梁焊点模型,则大部分情形下可以满足要求,但是在关键受力区域或需要重点关注的位置,需要精细考虑焊点的失效模型,此时简单的六面体或梁焊点不能满足精度要求,需要对六面体焊点进行转换,同时需要考虑焊核、热影响区及母材等区域的网格,其建模采用 ANSA 软件可以快速地创建带有热影响区的焊点,具体流程如下:

(1) 在 ANSA 中打开带有六面体焊点的零件和焊点,一般关键区域的网格需要细化,如模型整体尺寸为 8mm,关键区域为 3～4mm,本例模型在 OS 中创建,焊点直径为 6mm,细化网格采用 3mm,如图 7-14 所示。

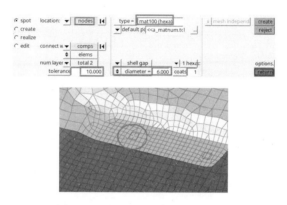

图 7-14　MATL100 焊点细化创建

(2) 提取焊点的几何信息,采用 Convert 转换工具,单击 FE to Cnctn Pts 下面的 Module ID 并选择六面体焊点后按中键即可生成焊核几何信息,如图 7-15 所示。

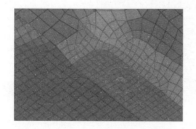

图 7-15　六面体焊点几何信息提取

（3）单击 connection manager，选择所要转换的或全部的焊点几何，按中键后会出现焊点信息列表，在焊点信息上右击，选择 Connectivity 下的 Auto-Connect，然后单击 SOLID，单击 OK，最后在右侧栏的 FE Rep Type 中选择如图 7-16 所示的参数，最后单击 Realize 即可将六面体焊点转换成带热影响区的焊点信息，图中的参数可根据需要进行适当调整。

在图 7-16（e）中最终创建的焊点信息会被自动分组，包括焊核（4 个六面体单元）、热影响区 HAZ（Heat Affected Zone）和母材，通常母材网格尺寸为 3mm，焊核直径为 6mm，热影响区尺寸为 1.5mm，此时可以直接定义 HAZ 的材料曲线。在实际工程中焊核一般不会发生撕裂，主要以热影响区失效为主；普通钢的热影响区域材料硬化会有 1.05～1.2 倍提升，失效曲线会有 0.5～0.9 倍的弱化，热成型钢的热影响区材料硬化会有 0.7 倍的弱化。材料硬化曲线可基于母材材料曲线整体进行缩放调整，粗糙点可与母材相同，建议根据点焊测试区域结果进行设置。

（a）步骤 1

（b）步骤 2

图 7-16　带热影响区焊点创建流程

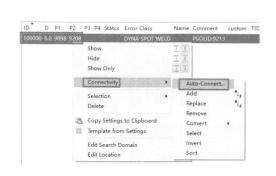

(c) 步骤 3

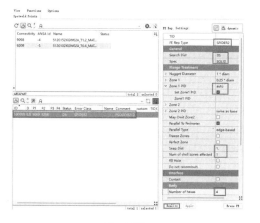

(d) 步骤 4

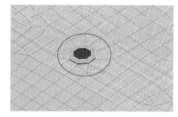

(e) 步骤 5

图 7-16　(续)

失效模型采用 GISSMO 模型,具体的各参数见本章后续内容,如图 7-17 所示。

GISSMO 断裂准则模型中一共有 5 个未知参数,分别是应力三轴度 μ,材料损伤指数 n,材料在不同应力状态下失效时的等效塑性应变 ε_f,发生不稳定性的等效塑性应变 $\varepsilon_{p,\mathrm{loc}}$,以及应力衰减指数 m。

其中 LCSDG 用于定义断裂应变与应力三轴度之间的关系曲线,ECRIT 用于定义材料不稳定性与应力三轴度之间的关系,DMGEXP 用于定义应力衰减指数,LCREGD 曲线用于定义整体与局部应变之间的关系(单元尺寸正则化因子曲线)。具体的解析详见材料失效 GISSMO 内容。

3. 负体积相关问题

对于泡沫类在计算中容易出现负体积(Negative Volume)现象,主要是由于针对柔性材料其单元产生大变形导致自身体积的内面跑到外面,即表现为负体积现象,如图 7-18 所示。

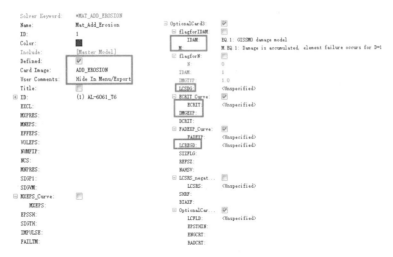

(a) 标准失效模型参数　　　　　(b) GISSMO 失效模型参数

图 7-17　GISSMO 失效材料模型

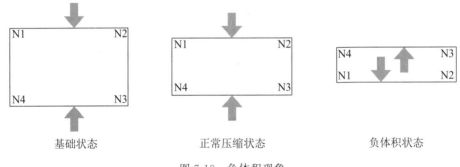

　基础状态　　　　　　　正常压缩状态　　　　　　　负体积状态

图 7-18　负体积现象

　　负体积产生的原因很多,其主要原因一般是在实体单元上的载荷大于单元刚度所能承受的载荷,即外力过大或内力过小。

　　常见的可能原因如下:

　　(1) 网格质量,当单元的长宽比较大时,在受力时,短边容易出现负体积。

　　(2) 材料模型,所选择的材料模型不合适,受力后出现变形,从而导致出现负体积。

　　(3) 载荷设定,若一开始采用很大的冲击或速度,则可能出现负体积。

　　(4) 单元方程,所选择的单元方程不合适。

　　常见的解决方法如下:

　　(1) 网格质量,检查网格,找到出问题的单元,并进行修改,或对网格进行重新划分,直至单元的相邻边相近,或对刚度较低的材料进行网格细化。

　　(2) 材料模型,根据实际零件材料特性选择合适的材料模型或修改模型参数,如泡沫或气凝胶等软质体采用 MATL57,或在出现负体积的实体单元外表面增加 MATL9 的空壳单元,厚度一般为 0.01mm。

（3）载荷设定，针对有较大冲击问题，将载荷分步加载，即刚开始采用较小的载荷，让整个模型的接触缓慢建立；或检查接触中的摩擦系数及放大因子等。

（4）尝试适当减小时间步长，TSSFAC 由默认的 0.9 调为 0.67 或更小。

（5）避免单点加载，从而产生过大的局部接触力，尝试调整间隙，降低接触刚度，如将接触厚度 SLDTHK 设置为 1 或 2。

（6）在 * TimeStep 中设置 ERODE＝1 且 DTMIN≠0（如设为 0.0005），计算过程中负体积单元会被删除，此功能需要提前在 * Control_Solid 中定义 PSFAIL 的 Set（为需要考虑删除的 Part），此功能建议慎用，有可能产生不正确的结果。

（7）通过增加沙漏控制，如对于高速分析问题，* Control_Hourglass 中的 IHQ 为 1、2、3；对于低速问题，IHQ 为 4、5；对于泡棉等柔性材料，IHA 为 2、3；常用的壳和体单元，IHQ 为 6；ELFORM＝16 的壳单元 IHQ 为 8。

（8）对于泡沫等材料曲线的后段定义较大的应力，此方法通过比较有效，如图 7-4 所示。

4. 材料常应变失效模型

在 LS-DYNA 中对于金属材料常见的断裂失效模型包括以下几种。

（1）固定临界值：如最大/最小压力、最大/最小应力、最大等效失效应变（也称为常应变失效）/应力、最大体积应变、最大剪切应变、成形极限图（FLD）等。

（2）失效模型：Johnson-Cook、GISSMO、DIEM、MMC 等，如 JC 模型可考虑温度、应力三轴度、断裂应变、应变率等效应；GISSMO 可考虑应力三轴度、断裂应变、洛德角、网格尺寸等之间的关系。

1）常应变失效模型

采用此方法失效应变需要准确的测试数据，否则会产生不合理的分析结果，其精度相对较差，但可用于对比分析，设置如图 7-19 所示。

2）失效模型之材料关键字 MAT_ADD_EROSION

若要考虑准确的材料失效，则需要考虑不同的加载和受力方式，如单轴（或双轴及多轴）拉伸、压缩、剪切等，同时需要考虑非线性的应变路径、网格依赖性及材料不稳定性等，只有全方面考虑到材料的这些受力模式及性能参数，才能更加准确地分析结构件的受力结果，进而相应地进行评判和优化。

而 MAT_ADD_EROSION 卡片提供了便利，在该关键字中，失效准则可以定义一个或多个，但达到其中任何一个后，单元会被删除。该关键字可适用 2D 壳单元、3D实体单元、2D 和 3DSPH 粒子、厚壳单元、1 号和 11 号梁单元和 GISSMO 模型，但不包括 DIEM 模型。准确的失效阈值需要通过测试获取，该关键字是在属性中创建的，

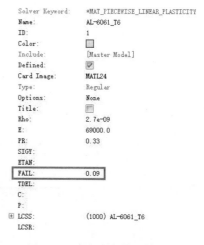

图 7-19 常应变失效设置方法

类型选择 OTHER,card image 选择 ADD_EROSION,如图 7-20(a)所示;相关参数如图 7-20(b)所示,其中各个参数的意义如下,其中常用的参数有 MNPES、EFFEPS 和 SIGP1 等。

ID:为材料卡片编号,如本例为 AL-6061-T6,编号为 1,在采用此失效模式时,FAIL 不要设置。

EXEL:指定卡片 1、2 和 7 中的失效值不被激活调用,即非指定的卡片失效值才会起作用,默认值为 0。

MXPERS:最大失效压强 P_{max},默认值为 0。

MNPES:最小失效主应变,默认值为 0。

EFFEPS:最大失效有效应变,$\varepsilon_{eff} = \sum_{ij} \sqrt{\dfrac{2}{3} \varepsilon_{ij}^{dev} \varepsilon_{ij}^{dev}}$,默认值为 0。

VOLEPS:失效体积应变,$\varepsilon_{vol} = \varepsilon_{11} + \varepsilon_{22} + \varepsilon_{33}$,默认值为 0。

NUMFIP:删除单元时的失效积分点个数,默认值为 1。

NCS:满足失效时的失效条件数,默认值为 1;如果定义 SIGP1 和 SIGVM,并且 NCS=2,则单元删除前这两个失效准必须都满足。

MNPRES:最小失效压强,P_{min},默认值为 0。

SIGP1:失效主应力,σ_{max},默认值为 0。

SIGVM:失效等效应力,$\overline{\sigma_{max}}$,默认值为 0,该应力由有效应变率的函数创建,并通过设置 SIGVM 为合适载荷曲线的负值。

MXEPS:最大失效主应变,ε_{max},默认值为 0。

EPSSH:失效剪切应变,$\gamma_{max}/2$。

SIGTH:阈值应力,σ_0,默认值为 0。

IMPULSE:失效应力脉冲,K_f,默认值为 0,即当问题时间超过失效时间时,这种材料被移除。

FAILTM:失效时间。

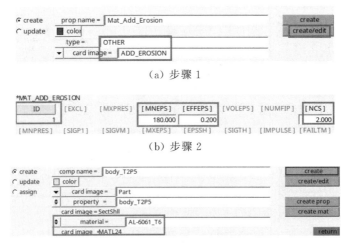

(a)步骤 1

(b)步骤 2

(c)步骤 3,指定失效的零件选择带失效的材料

图 7-20　MAT_ADD_EROSION 设置方法

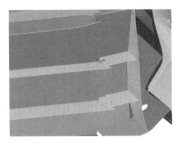
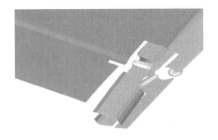

（d）步骤4,常应变失效结果　　　（e）步骤5,定义 SIGP1 失效结果

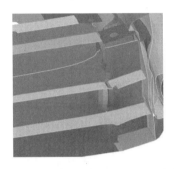

（f）步骤6,定义 MNEPS 和 EPPEPS 失效结果

图7-20　（续）

5. GISSMO 失效模型

1）GISSMO 失效模型关键字说明

MAT_ADD_DROSION 材料模型中有一种可考虑损伤累积演化过程的 GISSMO (Generalized Incremental Stress State Dependent Damage Model)失效模型,如图7-21所示。通过 MAT_ADD_EROSION 关键字可以定义不同的失效模式,而 JC 模型较难考虑非线性加载路径和累积等问题;GISSMO 模型考虑应力三轴度,并且可以考虑非线性加载路径等,与实际状态更加接近,其关键字在属性中创建,可以通过 * MAT_ADD_EROSION 或 * MAT_ADD_DAMAGE_GISSMO 定义,也可以通过 LS-PrePost 进行定义。* MAT_ADD_EROSION 通过在 EROSION 关键字中调用 GISSMO 失效模型,而 * MAT_ADD_DAMAGE_GISSMO 直接调用 GISSMO 失效模型。这两个 GISSMO 失效模型的参数大体相同,但会略有差异。

其中 * MAT_ADD_EROSION 如图7-21(c)所示,其关键参数含义如下,其余参数会在 * MAT_ADD_DAMAGE_GISSMO 中进行详细阐述。

（1）IDAM:定义是否激活 GISSMO 模型,若选择 1,则表示 GISSMO 失效模型。

（2）DMGTYP:定义损伤准则,1 表示损伤累积,当损伤因子达到 1 时,单元失效并删除。当使用 IDAM 为 1 时,该关键值默认为 1。

（3）LCSDG:定义断裂失效应变与应力三轴度之间的曲线,与损伤模型中的 $\varepsilon_f(\eta)$ 对应,也可采用表格进行多个参数定义(如应力三轴度、罗德参数、温度等)。

（4）ECRT：材料不稳定性（临界应变）与应力三轴度之间的曲线，与损伤模型中的 $\varepsilon_{crit}(\eta)$ 对应。

（5）DMGEXP：损伤累积指数，与损伤模型中的 n 对应。

（6）FADEXP：应力衰减指数，与损伤模型中的 m 对应。

（7）LCREGD：单元尺寸正则化因子，与损伤模型中的 $\Lambda(Le)$ 对应。

（8）REFSZ：参考网格尺寸。

（9）NAHSV：定义从损伤模型中写出的用于后处理分析的历史数组。

（10）GISSMO 失效模型是一种唯象损伤力学模型，即在本构关系中引入损伤变量，采用带有损伤变量的本构关系描述受损材料的宏观力学行为，而不是探究损伤的物理背景和材料内容的微观结构变化，因此方程及参数的确定是半经验的半理论的。

（a）标准材料模型参数

（b）标准失效模型参数

（c）GISSMO 失效模型参数（通过 EROSION 调用）

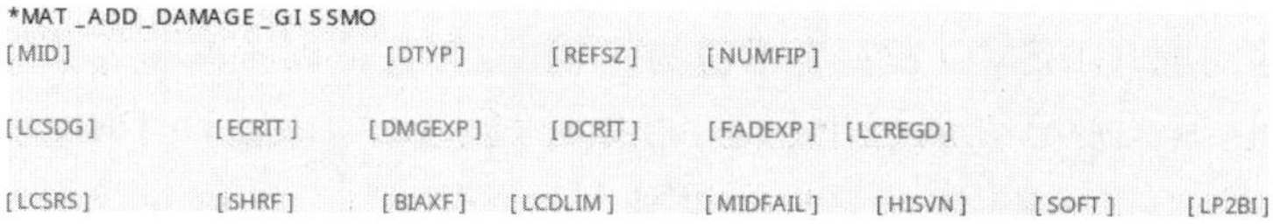

*MAT_ADD_DAMAGE_GISSMO

[MID]	[DTYP]	[REFSZ]	[NUMFIP]		
[LCSDG]	[ECRIT]	[DMGEXP]	[DCRIT]	[FADEXP]	[LCREGD]
[LCSRS]	[SHRF]	[BIAXF]	[LCDLIM]	[MIDFAIL]	[HISVN]	[SOFT]	[LP2BI]

（d）Hyperworks 中的 * MAT_ADD_DAMAGE_GISSMO

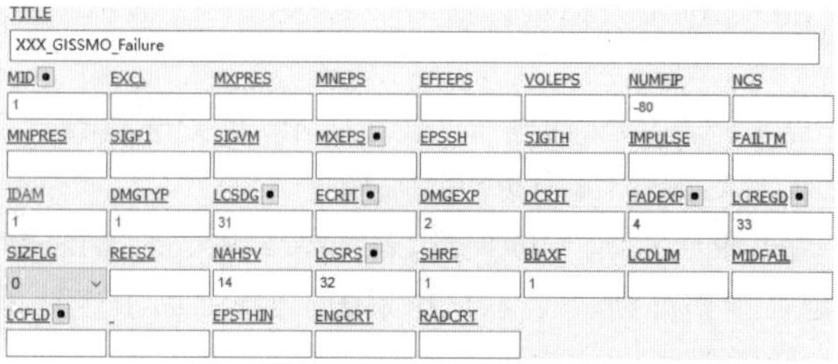

TITLE
XXX_GISSMO_Failure

MID●	EXCL	MXPRES	MNEPS	EFFEPS	VOLEPS	NUMFIP	NCS
1						-80	
MNPRES	SIGP1	SIGVM	MXEPS●	EPSSH	SIGTH	IMPULSE	FAILTM
IDAM	DMGTYP	LCSDG●	ECRIT●	DMGEXP	DCRIT	FADEXP●	LCREGD
1	1	31				4	33
SIZFLG	REFSZ	NAHSV	LCSRS●	SHRF	BIAXF	LCDLIM	MIDFAIL
0		14	32	1	1		
LCFLD●		EPSTHIN	ENGCRT	RADCRT			

（e）LS-PrePost 中的 * MAT_ADD_EROSION_GISSMO

图 7-21　GISSMO 失效模型

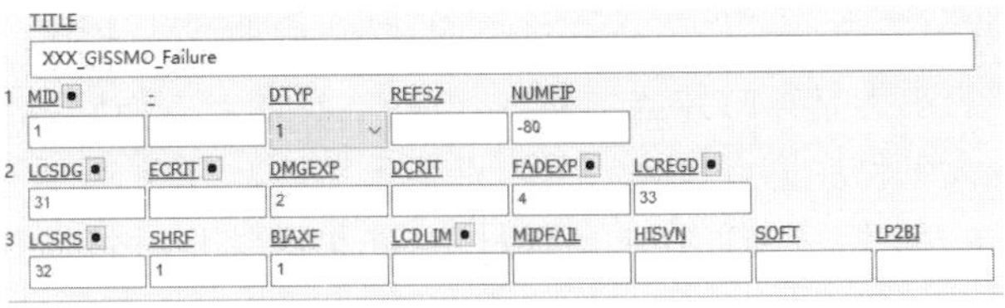

	TITLE							
	XXX_GISSMO_Failure							
1	MID●	:	DTYP	REFSZ	NUMFIP			
	1		1 ∨		−80			
2	LCSDG●	ECRIT●	DMGEXP●	DCRIT	FADEXP●	LCREGD●		
	31		2		4	33		
3	LCSRS●	SHRF	BIAXF	LCDLIM●	MIDFAIL	HISVN	SOFT	LP2BI
	32	1	1					

(f) LS-PrePost 中的 ∗ MAT_ADD_DAMAGE_GISSMO

图 7-21　（续）

图 7-21 中 ∗ MAT_ADD_DAMAGE_GISSMO 失效模型的各个参数详细含义如下：

（1）MID：指定需要定义失效的材料 ID 号。

（2）DTYP：定义单元是否侵蚀，0 表示单元不侵蚀，无耦合，损伤增长可能超过 1；1 表示单元侵蚀且耦合激活，塑性应变驱动损伤增长；如果不想激活耦合（默认为激活状态），则可以设置 DCRIT 为 1 且 ECRIT 为 0；如果想使用其他的变量驱动损伤演变，则可以在材料模型中使用历史变量（如 history variable #6），即 DTYP=61。

（3）REFSZ：为产生额外的损伤输出定义的参考单元尺寸，不是用于标定 GISSMO 材料卡片的单元尺寸。REFSZ 只有在定义了 LCREGD 情形下，并且在后续仿真中将损伤从一个网格尺寸转移到另一个网格尺寸时才有意义，如从成型到碰撞仿真的映射。

在相对较低的损伤和比例载荷（如恒定应力三轴度）下应用效果较好，负的 REFSZ 通常能更好地估计较高的损伤值和非比例载荷，但也有局限性。可以通过定义历史变量输出关注的 REFSZ 结果，如参考以下定义：

ND+9 表示单元尺寸 REFSZ 的合成损伤参数 D；

ND+10 表示单元尺寸 REFSZ 的合成损伤阈值 DCRIT；

ND+17 表示与参考单元尺寸相关的塑性应变值（仅当 REFSZ <0 时）。

（4）NUMFIP：Number of Failed Integration Points 的缩写，指单元删除前的失效积分点数量，在单元侵蚀前，可以是一个正值。默认值为 1，即只要有一个积分点失效，这个单元就失效。仅对于壳单元，NUMFIP 是单元失效前必须失效的层数百分比。如对于 ELFORM=16 的完全积分壳单元，若厚度方向有 5 个积分点，每层有 4 个（2×2）积分点；若任一层 4 个积分点有一个失效，则这个层失效；若任一层 4 个积分点失效，则这个单元被侵蚀；如 −80 意味着在单元侵蚀之前有 80% 的层失效，如图 7-22 所示。仅对于壳单元，|NUMFIP| 是单元失效前必须失效的层数百分比。对于壳单元每层有 4 个积分点，在这个层中的任何一个积分点失效则该层被认为失效。NUMFIP=1 用于实体单元，NUMFIP = −40 用于脆性材料的壳单元，NUMFIP=−80 用于韧性材料的壳单元。

（5）LCSDG：定义失效应变与不同变量（如应力三轴度、罗德参数、温度或历史变量及应变率）之间的曲线或函数（TABLE_2D/3D/4D）。

（6）ECRIT：定义临界应变与不同变量之间的曲线或函数，是一条不稳定曲线。当 F = 1 时，会触发应力与损伤之间的耦合，默认为 0，意味着从加载起就开始耦合，为了避免由此带来更多的问题，可以将 ECRIT 设置为 0，DCRIT 为 1。如果想使用 ECRIT，则可以使用失效应变与应力三轴度(或罗德参数、温度、历史变量及应变率)的曲线或表格。如在拉伸测试过程中材料的不稳定性通常表现为材料的弥散颈缩,即材料达到最大工程应力,然后应力将减小或有时称为软化。这个最大工程应力点被称为颈缩点。颈缩后,真正的应力由于横截面积的减少,实际上增加了,这被称为扩散颈缩。在金属板材中,如果继续将材料加载到扩散区域,在拉伸方向上可能会出现厚度变薄或局部颈缩,如图 7-23 所示。弥散性颈缩通常出现在应力三轴度 $0 < \eta \leqslant 2/3$ 范围和局部颈缩在 $1/3 \leqslant \eta \leqslant 2/3$ 范围内。

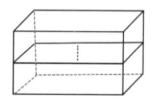 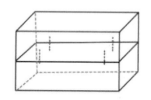 

(a) ELFORM=2 单元积分点　　(b)ELFORM=16 单元积分点　　(c) 单元侵蚀前的 80% 失效层

图 7-22　壳单元积分点对比

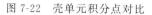

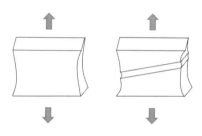

(a) 弥散颈缩　　　(b) 局部颈缩

图 7-23　材料不稳定常见现象

(7) DMGEXP:为非线性损伤累积指数,对应损伤模型中的 n;$n=1$ 表示塑性应变上的线性损伤累积,$n<1$ 或 $n>1$ 表示非线性损伤累积,设置为 1 或 2 可以加快计算,如图 7-24 所示。损伤值变化率和塑性应变率之间的关系如式(7-1)所示。

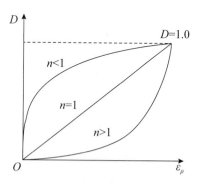

$$\dot{D} = \frac{n}{\varepsilon_f(\eta)} D^{\left(1-\frac{1}{n}\right)} \dot{\varepsilon_p} \qquad (7\text{-}1)$$

当 $n=1$ 时,$\dot{D} = \dfrac{\dot{\varepsilon_p}}{\varepsilon_f(\eta)}$;当 $n=2$ 时,$\dot{D} = \dfrac{2\sqrt{D}\dot{\varepsilon_p}}{\varepsilon_f(\eta)}$;当

$n=3$ 时,$\dot{D} = \dfrac{3\sqrt[3]{D^2}\dot{\varepsilon_p}}{\varepsilon_f(\eta)}$。

图 7-24　DMGEXP 参数对损伤的影响对比曲线

(8) DCRIT:通过设定固定损伤阈值定义损伤与应力耦合的起始。设置 DCRIT = 1 和 ECRIT = 0 可关闭损伤与应力的耦合。如果想知道影响应力的有效损伤值,则可以通过设置历史变量 ND+18 输出。通常建议 DCRIT 设置为如 0.9

或 0.98 等较大的值；如果不设置，则应力与损伤将会在计算起始就耦合。

（9）FADEXP：应力衰减指数，对应损伤模型中的 m。应力衰落指数可以调节损伤与应力耦合的影响程度。在实际工程中，FADEXP 在 1.0～5.0 对结果有一些影响，高于 5.0 的值对结果的影响比较小。通常，FADEXP 随着单元尺寸的增加而减小。FADEXP>0 表示为一个固定值；FADEXP<0 表示是一个关于单元尺寸、应变三轴度、罗德参数等的曲线或表格。FADEXP 值越大，损伤与应力耦合效应发生的时间就越迟。

（10）LCREGD：采用单元尺寸的函数（曲线）定义正则化因子，也可包含三轴度和 lode 参数的函数（表格），如图 7-25 所示。相关研究表明，正则化依赖于应力状态，如对于剪切网格依赖性较小，对于拉伸网格依赖性较大。

（11）LCSRS：定义失效应变曲线 LCSDG 的比例因子与应变率之间曲线，即关注在多应变率情况下什么时候失效；由于应变率和三轴度对失效塑性应变影响较大，所以可采用表格将失效应变比例因子定义为应变率和三轴度的函数，如图 7-26 所示。

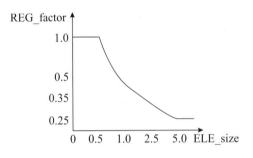

图 7-25　正则化因子与单元尺寸
之间的关系曲线

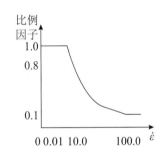

图 7-26　LCSDG 比例因子与应变率
之间的关系曲线

（12）SHRF/BIAXF：SHRF 是剪切应力状态的正则化缩减因子，BIAXF 是双轴应力状态的正则化缩减因子，该参数主要用于应力三轴性依赖的正则化调整。通常为了得到较好的塑性应变起点，设置 SHRF = 1 和 BIAXF = 0。

（13）LCDLIM：该曲线将损伤极限值定义为三轴度的函数，为阻止进一步的应力降低和某些三轴度的失效，可以将损伤限制为小于 1.0 的值，如图 7-27 所示。若 DTYP=1 且损伤和应力耦合处于激活状态，则意味着应力将会弱化直到最大的损伤，但是单元不会被侵蚀。

（14）MIDFAIL：壳单元的中面失效选项，该选项强制要求仅在壳单元的中面考虑不稳定的开始。如果激活，则仅检查中面积分点的临界应变，即应该使用奇数的积分点，其他的积分点计算各自的损伤，但不会耦合到应力。只要中面的积分点达到 ECRIT 或 DCRIT，所有其他的积分点将会被检查。

MIDFAIL 有 4 个选项，当 MIDFAIL=1 时，表示那些非中面积分点超过临界损伤值时立即开始弱化应力，而那些在低于临界损伤的积分点不会应力耦合；只有每个积分点达到失效标准才会出现非中面不稳定；当 MIDFAIL=2 时，NUMFIP 处于激活状态，只要中面达到不稳定性，所有的积分点开始耦合弱化；当 MIDFAIL=3 时，和 2 相同，但当中面的积分点损伤 D

为 1 时单元同时被侵蚀，NUMIFP 被忽略；当 MIDFAIL＝4 时，类似 3，但非中面的积分点不会有损伤和应力耦合，仅中面积分点有损伤和失效。

（15）HISVN：定义从损伤模型中写出的用于后处理分析的变量数量。定义历史变量用于评估 3D 表格的 LCSDG 和可选的 3D 表格 ECRIT。该选项对于考虑制造工艺链的影响非常有用。HISVIN＞0 时表示为恒定值，HISVIN＜0 时表示使用在 ＊ INITIAL_STRESS_SHELL/SOLID 的历史数组。

（16）SOFT/LCSOFT：SOFT 是降低被侵蚀单元的相邻单元失效曲线（LCSDG）的软化缩减因子，如图 7-28 所示。LCSOFT 可以是曲线或表格，其中 SOFT 可以是应力三轴度和单元尺寸的函数。SOFT 可以设置为 0.5，意味着一旦一个单元被侵蚀，其附近的单元将具有失效曲线值的一半。在低 SOFT 值的情况下，裂纹扩展速度更快。SOFT 或 LCSOFT 能帮助控制在单元侵蚀时的裂纹扩展。

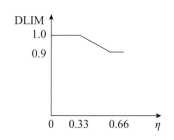 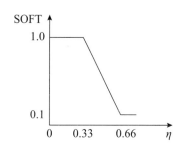

图 7-27　极限损伤与应力三轴度之间的关系曲线　图 7-28　软化系数与应力三轴度之间的关系曲线

（17）LP2BI：定义使用弯曲参数而不是罗德参数。仅对壳单元有效，LP2BI 允许使用针对膜和弯曲载荷的不同失效曲线。NUMFIP 必须为 1。LP2BI＝1 表示激活弯曲指示器 Ω 的使用而替代采用表格定义在 LCSDG 中的罗德参数。LP2BI＝2，类似 1 但是在弯曲载荷下没有正则化，在膜载荷下完全正则化并且在弯曲和膜载荷之间进行线性插值。

$$\Omega = \frac{1}{2} \frac{|\dot{\varepsilon}_{3p}^{+} - \dot{\varepsilon}_{3p}^{-}|}{\max(|\dot{\varepsilon}_{3p}^{+}|, |\dot{\varepsilon}_{3p}^{-}|)} \tag{7-2}$$

$\Omega=0$ 表示纯膜载荷，$\Omega=1$ 表示纯弯曲载荷，$0<\Omega<1$ 表示膜与弯曲载荷的组合。

（18）INSTF（R14 版以上）：定义不稳定性是否逐步累积。此外，还决定 FADEXP 在达到 $F=1$ 之后是否保持恒定。如果不稳定曲线与失效曲线相比非常低，并且在某些三轴度比其他三轴度需要更多的损伤/应力耦合时，则会很有用。

INSTF 默认为 0，表示 F 逐步更新，并且 FADEXP 允许变化。

INSTF 为 1，表示 F 逐步更新，并且 FADEXP 在 $F=1$ 后保持常量。

INSTF 为 2，如果达到 ECRIT，则 $F=1$，并且 FADEXP 允许变化。

INSTF 为 3，如果达到 ECRIT，则 $F=1$，并且 FADEXP 在 $F=1$ 后保持不变。

（19）VOLFRAC：定义在单元删除之前要求失效的体积分数，用于高阶实体单元（如 ELFORM＝24、25、26、27、28、29）或 IGA 单元，默认值为 0.5。

在 ＊MAT_ADD_DAMAGE_GISSMO 失效模型中一般需要定义的参数有 NUMFIP、

LCSDG、ECRIT、DMGEXP、FADEXP、LCREGD、SHRF、BIAXF 等。

2）应力三轴度相关概念

相关研究发现，应力三轴度、应变率及罗德参数是影响金属等韧性材料断裂的 3 个主要因素之一。考虑到材料内部任一微型单元体上的应力分量与坐标系有关，坐标系改变，其应力分量也随之变化，但三维空间内的微元体上有 3 个应力分量不随坐标系改变，即为 3 个主应力 σ_1、σ_2、σ_3，这 3 个主应力正是反映材料真实应力状态的参数，为此将材料失效时的应力状态采用应力三轴度来表示，同时 Mises 等效应力、静水压力等都与 3 个主应力相关，基于此将应力三轴度定义为以下形式：

应力三轴度定义为平均应力与 Mises 等效应力之间的比例为 $\eta = \dfrac{\sigma_m}{\sigma_{\text{mises}}} = -\dfrac{P}{\sigma_{\text{mises}}}$。其中，

$$\sigma_m = \frac{\sigma_1 + \sigma_2 + \sigma_3}{3}, \quad \sigma_{\text{mises}} = \sqrt{\frac{(\sigma_1 - \sigma_2)^2 + (\sigma_2 - \sigma_3)^2 + (\sigma_1 - \sigma_3)^2}{2}}$$。σ_m 为平均应力，σ_{mises} 为等效

应力，P 为静水压力；应力三轴度的物理意义为材料内任一点的应力张量可以分解为应力球张量和应力偏张量；应力球张量即为静水压力，并且会引起体积变形（为 3 个主应力的状态），而应力偏张量即为等效应力，反映的是形状改变（为第四强度理论，即称为畸变能理论）；应力三轴度作为结构受力时的应力状态参数反映了结构的体积和形状改变，通过其比值来表征材料的受力状态。

通过相关研究发现，应力状态对于失效时的等效应变起着关键作用，材料所受的应力状态不同，材料内部产生的塑性变形与应力集中程度不同，材料失效应变数值也将发生变化。一般应力三轴度较大的位置，可能等效应力较小，亦即为塑性变形较小的区域，是材料中体积变形较大，能够释放较多弹性应变的位置，并且常常会出现较为严重的应力集中，而应力三轴度较小的区域，可能等效应力较大，相对容易发生断裂。

应力三轴度会影响结构材料在受力时阻碍塑性变形和影响材料内部微晶体孔洞的增长过程，即对材料失效有非常重要的作用。不同的加载工况会引起材料内部应力状态不同，其对应的应力三轴度也有所不同。在材料测试时，对于有不同形状缺口的试件进行单轴拉伸、双轴拉伸、三轴拉伸及压缩、纯剪切等试验时，当加载至断裂后，可以得到材料的应力三轴度与断裂应变之间的关系曲线，该曲线可以作为采用此材料的结构进行失效分析时某些损伤起始准则里对应的输入参数，结合损伤演绎的定义，可以进一步用于材料失效的分析模拟。

由于实际使用的钣金大多数为厚度方向尺寸相比其他两个方向的尺寸要小，即基本满足平面应力状态，可采用壳单元模拟，其壳单元的应力张量可以采用如下形式表述，如图 7-29 所示。

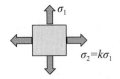

图 7-29　平面应力状态图

$$\sigma = \begin{bmatrix} \sigma_1 & 0 & 0 \\ 0 & \sigma_2 & 0 \\ 0 & 0 & 0 \end{bmatrix} = \begin{bmatrix} \sigma_1 & 0 & 0 \\ 0 & k\sigma_1 & 0 \\ 0 & 0 & 0 \end{bmatrix}$$

其对应的应力三轴度可以表示为 $\eta = \dfrac{\sigma_{\mathrm{m}}}{\sigma_{\mathrm{mises}}} = \dfrac{1+k}{3\sqrt{1+k(k-1)}}\operatorname{sign}(\sigma_1)$

$$\operatorname{sign}(\sigma_1) = \begin{cases} 1, & \sigma_1 > 0 \\ 0, & \sigma_1 = 0 \\ -1, & \sigma_1 < 0 \end{cases}$$

对于不同加载情况其应力状态不同,常见单向拉伸: $\eta = 1/3$;剪切: $\eta = 0$;单向压缩: $\eta = -1/3$;双向拉伸: $\eta = 2/3$,常见 5 种不同加载状态下的应力三轴度见表 7-3。

表 7-3　5 种不同加载下的应力三轴度

加载方式	单轴拉伸应力	双轴拉伸应力	单轴拉伸（标准样件）	单轴压缩应力	剪切应力
图示					
应力三轴度 η	$\dfrac{1}{3}$	$\dfrac{2}{3}$	$\dfrac{1}{\sqrt{3}}$	$-\dfrac{1}{3}$	0
应力系数 k	0	1	2	$-\infty$	-1

进一步,根据应力三轴度的定义,可以更加详细地表述常见的不同应力状态下的应力三轴度结果;其中考虑到应力有拉伸和压缩等状态,并假定 3 个主应力满足 $\sigma_1 \geqslant \sigma_2 \geqslant \sigma_3$,见表 7-4。

表 7-4　常见不同应力状态下的应力三轴度值

应力状态	主应力（Principal Stress）			应力三轴度 R_σ
	σ_1	σ_2	σ_3	
三轴不等效拉伸	σ	σ	0.5σ	1.67
双轴等效拉伸	σ	σ	0	0.67
单轴拉伸	σ	0	0	0.33
纯剪切	σ	0	$-\sigma$	0
单轴压缩	0	0	$-\sigma$	-0.33
常规的三轴压缩形式 1	-0.2σ	-0.2σ	$-\sigma$	-0.58
常规的三轴压缩形式 2	-0.4σ	-0.4σ	$-\sigma$	-1.00
常规的三轴压缩形式 3	-0.6σ	-0.6σ	$-\sigma$	-1.83
三轴等效压缩	$-\sigma$	$-\sigma$	$-\sigma$	$-\infty$

3）Abaqus中应力三轴度输出设置

在很多软件中可以输出和计算出应力三轴度，如Abaqus中显示和隐式输出方式有所区别，其中显式可以直接通过关键字Stress triaxiality输出应力三轴度，而隐式虽然有该关键字可选择，但是后处理中不显示，需要通过Mises等效应力和静水压力Press输出再进行计算，具体的操作流程如下所示。

（1）显式（Explicit）输出设置，如模拟单轴拉伸，左侧约束123自由度，右侧约束23自由度，释放1自由度，并加载1mm/s的速度（采用线弹性材料，其弹性模量E为70 000MPa，泊松比为0.3，密度为$2.7e-9t/mm^3$），分析模型如图7-30（a）所示。分析结果如图7-30（d）所示，应力三轴度为0.3304与理论值0.33一致。

（2）隐式（Implicit）输出设置，模型同显式分析模型，但在线弹性材料（基于失效模型可直接输出应力三轴度）中隐式的应力三轴度Mises等效应力和静水压力Press输出再进行计算，具体的设置流程如图7-31所示。分析结果如图7-31（d）所示，应力三轴度为0.3307与理论值0.33一致。

（a）创建单轴拉伸模型

（b）创建显式分析步

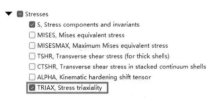

（c）创建应力三轴度输出

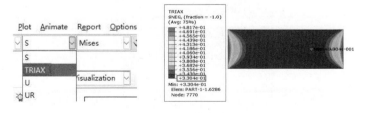

（d）应力三轴度结果

图7-30　显式应力三轴度设置流程

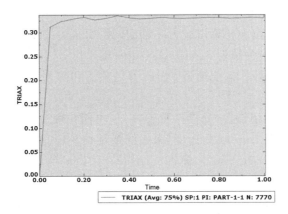

（e）应力三轴度随时间变化曲线图

图 7-30　（续）

（a）创建隐式分析步

（b）创建 Mises 和 Press 输出

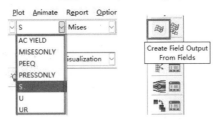

（c）隐式不显示应力三轴度图示

图 7-31　隐式应力三轴度设置流程

（d）创建隐式应力三轴度流程1

（e）创建隐式应力三轴度流程2

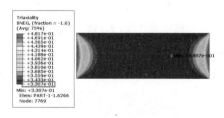

（f）创建隐式应力三轴度流程3

图7-31　（续）

4）GISSMO失效模型相关准则

（1）路径相关断裂准则：由于损伤是随着塑性应变的增加和断裂破坏曲线的变化（路径改变）而逐渐累积的，所以GISSMO断裂准则允许在任意路径上产生裂纹，GISSMO定义损伤值变化率和塑性应变率之间的关系如式（7-1）所示。

其中，D 表示损伤变量，$\dot{D}$ 表示损伤变化率，η 表示应力三轴度，ε_f 表示断裂应变，$\varepsilon_f(\eta)$ 表示断裂应变与应变三轴度之间的关系，$\dot{\varepsilon}_p$ 表示塑性应变率，n 表示材料的损伤累积指数。在动态显式分析中，由于采用的是增量形式，即损伤累积增量，所以该公式主要通过损伤累积的方法解决非线性应变路径的加载问题，其损伤累积增量公式如式(7-3)所示。

$$\Delta D = \frac{n}{\varepsilon_f(\eta)} D^{\left(1-\frac{1}{n}\right)} \Delta \dot{\varepsilon}_p \tag{7-3}$$

其中，$\Delta\varepsilon_p$ 表示真实的等效塑性应变增量，ΔD 表示损伤增量，当 n 不等于 1 时，材料在受到损伤后，其按非线性累积直至失效产生。

在 GISSMO 失效模型中该参数关键字卡片可通过 LCSDG 定义断裂应变与应力三轴度之间的关系曲线，通过测试拟合得到某材料的断裂应变与应力三轴度之间的关系曲线如图 7-32 所示。

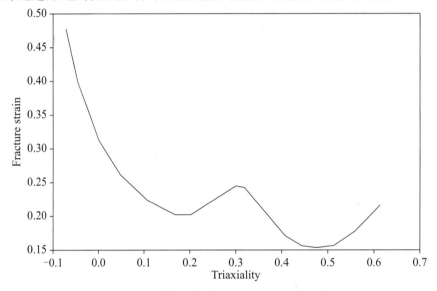

图 7-32　某材料断裂应变与应力三轴度曲线

（2）材料不稳定性：材料的不稳定性与应力（或损伤）耦合，其主要用于描述损伤累积与应力减弱之间的耦合关系，即在塑性应变达到临界应变之后，流动应力会因为损伤累积而逐渐减少。决定材料是否发生应力减弱的变量称为稳定性因子，其表达式如式(7-4)所示。

$$\Delta F = \frac{n}{\varepsilon_{p,\mathrm{crit}}} F^{\left(1-\frac{1}{n}\right)} \Delta \dot{\varepsilon}_p \tag{7-4}$$

其中，F 表示稳定性变量，ΔF 表示稳定性变量增量，n 表示材料的损伤累积指数（通过 DMGEXP 关键字定义），$\Delta\varepsilon_p$ 表示真实的等效塑性应变增量，$\varepsilon_{p,\mathrm{crit}}$ 表示不同应力状态下材料发生不稳定性变形时的临界塑性应变，通常该值小于对应的断裂应变。

在 GISSMO 断裂准则模型中，当 $F=1$ 时，应力和损伤的耦合关系开始发生，随着损伤变量 D 进一步增大，应力开始减小，当损伤因子 $D=1$ 时，材料失效，裂纹产生，如某材料应力与损伤的耦合关系曲线如图 7-33 所示。

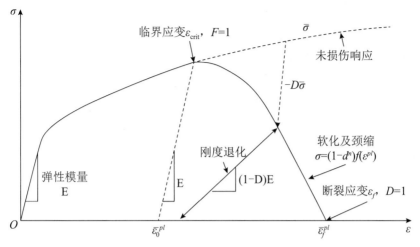

图 7-33　某材料应力与损伤耦合关系曲线

材料不稳定性和损伤类似,在仿真中以($\varepsilon_{p,\mathrm{crit}}$,$\eta$)曲线的形式输入,在 GISSMO 失效模型中参数关键字卡片通过 ECRIT 曲线定义材料不稳定性应变与应力三轴度之间的关系;某材料发生不稳定性变形时的临界塑性应变与应力三轴度之间的关系曲线如图 7-34 所示。

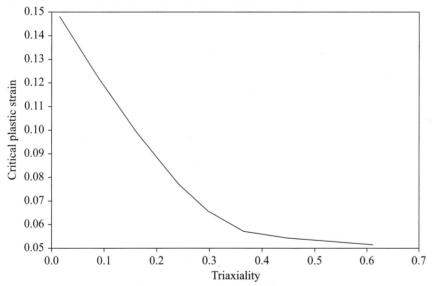

图 7-34　某材料不稳定性变形时临界塑性应变与应力三轴度曲线

材料进入不稳定性之后会出现应力耦合;在 GISSMO 断裂准则中,当材料受到损伤($F=1$)后,应力开始减弱,减弱后的应力计算公式如式(7-5)所示。

$$\sigma^* = \sigma\left(1-\left(\frac{D-D_{\mathrm{crit}}}{1-D_{\mathrm{crit}}}\right)^m\right)(D \geqslant D_{\mathrm{crit}}) \tag{7-5}$$

其中,σ 表示材料的应力,σ^* 表示因损伤减弱后的应力,D_{crit} 表示当材料不稳定因子 $F=1$ 时对应

的损伤因子 D 值,即本构曲线开始下降点(修正起点)损伤值,当 $D \geqslant D_{crit}$ 时才进行应力修正,m 为应力衰减指数,对于不同的 m 值,应力衰减的幅度不一样。m 值越大,真实应力也会越大,整个曲线会越高,在 GISSMO 失效模型中通过 FADEXP 关键字定义应力衰减指数,默认值为 1。

5)GISSMO 失效模型的 3 个重要公式

(1)累积损伤增量:$\Delta D = \dfrac{n}{\varepsilon_f(\eta)} D^{\left(1 - \frac{1}{n}\right)} \Delta \varepsilon_p$。

(2)不稳定因子:$\Delta F = \dfrac{n}{\varepsilon_{p,crit}} F^{\left(1 - \frac{1}{n}\right)} \Delta \varepsilon_p$。

(3)应力耦合:$\sigma^* = \sigma \left(1 - \left(\dfrac{D - D_{crit}}{1 - D_{crit}} \right)^m \right) (D \geqslant D_{crit})$。

在 GISSMO 断裂准则模型中一共有 5 个未知参数,分别是应力三轴度 η,材料损伤累积指数 n,材料在不同应力状态下失效时的等效塑性应变 ε_f,发生不稳定性变形时的临界塑性应变 $\varepsilon_{p,crit}$,以及应力衰减指数 m。

网格尺寸对 GISSMO 结果影响较大,由于材料的软化效应,在局部变形区域的结果依赖网格尺寸,主要是不同的网格尺寸会导致不同的应变结果,即在局部缩颈处的网格尺寸对应变结果有较大影响,即在颈缩后,局部应变值会因网格尺寸的不同而不同,如图 7-35 所示,横坐标为网格尺寸,纵坐标为局部应变。为表征材料在受力状态时的网格尺寸影响程度,在 GISSMO 失效模型中通过 LCREGD 关键字定义单元尺寸归一化曲线,即网格尺寸与失效应变比例曲线,即网格尺寸正则化(归一化)因子曲线,如图 7-25 所示。

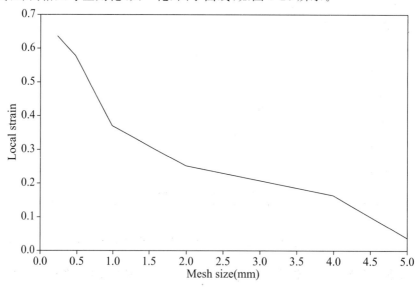

图 7-35　某材料局部应变与网格尺寸曲线

6)GISSMO 失效参数识别流程

在 GISSMO 失效模型中参数识别主要包括以下步骤。

(1)根据标准样件的单轴拉伸试验,获取相应的工程应力应变曲线。

（2）根据单轴试验结果，调整试验状态（包括试验曲线及模型）；用于匹配其他样件（如不同缺口尺寸的样件、不同角度剪切等）的试验。

（3）利用仿真方法，反推得到断裂应变与应力三轴度之间的关系。

（4）加入 GISSMO 卡片，并利用 LS-OPT 进行参数识别。

（5）通过优化迭代，如将断裂塑性应变、不稳定性应变、损伤累积指数、应力衰减指数等作为优化变量，并给定优化范围，得到最终的 GISSMO 优化参数。最后利用不同单元尺寸进行计算及调试，得到单元尺寸归一化曲线。

6. JC 失效模型

1）JC 失效模型关键字说明

JC 为 Johnson-Cook 模型的简称，主要用于较宽的应变率范围和由塑性生热引起绝热温升导致材料软化的场合，该失效模型基于材料的空穴增长和损伤演化规律，分别考虑了应力三轴度、应变率强化和温度软化的影响。JC 材料模型及失效模型一般用于描述大应变、高应变率和高温环境下金属材料的强度极限及失效过程；在 JC 的强度模型中，屈服应力由应变、应变率和温度等共同决定。Johnson-Cook 模型实际上是将应变、应变率和温度这 3 个变量进行了分离，用乘积的关系来处理三者对动态屈服应力的影响。在 LS-DYNA 中为 MATL15（＊MAT_JOHNSON_COOK）和 MATL107（＊MAT_MODIFIED_JOHNSON_COOK），Johnson-Cook 应变和温度敏感塑性有时用于应变速率在大范围内变化，以及由于塑性加热导致的绝热温度升高，进而导致材料软化的问题。当与 Solid 实体单元一起使用时，这个模型需要一种状态方程，JC 材料卡片参数见表 7-5～表 7-8。

表 7-5　部分材料参数（1）

卡片 1	1	2	3	4	5	6	7	8
变量	MID	RO	G	E	PR	DTF	VP	RATEOP
类型	A	F						
默认值	None					0.0		

卡片 1 主要包括密度 RHO、弹性模量 E、泊松比 PR、剪切模量 G 等关键参数，其余参数均可保持默认值，DTF 表示 shell 单元自动删除的最小时间步尺寸，当求解时间步尺寸降到 DTF＊TSSFAC 以下时，单元将被删除，TSSFAC 是由＊CONTROL_TIMESTEP 定义的时间步缩放因子；VP 是率效应形式，当 VP＝1 时可使用粘塑性形式；RATEOP 是应变率项的格式，默认值为 0，也就是 Johnson-Cook 模型里的默认格式，还可选择其他形式，例如 Huh-Kang 形式（＝1）、Cowper-Symonds 形式（＝3）及非线性率指数形式（＝4）。

表 7-6　部分材料参数（2）

卡片 2	1	2	3	4	5	6	7	8
变量	A	B	N	C	M	TM	TR	EPSO
类型	F							
默认值	None		0.0		None			

在卡片 2 中主要输入为 Johnson-Cook 模型的典型参数,1～8 依次为 Johnson-Cook 本构常数 A、B、N、C、M、熔化温度 TM、室温 TR、准静态参考应变率 EPS0,例如,在 kg/mm/ms 单位制下,流动应力的应变率效应在应变率大于 $0.01s^{-1}$ 时变得明显,EPS0 的值就可以取 1E－5。

表 7-7　部分材料参数(3)

卡片 3	1	2	3	4	5	6	7	8
变量	CP	PC	SPALL	IT	D1	D2	D3	D4
类型	F							
默认值	None	0.0	2.0	0.0				

在卡片 3 中,CP 表示比热,用于计算塑性功转换为热的温度变化;PC 表示拉伸失效应力或者拉伸压力阈值,通常小于 0;SPALL 表示层裂类型;D1～D4 为 Johnson-Cook 模型的失效参数,如果 D3 输入为负值,则将转换为它的绝对值。

表 7-8　部分材料参数(4)

卡片 4	1	2	3	4	5	6	7	8
变量	D5	C2/P/XNP	EROD	EFMIN	NUMINT			
类型	F							
默认值	0.0			10e-6	0			

在卡片 4 中,C2/P/XNP 表示应变率参数,依次代表 Huh-Kang 模型、Cowper-Symonds 模型和 Nonlinear Rate Coefficient 模型的参数 C2、P 和 n 的值;EROD 为失效标志,当其值等于 0 时允许单元失效,当其值不等于 0 时单元不会删除,但是单元的偏应力会变为 0。

Johnson-Cook 本构模型的流动应力可表示为式(7-6)的形式,即为材料屈服模型(损伤模型):

$$\sigma_y = (A + B\bar{\varepsilon}^{P^n})(1 + C\ln\dot{\varepsilon}^*)(1 - T^{*m}) \tag{7-6}$$

其中,A、B、C、n、m 为常数,$\bar{\varepsilon}^P$ 为有效塑性应变;当 VP 为 0 时,$\dot{\varepsilon}^* = \dfrac{\dot{\bar{\varepsilon}}}{\text{EPSO}}$ 为总应变;当 VP 为 1 时,$\dot{\varepsilon}^* = \dfrac{\dot{\bar{\varepsilon}}^P}{\text{EPSO}}$ 为有效塑性应变。T^* 为室温,其公式为 $T^* = \dfrac{T - T_{\text{room}}}{T_{\text{melt}} - T_{\text{room}}}$。JC 屈服模型包括硬化准则模型($A + B\bar{\varepsilon}^{P^n}$)、应变率屈服模型($1 + C\ln\dot{\varepsilon}^*$)及温度效应($1 - T^{*m}$)三部分。

σ_y 是非零应变率时的屈服应力;A 为参考应变率 $\dot{\varepsilon}_0$ 和转变温度 θ_t 下材料的初始屈服应力;B 和 n 为参考应变率 $\dot{\varepsilon}_0$(一般认为是准静态的)和转变温度 θ_t 下材料应变硬化模量和硬化指数,对于硬化指数当 $n=1$ 时为斜直线,当 $0<n<1$ 时为屈服曲线,当 $n=0$ 时为直线,如图 7-36 所示;C 为材料应变率强化参数(在 θ_t 及以下温度测得),为不同应变率下的损伤影响参数;$\bar{\varepsilon}^{P^n}$ 为等效塑性应变,$\dot{\bar{\varepsilon}}^P$ 为等效塑性

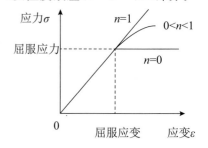

图 7-36　硬化指数 n 的含义图示

应变率;m 为材料热软化参数。$T - T_{\text{room}}$ 的值储存在历史变量 5 中,在仅有机械分析的情况下,绝热温升计算公式为 $T - T_{\text{room}} = \dfrac{\text{内能}}{C_P \times \rho \times V_0}$。

其中,C_P 和 ρ 为常量,V_0 为初始体积,在状态方程中给出。需要注意的是,在耦合的热机械分析中,$T - T_{\text{room}}$ 的值包括来自所有来源的加热/冷却,而不仅是来自内能的绝热加热。

2) Abaqus 中 JC 屈服模型定义

在 Abaqus 中 JC 硬化准则模型中的 A、B、n 可通过材料的工程应力应变曲线拟合得到,如图 7-37(a)中的步骤 1 所示。

在应变率屈服模型中参数 C 和 EPSO 参数设置如图 7-37(b)中的步骤 2 所示,在准静态时 EPSO(参考应变率)为 1,C 通过不同应变率下的工程应力应变曲线拟合得到。

温度效应由以下公式得到,若不考虑温度,则图 7-37(a)中的步骤 1 中的 m、Melting Temp 和 Transition Temp 均为 0。

$$T^* = \begin{cases} 0 & T < T_{\text{room}} \\ \dfrac{T - T_{\text{room}}}{T_{\text{melt}} - T_{\text{room}}} & T_{\text{room}} \leqslant T \leqslant T_{\text{melt}} \\ 1 & T \geqslant T_{\text{melt}} \end{cases}$$

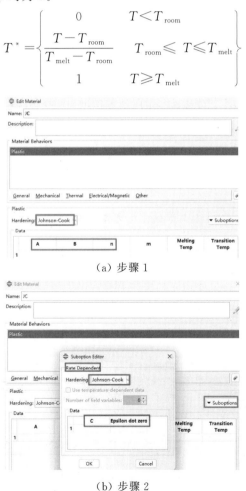

(a) 步骤 1

(b) 步骤 2

图 7-37 Abaqus 中 JC 屈服模型参数设置

Johnson-Cook 失效模型(损伤起始和损伤演化),其失效应变由以下公式表述:

$$\varepsilon^f = \max([D_1 + D_2 \exp D_3 \sigma^*][1 + D_4 \ln \dot\varepsilon^*][1 + D_5 T^*], \text{EFMIN})$$

σ^* 是静水压力和有效应力(Mises 应力)之比,即为应力三轴度,$\sigma^* = \dfrac{P}{\sigma_{\text{eff}}}$;在参考应变率与参考温度下 JC 失效模型可以简化为 $\varepsilon^f = D_1 + D_2 \exp D_3 \sigma^*$,可通过拟合失效(断裂)应变与应力三轴度之间的关系得到 D_1、D_2 和 D_3 这 3 个参数。失效参数 D_4 可以通过拉伸试验来确定不同应变率因素下的失效应变,参数 D_5 可以通过拉伸试验来确定不同温度因素下的失效应变,其 JC 的屈服模型与断裂失效模型相关参数需要通过相关试验得到,JC 屈服模型中的 A、B、n 可以通过室温下光滑圆棒准静态拉伸试验得到;JC 屈服模型中的 C 和失效模型中的 D_4 可以通过室温下不同应变率光滑圆棒拉伸试验和霍普金森动态压缩试验得到;JC 屈服模型中的 m 和失效模型中的 D_5 可以通过不同温度下光滑圆棒准静态拉伸试验得到;JC 失效模型中的 D_1、D_2 和 D_3 可以通过室温下缺口圆棒准静态拉伸试验及扭转试验得到。

当损伤 $D = \sum \dfrac{\Delta \bar\varepsilon^P}{\bar\varepsilon}$ 发生时,损伤参数 D 达到 1,对于 shell 单元,D 存储在历史变量 4 中,在 solid 单元中,D 存储在历史变量 6 中,并且单个单元开始损伤,在 Abaqus 中可通过场变量 DMICRT 输出。该模型提供了 3 种 SPALL 剥离模型,以表示材料在拉伸载荷下的分裂、开裂和失效。通常,15 号 JC 材料模型适用于包括大多数金属在内的许多材料的高速应变率变形。与 Steinberg-Guinan 模型不同,Johnson-Cook 模型在较低的应变率下,甚至在准静态状态下仍然有效,典型的应用包括金属爆炸成形、弹道侵彻和冲击等。某铝材与钢材的 JC 本构模型与失效模型参数对比见表 7-9。

表 7-9　某铝材与钢材的 JC 本构模型与失效模型参数对比

名称	参数	单位	Al	Steel
通用参数	密度	kg/m³	2700	7850
	剪切模量	G/MPa	26900	81800
	弹性模量	E/MPa	69000	21000
	泊松比	PR	0.33	0.3
本构模型	屈服应力	A/MPa	167	350
	强化常量	B/MPa	596	275
	应变率常量	C	0.001	0.022
	热软化指数	M	0.859	0.98
	硬化指数	N	0.551	0.36
	熔化温度	TM(K)	893	1400
	室温	TR(K)	295	295
	参考应变率	EPSO(s⁻¹)	0.88	0.88
	比热	CP(Jkg⁻¹K⁻¹)	910	452000000
	压力切断	PC(MPa)	−1500	0

续表

名称	参数		单位	Al	Steel
失效模型	失效参数(应力三轴度因子)	D1		0.0261	−0.8
		D2		0.263	2.0999
		D3		−0.349	−0.5
	失效参数4(应变率相关)	D4		0.247	0.0002
	失效参数5(温度相关)	D5		16.8	0.61
	添加侵蚀模型		/	/	/
	最大失效有效应变		EFFEPS	2	2.1
	EOS线性多项式		/	/	/
	体积模量		C1(MPa)	58300	159000

3) LS-DYNA 中 JC 失效模型定义

可以通过 LS-DYNA 定义材料的 JC 失效模型,如采用 MATL15 创建的某材料 JC 失效模型的参数如图 7-38 所示。

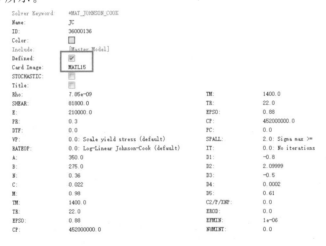

图 7-38 某材料 Lsdyna 中 MATL15-JC 材料参数

该材料中各参数的意义为 RHO:材料密度;SHEAR:剪切模量;E:弹性模量;PR:泊松比;DTF:最小时间步长;VP:速率效应形式;RATEOP:应变率形式;A:初始屈服应力;B:强化常数;N:强化指数;C:应变率常数;M:温度软化指数;TM:材料融化温度;TR:室温;EPSO:参考应变率;CP:比热容;PC:拉伸失效应力;SPAIL:剥离类型,2 表示壳单元达到拉伸失效应力时删除;IT:塑性应变迭代选项;$D1$ 至 $D5$ 为失效参数;C2/P/XNP:应变率参数;EROD:失效标志,当其值等于 0 时表示单元失效,当其值不等于 0 时单元不会删除;EFMIN:计算断裂应变下限;NUMINT:壳单元删除前必须失效的厚度积分点数量;这些参数需要通过测试及仿真拟合获取。

4) Abaqus 中 JC 失效模型定义

JC 失效模型可以在 Abaqus 中定义,如某材料的 JC 失效模型参数如图 7-39 所示。

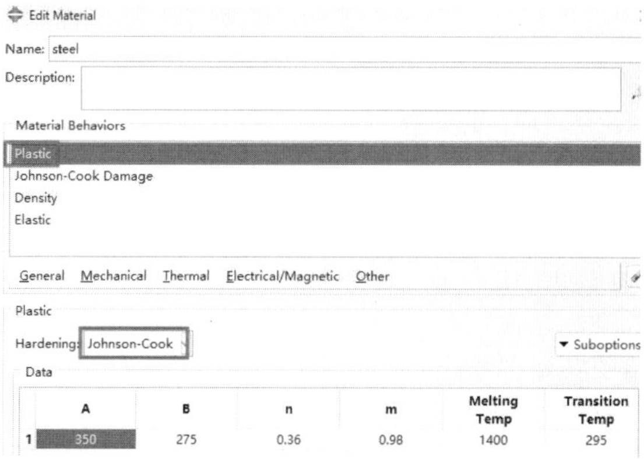

（a）步骤 1

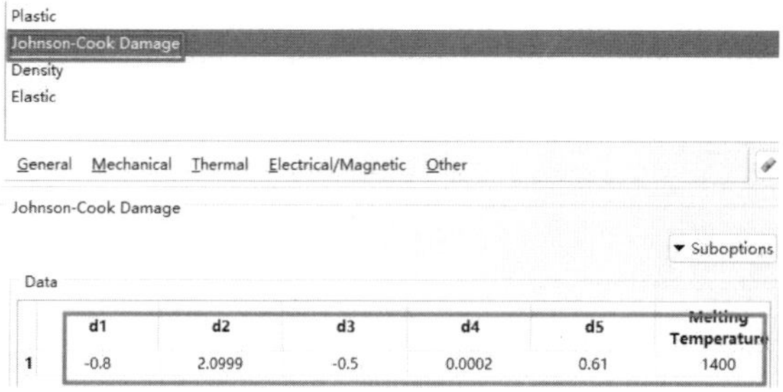

（b）步骤 2

图 7-39　某材料 Abaqus 中 JC 材料参数

7. LS-DYNA 复合材料建模

　　复合材料模型可以在 LS-DYNA 中建立，如某纤维增加复合材料的参数见表 7-10，包括弹性参数和强度参数。

表 7-10　某复合材料弹性及强度参数

弹性参数列表								
名称	E_1/MPa	E_2/MPa	E_3/MPa	G_{12}/MPa	G_{13}/MPa	G_{23}/MPa	NU_{12}	NU_{13}	NU_{23}
数值	50000	16000	16000	5000	5000	5000	0.29	0.29	0.29
意义	纵向弹性模量	横向弹性模量1	横向弹性模量2	纵向剪切模量	横向剪切模量1	横向剪切模量2	纵向泊松比	横向泊松比1	横向泊松比2

强度参数列表								
名称	$\rho/$ $(g*m^{-3})$	X_t/MPa	X_c/MPa	Y_t/MPa	Y_c/MPa	S_t/MPa	S_c/MPa	/	/
意义	1.9e-09	1150	1160	34	160	65	65	/	/
数值	密度	纵向拉伸强度	纵向压缩强度	横向拉伸强度	横向压缩强度	纵向剪切强度	横向剪切强度	/	/

在 LS-DYNA 中复合材料一般采用 MATL58(＊MAT_LAMINATED_COMPOSITE_FABRIC)，其相关参数包括密度(RHO)、三个方向的弹性模型(EA/EB/EC)、泊松比(PRBA)、三个方向的剪切模型(GAB/GBC/GCA)、相关的应力修正因子(SLIMT1/SLIMC1/SLIMT2/SLIMC2/SLIMS)径向和横向的拉伸和压缩强度、剪切强度等。各参数与纤维铺层方向和角度有关，需要通过测试获取，如图 7-40 所示。

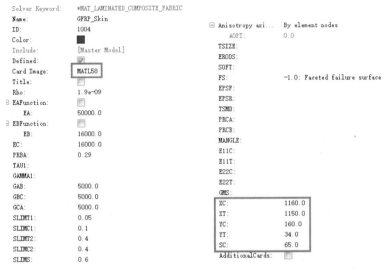

（a）创建 LS-DYNA 复合材料

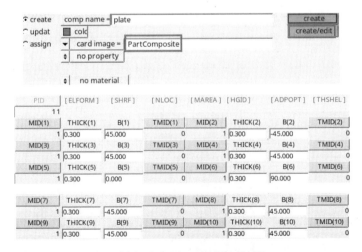

（b）创建 LS-DYNA 复合材料属性

图 7-40　某复合材料参数-MATL58 材料创建

8. OS 复合材料建模

在 OS 中创建复合材料，可采用 MAT8 关键字，相关参数包括径向和横向弹性模量(E1/E2)、泊松比(NU12)、密度(RHO)、剪切模量(G12/G1Z/G2Z)、径向和横向的拉伸和压缩强度

(Xt/Xc/Yt/Yc)、剪切强度(S)等,如某材料厚度为3mm,采用交错的玻纤排布,对于壳单元可以采用 PCOMP 或 PCOMPP 定义各层属性及材料,也可基于全局采用 PCOMG 定义铺层;本例采用 PCOMP 定义铺层,相关参数如图 7-41 所示。对于一阶五面体和六面体实体单元可采用 PCOMPLS,材料采用 MAT9ORT;若要输出每层的应力、应变或失效结果,则需要将 SOUT 设置为 YES,同时设置 CSTRESS 和 CSTRAIN 输出应力和应变,也可以设置 CFAILURE 输出失效结果。

通过分析可以查看输出的位移、应力、应变、失效及各个铺层的结果等,如图 7-41 中(e)和(f)所示,两种复合材料属性结果一致。

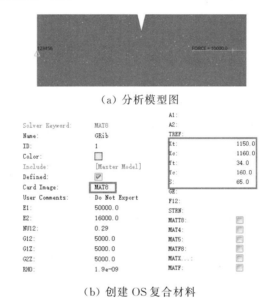

（a）分析模型图

（b）创建 OS 复合材料

（c）创建 OS 复合材料 PCOMP 属性

图 7-41　某复合材料参数-MAT8 材料创建

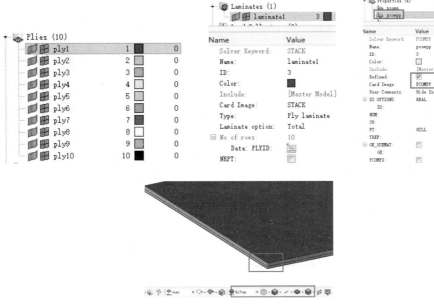

（d）创建 OS 复合材料 PCOMPP 属性

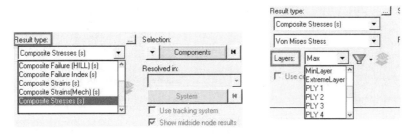

（e）查看结果

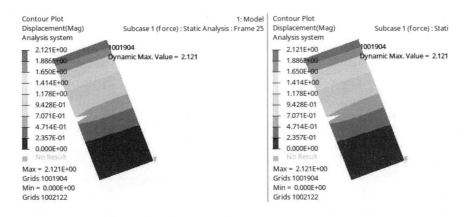

（f）位移结果对比（左边为 PCOMP，右边为 PCOMPP）

图 7-41 （续）

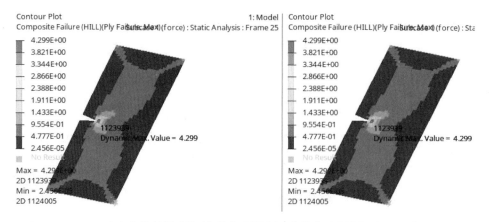

（g）失效结果对比（左边为 PCOMP，右边为 PCOMPP）

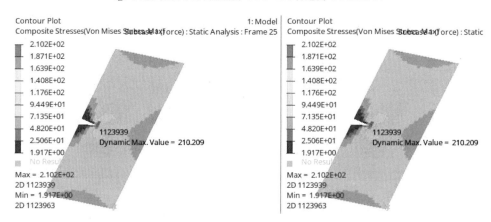

（h）应力结果对比（左边为 PCOMP，右边为 PCOMPP）

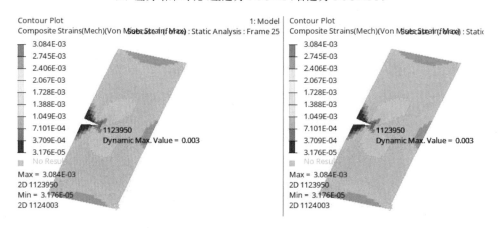

（i）应变结果对比（左边为 PCOMP，右边为 PCOMPP）

图 7-41 （续）

9. Abaqus 复合材料建模

Abaqus 可以模拟纤维增强复合材料的渐进损伤和破坏能力,能够预测各向异性弹脆性材料的损伤产生和演化规律,其中对材料模型的要求为未损伤时的材料属性必须是线弹性的,损伤初始产生准则,损伤演化规律,单元选择性删除。

对于单向板,损伤的特点是材料刚度的逐渐减小,多数表现出弹-脆性行为,即材料在小变形的情况下就开始发生损伤,所以对于复合材料塑性被忽略。由于纤维增强中玻纤具有方向性,所以需要在定义的局部坐标系中定义材料属性。在 Abaqus 中可以采用工程常数(Engineering Constants)或直接定义弹性模量矩阵的方法来定义材料行为。

(1) 材料参数设置方法一:在材料卡片中设置复合材料密度、弹性参数及强度参数,弹性参数通过 Lamina 或 Engineering Constants 设置,强度参数可以通过 Suboptions 中的 Fail Stress 设置,结果可以通过 CFAILURE 参数输出,各个参数可参考表 7-4,具体的设置如图 7-42 所示。

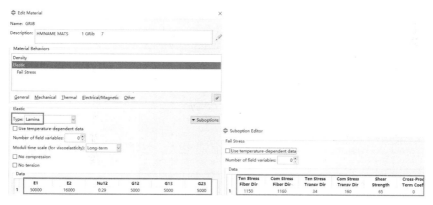

(a) Abaqus 模板复合材料失效设置

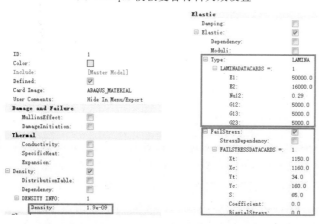

(b) Hypermesh 模板复合材料失效设置

图 7-42 复合材料失效设置方法一

在 Hypermesh 软件中的 Abaqus 模块下创建属性,属性类型为 SHELLSECTION_ COMPOSITE,首先需要建立材料的局部坐标系,在 Material Orientation 中通过 assign 命令将所有壳单元赋予定义的局部坐标系,使单元的方向和局部坐标系一致。特别是对动力电池包中的复合上盖进行承压分析时,要确保单元的方向与材料局部坐标系一致,如图 7-43 所示。

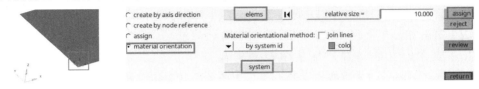

图 7-43　Hypermesh 模板复合材料局部坐标系设置

纤维增强复合材料的属性创建如图 7-44 所示,包括铺层的设置及局部坐标系的定义。

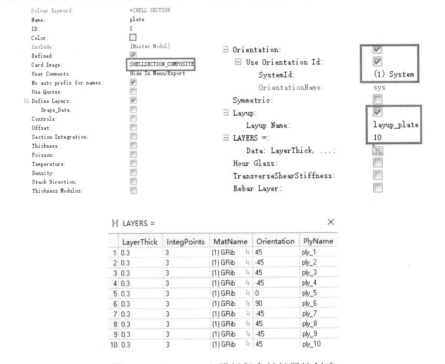

图 7-44　Hypermesh 模板复合材料属性创建

(2) 材料参数设置方法二:在 Abaqus 中复合材料失效也可以采用 Hashin 准则,Hashin 在 1980 年发表的论文 *Failure criteria for unidirectional fiber composites* 提出了一种三维的复合材料失效准则,该准则已被收录在 MILHDBK-17 中;目前其简化的二维失效准则已被集成在了 Abaqus、MSC.Dytran 等软件中。Hashin 准则最开始被用来预测损伤的产生,而损伤演化规律是基于损伤过程和线性材料软化过程中的能量耗散理论。Hashin 简化后的三维表达形式如式(7-7)~式(7-10)所示。

纤维拉伸模式($\sigma_{11} \geq 0$):

$$\left(\frac{\sigma_{11}}{X_{\mathrm{T}}}\right)^2 + \alpha\left(\frac{\sigma_{12}^2 + \sigma_{13}^2}{S_{12}^2}\right) = 1 \tag{7-7}$$

纤维压缩模式（$\sigma_{11} < 0$）：

$$\left(\frac{\sigma_{11}}{X_{\mathrm{C}}}\right)^2 = 1 \tag{7-8}$$

基体拉伸模式（$\sigma_{22} + \sigma_{33} \geqslant 0$）：

$$\left(\frac{\sigma_{22} + \sigma_{33}}{Y_{\mathrm{T}}}\right)^2 + \frac{\sigma_{12}^2 + \sigma_{13}^2}{S_{12}^2} + \frac{\sigma_{23}^2 - \sigma_{22}\sigma_{33}}{S_{23}^2} = 1 \tag{7-9}$$

基体压缩模式（$\sigma_{22} + \sigma_{33} < 0$）：

$$\left[\left(\frac{Y_{\mathrm{C}}}{2S_{23}}\right)^2 - 1\right]\frac{\sigma_{22} + \sigma_{33}}{Y_{\mathrm{C}}} + \left(\frac{\sigma_{22} + \sigma_{33}}{2S_{23}}\right)^2 + \frac{\sigma_{23}^2 - \sigma_{22}\sigma_{33}}{S_{23}^2} + \left(\frac{\sigma_{12}^2 + \sigma_{13}^2}{S_{12}^2}\right) = 1 \tag{7-10}$$

Hashin 三维失效判据可以预测 4 种失效模式，分别是纤维拉伸失效、纤维压缩失效、基体拉伸失效及基体压缩失效或称为拉伸载荷作用下的纤维断裂、压缩载荷下的纤维屈服和扭结、横向拉伸和剪切载荷下的基体断裂、横向压缩和剪切载荷下的基体破碎。同时在纤维拉伸失效中，考虑了剪切效应的影响。Abaqus 中采用的是二维 Hashin 失效准则，其表述形式如式（7-11）~式（7-14）。

纤维拉伸模式（$\sigma_{11} \geqslant 0$）：

$$\left(\frac{\sigma_{11}}{X_{\mathrm{T}}}\right)^2 + \alpha\left(\frac{\sigma_{12}}{S_{12}}\right)^2 = \begin{cases} \geqslant 1 & \text{失效} \\ < 1 & \text{不失效} \end{cases} \tag{7-11}$$

纤维压缩模式（$\sigma_{11} < 0$）：

$$\left(\frac{\sigma_{11}}{X_{\mathrm{C}}}\right)^2 = \begin{cases} \geqslant 1 & \text{失效} \\ < 1 & \text{不失效} \end{cases} \tag{7-12}$$

基体拉伸模式（$\sigma_{22} \geqslant 0$）：

$$\left(\frac{\sigma_{22}}{Y_{\mathrm{T}}}\right)^2 + \left(\frac{\sigma_{12}}{S_{12}}\right)^2 = \begin{cases} \geqslant 1 & \text{失效} \\ < 1 & \text{不失效} \end{cases} \tag{7-13}$$

基体压缩模式（$\sigma_{22} < 0$）：

$$\left[\left(\frac{Y_{\mathrm{C}}}{2S_{23}}\right)^2 - 1\right]\frac{\sigma_{22}}{Y_{\mathrm{C}}} + \left(\frac{\sigma_{22}}{2S_{23}}\right)^2 + \left(\frac{\sigma_{12}}{S_{12}}\right)^2 = \begin{cases} \geqslant 1 & \text{失效} \\ < 1 & \text{不失效} \end{cases} \tag{7-14}$$

在 Abaqus 中 Hashin 失效准则适用于二维单元的模拟，包括平面应力单元、壳单元、连续壳单元和薄膜单元，其对应的材料模型为 Lamina，应力应变关系如式（7-15）：

$$\begin{bmatrix} \varepsilon_1 \\ \varepsilon_2 \\ \gamma_{12} \end{bmatrix} = \begin{bmatrix} \dfrac{1}{E_1} & \dfrac{-\mu_{12}}{E_1} & 0 \\ \dfrac{-\mu_{21}}{E_1} & \dfrac{1}{E_2} & 0 \\ 0 & 0 & \dfrac{1}{G_{12}} \end{bmatrix} \begin{bmatrix} \sigma_{11} \\ \sigma_{22} \\ \tau_{12} \end{bmatrix} \tag{7-15}$$

其中各参数满足稳定性约束条件：E_1、E_2、G_{12}、G_{13}、$G_{23} > 0$，$\left| \mu_{12} \right| < \left(\dfrac{E_1}{E_2} \right)^{\frac{1}{2}}$

通过转换可得

$$
\begin{bmatrix} \sigma_{11} \\ \sigma_{22} \\ \tau_{12} \end{bmatrix} = \begin{bmatrix} \dfrac{E_1}{1 - \mu_{12}\mu_{21}} & \dfrac{\mu_{21E_1}}{1 - \mu_{12}\mu_{21}} & 0 \\ \dfrac{\mu_{12}E_2}{1 - \mu_{12}\mu_{21}} & \dfrac{E_2}{1 - \mu_{12}\mu_{21}} & 0 \\ 0 & 0 & G_{12} \end{bmatrix} \begin{bmatrix} \varepsilon_1 \\ \varepsilon_2 \\ \gamma_{12} \end{bmatrix} \tag{7-16}
$$

进一步可写成 $\sigma = \boldsymbol{C}_0 \varepsilon$，其中 $\boldsymbol{C}_0$ 为无损伤状态下的弹性矩阵。材料的应力应变关系可以在 Abaqus 中的 Lamina 中输入相应的弹性常数。

损伤萌生是在材料硬点退化开始的，在 Abaqus 中纤维增强复合材料的损伤萌生准则基于 Hashin 二维理论。二维的 Hashin 损伤萌生失效准则，包括纤维方向纵向拉伸、纤维方向纵向压缩、基体方向横向拉伸（基体断裂）、基体方向横向压缩（基体破裂）等 4 种失效模式，损伤萌生准则采用式(7-17)~式(7-20)表达。

纤维方向拉伸失效模式($\widehat{\sigma_{11}} \geq 0$)：

$$
F_{\text{ft}} = \left(\frac{\widehat{\sigma_{11}}}{X_{\text{T}}} \right)^2 + \alpha \left(\frac{\widehat{\sigma_{12}}}{S_{\text{L}}} \right)^2 = 1 (0 \leq \alpha \leq 1) \tag{7-17}
$$

纤维方向压缩失效模式($\widehat{\sigma_{11}} < 0$)：

$$
F_{\text{fc}} = \left(\frac{\widehat{\sigma_{11}}}{X_{\text{C}}} \right)^2 = 1 \tag{7-18}
$$

基体方向拉伸失效模式($\widehat{\sigma_{22}} \geq 0$)：

$$
F_{\text{mt}} = \left(\frac{\widehat{\sigma_{22}}}{Y_{\text{T}}} \right)^2 + \left(\frac{\widehat{\sigma_{12}}}{S_{\text{L}}} \right)^2 = 1 \tag{7-19}
$$

基体方向压缩失效模式($\widehat{\sigma_{22}} < 0$)：

$$
F_{\text{mc}} = \left(\frac{\widehat{\sigma_{22}}}{2S_{\text{T}}} \right)^2 + \left[\left(\frac{Y_{\text{C}}}{2S_{\text{T}}} \right)^2 - 1 \right] \frac{\widehat{\sigma_{22}}}{Y_{\text{C}}} + \left(\frac{\widehat{\sigma_{12}}}{S_{\text{L}}} \right)^2 = 1 \tag{7-20}
$$

其中，X_{T} 表示纵向拉伸强度，X_{C} 表示纵向压缩强度，Y_{T} 表示横向拉伸强度，Y_{C} 表示横向压缩强度，S_{L} 表示纵向剪切强度，S_{T} 表示横向剪切强度，α 为剪切影响系数，用于决定剪应力对纤维拉伸损伤准则的影响。上述 4 个失效公式用于判断材料的损伤起始，当 4 个指标任意一个达到 1 时，表示该类型对应的损伤发生，即当 F_{ft} 达到 1 时，表示该材料点纤维方向拉伸损伤刚刚开始，当小于 1 时，材料纤维方向无拉伸损伤。$\widehat{\sigma_{11}}$，$\widehat{\sigma_{22}}$，$\widehat{\tau_{12}}$ 为有效应力 $\widehat{\sigma}$ 张量的分量，用来评估损伤萌生，并按式(7-21)计算：

$$
\widehat{\sigma} = \boldsymbol{M}\sigma \tag{7-21}
$$

其中，$\widehat{\sigma}$ 为有效应力，用于表示有效承载力载荷的损伤面上的应力；σ 为真实应力，$\boldsymbol{M}$ 是损伤控制矩阵，如式(7-21)所示。在任何损伤萌生和演化之前，损伤控制矩阵 $\boldsymbol{M}$ 为单位矩阵，即 $\widehat{\sigma} = \sigma$。一旦至少有一个模型已发生损伤萌生和演化，损伤控制矩阵在损伤萌生准则中就具有非常重要的意义了。

$$
\boldsymbol{M} = \begin{bmatrix} \dfrac{1}{(1-d_{\mathrm{f}})} & 0 & 0 \\ 0 & \dfrac{1}{(1-d_{\mathrm{m}})} & 0 \\ 0 & 0 & \dfrac{1}{(1-d_{\mathrm{s}})} \end{bmatrix} \tag{7-22}
$$

d_{f}、d_{m} 和 d_{s} 是内部损伤变量,分别表示纤维、基体和剪切损伤,通过损伤变量 $d_{\mathrm{f}}^{\mathrm{t}}$、$d_{\mathrm{f}}^{\mathrm{c}}$、$d_{\mathrm{m}}^{\mathrm{t}}$ 和 $d_{\mathrm{m}}^{\mathrm{c}}$ 推导得到,用于对应损伤萌生的 4 个失效准则,即如式(7-23)所示。

$$
d_{\mathrm{f}} = \begin{cases} d_{\mathrm{f}}^{\mathrm{t}} & (\widehat{\sigma_{11}} \geqslant 0) \\ d_{\mathrm{f}}^{\mathrm{c}} & (\widehat{\sigma_{11}} < 0) \end{cases},
$$

$$
d_{\mathrm{m}} = \begin{cases} d_{\mathrm{m}}^{\mathrm{t}} & (\widehat{\sigma_{22}} \geqslant 0) \\ d_{\mathrm{m}}^{\mathrm{c}} & (\widehat{\sigma_{22}} < 0) \end{cases},
$$

$$
d_{\mathrm{s}} = 1 - (1-d_{\mathrm{f}}^{\mathrm{t}})(1-d_{\mathrm{f}}^{\mathrm{c}})(1-d_{\mathrm{m}}^{\mathrm{t}})(1-d_{\mathrm{m}}^{\mathrm{c}}) \tag{7-23}
$$

纤维方向的损伤取决于纤维方向拉伸损伤状态 d_{ft} 和纤维方向压缩损伤状态 d_{fc},二者只能有其中的一种发生,具体哪种发生由沿纤维方向的有效应力 $\widehat{\sigma_{11}}$ 决定;当 $\widehat{\sigma_{11}} \geqslant 0$ 时,发生的是纤维方向的拉伸损伤,取 $d_{\mathrm{f}} = d_{\mathrm{f}}^{\mathrm{t}}$;反之发生纤维方向的压缩损伤,取 $d_{\mathrm{f}} = d_{\mathrm{f}}^{\mathrm{c}}$。$d_{\mathrm{f}}$ 的值介于 $0 \sim 1$,0 代表材料完好,1 代表彻底失效,同理可以得到 d_{m} 的值。无论纤维和基体发生拉伸还是压缩损伤,材料均失去承受剪切载荷的能力,因此剪切损伤变量 d_{s} 取决于独立损伤状态变量 $d_{\mathrm{f}}^{\mathrm{t}}$、$d_{\mathrm{f}}^{\mathrm{c}}$、$d_{\mathrm{m}}^{\mathrm{t}}$ 和 $d_{\mathrm{m}}^{\mathrm{c}}$,只要 4 个损伤状态中有一个不为 0,$d_{\mathrm{s}}$ 就不为 0,只要 4 种状态变量有一个达到 1,d_{s} 就一定为 1。

损伤起始以后,材料的刚度将会逐渐发生退化,此时开始进入损伤演化阶段,材料的刚度退化程度用损伤状态变量 d 来表示。含损伤的材料应力应变关系为 $\sigma = \boldsymbol{C}(d)\varepsilon$,式中 ε 表示应变,$\boldsymbol{C}_d$ 表示弹性矩阵并反映损伤大小。

其表达式如式(7-24)所示。

$$
\boldsymbol{C}(d) = \frac{1}{D} \begin{bmatrix} (1-d_{\mathrm{f}})E_1 & (1-d_{\mathrm{f}})(1-d_{\mathrm{m}})\mu_{21}E_1 & 0 \\ (1-d_{\mathrm{f}})(1-d_{\mathrm{m}})\mu_{12}E_2 & (1-d_{\mathrm{m}})E_2 & 0 \\ 0 & 0 & D(1-d_{\mathrm{s}})G \end{bmatrix} \tag{7-24}
$$

其中,$D = 1 - (1-d_{\mathrm{f}})(1-d_{\mathrm{m}})\mu_{12}\mu_{21} > 0$,$d_{\mathrm{f}}$ 反映当前纤维损伤状态,d_{m} 反映当前基体损伤状态,d_{s} 反映当前剪切损伤状态,E_1 为纤维方向的弹性模量,E_2 为垂直于纤维方向上的弹性模量,G 为剪切模量,μ_{12}、μ_{21} 为泊松比。

为减轻材料软化过程中的网格依赖性,Abaqus 在计算中通过引入特征长度,使本构关系表示为应力-应变关系。通过损伤变量 d 的变化可以得到等效位移与等效应力关系曲线,如图 7-45 所示,损伤开始之前正斜率对应线弹性材料的状态,损伤萌生后的负斜率是通过相应损伤变量的变化得到的,损伤萌生($\delta_{eq} > \delta_{eq}^0$)后的行为,损伤变量可以根据式(7-25)计算得到。

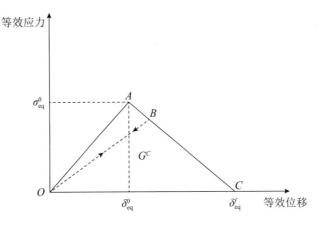

图 7-45 损伤变量等效位移与应力曲线图

$$d = \frac{\delta_{eq}^f(\delta_{eq} - \delta_{eq}^0)}{\delta_{eq}(\delta_{eq}^f - \delta_{eq}^0)} \tag{7-25}$$

其中，d 为独立的损伤状态变量，σ_{eq} 为某种模式下对应的等效应力，σ_{eq}^0 为达到某种萌生准则（或失效模型），即刚好达到 1 时的初始等效应力，δ_{eq} 为某种模式下对应的等效位移，δ_{eq}^0 为达到某种萌生准则刚好达到 1 时的初始等效位移，δ_{eq}^f 为材料完全损伤时的位移。各种失效模型的 δ_{eq}^0 值取决于材料的弹性模量和强度参数，二者是损伤萌生定义的一部分。对于每种失效模式，必须定义导致失效的能量耗散 G^C，其对应于图 7-40 中的三角形 OAC 的面积。各种模式的 δ_{eq}^f 取决于各自的 G^C 值。当材料从部分损伤（如 B 点）开始卸载，沿直线路径回到原点；若再次加载，则以相同路径回到 B 点。

等效位移与损伤变量之间的关系曲线如图 7-46 所示。

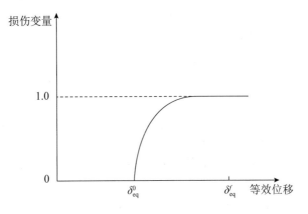

图 7-46 等效位移与损伤变量关系曲线图

δ_{eq}^0 变量代表的是某个材料点在某种失效模式下的损伤起始位移，对应图 7-40 中三角形顶点的横坐标。该损伤起始位移并非是一个恒定不变的材料常数，而是随着材料点的应力状态的变化而变化。不同的单元可以得到不同的损伤起始位移值。当某种失效模式因子刚好达到1时,该时刻的等效应力即为当前材料点在当前应力状态下某种失效模式所对应的等效应力,也就是图7-40中三角形顶点对应的纵坐标。同理等效应力也不是恒定不变的材料应力。

进一步可以将4种失效模式下的等效位移和等效应力定义为如式(7-26)～式(7-29)所示。

纤维方向拉伸失效模式($\widehat{\sigma_{11}} \geqslant 0$):

$$\delta_{eq}^{ft} = L^c \sqrt{\langle \varepsilon_{11} \rangle^2 + \alpha \varepsilon_{12}{}^2}, \sigma_{eq}^{ft} = \frac{\langle \sigma_{11} \rangle \langle \varepsilon_{11} \rangle + \alpha \tau_{12} \varepsilon_{12}}{\delta_{eq}^{ft}/L^c} \tag{7-26}$$

纤维方向压缩失效模式($\widehat{\sigma_{11}} < 0$):

$$\delta_{eq}^{fc} = L^c \langle -\varepsilon_{11} \rangle, \sigma_{eq}^{fc} = \frac{\langle -\sigma_{11} \rangle \langle -\varepsilon_{11} \rangle}{\delta_{eq}^{fc}/L^c} \tag{7-27}$$

基体方向拉伸失效模式($\widehat{\sigma_{22}} \geqslant 0$):

$$\delta_{eq}^{mt} = L^c \sqrt{\langle \varepsilon_{22} \rangle^2 + \varepsilon_{12}{}^2}, \sigma_{eq}^{mt} = \frac{\langle \sigma_{22} \rangle \langle \varepsilon_{22} \rangle + \tau_{12} \varepsilon_{12}}{\delta_{eq}^{mt}/L^c} \tag{7-28}$$

基体方向压缩失效模式($\widehat{\sigma_{22}} < 0$):

$$\delta_{eq}^{mc} = L^c \sqrt{\langle \varepsilon_{22} \rangle^2 + \varepsilon_{12}{}^2}, \sigma_{eq}^{mc} = \frac{\langle -\sigma_{22} \rangle \langle -\varepsilon_{22} \rangle + \tau_{12} \varepsilon_{12}}{\delta_{eq}^{mc}/L^c} \tag{7-29}$$

其中各方程中的符号$\langle \rangle$表示麦考括号运算符,定义为$\langle \alpha \rangle = (\alpha + |\alpha|)/2, (\alpha \in R), L^c$为单元的特征长度,对于平面应力单元,在一阶面单元中特征长度是面积的平方根,在一阶体单元中,特征长度是体积的立方根。

根据上述公式,再加上4种失效判据的公式,随着载荷的不断增加,就可以得到每个材料点每种失效模式下的损伤起始位移和等效应力。

损伤起始位移表达式如式(7-30)所示。

$$\delta_{eq}^{0,ft} = \delta_{eq}^{ft} \big|_{F_{ft}=1}, \delta_{eq}^{0,fc} = \delta_{eq}^{fc} \big|_{F_{fc}=1}, \delta_{eq}^{0,mt} = \delta_{eq}^{mt} \big|_{F_{mt}=1}, \delta_{eq}^{0,mc} = \delta_{eq}^{mc} \big|_{F_{mc}=1} \tag{7-30}$$

损伤等效应力表达式如式(7-30)所示。

$$\sigma_{eq}^{0,ft} = \sigma_{eq}^{ft} \big|_{F_{ft}=1}, \sigma_{eq}^{0,fc} = \sigma_{eq}^{fc} \big|_{F_{fc}=1}, \sigma_{eq}^{0,mt} = \sigma_{eq}^{mt} \big|_{F_{mt}=1}, \sigma_{eq}^{0,mc} = \sigma_{eq}^{mc} \big|_{F_{mc}=1} \tag{7-31}$$

由此可以得到在每种失效模式下损伤演化部分的损伤起始位移和等效应力,即得到图7-40中三角形的顶点对应的横坐标和纵坐标。三角形底边长,即每个材料点上彻底失效时的位移。每种失效模式彻底失效时对应的失效位移可通过式(7-32)得到。

$$\delta_{eq}^{f} = \frac{2G^c}{\sigma_{eq}^{f}} \tag{7-32}$$

其中,G^c为临界应变能释放率,Hashin模型中损伤演化部分的断裂能(三角形面积),即G_{ft}^c、$G_{fc}^c, G_{mt}^c, G_{mc}^c$。由此可得到三角形的底边长度,通过两倍三角形面积除以高(为等效应力),进一步计算损伤状态变量d值。

纤维方向拉伸失效模式($\widehat{\sigma_{11}} \geqslant 0$)的损伤状态变量如式(7-33)所示。

$$d_{ft} = \frac{\delta_{eq}^{f,ft} (\delta_{eq} - \delta_{eq}^{0,ft})}{\delta_{eq} (\delta_{eq}^{f,ft} - \delta_{eq}^{0,ft})} \tag{7-33}$$

同样可以计算 d_{fc}、d_{mt} 和 d_{mc}，将计算得到的值输入 Hashin 中的断裂能中，即 G_{ft}^C、G_{fc}^C、G_{mt}^C、G_{mc}^C。

Hashin 中与损伤起始相关的 6 个强度参数分别是纵向拉伸强度 X_T，纵向压缩强度 X_C，横向拉伸强度 Y_T，横向压缩强度 Y_C，纵向剪切强度 S_L，横向剪切强度 S_T，如图 7-40 所示，通过这 6 个强度参数可以计算初始损伤发生时的载荷大小。损伤萌生准则可以通过设置 $\alpha = 0$ 和 $S^T = \dfrac{Y_C}{2}$ 获得 Hashin 和 ROTEM 在 1973 年提出的模型；设置 $\alpha = 1$ 获得 Hashin 在 1980 年提出的模型。与每个损伤萌生准则有关的 4 个输出变量，即纤维拉伸、纤维压缩、基体拉伸和基体压缩，用来表示是否已经达到标准。若为 1 或更高，则表明萌生准则已满足。若只定义损伤萌生模型而不定义相关的演化规律，则萌生准则将只影响输出，因此可以不建立损伤演化模型而使用损伤萌生准则来评估材料的特性。

Hashin 还可以定义基于能量的损伤演化，用来计算裂纹的扩展，即 Suboptions 中的 Damage Evolution 4 种失效模式对应的断裂能，分别是纵向拉伸断裂能 G_{ft}^C，纵向压缩断裂能 G_{fc}^C，横向拉伸断裂能 G_{mt}^C，横向压缩断裂能 G_{mc}^C。所谓的断裂能，即为临界应变能释放率，是裂纹扩展单位面积所需要的能量，一般单位为 N/m、J/m²、N/mm 或 mJ/mm²，如图 7-47 所示。在隐式分析中，如计算裂纹扩展不收敛情况，材料表现的软化行为和刚度衰减经常导致严重的收敛困难。可以使用黏滞阻尼参数来克服一些收敛问题，黏滞阻尼将软化材料的切向刚度矩阵对于足够小的时间增量是正的，通过式(7-34)的演化方程定义粘性损伤变量：

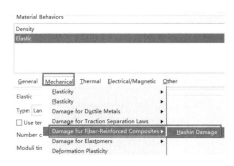

（a）步骤 1

（b）步骤 2

图 7-47　Hashin 材料失效创建

$$\dot{d}_\mathrm{v} = \frac{1}{\eta}(d - d_\mathrm{v}) \qquad (7\text{-}34)$$

其中,η 表示粘性系统弛豫时间的粘性系数,d 是在非粘性骨干模型中变化的损伤变量。粘性材料的损伤行为定义为 $\sigma = \boldsymbol{C}_\mathrm{d}\varepsilon$,式中损伤塑性矩阵 $\boldsymbol{C}_\mathrm{d}$ 是根据每种失效模型的损伤变量的粘性值计算的,粘性系数很小的粘性阻尼可以提高处于软化过程中模型的收敛速度,粘性系统的求解与非粘性系统相比显得比较缓和,由于 $t/\eta \to \infty$,t 为时间,而在 Explicit 分析中,也可以采用粘性阻尼,其会降低损伤增长率,导致断裂能量和形变率增加,可作为一种建立依赖变化率的材料行为模型的有效方法。在 Standard 分析中,整个模型或一个单元上与黏滞阻尼相关的能量集通过 ALLCD 输出。

可以选择 Suboptions 中的 Damage Stabilization 定义 4 个扩展方向的粘性系数,对于不同的失效模型可以定义不同的粘性系数。4 个粘性系数分别表示 η_ft、η_fc、η_mt 和 η_mc,分别代表纤维拉伸、纤维压缩、基体拉伸(断裂)和基体压缩(破碎)失效模型中的粘性系数,如图 7-48 所示。针对材料阻尼参数,如果纤维增强复合材料的刚度比例阻尼与损伤演化规律一起定义,则 Abaqus 将使用损伤弹性刚度来计算阻尼力。

(3) 求解设置,根据需要选择求解算法(后处理中隐式有可能无法显示单元删除),通常采用显式算法,相对容易收敛,并开启几何非线性 Nlgeom=on,设置损伤输出,如图 7-49 所示。对于纤维增强复合材料损伤模型中材料某点萌生损伤时的输出变量包括 DMICRT(所有损伤引发的标准组件)、HSNFTCRT(分析过程中纤维拉伸萌生准则所经历的最大值)、HSNMTCRT(分析过程中基体断裂萌生准则所经历的最大值)、HSNMCCRT(分析过程中基体破碎萌生准则所经历的最大值)。4 个变量表明在损伤模型中损伤萌生准则是否已满足,如果值小于 1,则表明损伤萌生准则还没有得到满足;若值大于或等于 1,则表明该准已满足。如果定义了一个损伤演化模型,则这个变量的最大值不会超过 1;如果没有定义损伤演化模型,则其值可以大于 1,表明已超出准则的数量。

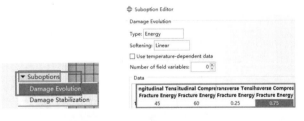

(a) 步骤 1,断裂能量设置

(b) 步骤 2,粘性系数设置

图 7-48　创建 Hashin 材料失效能量

（c）步骤 3，复合材料铺层设置

图 7-48 （续）

图 7-49 创建分析步及输出设置

（4）创建载荷，左端约束 1～6 自由度，右端施加 100kN，同时力施加关联曲线，如图 7-50 所示。

（5）单元类型修改，将单元类型更改为显式，并且设置单元失效删除，如图 7-51 所示。

（6）提交计算，并查看计算结果。结果共有 4 个 HSN 值和 5 个 DAMAGE 值，4 个 HSN 即为二维的 Hashin 失效准则中的 4 个失效公式，见表 7-11。当 HSN 小于 1 时，局部材料无损伤发生。DAMAGE 表示退化程度，当 HSN 大于 1 时（损伤起始后）DAMAGE 才会出现非零值，并且随着载荷的增加，当 DAMAGE 由 0 增加至 1 时，表示某个损伤类型下刚度退化了 100%，不同的数值表示材料点刚度退化比例。同时通过查看各个 DAMAGE 的结果，可以判定纤维出现损伤起始，如图 7-52 所示。

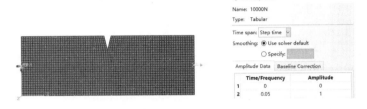

图 7-50　创建载荷及边界

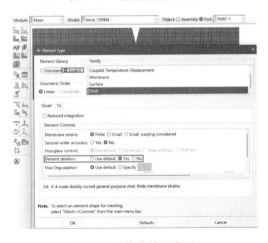

图 7-51　修改单元类型

表 7-11　某复合材料弹性及强度参数

名　称	释　义	名　称	释　义
DAMAGEFT	纤维拉伸损伤变量	HSNFTCRT	纤维拉伸失效模式
DAMAGEFC	纤维压缩损伤变量	HSNFCCRT	纤维压缩失效模式
DAMAGEMT	基体拉伸（断裂）损伤变量	HSNMTCRT	基体拉伸（断裂）失效模式
DAMAGEMC	基体压缩（破碎）损伤变量	HSNMCCRT	基体压缩（破碎）失效模式
DAMAGESHR	剪切损伤变量	ELDMD	损伤单元中的耗散总能量
EDMDDEN	损伤单元中单位体积上的耗散能量	DMENER	损伤中单位体积耗散的能量

名　称	释　义	名　称	释　义
ALLDMD	损伤中整个模型耗散的能量	ECDDEN	粘性阻尼单元上单位体积的能量
ELCD	粘性阻尼单元的总能量	CENER	单位粘性阻尼体积的能量
ALLCD	粘性阻尼模型或单元集上能量的数量		
STATUS	单元的状态(1 表示激活状态,0 表示没有激活),仅所有的失效模型都发生损伤时才为 0		

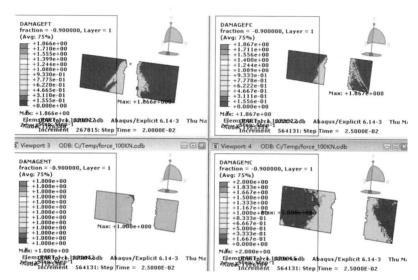

(a) DAMAGE 的 4 种失效模式结果

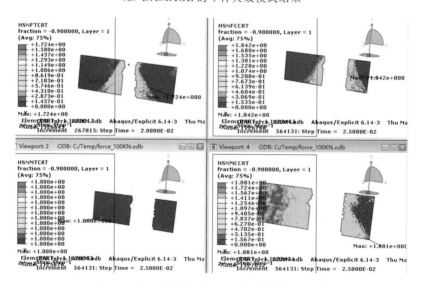

(b) HSN 的 4 种失效模式结果

图 7-52　计算结果

可以在后处理中通过 result＞section points＞Piles 显示不同铺层的损伤云图,如第 3 铺层的拉伸损伤云图如图 7-53 所示。

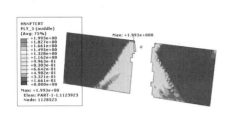

图 7-53　第 3 铺层损伤云图

10. 建立零部件属性

根据电池包零部件采用的单元类型,选择合适的单元方程,用于创建属性。LS-DYNA 中常见的单元类型有六面体单元、四面体单元、二节点梁单元、膜单元、离散单元、刚性单元、三节点和四节点壳单元等。

1) 八节点六面体单元常用的单元方程有 0、1、2、3、－2、－1

ELFORM＝0:为单点同步旋转单元,主要用于蜂窝材料,只适用于 * MAT_MODIFIED_HONEYCOMB,其本质上表现为非线性弹簧,能在蜂窝材料中看到严重变形。

ELFORM＝1:为常应力单元,也就是六面体单元的缩减积分单元,是 LS-DYNA 默认推荐的单元;通过指定沙漏类型 10,引入 Cosserat 积分点单元,沙漏系数 QM 建议设置为 0.01。

ELFORM＝2:为全积分单元,精度较高,但对于长宽比较差的单元,剪切锁定将导致响应过于刚性,计算耗时比 1 大 2～3 倍。为解决此问题,可采用单点积分 ELFORM1 或采用增强的应变方程来修正 Jacobian 矩阵的 ELFORM－1/－2。

ELFORM＝3:为全积分带节点旋转的 8 节点单元,自由度较 2 高。

ELFORM＝－1:为全积分单元,用于长宽比较差的单元,计算精度较高,计算耗时比 2 多 20％左右,性价比较高。

ELFORM＝－2:为全积分单元,用于长宽比较差的单元,计算精度更高,计算耗时比 2 大 5 倍。

2) 四面体单元常用的单元方程有 4、10、13、16、17

ELFORM＝4:为带节点旋转的二阶缩减四面体单元,用于单元形状较好的零部件,在速度和准确性方面要妥协,计算耗时比 10 大 5 倍。

ELFORM＝10:为单点积分四面体单元,存在刚性较大、剪切锁定和体积锁定等情况,是 LS-DYNA 默认推荐的单元,但精度相对较低,在关键区域不建议采用。

ELFORM＝13:与 10 号相同,但增加了节点压力平均,显著地降低了体积锁定机会,自由度较 10 高。适用于不可压缩和几乎不可压缩材料行为,如橡胶材料或具有等距塑性变形的延性金属,计算耗时比 10 多 20％,接近六面体模拟。

ELFORM＝16:二阶 10 节点四面体单元,与 4 号相似,通过指定沙漏类型 10 引入 Cosserat 积分点单元,其计算更精确,计算耗时是 4 的两倍。

ELFORM＝17:二阶 10 节点四面体单元,与 16 号相似,其计算精度更高,比 16 号更受青睐,因为与 16 号不同,节点权重因子是相等的,因此来自接触和施加压力的节点力被正确分配,但需将单元类型修改为 TET4TOTET10,在关键区域建议采用此单元方程。

　　3) 五面体单元

五面体单元通过在 * Control_Solid 中将 ESORT 设置为 1 即可,实际上是自动转换产生四面体单元,以及自动将五面体单元公式分配为 15 号单元公式,即 2 积分点五面体单元。

　　4) 壳单元常用的单元方程有 2、16

ELFORM＝2:Belytschko-Tsay 单元,为减缩积分单元,是 LS-DYNA 默认推荐的单元。采用面内单点积分,计算速度很快,通常对于大变形问题是最稳定有效的公式,并且采用 Co-rotational 应力更新,单元坐标系位于单元中心,并且基于平面单元假定,不适用于翘曲的几何体;积分点数量(NIP)一般设为 3 或以上。

ELFORM＝16:为具有共旋(Co-rotational)应力更新的 Belytschko-Tsay 全积分壳单元,采用 2×2 积分点方式,与 2 号相比,计算耗时多 2.5～3 倍,计算精度较高,与实际更贴合;特别是对于零件的局部受力分析,希望能够得到精确的求解结果,便于进一步地进行优化设计,但采用此单元时需要将沙漏类型设置为 8,可适用于翘曲的几何形状。同时全局控制卡片中的 ControlShell 中的 Therory 需设置为 16。关于单元积分点个数,至少 5 个以上;若想要观察上下表面结果,则 NIP 建议设置为 5;若涉及回弹问题,则 NIP 建议设置为 7。

　　5) 梁单元常用的单元方程有 1、2

ELFORM＝1:带截面积分的 Hughes-Liu 梁单元,需要设置积分形式、截面类型及内外径,是 LSDYNA 默认的单元类型。对于矩形截面,SHRF 推荐设置为 0.833。

ELFORM＝2:Belytschko-Schwer 梁单元,需要设置截面积和惯性矩等,其更精确,可考虑轴向和剪切。

　　小结:

　　(1) 实体单元方程 1 的单点积分一般用于冲击等动态工况。

　　(2) 实体单元方程 2 的全积分一般用于振动、静态或准静态等工况。

　　(3) 实体单元方程 13 可用于隐式等工况。

　　(4) 动态分析可采用一阶方程,如四面体 ELFORM10 和 ELFORM13;六面体 ELFORM1,旋转机械分析建议选择 ELFORM3;高版本如 R10 以上可采用二阶进行动态冲击分析。

　　(5) Surface To Surface 尽量不要与 Single Surface 一起使用,Nodes To Surface 可同时使用。

　　(6) 壳单元建议采用 ELFORM16,不关注区域可采用 ELFROM2。

　　(7) 针对沙漏控制类型,高速问题建议采用 IHQ1、IHQ2、IHQ3 等粘性方程;低速问题可采用 IHQ4、IHQ5 等刚度方程;如果想得到更精确的体积积分,则推荐采用 IHQ3 或 IHQ5;由于大多数为低速问题,所以可选择 IHQ5,QM 为 0.05,IBQ 为 0,Q1 为 1.5,Q2 为 0.06,QB 和 QW 为 0.1。

　　(8) 由于 IHQ6 为典型的不可压缩弯曲、采用 Belytschko 和 Bindeman 进行沙漏控制,并且沙漏刚度采用弹性常量等因素,推荐在大多数情况下使用,同时可根据沙漏能情况对 QM 进行修正。IHQ7 和 IHQ9 类似于 IHQ6,IHQ7 使用总变形进行更新,IHQ9 对于扭曲单元能提供更精确的结果。若实体选择 IHQ6,则 QM 为 0.1 及以下,IBQ 为 0,Q1 为 1.5,Q2 为 0.06,VDC 为 0,QW 为 0.1。

（9）针对壳单元的沙漏类型,若壳单元采用 ELFROM16,则沙漏为 8,QM 一般为 0.12~0.15,IBQ 为 0,Q1 为 1.5,Q2 为 0.09,QB 和 QW 为 0.1;若壳单元采用 ELFORM2,则沙漏根据情况确定,低速选择 4 或 5,高速选择 1、2 或 3,QM 为 0.05,IBQ 为 0,Q1 为 1.5,Q2 为 0.06,QB 和 QW 为 0.1。

6）下箱体建模

电池包下箱体一般可采用壳单元建模,通常选择 ELFORM2 或 16 的单元方程,ELFORM2 的厚度方向积分点 NIP 至少 3 以上,ELFORM16 的厚度方向积分点 NIP 至少 5 以上,剪切修正因子 SHRF 一般为 5/6,即约为 0.833。

若零部件采用四面体单元建模,则一般采用 ELFORM10 的单元方程,表示单点积分四面体单元,关键区域建议采用 17 并将单元类型修改为 TET4TOTET10;若零部件采用六面体单元建模,则一般采用 ELFORM−1 或 1 的单元方程,其中 1 为常应力积分单元,−1 为全积分且有较差的长宽比单元,如电芯壳体采用六面体单元且一个方向尺寸大于其他两个方向（如长方形）时建议采用 ELFORM=−1,此时与试验结果更接近;ELFORM−2 与−1 类似,结果更精确,但计算时间会加长;螺栓梁单元可采用简化的 ELFORM=1 单元方程,如图 7-54 所示。

（a）壳单元属性

（b）四面体单元属性

（c）六面体单元属性

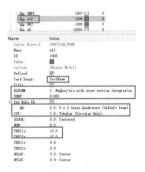

（d）螺栓梁单元属性

图 7-54　创建零部件属性

11. 建立电池包模型

根据要求建立的某动力电池有限元模型如图 7-55 所示,整个模型的质量为 435.1kg,单元数为 246.2696 万个,节点数为 187.1012 万个。同时需要考虑整车质量的影响,需要在电池包与车身安装点对整车质量进行配重,如该整车整备质量为 1.55t,即将此质量平均分配给该电池包的 30 个安装点。注:若考虑整车影响,即带上车身或关键柱碰车身区域模型并通过 Mass 质量点配重(质量和质心坐标和实际整车一致)成等效模型,再将电池包与之连接,此时的分析碰撞速度可为 32km/h,如图 7-55(b)所示。

（a）电池包模型　　　　　　　　（b）电池包柱碰等效模型

图 7-55　某动力电池有限元模型

12. 分析工况建立

根据整车侧柱碰分析速度可近似分解得到电池包级柱碰分析的碰撞速度约为 18km/h,根据整车柱碰分析工况可建立等效的电池包级柱碰分析模型,包括碰撞角度及碰撞位置等。某动力电池柱碰分析模型如图 7-49 所示,其中电池包柱碰分析模型如图 7-56(a)所示;柱碰分析局部坐标系如图 7-56(b)所示。

（a）电池包柱碰分析模型　　　　　　（b）柱碰分析局部坐标系

图 7-56　某动力电池柱碰分析模型

分析工况主要包括工况类型、边界设置、求解参数设置等。为计算电池包级别的侧柱碰分析工况,需要定义刚性碰撞柱、碰撞速度、结果输出及相关的接触边界等。相应的设置如下。

1）建立碰撞速度

模拟整车侧柱碰时的碰撞速度设置如图 7-57 所示,如电池包级别定义为 18km/h,即电池包沿局部坐标系以 5000mm/s 的速度碰撞刚性柱。建立分析工况,如图 7-50(a)所示;图 7-50(b)和图 7-50(c)用于设置工况速度参数。在高版本(如 2021 版)中可直接在界面中按快捷键 Ctrl+F,然后在搜索栏中输出关键字(如 initial),即可找到所需要建立的参数。

（a）建立分析工况

（b）设置工况速度1

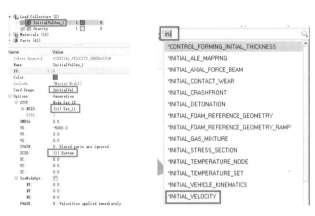

（c）设置工况速度2　　　（d）按快捷键Ctrl+F搜索

图7-57　建立碰撞速度

2）建立整体重力加速度

在整车柱碰过程中，为考虑整车重力加速度对柱碰的影响，需要在整个模型上施加重力加速度，详细建立过程如图7-58所示。首先建立重力加速度曲线，如图7-58（a）～（c）所示；建立重力加速度工况，如图7-58（d）和图7-58（e）所示。

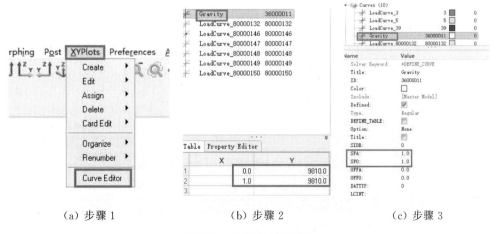

（a）步骤1　　　　　　　　（b）步骤2　　　　　　　（c）步骤3

图7-58　建立重力加速度

（d）步骤 4

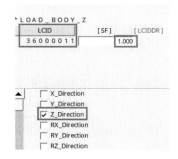

（e）步骤 5

图 7-58 （续）

3）建立绑定接触模型

根据电池包各个零件之间的连接关系，建立相应的接触关系，如 Tie 绑定、Contact 接触等，包括绑定、自接触、粘胶连接等。如液冷板的流道板与平板建立 Tie 绑定，如图 7-59 所示。本例所讲解的接触类型中的参数仅供参考，其中有些参数可根据实际情况进行调整。

方法一：液冷板的 Tie 绑定可采用以下方法建立，该方法主要通过 Analysis 中的 interfaces 界面建立，包括建立流程及参数设定等，此方法为 STEP BY STEP，但界面相对较为复杂，详细流程如图 7-60 所示。

图 7-59 液冷板模型

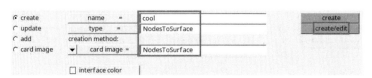

（a）步骤 1

（b）步骤 2

图 7-60 建立液冷板 Tie 绑定方法一

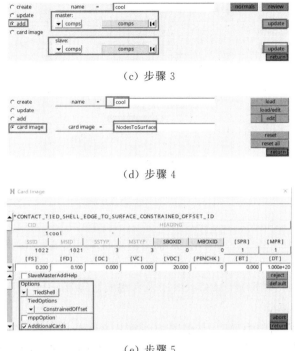

（c）步骤3

（d）步骤4

（e）步骤5

图 7-60 （续）

方法二:液冷板的 Tie 绑定也可采用以下方法建立,所有的设置参数直接在一个界面中建立,界面简洁清晰。在高版本(如 2021 版)中可直接在界面中按快捷键 Ctrl+F,然后在搜索栏中输入关键字(如 contact),即可找到所需要建立的参数,如图 7-61(a)和图 7-61(b)所示,然后根据实际情况选择相应的类型,如本例液冷板选择 NodesToSurface → TiedShell → ConstrainedOffset,详细流程如图 7-61(c)～(e)所示。

（a）步骤1　　　　　　　　（b）步骤2

图 7-61　液冷板 Tie 绑定建立方法二

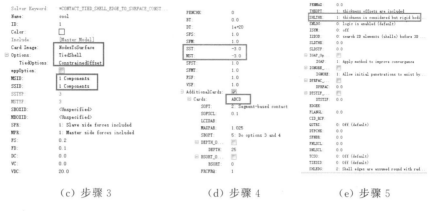

（c）步骤 3　　　　　　（d）步骤 4　　　　　　（e）步骤 5

图 7-61　（续）

　　图 7-54（c）～（e）中主要参数的意义：由于该液冷板采用壳单元划分网格，即采用中性面建模，在建立 Tie 绑定时，需要考虑壳单元的厚度，这些参数包括约束偏置（ConstrainedOffset）、主从面（MSID/SSID）、接触深度（MST/SST）及考虑实际厚度（SHLTHK）等。

　　4）建立胶粘接触模型

　　胶粘在电池包中应用较为广泛，如液冷板与电芯之间的导热结构胶、压板与电芯之间的结构胶，以及下箱体边缘的密封胶或密封结构胶等；各种胶的建模方法有很多种，主要有以下几种：①根据胶的数模建立胶的独立实体模型（通常为六面体单元），再通过 TIED 模拟粘接，此情况需要分别建立电芯与胶、胶与液冷板之间的 TIED 连接；②在电芯粘接面生成胶实体单元，厚度为真实厚度，此方法只需建立胶与液冷板之间的 TIED，通过实体建模；③在 connectors 中选择 area 下的 adhesive(shell gap)创建电芯与液冷板之间的胶。

　　若采用方法①和②，则其胶粘连接模拟可以采用以下方法建立（不限于）如图 7-62 所示。

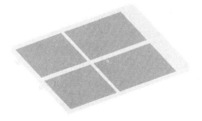

图 7-62　液冷板与导热结构胶模型

　　胶粘连接的方法同样有多种，本例中采用节点与面建立胶粘 Tie 绑定模型，如图 7-63 所示。首先建立胶模型节点 Set（哪一侧粘接就建立哪一侧的节点集），如图 7-63（a）所示；其次建立液冷板与胶的 Tie 绑定关系，如图 7-63（b）和图 7-63（c）所示，其中 SST 和 MST 可仅设置 SST，该值一般建议大于胶与液冷板之间的间距，通常为 2 倍以上，可避免 TIED 不上的情况，但同时需要注意当选择 Component 作为主面时，需要确定与胶粘接的区域，避免粘接区域过多，导致与实际不吻合。

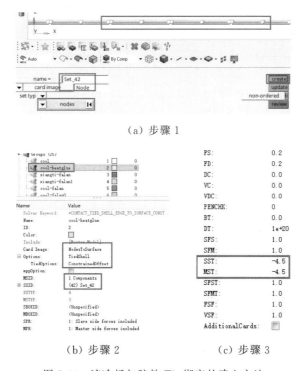

图 7-63 液冷板与胶粘 Tie 绑定的建立方法

5）建立自接触

在柱碰过程中，各个零件有可能产生自身相互接触，为了避免因接触导致计算结果失效，需要建立整个模型的自接触关系，具体建立过程如图 7-64 所示。首先建立电池包所有壳单元及体单元零件，如图 7-57（a）所示；其次建立自接触关系（SingleSurface），如图 7-64（b）和图 7-64（c）所示，其中 SOFT 一般设置为 1；对于角度比较锋利的接触，将 SOFT 设置为 2；对于 shell edge to edge 或 beam to beam 接触问题，建议使用 ∗ CONTACT ＿ AUTOMATIC ＿ GENERAL。

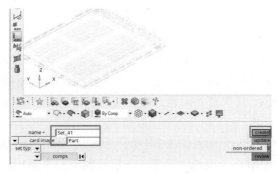

（a）步骤 1

图 7-64 模型自接触的建立方法

(b) 步骤 2　　　　　　(c) 步骤 3　　　　　　(d) 步骤 4

图 7-64 （续）

6）建立电池包与刚性柱接触

在柱碰过程中,为拾取碰撞过程中电池包与刚性柱之间的挤压力,采用面面接触方式建立,如图 7-65 所示。

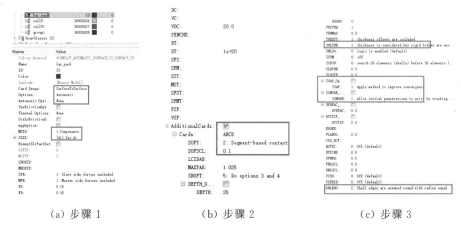

(a) 步骤 1　　　　　　(b) 步骤 2　　　　　　(c) 步骤 3

图 7-65　刚性柱与电池包接触的建立方法

7）建立电芯挤压力传感器

为监测在柱碰过程中电芯是否被挤压到,可通过在电芯与下箱体之间建立力传感器来监测及分析结果,具体建立过程如图 7-66 所示。首先建立需要监测的电芯和下箱体单元,如图 7-66 中的(a)和(b)所示;其次建立两者之间的力传感器,如图 7-66(c)和图 7-66(d)所示。

13. 建立分析控制参数

在整车柱碰过程中需要相应的控制参数,如分析时间、分析时间步长、整体接触参数、单元参数、单元沙漏控制、结果输出及能量监测等。分析控制卡片主要包括求解控制和结果输出控制,其中 KEYWORD、CONTROL_TERMINATION、DATABASE_BINARY_D3PLOT 这 3 项必须存在。

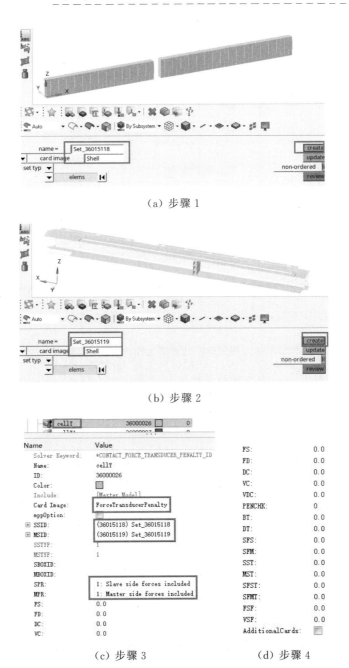

（a）步骤 1

（b）步骤 2

（c）步骤 3　　　　　（d）步骤 4

图 7-66　电芯挤压力传感器的建立方法

1）＊KEYWORD（关键字卡片）

KEYWORD 卡片表示模型文件的起始关键字,该卡片可不进行任何设置,如图 7-67
所示。

```
Solver Keyword:    *KEYWORD
Include:           [Master Model]
Name:              Keyword
Status:            ☑
ID_Option:         ☐
Memory:
NCPU:
User Comments:     None
```

图 7-67 Keyword 关键字卡片

2）＊CONTROL_ACCURACY（计算精度控制卡片）

为了提高计算精度，将 INN 设置为 4（壳单元和体单元），其余保持默认值，如图 7-68 所示。

```
Solver Keyword:    *CONTROL_ACCURACY
Include:           [Master Model]
Name:              Accur
Status:            ☑
OSU:               0: Off (default)
INN:               4: On for shell, thick shell, and solid elements
PIDOSU:
IACC:              0: Off (default)
```

图 7-68 计算精度控制卡片

OSU：主要用于显示分析中旋转机械修正二阶目标应力更新。

INN：主要用于壳单元和体单元的不变节点编号。

PIDOSU：主要用于目标应力更新的 Part Set ID 号。

IACC：用于隐式精度选项。

3）＊CONTROL_BULK_VISCOSITY（体积粘度控制卡片）

体积粘度主要用于处理应力波传播突变引起的不连续，如图 7-69 所示。Q1 表示默认的二次粘度系数（1.5），Q2 表示默认的线性粘度系数（0.06），TYPE 表示默认的体积黏性项。－1 表示不计算壳单元中粘性存在的内能耗散，主要应用于壳单元类型为 2、10 和 16 的情形。

```
Solver Keyword:    *CONTROL_BULK_VISCOSITY
Include:           [Master Model]
Name:              BulkVisc
Status:            ☑
Q1:                1.5
Q2:                0.06
TYPE:              -1: Standard:The internal energy is not computed in the..
BTYPE:             0: Bulk viscosity is turned off for beams
```

图 7-69 体积粘度控制卡片

4）＊CONTROL_CONTACT（接触控制卡片）

接触控制主要用于控制所有接触面的全局控制，如控制摩擦惩罚系数、接触初始穿透检查、接触厚度等，级别要低于 Group 中的接触控制，如图 7-70 所示。

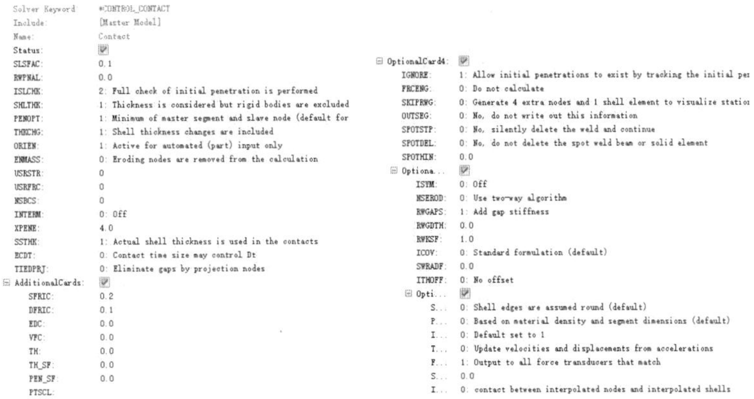

```
Solver Keyword:    *CONTROL_CONTACT
Include:           [Master Model]
Name:              Contact
Status:            ☑
SLSFAC:            0.1                                              ⊟ OptionalCard4:  ☑
RWPNAL:            0.0                                                IGNORE:   0: Allow initial penetrations to exist by tracking the initial pe
ISLCHK:            2: Full check of initial penetration is performed  FRCENG:   0: Do not calculate
SHLTHK:            1: Thickness is considered but rigid bodies are excluded  SKIPRWG:  0: Generate 4 extra nodes and 1 shell element to visualize statio
PENOPT:            1: Minimum of master segment and slave node (default for   OUTSEG:   0: No, do not write out this information
THKCHG:            1: Shell thickness changes are included             SPOTSTP:  0: No, silently delete the weld and continue
ORIEN:             1: Active for automated (part) input only           SPOTDEL:  0: No, do not delete the spot weld beam or solid element
ENMASS:            0: Eroding nodes are removed from the calculation    SPOTHIN:  0:
USRSTR:            0                                                ⊟ Optiona..     ☑
USRFRC:            0                                                  ISYM:     0: Off
NSBCS:             0                                                  NSEROD:   0: Use two-way algorithm
INTEM:             0: Off                                             RWGAPS:   0: Add gap stiffness
XPENE:             4.0                                                RWGDTH:   0:
SSTHK:             1: Actual shell thickness is used in the contacts   RWKSF:    1.0
ECDT:              0: Contact time size may control Dt                 ICOV:     0: Standard formulation (default)
TIEDPRJ:           0: Eliminate gaps by projection nodes               SWRADF:   0:
⊟ AdditionalCards: ☑                                                  ITHOFF:   0: No offset
  SFRIC:           0.2                                              ⊟ Opti..     ☑
  DFRIC:           0.1                                                S...    0: Shell edges are assumed round (default)
  EDC:             0.0                                                P...    0: Based on material density and segment dimensions (default)
  VFC:             0.0                                                I...    0: Default set to 1
  TH:              0.0                                                T...    0: Update velocities and displacements from accelerations
  TH_SF:           0.0                                                F...    1: Output to all force transducers that match
  PEN_SF:          0.0                                                S...    0:
  PSTSCL:                                                             I...    0: contact between interpolated nodes and interpolated shells
```

图 7-70　接触控制卡片

SLSFAC：滑动接触惩罚系数，默认值为 0.1。当发现穿透量过大时，可以调整该参数，一般为 0.1～0.3。

RWPNAL：当刚体作用于固定刚性墙时，刚性墙罚函数因子系数；当值为 0 时，不考虑刚体与刚性墙的作用，一般选择 0。

ISLCHK：接触面初始穿透检查，当设置为 0 或 1 时，不检查；当设置为 2 时，检查，默认值为 0，一般选择 2。

SHLTHK：在 STS 和 NTS 接触类型中，即在面-面接触和点-面接触类型中考虑壳单元厚度对接触过程的影响。在单面接触及自动面接触中总是考虑壳厚度影响，默认值为 0。若为 0，则不考虑厚度偏置，采用 IS(INCREMENT SEARCH)方法来确定从节点最接近的主段；若为 1，则考虑变形体的厚度偏置，但不考虑刚体的偏置；若为 2，则同时考虑变形体与刚性体的厚度偏置；1 和 2 均采用 GBS 搜索(GLOBAL BUCKET SEARCH)确定接触对，当接触对建立后，采用增量搜索跟踪从节点在主面上的位置。采用 GBS 搜索方法的优点是主从面可以不连续，而 IS 搜索不可行。

PENOPT：对称刚度检查。如果两个接触物体的材料性质与单元大小有巨大差异，则会引起接触主面与从面之间的接触应力不匹配，可能导致计算不稳定和计算结果不符合实际，这时可以调整该选项，一般选择默认值 1(接触主面和从节点刚度的最小值)。

THKCHG：在单面接触中考虑接触过程中壳单元厚度变化的选项。1 表示考虑壳单元厚度变化，一般选择 1。

ORIEN：在初始化过程中可选择性地对接触面部分自动再定位，使其外法线方向向外，以保证接触正确计算。1 表示按照 part 定义的接触面自动再定位，一般选择 1。

ENMASS：对接触过程中受侵蚀的节点的质量进行处理。该选项影响所有当周围单元失效而自动移除相应节点的接触类型。通常，侵蚀掉的节点的移除会使计算更稳定，但是质量的减少会导致错误的结果。0 表示从计算中移除受侵蚀的节点的质量，1 表示体单元节点被保留，2 表示体单元和壳单元节点被保留，一般选择 0。

USRSTR:为用户提供的接触子程序提供每个接触面存储空间,默认值为 0。

USRFRC:为用户提供的接触摩擦子程序提供每个接触面存储空间,默认值为 0。

NSBCS:使用三维 Bucket 分类搜索的接触搜寻循环数,默认值为 0。

INTERM:使用 NSBCS 指定的间隔在旧的面面接触中间歇搜索,一般选择 0。

XPENE:接触面穿透检查最大乘数因子,默认值为 4。

SSTHK:在单面接触类型中是否使用真实壳单元厚度,默认值为 0,不使用真实厚度。当选择 1 时表示使用真实厚度。一般在计算金属成型时往往要考虑其真实的壳厚度,建议在采用壳单元建模时选择 1。

ECDT:时间步长内忽略侵蚀接触,一般选择 0。

TIEDPRJ:用于定义节点与面、边与面及面面的绑定接触中的节点到主面的周边投影选项,一般选择 0,其余根据需要进行适应性调整,一般采用默认值即可。

5)＊CONTROL_ENERGY(能量控制卡片)

能量输出控制主要用于控制沙漏能、阻碍能、接触能及阻尼能等计算输出,如图 7-71 所示。

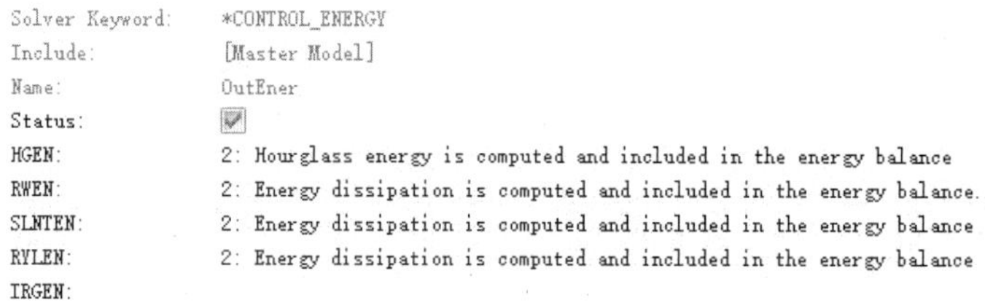

```
Solver Keyword:    *CONTROL_ENERGY
Include:           [Master Model]
Name:              OutEner
Status:            ☑
HGEN:              2: Hourglass energy is computed and included in the energy balance
RWEN:              2: Energy dissipation is computed and included in the energy balance..
SLNTEN:            2: Energy dissipation is computed and included in the energy balance
RYLEN:             2: Energy dissipation is computed and included in the energy balance
IRGEN:
```

图 7-71　能量控制卡片

HGEN:沙漏能计算选项,计算结果写入 glstat 文件中。

RWEN:阻碍能耗散选项,计算结果写入 glstat 文件中。

SLNTEN:接触滑移能耗散选项,计算结果写入 glstat 和 sleout 文件中。

RYLEN:阻尼能耗散选项,计算结果写入 glstat 文件中。

IRGEN:初始的参考几何能选项,一般不勾选。

一般选择 2,即所有的能量全部参加计算并包含在能量平衡中。

6)＊CONTROL_HOURGLASS(沙漏控制卡片)

沙漏控制卡片主要用于减小因使用缩减积分单元等导致的单元无变形,即出现沙漏现象,从而产生不正确的结果;通过施加附加力来阻止沙漏变形,如图 7-72 所示。

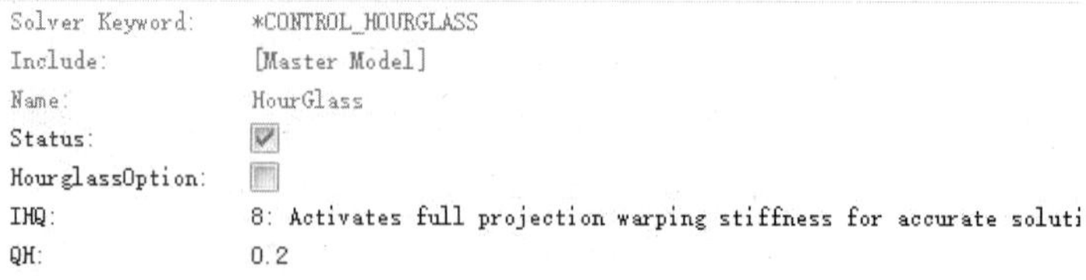

```
Solver Keyword:    *CONTROL_HOURGLASS
Include:           [Master Model]
Name:              HourGlass
Status:            ☑
HourglassOption:   ☐
IHQ:               8: Activates full projection warping stiffness for accurate soluti
QH:                0.2
```

图 7-72　沙漏控制卡片

IHQ：总体附加刚度或沙漏粘性阻尼方式选项。

EQ.1：标准 LS-DYNA 类型（默认）。

EQ.2：Flanagan-Belyschko 积分类型。

EQ.3：用于实体单元的精确体积积分的 Flanagan-Belyschko 积分类型。

EQ.4：类型 2 的刚度形式。

EQ.5：类型 3 的刚度形式。

EQ.6：为 Belytschko-Bindeman 沙漏公式。

EQ.8：适用于单元类型为 16 的全积分壳单元；对于其他单元方式，一般选择 4。当 IHQ=8 时，激活翘曲刚度，进行准确计算，以得到精确解。该选项会增加 25％的计算时间。

在壳单元中，IHQ=1、2、3 为基于 Belytschko-Tsay 公式的粘性沙漏控制模式，IHQ=4、5、6 为刚度控制模式。刚度控制模式在大变形问题中可能会使响应变得过于刚硬，在高速问题中推荐采用粘性模式，在低速问题中推荐采用刚度模式。对于大变形问题，推荐使用选项 3 或 5。

QH：沙漏能系数（全局刚度系数）默认为 0.1。如果超过 0.15，则会导致计算不稳定。可适用于除 IHQ=6 以外的所有选项。

沙漏相关问题：沙漏（Hourglass）是一种以比结构全局响应高得多的频率震荡及非物理的零能变形模式，产生零应变和应力，通常没有刚度，变形呈现锯齿形网格，如图 7-49（a）和（b）所示；沙漏仅出现在减缩积分（单点积分）的实体、壳及厚壳等单元上。由于单点积分单元容易产生零能模式，沙漏的出现会导致结果无效，所以应尽量避免和减小。

如果总的沙漏能大于模型内能的 5％～10％，则这个分析就有可能是无效的，结果有可能是不正确的，所以在分析一开始，首先通过查看沙漏能，判定整个模型是否符合能量要求，否则需要对模型进行检查。典型的沙漏能如图 7-73 所示，从图中可以看出，当出现严重的沙漏时，壳单元表现为不平整，不规则，甚至扭曲，而体单元为波浪形或锯齿形；当出现此类情况时需要对模型及沙漏参数等进行检查。

注：当使用单点积分的单元，尤其是四边形或六面体单元（有时调整单元方程可改善）时，一定要加入沙漏控制，此时可较好地改善沙漏现象，如图 7-73(c)所示。

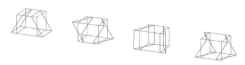

（a）沙漏现象（零能模式，无应变能）

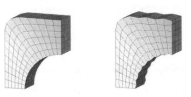

（b）体单元：左图无沙漏现象，右图沙漏严重

图 7-73　单元的沙漏现象

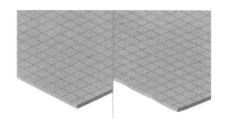

(c) 冲击工况(体单元):左图无沙漏现象(ELFORM＝1),右图沙漏严重(ELFORM＝－1)

图 7-73　(续)

LS-DYNA 可能采用以下方法控制沙漏问题:

(1) 尽量避免单点载荷,由于单点载荷容易激发沙漏,所以可采用分布或区域受力,或多点受力(如采用 RBE2 或 RBE3)进行加载等。

(2) 采用全积分单元或减缩积分配合沙漏控制,由于全积分单元不会出现沙漏,所以可局部采用或全部采用全积分(若采用全积分单元公式 16,则壳单元的沙漏方程需选择 8 号),但会增加计算时间,同时有可能出现剪切自锁(如 ELFORM＝2 的体单元在网格较差时),从而表现出过于刚硬;或在大变形中表现出不稳定,容易产生负体积。

(3) 可通过调整模型体积粘度来控制沙漏,沙漏变形可以通过结构体积粘度来阻止,可以通过控制线性和二次系数,从而增大模型的体积粘度。

(4) 对出现沙漏区域的网格进行细化。

(5) 沙漏能可通过 * CONTROL_ENERGY 中的 HGEN＝2 来输出,可采用 * DATABASE_GLSTAT 和 * DATABASE_MATSUM 分别输出系统和每个部件的沙漏能。

(6) 通过沙漏类型进行控制,如采用基于刚度的 TYPE4 或 TYPE5,通常比粘性(TYPE1、TYPE2、TYPE3)控制沙漏更有效;对于 ELFORM＝16 的壳单元,推荐采用 TYPE8 沙漏类型;对于 ELFORM＝1 的实体单元,推荐采用 TYPE6 沙漏类型。

7) * CONTROL_MAT(材料控制卡片)

(1) 材料控制卡片主要用于判定是否激活添加失效的材料模型,如图 7-74 所示。该卡片主要用于激活模型中设置了失效的材料模型。

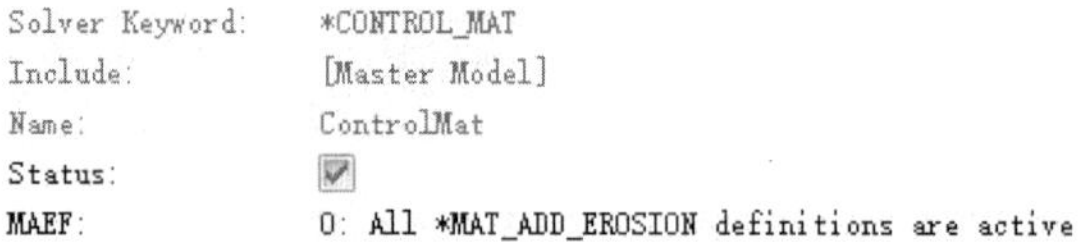

```
Solver Keyword:    *CONTROL_MAT
Include:           [Master Model]
Name:              ControlMat
Status:            ☑
MAEF:              0: All *MAT_ADD_EROSION definitions are active
```

图 7-74　材料控制卡片

MAEF:所有添加材料失效的关键字都会激活。

(2) 材料失效模型有多种,可以采用 JC(Johnson Cook)模型、GISSMO 模型、常应变失效准则(材料卡片中的 FAIL,一般可设置为断裂延伸率)、关键字 MAT_ADD_EROSION(该卡片可以设置不同的失效模式或准则,亦可同时设置多种失效准则)。

8）＊CONTROL_OUTPUT（输出控制卡片）

输出控制卡片主要用于定义计算过程中需要输出的结果类型和参数，如图 7-75 所示。

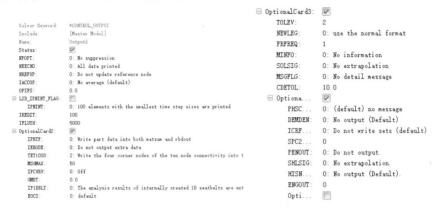

图 7-75　输出控制卡片

NPOPT：是否全部输出，一般选择 0（如果选 1，则坐标系、单元链接、刚性墙定义和初始速度将不输出）。

NEECHO：与 NPOPT 作用基本相同，只是输出选项不同，一般选择 0；如果选择 3，则节点和单元都不会输出到 echo 文件中。

NREFUP：Beam 单元的参考节点坐标是否更新，一般选择 0，即不更新。

IACCOP：从时间历程和节点速度得到平均加速度，一般选择 0。

OPIFS：输出驱动界面数据的时间间隔，一般选择 0；对于小模型，可以设置为 2e-06，甚至更小，但对于大模型会导致生成多个 d3iff 文件，所以一般设置为 0。

IPNINT：输出第 1 次循环所有单元的初始时间步长，默认值为 0，即输出 100 个时间步中最小的单元。

IKEDIT：在 D3HSP 中输出间隔步的问题状态报告，一般设置为 100。

IFLUSH：针对 I/O 缓存的时间步间隔数，默认值为 5000。

9）＊CONTROL_SHELL（壳单元控制卡片）

壳单元控制卡片主要用于定义壳单元的全局相关控制参数，以获得正确的结果，如图 7-76 所示。

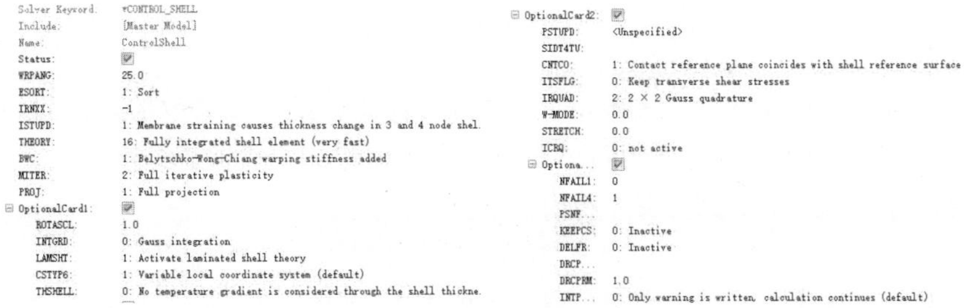

图 7-76　壳单元控制卡片

WRPANG：壳单元翘曲角度，默认值为 20。

ESORT：程序将自动挑选退化的四边形单元并处理为 CO 三角形单元公式，以保证求解稳定。0 表示不挑选（默认），1 表示完全挑选并处理（通常用在有三角形与四边形混合情况的模型中）。

IRNXX：单元法向更新选项。该选项影响 Hughes-Liu、Belytschko-Wong-Chiang 和 Belytschko-Tsay 单元公式。当且仅当翘曲刚度选项被激活时，即 BWC=1 时，以上单元公式才受影响。对于 Hughes-Liu 壳单元类型 1、6 和 7，IRNXX 必须设为 -2 以调用上表面或下表面作为参考面。-1 表示每个循环都重新计算法线方向。

ISTUPD：单元厚度改变选项。1 表示壳变形引起厚度改变，该选项对金属板料成型和拉伸有很大作用。

THEORY：壳单元使用的理论，根据选择的壳单元方程进行选择；默认为 Belytschko-Tsay（ELFORM=2），即面内单点积分，采用 Co-rotational 应力更新，基于平面单元假定，可在大多数分析中使用；若采用 ELFORM16，则此时需要选择 16。

BWC：控制 Belytschko-Tsay 单元的翘曲刚度。

EQ.1：增加 Belytschko-Wong-Chiang 公式的翘曲刚度。

EQ.2：Belytschko-Tsay 单元公式。不增加翘曲刚度（默认）。

MITER：平面应力塑性选项，默认值为 1，主要应用于材料 3、18、19 和 24。

PROJ：在 Belytschko-Tsay 和 Belytschko-Wong-Chiang 单元中翘曲刚度投影方法。这种方法主要应用于显示分析。

附加卡片根据需要调用，一般采用默认即可。

10）＊CONTROL_SOLID（体单元控制卡片）

体单元控制卡片主要用于定义体单元的相关控制参数，以获得正确的结果，如图 7-77 所示。

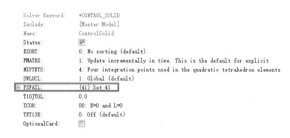

图 7-77　体单元控制卡片

PSFAIL：可以设置计算过程失效的实体单元集，即选择考虑失效的体单元；该功能一般不推荐使用，但当模型中有容易出现负体积或易变形的泡沫类软质材料时，可以设置此参数，进而可避免在计算中因不重要的负体积而使计算中断。

11）＊CONTROL_SOLUTION（求解类型控制卡片）

求解类型控制卡片主要用于定义合适的求解类型，如图 7-78 所示。

SOLN：用于选择结构分析还是热分析。

12）＊CONTROL_TERMINATION（求解时间控制卡片）

求解时间控制卡片主要用于定义计算结束时间及相关控制参数，如图7-79所示。

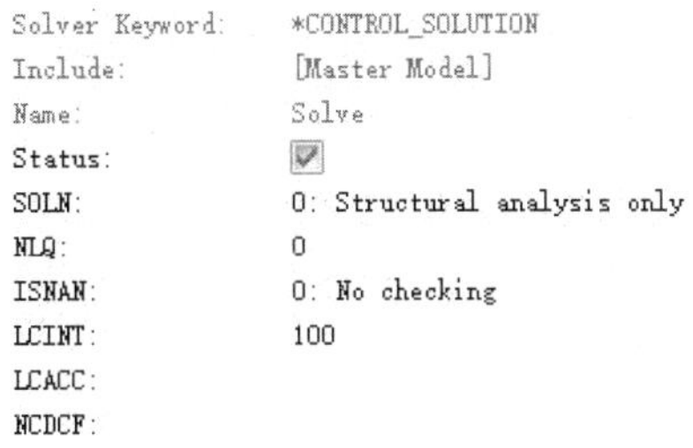

Solver Keyword:	*CONTROL_SOLUTION
Include:	[Master Model]
Name:	Solve
Status:	☑
SOLN:	0: Structural analysis only
NLQ:	0
ISNAN:	0: No checking
LCINT:	100
LCACC:	
NCDCF:	

Solver Keyword:	*CONTROL_TERMINATION
Include:	[Master Model]
Name:	Termin
Status:	☑
ENDTIM:	0.05
ENDCYC:	0
DTMIN:	0.0005
ENDENG:	0.0
ENDMAS:	100000000.0
NOSOL:	0: Off (default)

图 7-78　求解类型控制卡片 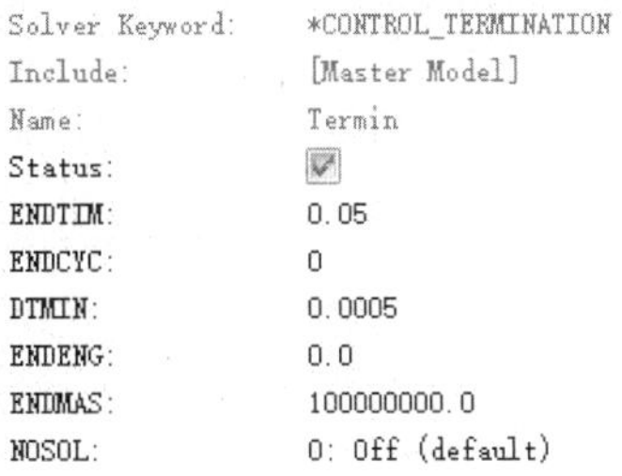　　　图 7-79　求解时间控制卡片

ENDTIM：强制终止计算时间。

ENDCYC：终止循环次数。在终止时间 ENDTIM 之前，如果程序达到指定循环次数就终止计算。

DTMIN：确定最小时间步长 TSMIN 的因子。TSMIN ＝ DTMIN ＊ DTSTART，其中 DTSTART 为程序自动确定的初始步长。当迭代步长小于 TSMIN 时，程序终止。

ENDENG：能量改变百分比，如果超过设定值，则终止计算。

ENDMAS：质量变化百分比，如果超过设定值，则终止计算。仅用于质量缩放 DT2MS 被使用时。默认值为 0.0，表示不起作用。

13）＊CONTROL_TIMESTEP（求解时间步长控制卡片）

求解时间步长控制卡片主要用于定义计算时间步长和质量缩放等控制参数，如图 7-80 所示。

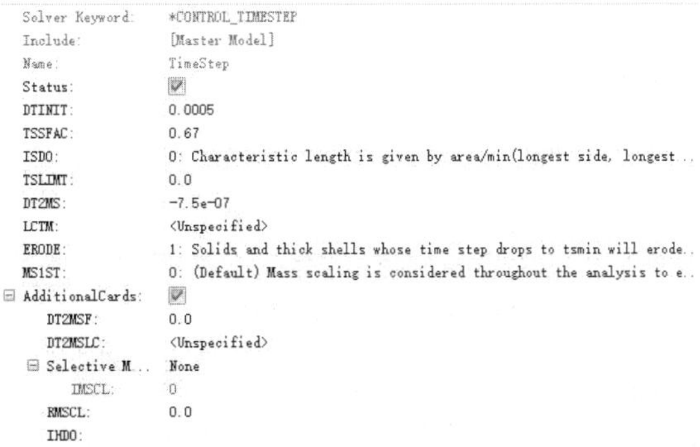

Solver Keyword:	*CONTROL_TIMESTEP
Include:	[Master Model]
Name:	TimeStep
Status:	☑
DTINIT:	0.0005
TSSFAC:	0.67
ISDO:	0: Characteristic length is given by area/min(longest side, longest ..
TSLIMT:	0.0
DT2MS:	-7.5e-07
LCTM:	\<Unspecified>
ERODE:	1: Solids and thick shells whose time step drops to tsmin will erode..
MS1ST:	0: (Default) Mass scaling is considered throughout the analysis to e..
⊟ AdditionalCards:	☑
DT2MSF:	0.0
DT2MSLC:	\<Unspecified>
⊟ Selective M...	None
IMSCL:	0
RMSCL:	0.0
IHDO:	

图 7-80　求解时间步长控制卡片

DTINIT：初始时间步长，如果值为 0.0，则由程序自行决定初始步长。

TSSFAC：时间步长缩放系数，用于确定新的时间步长，默认值为 0.9，当计算不稳定时，可以减小该值，但同时会增加计算时间。

ISDO：计算四节点壳单元的时间步长，默认值为 0。

TSLIMT:分配壳单元最小时间步,其目的是使单元的时间步长大于最小时间步长,默认值为 0,在大多数情况下不建议使用。

DT2MS:人为控制时间步长,输入期望的实际计算时间步长,程序自动增加对应单元密度,从而使质量改变,因此称为质量缩放。当设置的值小于 0 时,初始时间将不会小于 TSSFAC * |DT2MS|。质量只是增加到时间步小于 TSSAFC * |DT2MS| 的单元上,即只用于小于时间步长的单元。推荐采用这种质量缩放方法,质量增加应控制在 5% 以内。

LCTM:定义最大允许时间步长和时间的关系。

ERODE:定义当计算时间步长小于最小时间步长(TSMIN)时,体单元和厚壳单元被自动删除。

MSIST:限制第 1 步的质量缩放,并且根据时间步确定质量向量;默认值为 0,表示考虑计算中的质量缩放且确保最小时间步长不小于 TSSFAC * |DT2MS|。

14)*DATABASE_BINARY_D3DUMP(重启动输出控制卡片)

重启动输出控制卡片主要用于定义重启动的数据输出,避免因突发原因导致计算中断或计算过程中需要修改模型等后续的延续计算,如图 7-81 所示。

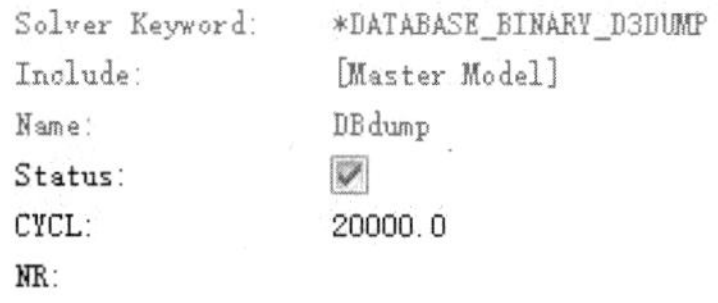

CYCL:重启动文件输出的时间间隔。

15)*DATABASE_BINARY_D3PLOT(完全输出控制卡片)

```
Solver Keyword:    *DATABASE_BINARY_D3DUMP
Include:           [Master Model]
Name:              DBdump
Status:            ☑
CYCL:              20000.0
NR:
```

图 7-81　重启动输出控制卡片

完全输出控制卡片主要用于定义输出结果的时间间隔及梁单元等控制参数,如图 7-82 所示。

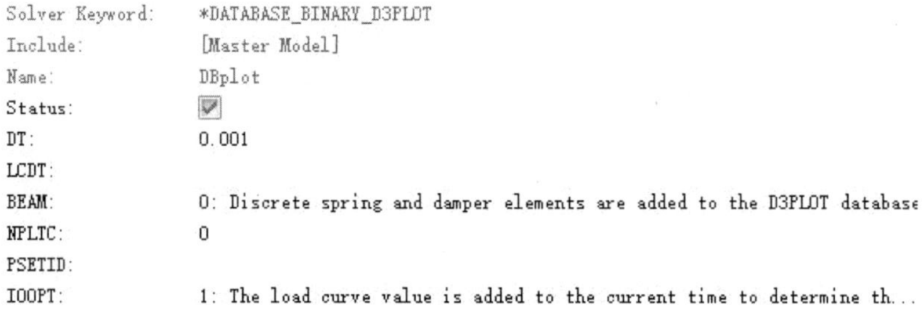

```
Solver Keyword:    *DATABASE_BINARY_D3PLOT
Include:           [Master Model]
Name:              DBplot
Status:            ☑
DT:                0.001
LCDT:
BEAM:              0: Discrete spring and damper elements are added to the D3PLOT database
NPLTC:             0
PSETID:
IOOPT:             1: The load curve value is added to the current time to determine th...
```

图 7-82　完全输出控制卡片

DT:输出动画的时间间隔。

LCDT:载荷曲线 ID 号。

BEAM:用于定义离散的弹簧和阻尼单元输出到 D3PLOT 选项。

NPLTC:仅用于定义输出 D3PLOT 和 D3PART 的 DT 值,DT=ENDTIME/NPLTC;若定义,则将覆盖第 1 行定义的 DT 值。

PSETID:用于定义包含的 Part Set ID 号。

IOOPT:控制由 LCDT 定义的载荷曲线输出频率选项。

16）输出数据控制卡片 * DATABASE_EXTENT_BINARY

输出数据控制卡片主要用于定义输出的结果类型,如单元积分点数量、应力及应变等相关参数,如图7-83所示。

Solver Keyword:	*DATABASE_EXTENT_BINARY		☐ OptionalCards3:	☑
Include:	[Master Model]		NINTSLD:	0
Name:	XentBIN		PKP_SEN:	0: No data is written
Status:	☑		SCLP:	1.0
COMP_Option:	☐		HYDRO:	0
NEIPH:	0		MSSCL:	0: No data is written
NEIPS:	5		THERM:	0: Output temperature (default)
MAXINT:	5		INTOUT:	ALL
STRFLG:	1		NODOUT:	ALL
SIGFLG:	1: Include (default)		☐ OptionalCar...	☑
EPSFLG:	1: Include (default)		DTDT:	0: No output (default)
RLTFLG:	1: Include (default)		RESPLT:	0: No output
ENGFLG:	1: Include (default)		NEIPB:	0
CMPFLG:	1: Local material coordinate system		QUADSLD:	0: Average stress and strain and rendered with 8 nodes
IEVERP:	0: More than one state can be on each plot file		CUBSLD:	0: Average stress and strain and rendered with 8 nodes
BEAMIP:	0			
DCOMP:	1: Off (default), no rigid body data compression			
SHGE:	1: Off (default), no hourglass energy written			
STSSZ:	1: Off (default)			
N3THDT:	2: On (default), energy is written to d3thdt database			
IALEMAT:	1: On (default)			

图 7-83 输出数据控制卡片

NEIPH:写入二进制数据的体单元额外积分点历史变量的数目,一般选择0。

NEIPS:写入二进制数据的壳和厚壳单元每个积分点处额外积分点历史变量的数目,一般选择5。

MAXINT:写入二进制数据的壳单元积分点数,默认值为3。如果不是3,则得不到壳单元中的面结果,一般选择5。

STRFLAG:如果设为1,则会输出体单元、壳单元、厚壳单元的应变张量,用于后处理绘图。对于壳单元和厚壳单元会输出最外和最内两个积分点处的张量;对于实体单元,只输出一个应变张量。

SIGFLG:定义壳单元数据是否包括应力张量,一般选择1。

EPSFLG:定义壳单元数据是否包括有效塑性应变,一般选择1。

RLTFLG:定义壳单元数据是否包括合成应力,一般选择1。

ENGFLG:定义壳单元数据是否包括内能密度和厚度,一般选择1。

CMPFLG:定义体单元、壳单元和厚壳单元在材料局部坐标系中的各向同性和异性材料应力和应变输出,一般选择1。

IEVERP:定义 d3plot 数据库的每个输出状态并写入单独的文件中,将数据限制在1000state 之内,1000 个输出一个 plot;选择 1,每种状态输出一个显示文件,一般选择0。

BEAMIP:定义输出的梁单元的积分点数。

DCOMP:定义数据压缩以去除刚体数据,一般选择1。

SHGE:定义输出壳单元沙漏能密度,一般选择1。

STSSZ:定义输出壳单元时间步长、质量和增加的质量,一般选择1。

N3THDT:定义材料能并输出到 D3THDT 数据库中,一般选择2。

IALEMAT:定义输出包括 ALE 材料的实体 Part ID 列表,一般选择1。

所有参数根据需要调整,一般选择默认值即可。

17）边界数据输出控制卡片 * DATABASE_BNDOUT

边界数据输出控制卡片主要用于定义需要输出的结果，如能量、边界力、截面力、沙漏能等信息，如图 7-84 所示。

一般选择 BNDOUT（边界力及能量）、ELOUT（单元计算结果）、GLSTAT（能量输出结果）、MATSUM（材料能量结果）、NODFOR（输出节点力）、NODOUT（输出节点变形、速度、加速度等计算结果信息）、RCFORC（输出合成界面力）、RWFORC（输出刚性墙力）、SECFORC（输出截面力）、SLEOUT（输出滑移能）、SPCFORC（输出单点约束反作用力）、SWFORC（输出节点

图 7-84　边界数据输出控制卡片

约束反作用力）及 SPHOUT（输出 SPH 数据）等，输出数据格式一般为 ASCII-BINARY（1 为 ASCII，2 为二进制，3 为两个都输出）。

7.2.3　接触相关问题实战

接触被广泛地用于 LS-DYNA 的绝大多数分析中，接触包括滑动及绑定类。在建立接触对时，总的原则是主面一般选择刚度大、材料硬、网格大、密度高、平面或凹面、不易变形等零件或区域，而从面一般选择刚度小、材料软、网格细小、密度低、凸面、易变形等零件或区域。在大部分情形下，从面一般为关注的对象，从面在实际应用中相对更为重要。在接触对中，尽量少采用 Surface To Surface，可采用 Nodes To Surface 等。在绝大多数接触类型中会检查从节点（Slave Node）是否与主段（Master Segment）产生相互作用（如穿透或滑动），在绑定接触中从面被限定在主面上滑动，因此从面的网格单元形式不是很重要，一般采用其节点与主面进行绑定连接。在壳单元的自动接触中通过法向投影中面的一半接触厚度来确定接触面，即为 shell thickness offset，接触厚度可以在接触中进行定义。

接触中的几个重要概念包括①段（Segment），对于壳单元（Shell），段是由单元的 3 个或 4 个节点组成的，对于体单元（Solid），段是由一个面上的 3 个或 4 个节点组成的；②主/从面（Master/Slave），在 LSDYNA 中需要定义主从面，在计算中会检查从节点与主段是否存在穿透的可能，若存在，则在从节点上施加力以避免穿透；③接触刚度，若从节点与主段存在穿透，则 LS-DYNA 会计算穿透深度 D_p，根据此值计算施加在从节点上的外力，即 $F = K \times D_p$，此时主段面受到反作用力；对于壳单元，接触刚度 $K = (f_s \times A \times E)/MD$；对于体单元，接触刚度 $K = (f_s \times A^2 \times E)/V$；其中 A 为接触段的面积，E 为体积弹性模量、f_s 为 SLSFAC；若存在不同的刚度，则 LS-DYNA 会自动选择较低的刚度进行计算；④接触厚度，对于单面或面面接触，接触厚度为单元厚度的一半，但由于存在间隙（PENMAX），当 D_p（$D_p = T_c$-PENMAX）大于 0 时，开始计算接触，正因为有接触进而会产生穿透，所以负滑移能就有可能产生，当负滑移

能产生时需要通过 ELOUT 检查各个接触对是否 Tied 上或穿透。

接触过程中可借助关键字 Soft 进行相应调整,Soft 中的 0 和 1 算法除刚度计算不同外,其余基本一致,均为软约束准则。当为 0 时,采用罚函数方程(为默认设置),常用于自接触中;当为 1 时,为软约束准则,常用于自接触中,其单向接触刚度 k 的计算公式为 $k = \max$ (SLSFAC×SFS×k_0,SOFSCL×k_1),k_0 为根据材料弹性模型与单元尺寸综合确定的接触刚度,k_1 为根据节点的质量与整体时间步长综合确定的接触刚度。

当为 2 时,为段接触准则(Segment-based contact),一般用于绑定接触中,或用于有比较锋利的角度接触中,具体需要根据实际情况进行合理选择;在标准算法中,0 或 1 是检查从点是否穿透主段而施加接触罚力与从点和相应的主点,在段接触算法中,直接检查是否发生相互穿透而施加接触罚力与相应段的节点。SOFTSCL 为软约束中的约束力放大因子,一般为 0 或 0.1;BSORT 是一种非常有效的接触搜索算法,用来指定两次搜索间的迭代时间步数,一般为 10~100,对于不连续面间的接触,如高速碰撞问题,应该适当增加搜索的次数,即减小 BSORT 值,但一般不会低于 10;在这些问题中,如果搜索间隔过大,一些从节点就会在接触中被漏掉,但对于相对平滑的面接触问题,可以适当增加 BSORT 或 NSBCS。在单面接触中可以设置为 25 或 100,也可以根据情况设置为 0;对于 SurfaceToSurface 或 NodeToSurface 可以设置为 10~15,如果设置为 0,则将在计算中自行决定搜索间隔;该关键字的结果可以在初始化 d3shp 模型中查看 BSORT,进一步决定是否要调整 SFS,若接触力太大,则可调整 SFS 值。对于有边对边或梁对梁等接触对,建议采用 *Contact_Automatic_General。

当 NodesToSurface 采用 Penalty-based 时,若接触中的 FS≠FD 或小于,则 DC(衰减系数)需要给定一个很小的值,大部分 FS 与 FD 相等(金属与金属件接触中,或为解决伴有数值噪声的问题时,设置相同值以避免噪声产生);或 FS 略大于 FD(如胶与金属绑定接触中),在 LS-DYNA 中摩擦采用库仑摩擦形式与等效弹塑性弹簧模型方法。

当 NodeToSurface 采用 Constraint-based 或 Segment-based 时,接触刚度基于节点质量和分析步长。接触罚函数方法(Penalty)利用穿透来计算出接触力,进而判断穿透位置是否合理、接触力是否合理等。接触中的罚因子(SFS/SFM)是用来增大或减小接触刚度的,在 SOFT 为 0 或 2 时,主、从罚因子是 SFS/SFM 分别与 SLSFAC 的乘积;当材料刚度或网格尺寸相当时,可以采用默认值,但若两个接触面相差较大,则建议采用 SOFT 为 2。在很多情况下通过设置非零的 SST/MST 值(从/主面的接触厚度或深度,默认值为 0,即接触厚度等于属性中定义的单元厚度)来消除初始穿透(一般将从面 SST 设置为负值),接触厚度放大因子 SFST/SFMT 的作用与 SST/MST 相同,默认值为 1。

在接触中粘性接触阻尼 VDC(Viscous Damping)主要用来降低碰撞过程接触的高频振荡,特别是在高速碰撞分析中。对于存在泡沫类的软质材料的接触问题,VDC 一般设置为 40~60,为临界阻尼的 40%~60%左右,通常能提高模型的稳定性;对于金属间的接触问题,一般可设置为 20。

1. 常见的接触算法

1)罚函数法

接触中的常见算法有罚函数法(Penalty-based),此方法利用接触刚度和穿透深度来计算

接触力 $F=k\times g$，k 为接触刚度，g 为穿透深度。接触刚度是通过单元长度和材料属性计算得到的。该方法在计算接触刚度时，会考虑接触面的大小和材质，如图 7-85 所示。

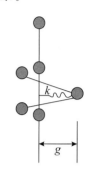

对两种材料相接近的接触，有比较快速的计算，而当两种材料差异较大时，容易失效，导致计算失败；如泡沫等软质与金属材料相接触时会出现接触失效问题，此时可以由软材料的表面生成 MATL9 的空材料进行改善，但有时该方法也不能起到很好的改善效果，此时需要通过调整 SFS 来降低从面的冲击以减少过大的穿透，最可行的就是在接触初期不要有穿透。SFS 和 SFM 为罚刚度的放大因子，SST、MST、SFST 和 SFMT 为接触厚度，其中 SST 和 MST 为单元厚度，SFST 和 SFMT 为厚度的放大因子，通常将从面的 SST 设置一个负值来改善接触特性，FSF 和 VSF 为摩擦放大因子。

图 7-85 接触刚度图示

（1）针对壳单元，其接触刚度方程为 $k_1=\text{slsfac}\times s_f\times k\times A/d$，式中 slsfac 为全局放大因子，$s_f$ 为局部放大因子，k 为屈曲模量，A 为单元面积，d 为单元厚度或最短对角线。

（2）针对体单元，其接触刚度方程为 $k_1=\text{slsfac}\times s_f\times k\times A^2/v$，式中 A 为接触段面积，d 为单元体积。

常见的约束接触方法有 * CONTACT_AUTOMATIC_SURFACE_TO_SURFACE_TIEDBREAK（主面可采用 Component 或段面集合，从面一般采用 Component 或段面集合，可模拟胶粘的接触，可通过 SFLS 设定失效应力），该方法对于壳接触中有间隙时建议采用 Tied break，Tied 过程中不会将两个接触面拉过来连接在一起，实体接触可采用 Tied 连接。* CONTACT_AUTOMATIC_SURFACE_TO_SURFACE、* CONTACT_AUTOMATIC_SINGLE_SURFACE（为自接触，仅需建立 SLAVES，无 RCFORC 及 NCFORC 的输出）；* CONTACT_FORMING_NODES_TO_SURFACE、* CONTACT_FORMING_ONE_WAY_SURFACE_TO_SURFACE 及用于 Implicit 时壳单元专属的 * CONTACT_AUTOMATIC_SURFACE_TO_SURFACE（TIEBREAK）_MORTAR（TIED）、* CONTACT_AUTOMATIC_SINGLE_SURFACE_MORTAR 及 * CONTACT_FORMINT_SURFACE_SURFACE_MORTAR。

2）约束法

在约束法的接触中，主要通过 SOFT=1 对接触进行计算，其公式为 MAX（SOFT=0stiffness，spring-mass system sfiffness），其中弹簧质量系统刚度需要考虑节点质量和时间步长。常见的约束接触方法有 * CONTACT_TIED_SURFACE_TO_SURFACE（主从面均采用 SEGMENT SET 段面集合）、* CONTACT_TIED_NODES_TO_SURFACE（主面采用 SEGMENT SET 段面集合，从面采用 NODES SET 节点集合）、* CONTACT_SPOTWELD（将 SPOT WELD 作为材料，进而通过接触设定，通常为 * CONTACT_TIED_SHELL_EDGE_TO_SURFACE_OFFSET）。

3）段面法

类似于 SOFT=1，即与约束法相接近。

4）接触输出

在面面接触中可通过 SPR 或 MPR 输出接触力,在自接触中可通过设定 ＊CONTACT_
FORCE_ TRANSDUCER 输出关注零件的接触力;在模拟胶粘等零件时,可采用
＊CONTACT_AUTOMATIC_SURFACE_TO_SURFACE_TIEBREAK、＊CONTACT_
TIED_NODES_ TO_SURFACE_OFFSET、＊CONTACT_TIED_SHELL_EDGE_TO_
SURFACE_OFFSET 或 ＊CONTACT_TIED_SHELL_EDGE_TO_SURFACE_BEAM_
OFFSET 等。

2. 通常实体单元与壳单元接触建模方法

（1）采用 Nodes To Surface、TiedShell(或 Tied)、ConstrainedOffset(或 Offset),并且需要
设置 SST 和 MST,其值一般大于实体与壳的总厚度相对安全,FS＝0.2(0.3),FD＝0.2,如胶
(实体单元)与冷板(壳单元)粘接,如图 7-86(a)～(c)所示。

当出现一个壳单元的上下都是实体单元时,此时需要采用 NodesToSurface、TiedShell、
Offset,避免出现 Tied 不上的情况,并且可选增加 AdditionalCards,如图 7-86(d)～(f)所示。

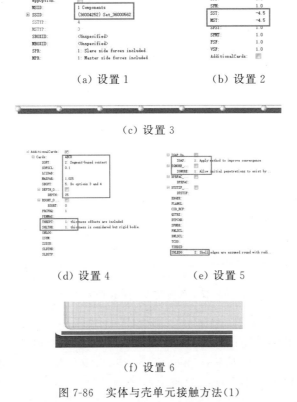

(a) 设置 1　　　　　(b) 设置 2

(c) 设置 3

(d) 设置 4　　　　　(e) 设置 5

(f) 设置 6

图 7-86　实体与壳单元接触方法(1)

（2）采用 SurfaceToSurface、Tied，通过 Segment 或 Component 建立主从接触面，一般 SOFT 为 1，如图 7-87 所示。

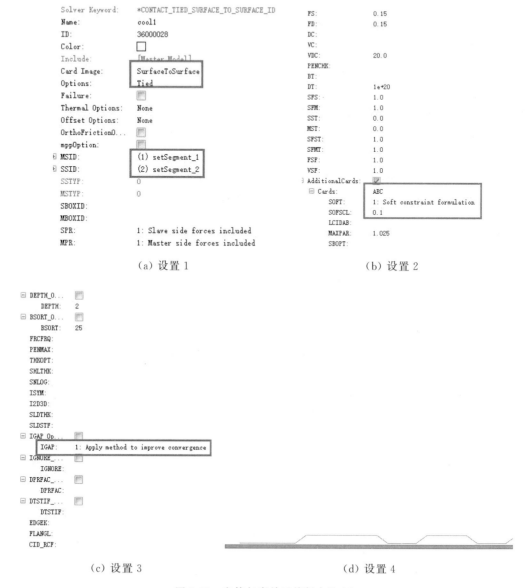

（a）设置 1　　　　　　　　　　　（b）设置 2

（c）设置 3　　　　　　　　　　　（d）设置 4

图 7-87　实体与壳单元接触方法（2）

3. 壳单元与壳单元接触

采用 NodesToSurface、TiedShell、ConstrainedOffset 或 Offset（当 ConstrainedOffset 报错时采用），同时设置 SST 和 MST，FS=0.2，FD=0.1，SOFT 为 2（考虑可能会出现角度较锋利的接触），考虑壳单元厚度 SHLTHK，如图 7-88 所示。

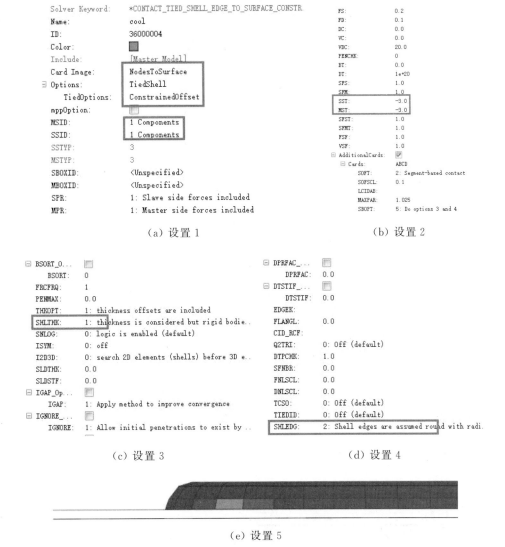

Solver Keyword:	*CONTACT_TIED_SHELL_EDGE_TO_SURFACE_CONSTR.		FS:	0.2
Name:	cool		FD:	0.1
ID:	36000004		DC:	0.0
Color:			VC:	0.0
Include:	[Master Model]		VDC:	20.0
Card Image:	NodesToSurface		PENCHK:	0
Options:	TiedShell		BT:	0.0
TiedOptions:	ConstrainedOffset		DT:	1e+20
mppOption:			SFS:	1.0
MSID:	1 Components		SFM:	1.0
SSID:	1 Components		SST:	-3.0
SSTYP:	3		MST:	-3.0
MSTYP:	3		SFST:	1.0
SBOXID:	<Unspecified>		SFMT:	1.0
MBOXID:	<Unspecified>		FSF:	1.0
SPR:	1: Slave side forces included		VSF:	1.0
MPR:	1: Master side forces included		AdditionalCards: ☑	

AdditionalCards:
Cards: ABCD
SOFT: 2: Segment-based contact
SOFSCL: 0.1
LCIDAB:
MAXPAR: 1.025
SBOPT: 5: Do options 3 and 4

（a）设置1　　　　　　　　　（b）设置2

BSORT_O...			DPRFAC_...	
BSORT:	0		DPRFAC:	0.0
FRCFRQ:	1		DTSTIF_...	
PENMAX:	0.0		DTSTIF:	0.0
THKOPT:	1: thickness offsets are included		EDGEK:	
SHLTHK:	1: thickness is considered but rigid bodie..		FLANGL:	0.0
SNLOG:	0: logic is enabled (default)		CID_RCF:	
ISYM:	0: off		Q2TRI:	0: Off (default)
I2D3D:	0: search 2D elements (shells) before 3D e..		DTPCHK:	1.0
SLDTHK:	0.0		SFNBR:	0.0
SLDSTF:	0.0		FNLSCL:	0.0
IGAP_Op...			DNLSCL:	0.0
IGAP:	1: Apply method to improve convergence		TCSO:	0: Off (default)
IGNORE_...			TIEDID:	0: Off (default)
IGNORE:	1: Allow initial penetrations to exist by ..		SHLEDG:	2: Shell edges are assumed round with radi..

（c）设置3　　　　　　　　　（d）设置4

（e）设置5

图 7-88　壳单元与壳单元接触方法

4. 实体单元与实体单元接触建模方法

（1）可采用 NodesToSurface、Tied、Offset，SOFT 为 1，其余可保持默认参数，如图 7-89 所示。

（2）采用 SurfaceToSurface、Tied，通过 Segment 或 Component 建立主从接触面，一般 SOFT 为 1，相关参数可参阅实体与壳单元接触。

5. 若存在边与面的接触形式

可采用 NodesToSurface、Automatic，MSID 可选择 Component，SSID 为边节点，其余可采用默认，其目的是防止在接触过程中出现穿透现象，如图 7-90 所示。

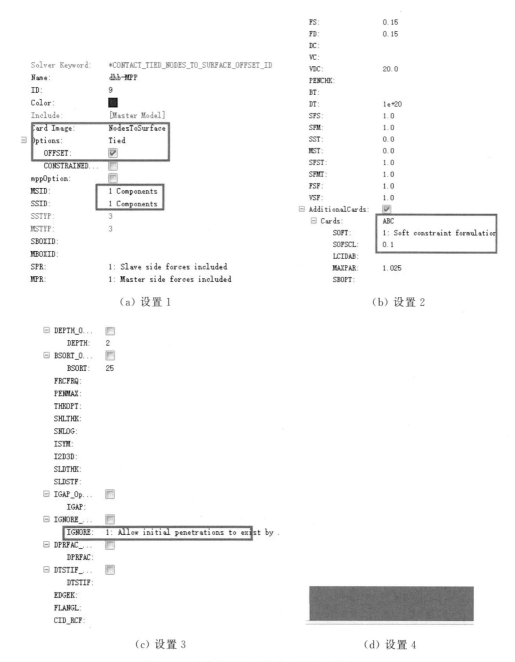

（a）设置1　　　　　　　　　　　　（b）设置2

（c）设置3　　　　　　　　　　　　（d）设置4

图 7-89　实体单元与实体单元接触建模方法

6. 自接触

通常采用 SingleSurface，可采用 NodesToSurface、Automatic，SSID 为所有的壳与实体单元，在附加卡片中可采用 ABC，SOFT＝1 或 2；或者采用 ABCD，SOFT＝0 或 2，但当 SOFT采用 2 时可能会出现穿透现象，一般采用 1，其余可采用默认参数，如图 7-90 所示。

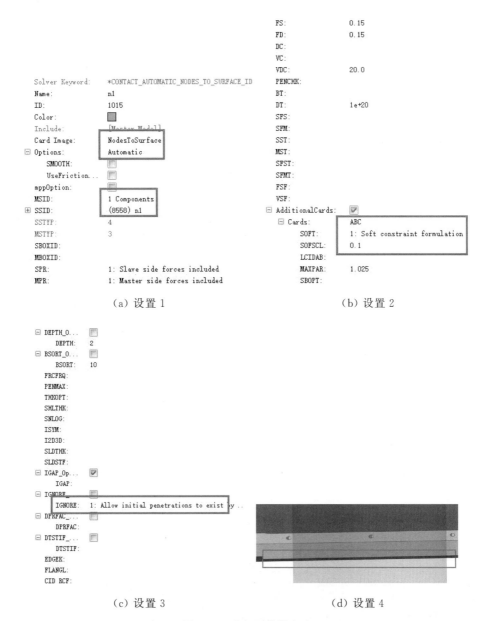

(a) 设置1　　　　　　　　　　(b) 设置2

(c) 设置3　　　　　　　　　　(d) 设置4

图7-90　边与面接触方法

　　对于有边与边之间的接触,建议采用 AutomaticGeneral 中的 EDGEONLY 选项(此关键字在2021版本中),如图7-91(e)所示。在非单面接触中,可以添加 * DATABASE_FORCE,同时必须激活接触控制中的参数 SPR/MPR;在单面接触中,需通过 * Contact_Force_Transducer_Penalty 来定义传感器,该传感器仅用来输出接触力,对分析无影响;接触节点力可以通过 * Database_NCFORC 输出接触节点,并输出 SPR/MPR,以便控制输出哪一面的接触力。接触应力可以通过 * Database_Binary_intfor 输出。

(a) 设置 1   (b) 设置 2

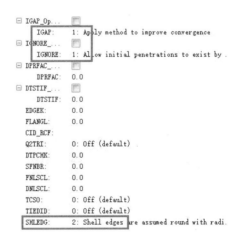

(c) 设置 3

(d) 设置 4

图 7-91　自接触方法

（e）边与边接触类型

图 7-91 （续）

7. 柱子与面接触

通常采用 SurfaceToSurface、Automatic，MSID 为刚性柱，SSID 为所有的壳与实体单元，在附加卡片中可采用 ABC，SOFT＝1 或 2；或采用 ABCD，SOFT＝0 或 2，其余可采默认参数，如图 7-92 所示。

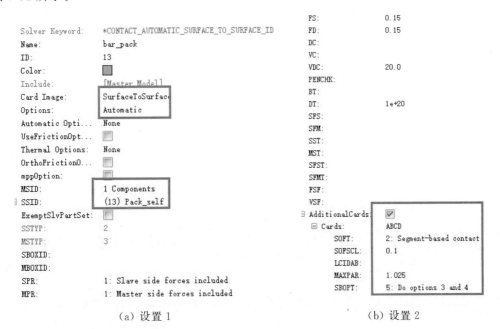

（a）设置 1　　　　　　　　　　（b）设置 2

图 7-92 柱子与面接触方法

```
☐ DEPTH_O...    ☐
    DEPTH:      25
☐ BSORT_O...    ☐
    BSORT:      0
    FRCFRQ:     1
    PENMAX:     0.0
    THKOPT:     1: thickness offsets are included
    SHLTHK:     1: thickness is considered but rigid bodie...
    SNLOG:      0: logic is enabled (default)
    ISYM:       0: off
    I2D3D:      0: search 2D elements (shells) before 3D e...
    SLDTHK:     0.0
    SLDSTF:     0.0
☐ IGAP Op...    ☐
    IGAP:       1: Apply method to improve convergence
☐ IGNORE_...    ☐
    IGNORE:     1: Allow initial penetrations to exist by ...
☐ DPRFAC_...    ☐
    DPRFAC:     0.0
☐ DTSTIF_...    ☐
    DTSTIF:     0.0
    EDGEK:
    FLANGL:     0.0
    CID_RCF:
    Q2TRI:      0: Off (default)
    DTPCHK:     0.0
    SFNBR:      0.0
    FNLSCL:     0.0
    DNLSCL:     0.0
    TCSO:       0: Off (default)
    TIEDID:     0: Off (default)
    SHLEDG:     2: Shell edges are assumed round with radi...
```

(c) 设置 3　　　　　　　　　　　　(d) 设置 4

图 7-92　（续）

8. 常用绑定接触

LS-DYNA 中的绑定接触类型比较多，常用的类型见表 7-12。每种绑定接触的应用场景有所区别，需要根据模型中的实际情况选择，如某个绑定是 6 个自由度完全约束，可选择 6 自由度都约束的接触类型；不同的绑定接触类型可能会导致结果有所区别，所以在关键受力区域需要谨慎选择合适的类型。

表 7-12　LS-DYNA 主要绑定接触类型

名称	自由度	是否有间隙	类型	备注
Penalty	6 DOF	GAP	* CONTACT _ TIED _ SHELL _ EDGE _ TO _ SURFACE_OFFSET	不可绑定刚性体
			* CONTACT _ TIED _ SHELL _ EDGE _ TO _ SURFACE_BEAM_OFFSET	常用于螺纹绑定，为万能绑定，优先推荐
	ONLY TRANSLATION		* CONTACT_TIED_NODES_TO_SURFACE _OFFSET * CONTACT _ TIED _ SURFACE _ TO _ SURFACE_OFFSET	常用于壳与体绑定
Constraint	6 DOF	GAP	* CONTACT _ TIED _ SHELL _ EDGE _ TO _ SURFACE_CONSTRAINED_OFFSET	常用于壳与壳绑定，可同时绑定壳两侧节点且带 MPP 选项

续表

名称	自由度	是否有间隙	类型	备注
Constraint	6 DOF	NO GAP	* CONTACT _ TIED _ SHELL _ EDGE _ TO _SURFACE	常用于焊点绑定
			* CONTACT _ TIED _ SHELL _ EDGE _ TO _SOLID	可与 CONHESIVE240 绑定且带 MPP 选项
			* CONTACT_SPOTWELD	/
			* CONTACT _ SPOTWELD _ WITH _TORSION	/
	ONLY TRANSLATION	GAP	* CONTACT _ NODES _ TO _ SURFACE _ CONSTRAINED_OFFSET	/
			* CONTACT _ SURFACE _ TO _ SURFACE _ CONSTRAINED_OFFSET	/
		NO GAP	* CONTACT _ TIED _ SURFACE _ TO _SURFACE	常用于壳与壳,壳与体间绑定
			* CONTACT_TIED_NODES_TO_SURFACE	

7.3　动力电池侧柱碰子结构分析

本节将基于 LS-DYNA 创建动力电池包的超级子结构,并根据子结构模型进行分析,同时与基础完整模型结果对比,验证子结构模型的合理性和正确性。

7.3.1　创建动力电池子结构

基于 LS-DYNA 创建关注区域子结构,根据受力区域及变形模式,对完整模型进行切割,得到关注区域局部模型,即关注区域子结构。

1. 整车侧柱碰传力路径分析

根据柱碰的传力路径可以得到关键受力区域,整车侧柱碰时的电池包的主要传力路径如图 7-93 所示。从图中可以得出,电池包的关键受力区域为车身安装台面、边框、液冷板及底护

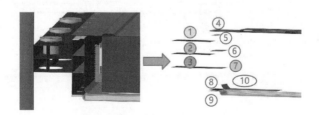

图 7-93　完整基础侧柱碰时的主要传力路径

板等局部区域,为模拟在整车侧柱碰时边框内壁是否会碰撞到模组,即将靠近模组的部分模型定义为关注区域,具体的主要传递路径见表 7-13。

表 7-13　柱碰主要传递路径列表

名　　称	对应零部件	名　　称	对应零部件
1	边框上板	6	边梁中上板
2	边框中板	7	边梁中板
3	边框下板	8	边梁下板
4	液冷板	9	底护板
5	边梁上板	10	边托盘

2. 超级子结构创建

根据图 7-86 中的柱碰过程中的工况受力传力路径创建关注区域子结构。创建关注区域子结构的方法和具体流程如下。

1) 模型导入

本章利用第三方软件 ANSA 创建关注区域子结构模型,首先打开 ANSA 软件导入完整模型,具体步骤如图 7-94 所示。

2) 创建子结构模型

(1) 根据图 7-86 分析的电池包侧柱碰时的主要传递路径,切割子结构模型,创建区域大小可自由调整,具体步骤如图 7-88 所示。

　　　　(a) 步骤 1　　　　　　　　　(b) 步骤 2

　　　　(c) 步骤 3　　　　　　　　　(d) 步骤 4

图 7-94　导入完整侧柱碰模型

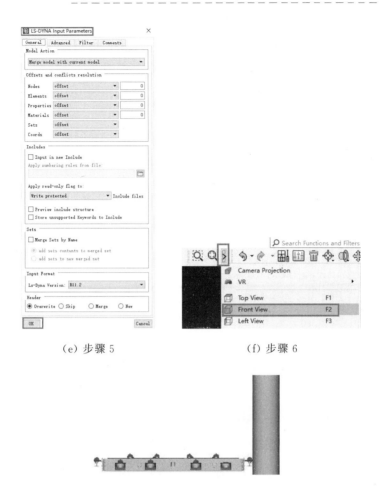

(e) 步骤5　　　　　　　　　　　　　　(f) 步骤6

(g) 步骤7

图 7-94　(续)

步骤1：在右上角搜索栏中输入 sub 关键字，选择 SUBSTRUCTURER：On Planes，如图 7-95(a)所示。

步骤2：在弹出的 Substructure Analysis Creator 中单击 New 中的 BOX(Ortho)，如图 7-95(b)所示。

步骤3：在界面上用鼠标框选关注的区域，即为子结构模型区域，如图 7-95(c)所示。

步骤4：在弹出的 Model Browser 中选择模型，再单击右上角的 X，如图 7-95(d)所示。

步骤5：在弹出的 CUTTING PLANE 中单击 OK，如图 7-95(e)所示。

步骤6：在弹出的 Substructure Analysis Creator 中选择完整模型与子结构模型的界面，如图 7-95(f)所示。

步骤7：通过 File→Output→LS-DYNA 导出模型，如图 7-95(g)所示。

步骤 8 在 Save 中填写文件名并单击 Save,如图 7-95(h)所示。

步骤 9:在弹出的 DYNA Output Parameters 中单击 OK 按钮,如图 7-95(i)所示。

步骤 10:创建的带子结构的完整模型和子结构模型,模型文件分别为 XXX_battery_pole_20001111-full. k 和 XXX_battery_pole_20001111-full_1_substructure. k,文件大小分别为 348.031KB 和 70.016KB,如图 7-95(j)所示。

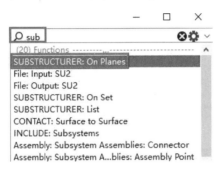

（a）步骤 1　　　　　　　　　　（b）步骤 2

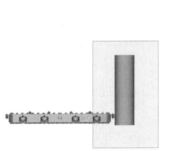

（c）步骤 3　　　　　　　　　　（d）步骤 4

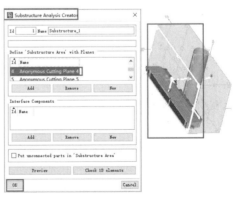

（e）步骤 5　　　　　　　　　　（f）步骤 6

图 7-95　创建关注区域子结构

(g) 步骤7　　　　　　　　　　　　　　　(h) 步骤8

(i) 步骤9　　　　　　　　　　　　　　　(j) 步骤10

图 7-95 （续）

（2）创建子结构模型注意事项，当模型中的接触 MSID（主面）和 SSID（从面）采用 Nodes Set 时，由于采用 ANSA 创建的子结构模型的接触对会丢失，所以必须仔细检查子结构模型中的接触对是否完整，如图 7-96 所示，完整模型的接触对共有 24 个，如图 7-96(a)所示，而子结构模型的接触对有 13 个，如图 7-96(b)所示。由于子结构模型中有 2、12、13、14、15、16、19 和 20 共 8 个接触对丢失，所以需要在创建的子结构模型中重新核对这些接触对，将丢失的接触对重新建立，如图 7-96(c)所示。

采用 Nodes Set 建立的接触对丢失的原因，主要因为在切割创建子结构时 Nodes Set 会删除，导致接触对丢失，而采用 Segment 或 Component 创建的接触对不会出现此情况，如图 7-97(a) 和图 7-97(b)所示。

3）完整与子结构模型

根据 2)中创建的关注区域子结构模型，其中完整模型如图 7-98(a)所示；创建的关注区域子结构图如图 7-98(b)所示;关注区域子结构细节图如图 7-98(c)所示,从对比图中可以看出超级子结构规模远小于完整模型。

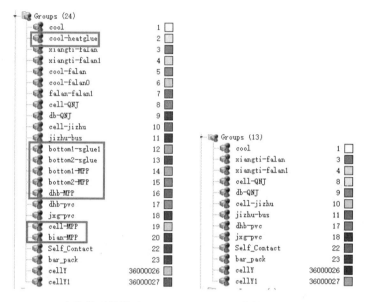

（a）完整模型接触对　　　　　　（b）子结构模型原始接触对

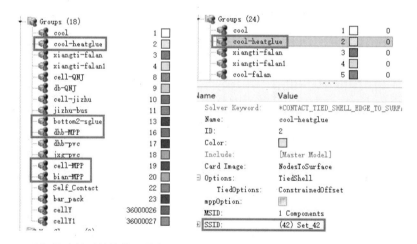

（c）重新补建的子结构模型接触对　　　　（d）从面采用 Nodes Set

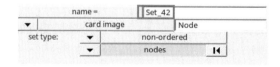

（e）创建 Nodes Set

图 7-96　创建关注区域子结构

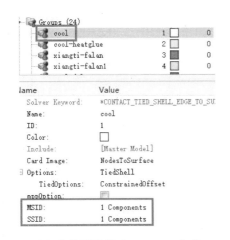

（a）主从面采用 Component 方式　　　　　　（b）主从面采用 Segment 方式

图 7-97　接触对主从面创建方式

（a）完整模型　　　　　（b）关注区域子结构　　　　（c）关注区域子结构细节

图 7-98　关注区域子结构

3. 解读超级子结构界面数据

为了保证关注区域子结构和完整模型中的计算数据及结果一致，并且需要使用完整模型与关注区域子结构的界面数据传递，即将关注区域子结构与完整模型剩余的（残余结构）交界的节点定义为子结构分析的数据传递节点。创建的界面文件名及创建方法如图 7-99 所示，其中创建的驱动界面文件名为 d3iff 并采用新的 LSDA 文件格式存储，如图 7-99（a）所示；界面数据采用 NodeSet 方法创建，如图 7-99（b）所示。

（1）将创建的关注区域子结构导入 Hypermesh 中的 LS-DYNA 模块，可以查看完整模型中的界面节点，界面节点由 Node Set 组成，如图 7-100 所示，此节点即为关注区域子结构的界面数据传递节点，包括完整模型工况分析中的各种数据，如力、力矩、位移、应力及应变等，其中界面节点采用 Set 集创建，如图 7-100（a）所示；界面位置如图 7-100（b）所示。

（2）关注区域子结构界面节点输出方法有多种，其中比较常用的是通过界面节点传递。界面节点输出方法可通过节点 Interface_Component_Node 或 Segment（接触段面）等创建；对于小模型一般可采用Segment进行定义，对于大模型一般通过Nodes（界面节点）进行定义，如图7-101所示。

Interface Components (2)
InterfaceComponents_1 1 0
Interface component 2 0
Name
Value
Solver Keyword: *INTERFACE_COMPONENT_FILE
Name: InterfaceComponents_1
ID: 1
Color:
Include: [Master Model]
Type: File
FNAME: d3iff
Optional Card:
FORMAT: 2: Use new LSDA file format
Solver Keyword: *INTERFACE_COMPONENT_NODE_TITLE
Name: Interface component
ID: 2
Color:
Include: [Master Model]
Type: NodeSet
Title:
SID: (36018245) interface_nodes_Substructure_1
CID: <Unspecified>
NID: <Unspecified>

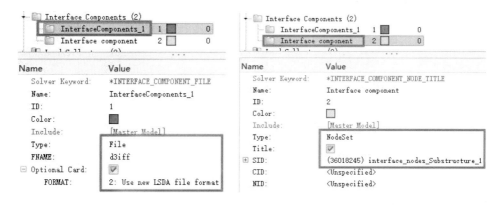

（a）界面文件名　　（b）界面数据创建方法

图7-99　创建的界面文件名及创建方法

name = interface_nodes_Sub
card image Node
set type: non-ordered
nodes
create
update
card edit
review

（a）界面节点Set集

Solver Keyword: *SET_NODE_LIST_TITLE
Name: interface_nodes_Sub
ID: 1000
Include: [Master Model]
Defined:
Card Image: Node
Set type: non-ordered
Entity IDs: 5014 Nodes
Options: None
Collect:
Title:
界面点
关注区域模型
剩余模型

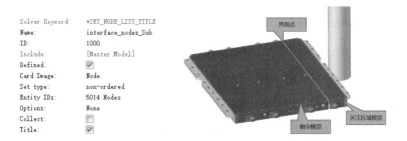

（b）界面位置

图7-100　创建关注区域子结构界面节点集

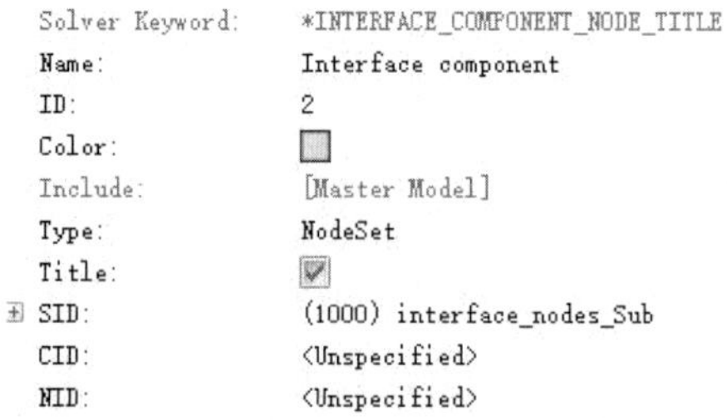

Solver Keyword: *INTERFACE_COMPONENT_NODE_TITLE
Name: Interface component
ID: 2
Color:
Include: [Master Model]
Type: NodeSet
Title:
SID: (1000) interface_nodes_Sub
CID: <Unspecified>
NID: <Unspecified>

图7-101　创建关注区域子结构界面输出方法

（3）关注区域子结构界面节点输出格式，界面节点输出格式可分为 Nodes（节点）、Segment（接触段面）、Edge（接触边）、File（中间文件）等类型，一般对于大模型通过中间文件 Interface_Component_File 进行输出。界面数据输出方法一，如图 7-102 所示。

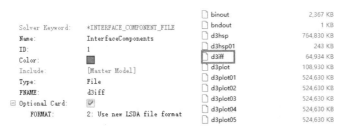

（a）界面输出文件　　　　　（b）界面节点数据

图 7-102　界面数据输出方法

（4）界面数据输出方法二，通过程序计算整个模型，如图 7-103 所示。首先需要创建 bat 文件，再编辑 bat 文件，包括完整模型计算地址、所使用的计算源程序及计算文件名等，然后通过参数 z 生成 d3iff 文件，代码如下：

```
cd..
cd  E:\projects\Pole
D:\ccs\LSDYNAR11\program\ls-dyna_smp_s_R11_0_winx64_ifort131.exe i = XXX_battery_pole_
20001111 – full.k z = d3iff ncpu = 16 memory = 2000m
Pause
```

图 7-103　界面数据输出方法二

7.3.2　动力电池子结构分析

由于子结构分析需要调用驱动界面的数据，所以首先对完整模型进行计算，以获得子结构驱动界面数据。

1. 完整模型柱碰计算

根据分析要求，设置分析求解参数，包括完整模型的求解设置及相关求解控制参数等，主要参考分析控制参数建立设置要求，主要包括（不限于）以下几种。

（1）所需要计算工况的 Termination（计算时间）及 Timestep（时间步长）等。

（2）完整模型的求解控制及创建输出结果，一般包括全局控制参数，如 Contact（接触控制）、Output2（输出控制）和 Database_Bndout（边界数据输出）等。

（3）提交计算，具体步骤如图 7-104 所示，其中打开求解器及选择求解器类型如图 7-104

（a）～（d）所示；设置求解参数，如 CPU 核数和内存数，如图 7-104（f）所示；计算界面如图 7-104（g）所示，从计算界面可以看出，添加质量为 7.6408e-2t，增加百分比为 3.9367%，符合小于 5% 的要求；同时也可以通过 GLASTA 文件查看，如图 7-105 所示，整个质量增加百分比为 3.9369%。通过查看柱碰过程的能量曲线，可以看出滑移能和沙漏能为正，并且均小于内能峰值 5%，动能与内能进行相互转换，总能量基本维持不变，满足能量要求，模型正确，可用于下一步的分析，如图 7-106 所示。

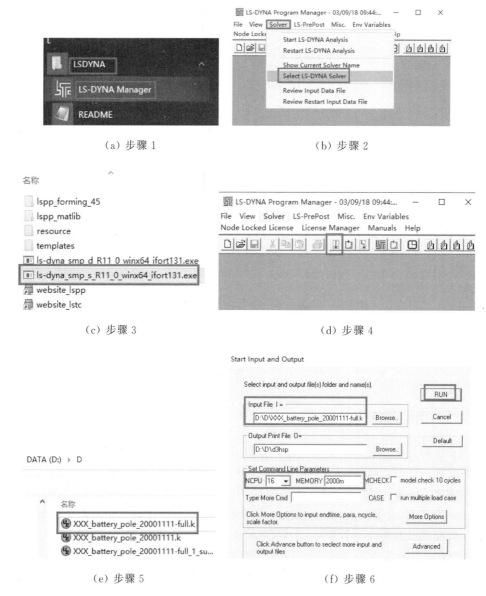

（a）步骤 1　　　　　　　　　（b）步骤 2

（c）步骤 3　　　　　　　　　（d）步骤 4

（e）步骤 5　　　　　　　　　（f）步骤 6

图 7-104　计算设置流程

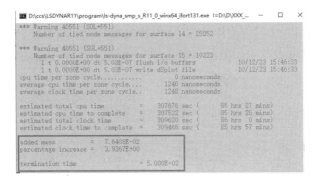

（g）步骤7

图 7-104　（续）

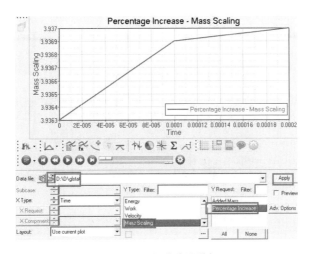

图 7-105　查看质量增加

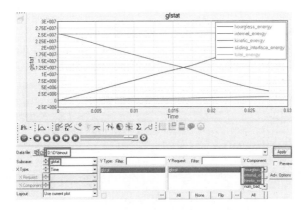

图 7-106　查看能量曲线

（4）通过求解计算，可以得到完整模型在所给定工况下的计算结果和定义的界面数据输出文件结果 d3iff。在 25ms 时刻下的变形、应力和应变结果，如图 7-107（a）和图 7-107（b）所示，柱子挤压力和模组挤压力如图 7-107（e）～（f）所示。

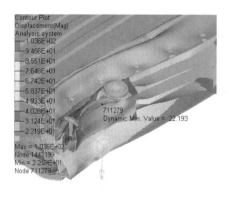

（a）变形云图

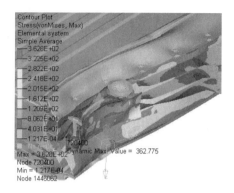

（b）应力云图

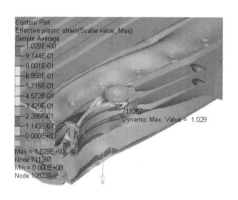

（c）应变云图

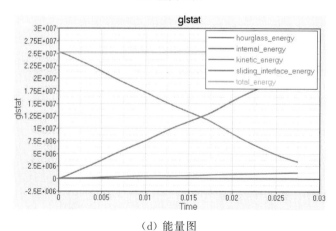

（d）能量图

图 7-107　完整模型在 25ms 的结果

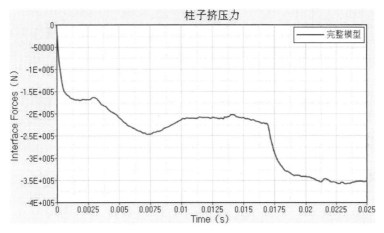

（e）柱子挤压力

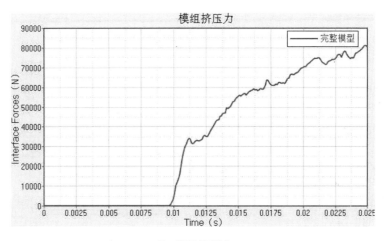

（f）模组挤压力

图 7-107 （续）

2. 子结构模型柱碰计算

计算关注区域子结构模型在柱碰工况下的结果，同时需要调用由完整模型生成的界面数据文件 d3iff，用于模拟完整模型的状态。

1）计算关注区域子结构柱碰的方法

方法一：首先将完整模型生成的 d3iff 文件和子结构模型放在同一个文件夹中，然后采用双精度求解器提交计算，单精度会出现错误，如图 7-108(a)所示；采用双精度后正常计算界面如图 7-108(e)所示。

方法二：通过调用完整模型计算的界面数据输出 d3iff 文件进行计算，计算程序包括完整模型计算地址、所使用的计算源程序及计算文件名等；通过参数 l(大写 L)调用 d3iff 文件，同时采用双精度求解器计算（带字母 d），代码如下：

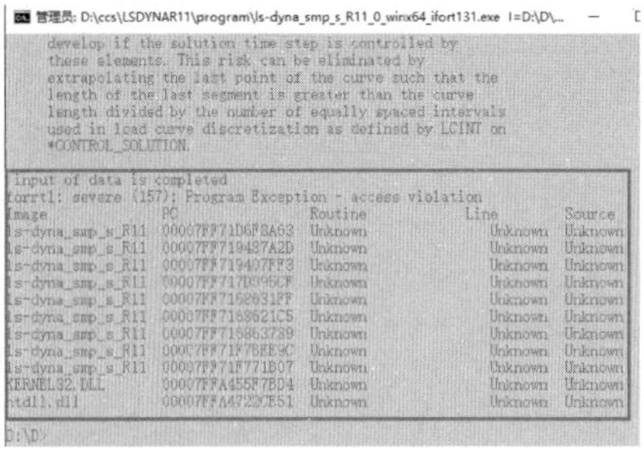

(a) 单精度报错界面

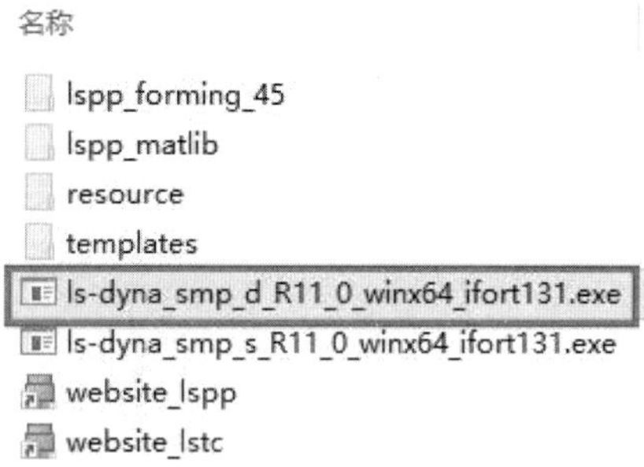

(b) 双精度求解器

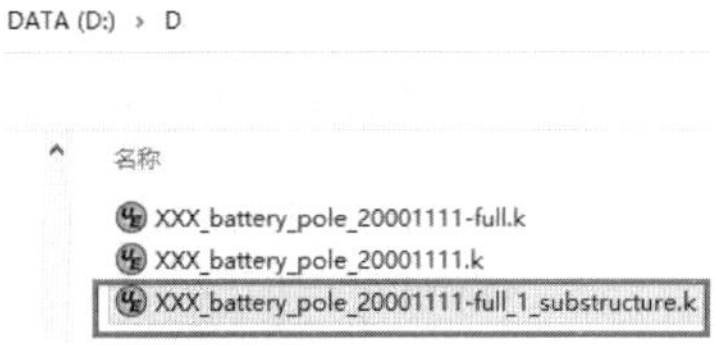

DATA (D:) › D

(c) 子结构模型

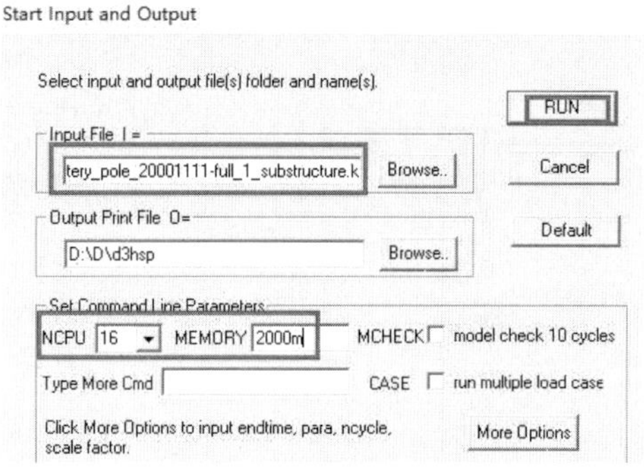

(d) 提交界面

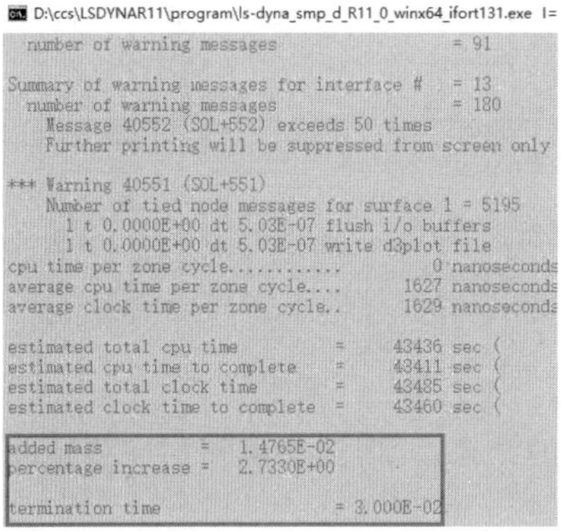

(e) 子结构正常计算界面

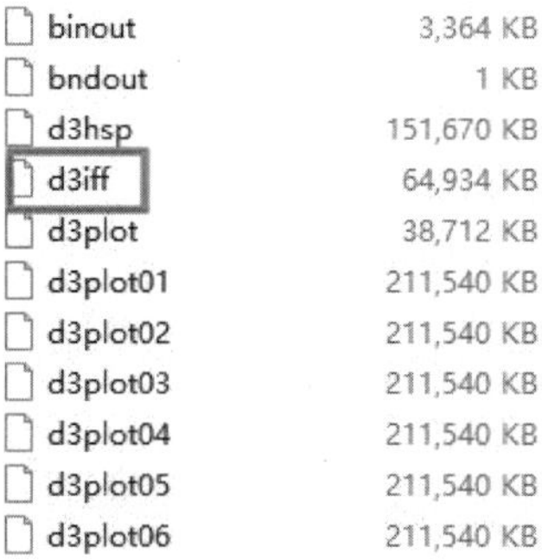

(f) 调用的界面节点数据

图 7-108　子结构计算步骤

```
cd..
cd  E:\projects\Pole
D:\ccs\LSDYNAR11\program\ls-dyna_smp_d_R11_0_winx64_ifort131.exe i = XXX_battery_pole_
20001111 - full_1_substructure.k l = d3iff ncpu = 16 memory = 2000m
Pause
```

2）创建子结构模型截面

创建子结构模型的关注截面，以便输出关注路径的截面力，截面创建方法有以下几种。

方法一：选择 Tools → Create Cards → ＊DATABASE → ＊DATABASE＿CROSS＿SECTION_PLANE 创建截面力，如图 7-109 所示。

图 7-109　创建截面力方法一

方法二：在高版本（如 2021 版）中可直接在界面中按快捷键 Ctrl＋F，然后在搜索栏中输入关键字（如 cross），即可找到所需要建立的参数，如图 7-110 所示。

图 7-110　创建截面力方法二

（1）创建截面力，首先创建各条路径上的 Part，选择 Analysis→entity sets 创建 Part Set，再通过 Cross Sections 创建各个截面力，同时设置截面力方向（Normal），如图 7-111 所示。

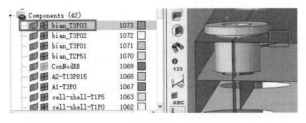

（a）步骤 1

图 7-111　创建截面力步骤

（b）步骤2

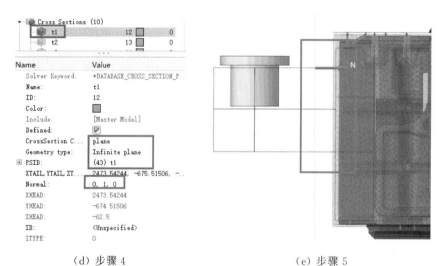

（c）步骤3

（d）步骤4   （e）步骤5

图7-111   （续）

（2）读取截面力,通过以下步骤导入并读取不同时刻各个路径的截面力,如图7-112所示。

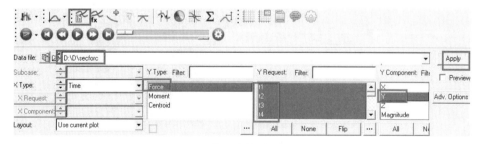

（a）截面力结果导入

图7-112   读取截面力

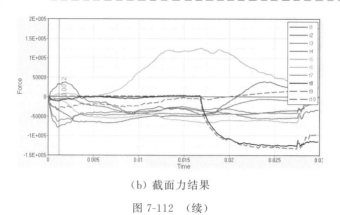

(b) 截面力结果

图 7-112　(续)

(3) 通过求解计算,可以得到初始时刻(如 0.0012s)柱碰过程中的各条路径的截面力,见表 7-14。

表 7-14　柱碰主要传递路径截面力

名称	对应零部件	截面力/kN	名称	对应零部件	截面力/kN
a	边框上板	30.103	f	边梁中上板	6.919
b	边框中板	35.072	g	边梁中板	62.762
c	边框下板	77.609	h	边梁下板	11.629
d	液冷板	6.295	i	底护板	0.422
e	边梁上板	4.854	j	边托盘	32.335

通过分析可知,各条路径截面力排序为 c→g→b→j→a→h→f→d→e→i,由此可知在碰撞初始时主要贡献路径分别为边框下板、边梁中板、边框中板及边托盘。

(4) 根据计算结果,可以得到子结构模型侧柱碰在 25ms 时刻下的变形、应力和应变结果,如图 7-113(a)~(c)所示;完整模型与子结构模型的柱子挤压力和模组挤压力如图 7-106(d)和图 7-113(e)所示。

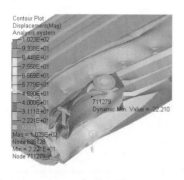

(a) 变形云图

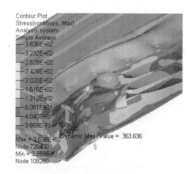

(b) 应力云图

图 7-113　完整模型在 25ms 内的结果

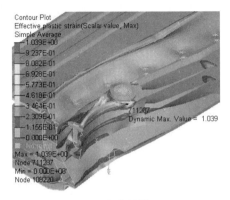

（c）应变云图

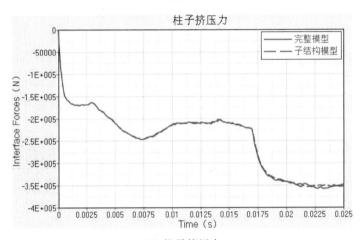

（d）柱子挤压力

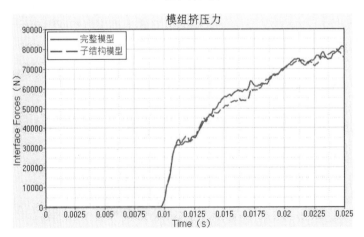

（e）模组挤压力

图 7-113 （续）

(5) 完整模型与子结构模型结果对比,见表 7-15。从表中可以看出,采用子结构方法可以明显缩减柱碰计算时间,求解时间缩短 83% 左右,并且计算结果一致,变形、应力及应变结果整体误差在 1% 以内,满足要求,可用于下一步的优化分析。

表 7-15　柱碰主要传递路径截面力

名　　　称	完 整 模 型	子 结 构 模 型	差　　值
柱子挤压力/N	352881	349739	−0.8904%
模组挤压力/N	80535	75608	−6.1178%
边梁最大位移/mm	22.21	22.19	−0.0900%
边梁最大应力/MPa	362.775	363.636	0.2373%
边梁最大应变	102.9%	103.9%	0.9718%
单元个数	249.4276 万	44.7767 万	−82.0482%
计算时间	约 18h	约 3h	−83.3333%

3. 子结构模型柱碰优化

根据子结构模型的柱碰分析结果,可以看出柱碰过程中会挤压模组,需要进行优化。基于子结构模型,通过不同方案的快速优化计算,得到最终的优化方案,柱碰过程中未挤压到模组,满足设计要求,如图 7-114 所示。

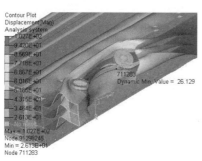

（a）变形云图　　　　　　　　（b）应力云图

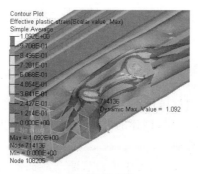

（c）应变云图

图 7-114　基于子结构模型在 25ms 的优化结果

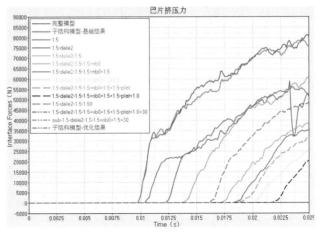

（d）优化方案结果

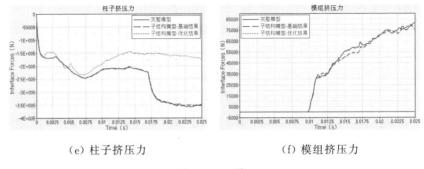

（e）柱子挤压力　　　　　　　　　　　　（f）模组挤压力

图 7-114　（续）

7.4　动力电池子结构挤压分析

参考 GB38031 对动力电池进行挤压分析，其目的是验证整个电池包的刚度、抗挤压变形能力及可能的传递路径，并验证在挤压工况下的电池包是否会起火、爆炸等，是否满足设计要求，为整车柱碰分析提供参考。

7.4.1　创建子结构挤压模型

根据 GB38031 创建电池包挤压仿真模型，整个模型包括电池包、刚性墙及刚性挤压柱，并根据实际情况创建整个模型的接触，创建的电池包挤压仿真模型如图 7-115 所示。

1. 创建子结构挤压驱动界面

在第 6 章中详细讲解了 LS-DYNA 中子模型驱动界面不同的创建方法及调用方法，子结构同样可以参考并借用其类似方法。本节通过 Hypermesh 中子结构关键字创建电池包挤压子结构驱动界面数据，主要方法有以下几种。

方法一:通过命令行提交生成子结构驱动界面数据。

(1) 本节采用节点集方法创建子结构驱动界面,首先创建关注区域的界面节点 Set 集,如图 7-116(a)和图 7-116 (b)所示;其次通过标题栏打开 * INTERFACE_COMPONENT_NODE 或通过快捷键搜索打开,如图 7-116(c)所示;最后创建子结构驱动界面数据,如图 7-116(d)所示。驱动界面在完整模型中的位置如图 7-117 所示。

图 7-115　电池包挤压模型

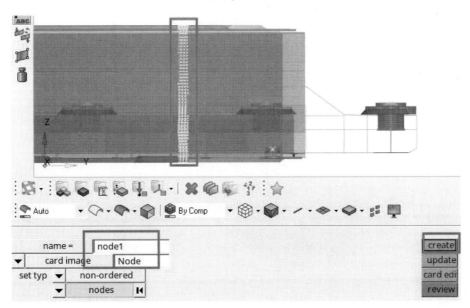

(a) 步骤 1

(b) 步骤 2

图 7-116　基于 NODE 方法创建驱动界面

（c）步骤 3

（d）步骤 4

图 7-116　（续）

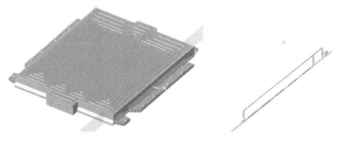

（a）完整模型　　　　　　　（b）驱动界面

图 7-117　驱动界面在完整模型中的位置

（2）通过参数 z 生成子结构驱动界面数据 d3iff，命令如下：

```
cd..
cd  D:\ccs\temp\jiya
D:\LSDYNAR11.0\ls-dyna_smp_d_R11_0_winx64_ifort131.exe i = XXX_jiya_y1.k z = d3iff ncpu = 8
memory = 2000m
pause
```

生成驱动界面文件的结果如图 7-118 所示。

方法二：在模型中创建子结构驱动界面文件，并直接通过界面提交生成子结构驱动界面数据；当然也可通过命令行提交。

（1）在模型中创建 * INTERFACE_COMPONENT_FILE 关键字，并设置界面文件名（如 d3iff）及数据存储格式，如图 7-119 所示。

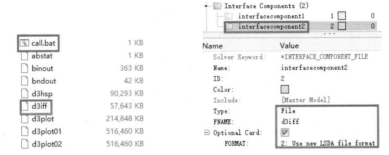

图 7-118　基于命令行生成驱动界面文件　　图 7-119　创建驱动界面文件输出

（2）通过界面提交生成子结构驱动界面数据 d3iff，如图 7-120 所示。

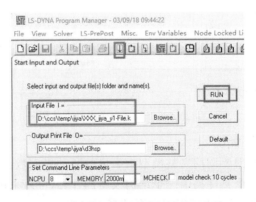

图 7-120　直接求解生成驱动界面文件

通过这两种创建子结构驱动界面的方法可以看出，方法二相对较为简洁，即在创建驱动界面时，同时创建界面输出文件名，在实际中建议优先采用。

2. 创建子结构挤压模型

对于电池包挤压子结构模型可以在创建完整模型中以驱动界面为分界点生成子结构挤压

模型。首先在完整模型中将驱动界面节点隐藏,再将左侧模型删除,创建的子结构模型如图 7-121 所示。子结构界面节点及界面文件调用,如图 7-122 所示。

(a) 隐藏驱动界面节点

(b) 子结构模型

图 7-121　创建挤压子结构模型

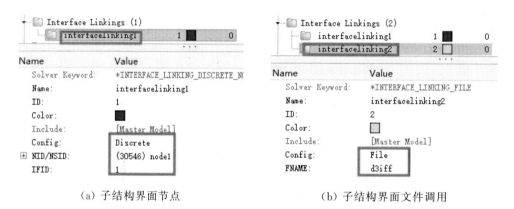

(a) 子结构界面节点　　　　　　　　　(b) 子结构界面文件调用

图 7-122　子结构界面节点及文件调用

3. 子结构挤压模型分析

子结构挤压模型分析需要调用完整模型中生成的驱动界面数据 d3iff,需要将子结构模型和驱动界面数据放在同一个文件夹中。子结构模型的计算,可以采用命令行提交或界面提交。

(1) 命令行提交方法,通过编写以下命令计算子结构:

```
cd..
cd  D:\ccs\temp\jiya\sub
D:\LSDYNAR11.0\ls-dyna_smp_d_R11_0_winx64_ifort131.exe i = XXX_jiya_y1 - sub.k l = d3iff ncpu
 = 8 memory = 2000m
Pause
```

（2）界面提交，可以设置 CPU 核数及内存数，如图 7-123 所示。

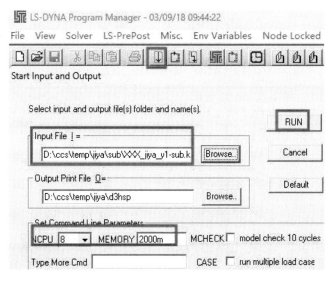

图 7-123　界面提交方法

7.4.2　子结构挤压模型分析

根据完整模型和子结构模型的分析结果，可以得到位移、应力及挤压力对比，如图 7-124 所示。在采用子结构技术后，柱子挤压力、边梁位移及应力结果差值均小于 1%，并且求解时间缩短 92% 左右，见表 7-16；计算效率非常高，该方法可用于后续的分析及优化中。

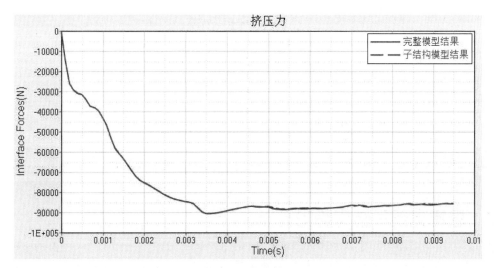

（a）挤压力对比

图 7-124　子结构界面节点及文件调用

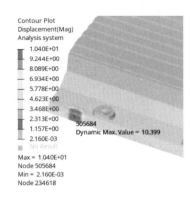
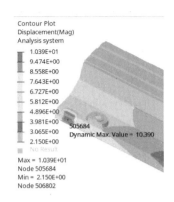

（b）完整模型位移结果　　　　　　（c）子结构模型位移结果

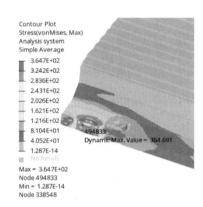
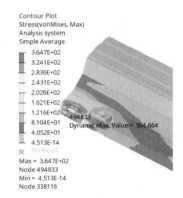

（d）完整模型应力结果　　　　　　（e）子结构模型应力结果

图 7-124　（续）

表 7-16　完整模型与子结构结果对比

名　　称	完整模型	子结构模型	差　　值
柱子挤压力/N	86246.9	85993.4	−0.2939%
边梁最大位移/mm	10.399	10.390	−0.0865%
边梁最大应力/MPa	364.691	364.664	−0.0074%
单元个数	248.6149 万	36.8409 万	−85.1815%
计算时间	约 38h46min10s	约 3h15min55s	−92.1053%

7.5　悬臂支架子结构静力分析

第 6 章采用不同的子模型技术对某悬臂支架进行静力分析，子模型结果与完整模型结果一致。本节将采用子结构技术，对悬臂支架进行静力分析并进行对比。考查基座的厚度对整体结构的影响，基座为残余结构，其他为子结构，如图 7-125 所示。

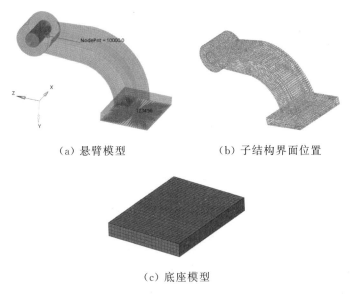

（a）悬臂模型　　　　　　　　（b）子结构界面位置

（c）底座模型

图 7-125　基础模型与子模型图

7.5.1　创建子结构驱动界面

1. 创建驱动界面

根据分析要求，创建悬臂支架的子结构驱动界面，本节采用 Segment 方法，同时定义界面输出文件（d3iff），如图 7-126 所示。

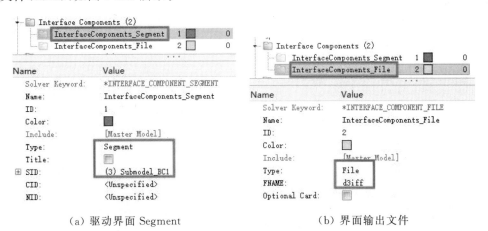

（a）驱动界面 Segment　　　　　　　（b）界面输出文件

图 7-126　驱动界面定义

2. 生成驱动界面文件

将带驱动界面的完整模型提交并进行计算，得到驱动界面节点文件 d3iff，以及悬臂支架的位移及应力结果，如图 7-127 所示。

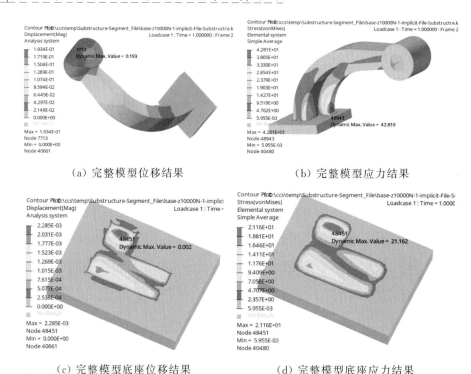

（a）完整模型位移结果　　　　　　　　（b）完整模型应力结果

（c）完整模型底座位移结果　　　　　　（d）完整模型底座应力结果

图 7-127　完整模型结果

3. 基于子结构模型计算

对子结构模型进行计算，子结构模型仅有底座。在创建子结构模型时，直接保留除子结构的底座模型，其余删除即可。同时创建子结构驱动界面 Segment 及调用界面文件，如图 7-128 所示。子结构模型的计算结果如图 7-129 所示。

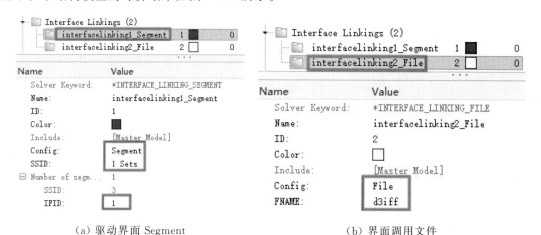

（a）驱动界面 Segment　　　　　　　　（b）界面调用文件

图 7-128　驱动界面及文件调用定义

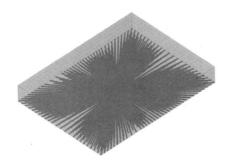

（c）底座子结构模型

图 7-128　（续）

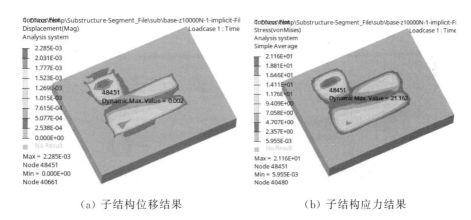

（a）子结构位移结果　　　　　　　　（b）子结构应力结果

图 7-129　子结构结果

7.5.2　基于子结构模型的研究

基于子结构模型，对底座的厚度（基础厚度为 25mm）进行分析研究，如图 7-130 所示。在研究过程中子结构的驱动界面不能改变，其余位置可以改变，通过分析得到的结果如图 7-131 和图 7-132 所示，结果对比见表 7-17。

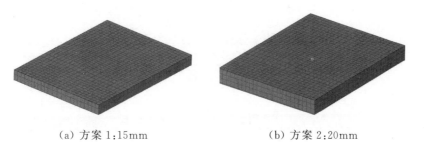

（a）方案 1：15mm　　　　　　　　　（b）方案 2：20mm

图 7-130　方案说明

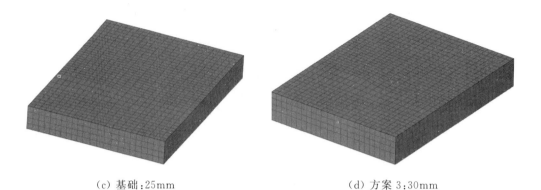

(c) 基础:25mm　　　　　　　　　(d) 方案 3:30mm

图 7-130　(续)

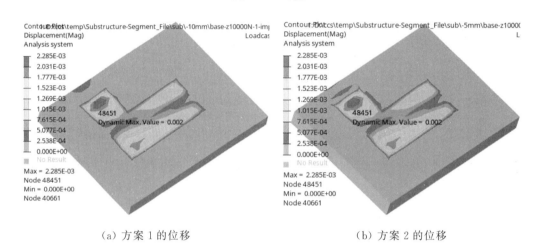

(a) 方案 1 的位移　　　　　　　　(b) 方案 2 的位移

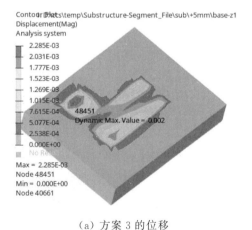

(a) 方案 3 的位移

图 7-131　子结构方案位移结果

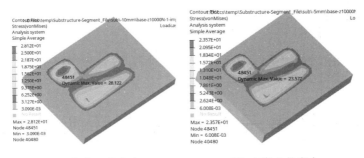

（a）方案 1 的应力　　　　（b）方案 2 的应力

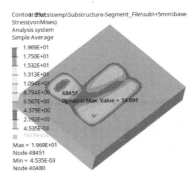

（c）方案 3 的应力

图 7-132　子结构方案应力结果

表 7-17　基于子结构方案结果对比

名　　称	应力/MPa	差　　值
完整模型	21.162	—
完整模型-基础子结构:25mm	21.162	0
方案 1:15mm	28.122	+6.96
方案 2:20mm	23.572	+2.41
方案 3:30mm	19.691	−1.471

　　从表 7-17 中可以看出,随着底座厚度的减小,界面处的应力随之增大;当底座厚度增加时,界面处的应力也有所减小。采用子结构分析技术可以快速地得到各种方案的结果。

7.6　小结

　　本章基于某动力电池包,通过采用 LS-DYNA 中的子结构超单元方法对整车柱碰进行仿真,从分析结果可以看出,子结构模型方法的结果与完整模型的结果一致,整体误差在 1% 以内,并且求解时间缩短约 83.3%。通过在极短的时间内基于子结构模型进行快速优化方案计算,得到最终满足性能要求的结果。该方法适用于解决所有此类问题。

第 **8** 章

Nastran 超单元法在汽车开发中的应用

Nastran 在线性、非线性、模态、动力学、优化等方面应用广泛,在汽车行业 NVH 分析中具有较为广泛的应用场景,特别是模态、响应分析具有较好的一致性结果。随着各个行业的快速发展,模型的规模也越来越大,如何基于 Nastran 进行快速迭代及优化分析是值得关注的问题,超单元在解决此类问题和缩短产品开发周期方面优势明显。

8.1 Nastran 超单元相关基础

8.1.1 超单元的技术特点

在整车或大型装配体结构分析中,在优化或迭代分析进程中,为了能更快速地得到其结果,需要缩短计算时间,此时可以把不变的系统或不关心的结构缩减成超单元,并且采用一组参数表征其刚度及模态等特性,再通过组装超单元与残余结构进行加速度计算。

Nastran 中的超单元种类整体可分为 3 类,包括 List Superelements、PART Superelements 和 External Superelements,其中前两种应用较少,第 3 种外部超单元应用相对较为广泛。Nastran 超单元的优点主要有以下几点。

(1) 缩减的矩阵可以连接到外部残余结构中,并且能保持与完整结构一样的特性。

(2) 外部超单元可以很容易地使用,极大地缩短了计算时间。

(3) 使用外部超单元时,可以根据需要对关注的材料、属性或结构等关键信息进行保密。

(4) 使用外部超单元可以在不恢复关键数据的情况下对某些关键结果进行评估及审核。

(5) 外部超单元结果文件可以提供给第三方,并且可以很方便地在各个设计组织中传递。

8.1.2 超单元的关键字

Nastran 中的超单元关键字如图 8-1 所示,在超单元计算模型中根据需要选择及写入该关键字,该关键字默认把超单元模型的刚度矩阵、质量矩阵、粘性阻尼矩阵、结构阻尼矩阵、静态载荷矩阵和流固耦合矩存储到外部文件中,默认存储的外部文件是 MASTER 和 DBALL 格式文件。当然也可以自行选择把这些矩阵信息存储到 op2、punch 或者 op4 等文件中,存储的文件格式不同,数据恢复也不一样,但总体上接近。

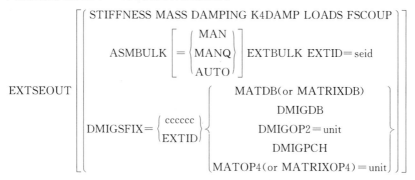

$$\text{EXTSEOUT}\left[\begin{bmatrix}\text{STIFFNESS MASS DAMPING K4DAMP LOADS FSCOUP}\\ \text{ASMBULK}\begin{bmatrix}=\begin{Bmatrix}\text{MAN}\\ \text{MANQ}\\ \text{AUTO}\end{Bmatrix}\end{bmatrix}\text{EXTBULK EXTID}=\text{seid}\\ \text{DMIGSFIX}=\begin{Bmatrix}\text{cccccc}\\ \text{EXTID}\end{Bmatrix}\begin{Bmatrix}\text{MATDB(or MATRIXDB)}\\ \text{DMIGDB}\\ \text{DMIGOP2}=\text{unit}\\ \text{DMIGPCH}\\ \text{MATOP4(or MATRIXOP4)}=\text{unit}\end{Bmatrix}\end{bmatrix}\right]$$

图 8-1　Nastran 超单元关键字

8.1.3　超单元的主要分析步骤

超单元的主要分析步骤如下。

(1) 分解模型,将需要做成超单元的模型独立出来。

(2) 采用不同的方法创建超单元模型。

(3) 计算超单元模型,并得到超单元结果。

(4) 组装超单元与残余模型,并进行工况分析。

(5) 对比完整模型与超单元模型结果,并进行分析,从而完成下一步优化工作。

8.2　Nastran 超单元在整车中应用方法一

8.2.1　Nastran 关键字说明1

本节采用 Nastran 超单元应用方法一,通过采用存储到 MASTER 和 DBALL 文件方法对某整车的动力总成系统模态及悬置安装点动刚度进行分析,并与传统方法进行对比,整车模型、动力总成模型及待缩聚的超单元模型如图 8-2 所示。

（a）完整模型　　　　　　（b）待缩聚的超单元模型　　　（c）动力总成模型（残余模型）

图 8-2　某整车模型

1. Nastran 模型文件格式

Nastran 模型文件主要包括以下内容：

（1）要执行的分析类型，例如静力学分析、屈曲分析、特征值响应、瞬态分析等。

（2）计算结果输出要求，例如部分/全部的节点位移、单元应力、单元应变等。

（3）模型几何，有限元计算通过离散化的空间节点来描述几何特征。

（4）单元集合，通过节点号描述各种单元类型（1D/2D/3D）。

（5）材料参数，材料的应力应变关系需要用各种本构关系来描述。

（6）载荷参数，例如集中力/力矩、分布力/力矩、惯性载荷等。

（7）边界条件，例如单点约束（SPC）、多点约束（MPC）等。

Nastran 输入文件为文本文件，默认后缀名为 DAT，亦可为 .bdf，通过文本编辑软件（如 Ultraedit 或 Notepad 等）或前处理软件生成，输入文件包括 5 部分和 3 个限定符，见表 8-1，Nastran 模型文件内容如图 8-3 所示。

表 8-1   Nastran 模型文件格式说明

名　　称	是否必需	语　　句	说　　明
Nastran 语句	可选	/	软件版本信息等
文件管理语句	可选	/	/
执行控制语句	计算必需	Executive Control Cards	输入分析类型、允许 CPU 时间等，如本例分析类型为 103，表示该文件采用模态分析
CEND	限定符（必需）	/	用于指定执行控制语句定义结束
情况控制指令	计算必需	Case Control Cards	输出结果（如位移、应力、应变能等），定义计算工况类型，以及载荷和约束等
BEGIN BULK	限定符（必需）	/	该字符表明数据块定义开始
模型数据信息	模型必需	Bulk Data Cards	输出结果文件类型（如 post 为 −1 或 −2，即为 op2 文件）、计算控制参数及模型的全部数据（如几何、单元等）
ENDDATA	限定符（必需）	/	该字符表明模型数据语句结束

2. 定义超单元输出请求

Nastran 超单元首先要通过关键字定义超单元的输出，即得到超单元模型缩聚后的结果文件，用于后续的组装关联分析，具体可以在 CASE CONTROL 部分定义，相关语句如下：

```
EXTSEOUT(ASMBULK EXTID = 10)
EXTSEOUT(ASMBULK EXTID = 10 DMIGDB)
EXTSEOUT(ASMBULK EXTID = 10 MATRIXDB)
```

该语句中 EXTID＝10 表示超单元模型编号为 10，并采用 DMIGDB、MATRIXDB 或 MATDB 格式存储外部超单元矩阵信息。读者可根据需要自由选择，在实际中通常采用第 3 种方法。

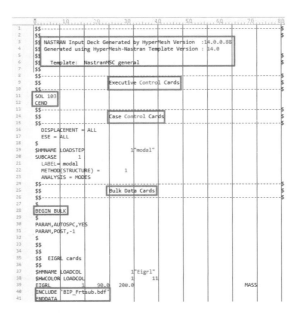

图 8-3　Nastran 模型文件内容

3. 定义内外部连接点

超单元通过界面点与残余模型连接,该界面点在 BULK DATA 中定义,这些界面连接点即为需要定义的外部节点,振动和噪声的响应点也可在该字段中进行定义。这些界面连接点分为自由和约束,一般衬套为自由,螺栓等为约束,可根据实际情况进行确定,但两者的结果差异较小;界面连接点通过 ASET 或 CSET 节点集创建。

(1) 当内外部界面节点为约束时,可采用以下关键字创建。

ASET/ASET1,BSET/BSET1,BNDFIX/BNDFIX1

(2) 当内外部界面节点为自由时,可采用以下关键字创建。

CSET/CSET1,BNDFREE/BNDFREE1

4. 定义用于存储超单元的 SPOINT 标量点和残余自由度

该关键字同样可在 BULK DATA 部分定义,原则上一阶模态就需要定义一个 SPOINT 点,但由于不清楚具体有多少阶模态,所以可定义以下关键字,该关键字将自动对每一阶模态产生一个 SPOINT 点。

PARAM,AUTOQSET,YES

当定义完超单元所有关键字后,导出模型通过 SOL103(特征值提取求解器)或 SOL111(频率响应分析求解器)进行求解计算。

5. 定义 NASTRAN 控制设置

在采用 NASTRAN 计算时,一般设置成 SCR＝YES,即把计算生成的 MASTER 和 DBALL 文件删除(该文件较大,会占据较大硬盘空间),但若删除这两个文件就无法进行数据恢复了,所以必须在计算完成之后保留下来,具体可通过以下关键字进行设置。

在计算界面中设置 SCR＝NO,即可将超单元存储到 MASTER 和 DBALL 文件中。

8.2.2 创建超单元

1. 创建超单元计算头文件

对需要缩聚的模型可采用模态计算生成超单元,在模态计算时,建议采用头文件形式,即头文件仅包括一些工况计算的控制命令、载荷、边界及输出等,再通过 INCLUDE 关键字对需要计算的模型文件进行关联,此方法整体界面清晰,并且同类计算问题可采用通用的头文件格式,如图 8-4 所示,其中 TB.bdf 为需要创建的超单元模型文件,该文件包括除 PT 模型外的所有零部件,在导出时需勾选 OMIT(包括 CEND、BEGIN_BULK、ENDATA),即该模型仅有数据模块,以便通过 INCLUDE 进行关联计算。由于 Nastran 中一个 BULK 数据最多由 8 个字符组成,所以可在文本中设置列标记线,方便在文本中进行相关操作,如图 8-5 所示。

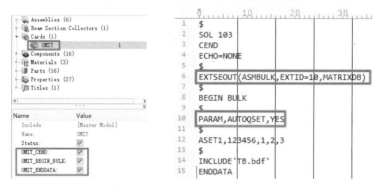

(a) 基于方法一创建超单元

(b) TB-1 模型

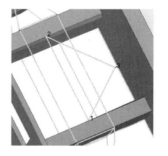

(c) 超单元连接点 ASET1 定义

图 8-4 需要缩聚为超单元的模型

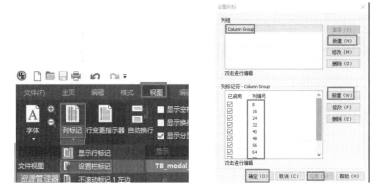

图 8-5　文本中设置列标记线

2. 超单元计算结果

通过计算可以得到超单元计算结果,采用方法一计算得到的超单元主要包括以下格式的 3 个文件:.asm、.DBALL 和.MASTER,这 3 个文件将会在后续的工况计算中调用,如图 8-6 所示。

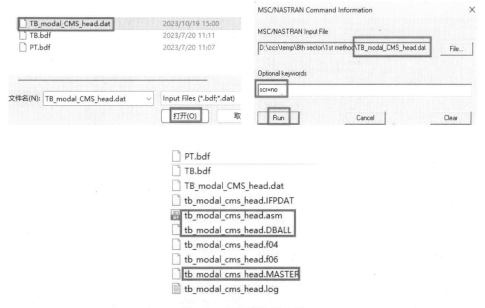

图 8-6　超单元计算结果

8.2.3　组装超单元及模态计算

1. 装配超单元与残余结构

通过计算得到超单元结果文件后,可以通过以下方法调用超单元,即在计算头文件中写入如下语句:

```
ASSIGN SE10M = 'xxx.MASTER'
ASSIGN SE10D = 'xxx.DBALL'
DBLOCATE DB = (EXTDB)CONVERT(SEID = 10),LOGICAL = SE10M
```

在 BULK DATA 部分写入的语句如下:

```
INCLUDE 'XXX.asm'
```

本例完整的超单元与残余结构计算模态头文件如图 8-7 所示。

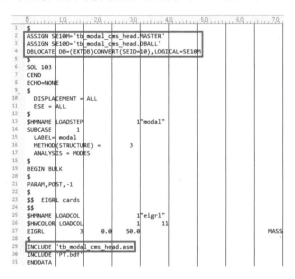

图 8-7 超单元与残余结构装配模态计算头文件

2. 超单元与残余结构装配后的模态结果

在计算大模型的整体模态时,可以通过 scr = yes 在计算结束后删除中间文件,避免占据硬盘空间。通过计算模态,得到其模态结果,包括频率和振型,计算结果文件如图 8-8 所示,模态振型结果如图 8-9 所示。

名称	大小
full_modal_head.log	10 KB
full_modal_head.f04	112 KB
full_modal_head.f06	153,808 KB
full_modal_head.op2	34,815 KB
full_modal_head.dat	1 KB
PT_TB_full_model.bdf	2,505 KB

名称	大小
tb_cms_pt_modal_head.log	10 KB
tb_cms_pt_modal_head.f04	190 KB
tb_cms_pt_modal_head.f06	765 KB
tb_cms_pt_modal_head.op2	173 KB
tb_cms_pt_modal_head.t31388_56.bat	14 KB
tb_cms_pt_modal_head.T31388_56.rcf	2 KB
TB_CMS_PT_modal_head.dat	1 KB

（a）传统方法计算模态结果　　　　（b）超单元方法计算模态结果

图 8-8 超单元与残余结构装配模态计算头文件

对比传统方法与超单元方法的某动力总成模态结果,见表 8-2,从表中可以看出两者的结果差值整体在 5% 以内,满足要求,计算时间由 22s 缩短到 6.5s,降幅达到 70.45%。

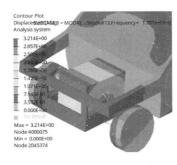
（a）Pitch 模态传统方法结果

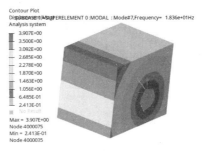
（b）Pitch 模态超单元结果

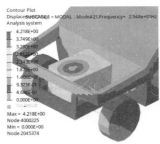
（c）Yaw 模态传统方法结果

（d）Yaw 模态超单元结果

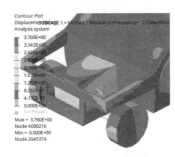
（e）Roll 模态传统方法结果

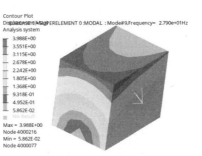
（f）Roll 模态超单元结果

图 8-9　传统与超单元模态对比

表 8-2　传统与超单元动力总成模态结果对比

名　　称	完整模型	带超单元模型	差　值	比　例
Pitch 模态/Hz	17.81	18.36	0.55	3.09%
Yaw 模态/Hz	25.48	25.56	0.08	0.31%
Roll 模态/Hz	27.38	27.90	0.52	1.90%
Fore/Aft 模态/Hz	33.52	34.22	0.7	2.09%
Bounce 模态/Hz	39.82	37.50	−2.32	−5.83%
Lateral 模态/Hz	40.63	40.88	0.25	0.62%
计算时间/s	22.0	6.5	—	−70.45%

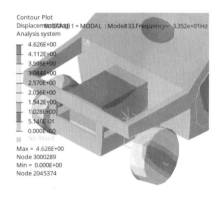

（g）Fore/Aft 模态传统方法结果

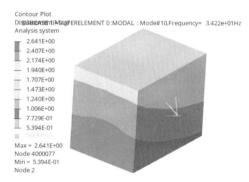

（h）Fore/Aft 模态超单元结果

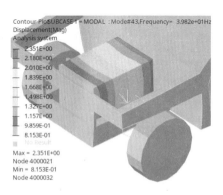

（i）Bounce 模态传统方法结果

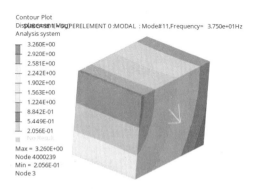

（j）Bounce 模态超单元结果

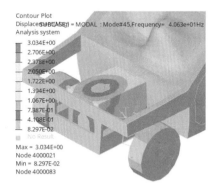

（k）Lateral 模态传统方法结果

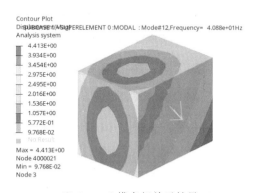

（l）Lateral 模态超单元结果

图 8-9　（续）

8.2.4　基于超单元的动刚度计算

1. 创建超单元动刚度头文件

计算动刚度可以采用头文件进行计算，也可以直接在模型中设置相关工况及参数等，某动刚度计算头文件如图 8-10 所示。

在建立头文件时,可以详细包括图 8-10 中完整的 Nastran 关键语句,也可进行简化,即将两个 $ $(仅作注释说明)处语句全删除,1 个 $(辅助创建名字及颜色或分隔等)可选择删除,建议至少保留分隔处的 $,简化后的头文件如图 8-11 所示。

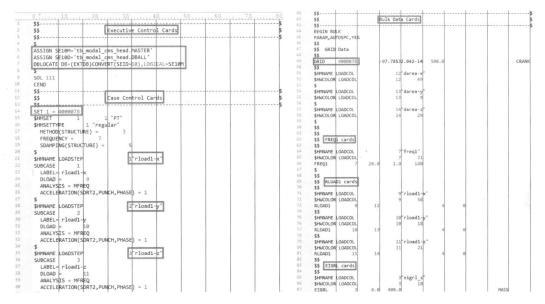

（a）头文件设置 1　　　　　　　　　　（b）头文件设置 2

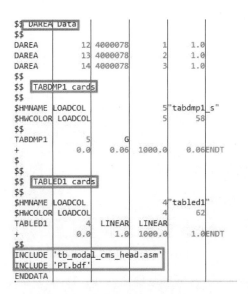

（c）头文件设置 3

图 8-10　动刚度计算头文件

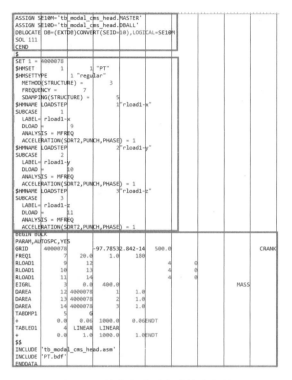

```
ASSIGN SE10M='tb_modal_cms_head.MASTER'
ASSIGN SE10D='tb_modal_cms_head.DBALL'
DBLOCATE DB=(EXTDB)CONVERT(SEID=10),LOGICAL=SE10M
SOL 111
CEND
$
SET 1 = 4000078
$HMSET          1          1 "PT"
$HMSETTYPE        1 "regular"
    METHOD(STRUCTURE) =           3
    FREQUENCY =               7
    SDAMPING(STRUCTURE) =         5
$HMNAME LOADSTEP                 1"rload1-x"
SUBCASE        1
    LABEL= rload1-x
    DLOAD =        9
    ANALYSIS = MFREQ
    ACCELERATION(SORT2,PUNCH,PHASE) = 1
$HMNAME LOADSTEP                 2"rload1-y"
SUBCASE        2
    LABEL= rload1-y
    DLOAD =       10
    ANALYSIS = MFREQ
    ACCELERATION(SORT2,PUNCH,PHASE) = 1
$HMNAME LOADSTEP                 3"rload1-z"
SUBCASE        3
    LABEL= rload1-z
    DLOAD =       11
    ANALYSIS = MFREQ
    ACCELERATION(SORT2,PUNCH,PHASE) = 1
BEGIN BULK
PARAM,AUTOSPC,YES
GRID     4000078           -97.7853 2.842-14    500.0                CRANK
FREQ1          7     20.0      1.0       180
RLOAD1         9       12                          4        0
RLOAD1        10       13                          4        0
RLOAD1        11       14                          4        0
EIGRL          3      0.0    400.0                        MASS
DAREA         12  4000078        1      1.0
DAREA         13  4000078        2      1.0
DAREA         14  4000078        3      1.0
TABDMP1        5        G
+            0.0     0.06   1000.0     0.06ENDT
TABLED1        4   LINEAR   LINEAR
+            0.0      1.0   1000.0      1.0ENDT
$$
INCLUDE 'tb_modal_cms_head.asm'
INCLUDE 'PT.bdf'
ENDDATA
```

图 8-11   简化版动刚度计算头文件

2. 计算超单元动刚度

（1）通过采用相同的头文件分别基于完整模型、残余模型与超单元模型进行 PT 激励点响应分析，即动刚度计算，完整模型与残余模型如图 8-12 所示。

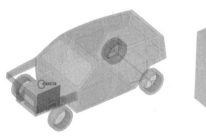

（a）完整模型   （b）残余模型

图 8-12   完整与残余模型激励点

（2）通过计算得到 20～200Hz 频率范围内 X 向、Y 向、Z 向 3 个方向的加速度响应曲线如图 8-13 所示。从对比曲线中可以看出，3 个方向的整体趋势一致，其平均动刚度值见表 8-3，从表中可以看出两种方法的动刚度差值在 5% 以内，计算时间缩短 98.01%。平均法与面积法的动刚度计算操作步骤如图 8-14 和图 8-15 所示。

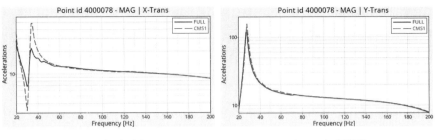

（a）X 向动刚度　　　　　　　　　（b）Y 向动刚度

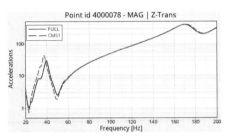

（c）Z 向动刚度

图 8-13　完整模型与超单元 3 个方向动刚度曲线对比

表 8-3　完整模型与超单元动刚度结果对比（平均法）

名称	平均法		差值	面积法		差值
	完整模型	超单元方法 1		完整模型	超单元方法 1	
X 方向/N·mm^{-1}	58735.3	58625.9	-0.19%	50822	48205.8	-5.15%
Y 方向/N·mm^{-1}	55009.4	54454.8	-1.01%	36970	35635.6	-3.61%
Z 方向/N·mm^{-1}	8500.81	8751.39	2.95%	5018.26	4955.89	-1.24%
计算时间/s	98.25	1.953	-98.01%	—	—	—

安装点动刚度的计算方法有很多种，其中平均法和面积法动刚度计算公式操作步骤如图 8-14 和图 8-15 所示。

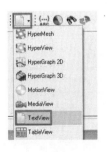

（a）步骤 1

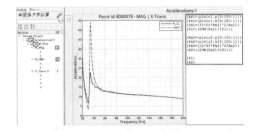

（b）步骤 2

图 8-14　平均法动刚度计算步骤

（c）步骤 3　　　　　　　　　　（d）步骤 4

图 8-14　（续）

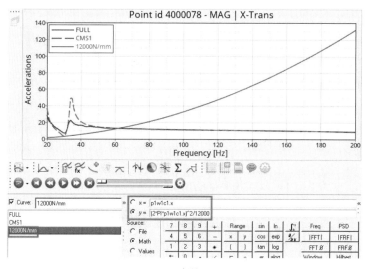

（a）步骤 1

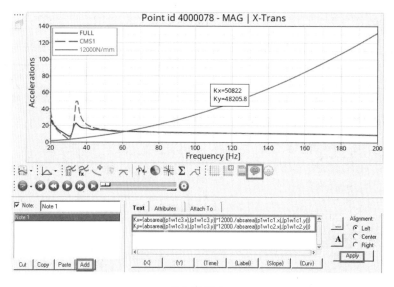

（b）步骤 2

图 8-15　面积法动刚度计算步骤

8.3　Nastran 超单元在整车中应用方法二

8.3.1　Nastran 关键字说明

本节采用 Nastran 超单元应用方法二,通过采用存储到 op4 文件方法对某整车的动力总成系统模态及悬置安装点动刚度进行分析,并与传统方法进行对比,完整模型、待缩聚的超单元模型及动力总成模型如图 8-16 所示。

　　(a) 完整模型　　　(b) 待缩聚的超单元模型　　(c) 动力总成模型(残余模型)

图 8-16　某整车模型

1. 定义超单元输出请求

(1) 定义将超单元信息输出到 op4 文件,op4 文件不需要指定 scr=no 而保留 MASTER 和 DBALL 格式文件,XXX 为指定以 op4 格式输出的超单元名称,命令如下:

```
ASSIGN OUTPUT2 = 'XXX.op4', UNIT = 35
```

具体可以在 CASE CONTROL 字段区域中定义。

(2) 定义超单元输出,本实例中超单元采用模态求解,因此需要定义 SOL103,也可采用 SOL111 求解,命令如下:

```
EXTSEOUT(ASMBULK = MANQ, EXTBULK, EXTID = 10, MATOP4 = 35)
```

该语句表示超单元模型编号为 10,以 op4 格式存储外部超单元矩阵信息。

2. 定义内外部连接点

超单元通过界面点与残余模型连接,该界面点在 BULK DATA 中定义,这些界面连接点即为需要定义的外部节点,振动和噪声的响应点也可在该字段中进行定义。这些界面连接点有自由和约束,一般衬套为自由,螺栓等为约束,可根据实际情况进行确定,但两者的结果差异较小;界面连接点通过 ASET 或 CSET 节点集创建。

(1) 当内外部界面节点为约束时,创建关键字,命令如下:

```
ASET/ASET1, BSET/BSET1, BNDFIX/BNDFIX1
```

(2) 当内外部界面节点为自由时,创建关键字,命令如下:

```
CSET/CSET1, BNDFREE/BNDFREE1
```

3. 定义用于存储超单元的 SPOINT 标量点和残余自由度

该关键字同样可在 BULK DATA 部分定义,原则上一阶模态就需要定义一个 SPOINT 点,但由于不清楚具体有多少阶模态,所以可定义以下关键字,该关键字将自动对每一阶模态产生一个 SPOINT 点。

PARAM,AUTOQSET,YES

当定义完超单元所有关键字后,导出模型通过 SOL103(特征值提取求解器)或 SOL111 (频率响应分析求解器)进行求解计算。

8.3.2　创建超单元

1. 创建超单元计算头文件

参考方法一,同样采用头文件形式计算超单元,如图 8-17 所示。

```
ASSIGN OUTPUT2='TB_modal_CMS2_head.op4',UNIT=35
$
SOL 103
CEND
ECHO=NONE
$
EXTSEOUT(ASMBULK=MANQ,EXTBULK,EXTID=10,MATOP4=35)
$
BEGIN BULK
$
PARAM,AUTOQSET,YES
$
ASET1,123456,1,2,3
$
INCLUDE 'TB.bdf'
ENDDATA
```

图 8-17　基于方法二创建超单元

2. 超单元计算结果

通过计算可以得到超单元计算结果,采用方法二计算得到的超单元主要包括 3 种不同格式的文件:.asm、op4、pch,其中这 3 个文件将会在后续的工况计算中调用,如图 8-18 所示。

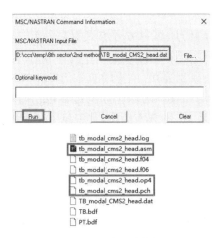

图 8-18　超单元计算结果

8.3.3　组装超单元及模态计算

1. 装配超单元与残余结构

通过计算得到超单元结果文件后，可以通过以下方法调用超单元，即在计算头文件中写入如下语句，模型信息如图8-19所示。

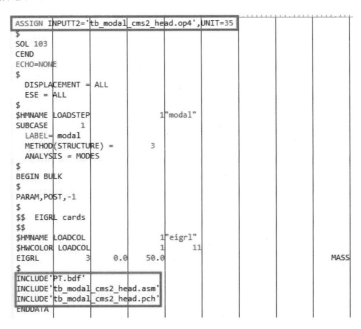

```
ASSIGN INPUTT2='tb_modal_cms2_head.op4',UNIT=35
$
SOL 103
CEND
ECHO=NONE
$
  DISPLACEMENT = ALL
  ESE = ALL
$
$HMNAME LOADSTEP            1"modal"
SUBCASE        1
  LABEL= modal
  METHOD(STRUCTURE) =        3
  ANALYSIS = MODES
$
BEGIN BULK
$
PARAM,POST,-1
$
$$ EIGRL cards
$$
$HMNAME LOADCOL            1"eigrl"
$HWCOLOR LOADCOL            1       11
EIGRL        3    0.0    50.0                        MASS
$
INCLUDE'PT.bdf'
INCLUDE'tb_modal_cms2_head.asm'
INCLUDE'tb_modal_cms2_head.pch'
ENDDATA
```

图8-19　基于方法二超单元与残余结构装配模态计算头文件

2. 超单元与残余结构装配后的模态结果

通过计算，可得到其模态结果，包括频率和振型，如图8-20所示。同样对比传统方法与超单元方法的某动力总成模态如图8-21，其结果见表8-4，从表中可以看出两种超单元方法的结果一致，并且与传统结果差值整体在5%以内，满足要求，方法二的计算时间缩短到2.343s，降幅达到89.35%。

名称	大小		名称	大小
full_modal_head.log	10 KB		tb_cms2_pt_modal_head.log	10 KB
full_modal_head.f04	112 KB		tb_cms2_pt_modal_head.f04	202 KB
full_modal_head.f06	153,808 KB		tb_cms2_pt_modal_head.f06	774 KB
full_modal_head.op2	34,815 KB		tb_cms2_pt_modal_head.f06	774 KB
full_modal_head.dat	1 KB		tb_cms2_pt_modal_head.op2	173 KB
PT_TB_full_model.bdf	2,505 KB		TB_CMS2_PT_modal_head.dat	1 KB

（a）传统方法模态结果　　　　　（b）基于方法二超单元模态结果

图8-20　超单元与残余结构装配模态计算头文件

表 8-4　传统与两种方法超单元动力总成模态结果对比

名　　称	完　　整	方法一超单元	方法二超单元	差　　值	比　　例
Pitch 模态/Hz	17.81	18.36	18.36	0.55	3.09%
Yaw 模态/Hz	25.48	25.56	25.56	0.08	0.31%
Roll 模态/Hz	27.38	27.90	27.90	0.52	1.90%
Fore/Aft 模态/Hz	33.52	34.22	34.22	0.7	2.09%
Bounce 模态/Hz	39.82	37.50	37.50	−2.32	−5.83%
Lateral 模态/Hz	40.63	40.88	40.88	0.25	0.62%
计算时间/s	22.0	6.5	2.343	—	−89.38%

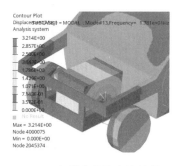
（a）Pitch 模态传统方法结果

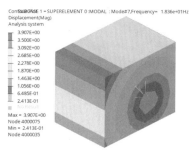
（b）Pitch 模态超单元结果

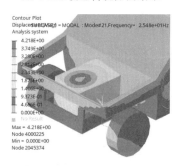
（c）Yaw 模态传统方法结果

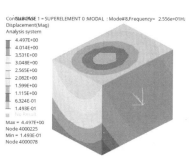
（d）Yaw 模态超单元结果

（e）Roll 模态传统方法结果

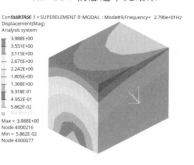
（f）Roll 模态超单元结果

图 8-21　传统与超单元模态对比

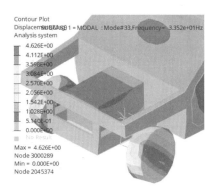

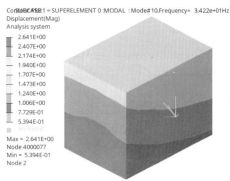

（g）Fore/Aft 模态传统方法结果　　　　　（h）Fore/Aft 模态超单元结果

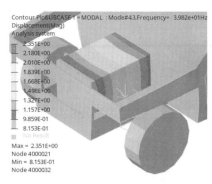

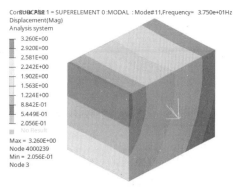

（i）Bounce 模态传统方法结果　　　　　（j）Bounce 模态超单元结果

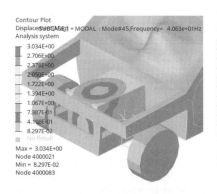

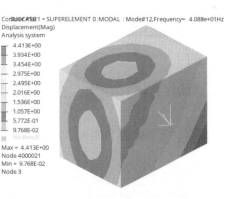

（k）Lateral 模态传统方法结果　　　　　（l）Lateral 模态超单元结果

图 8-21　（续）

3. 动刚度计算结果

通过计算得到 20～200Hz 频率范围内 X 向、Y 向、Z 向 3 个方向的加速度响应曲线如图 8-22 所示。从对比曲线中可以看出，3 个方向的整体趋势一致，其平均动刚度值见表 8-5，从表中可以看出两种方法的动刚度差值在 5% 以内，计算时间缩短 98.01%。

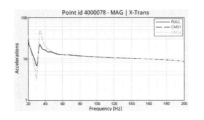

（a）X 向动刚度

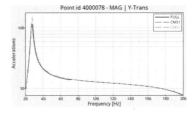

（b）Y 向动刚度

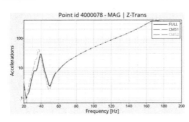

（c）Z 向动刚度

图 8-22　完整与超单元 3 个方向动刚度曲线对比

表 8-5　完整与超单元动刚度结果对比（平均法）

名　　称	平　均　法		差　　值	面　积　法		差　　值
	完整模型	超单元方法二		完整模型	超单元方法二	
X 方向/N·mm^{-1}	58735.3	58625.9	-0.19%	50822	48205.8	-5.15%
Y 方向/N·mm^{-1}	55009.4	54454.8	-1.01%	36970	35635.6	-3.61%
Z 方向/N·mm^{-1}	8500.81	8751.39	2.95%	5018.26	4955.89	-1.24%
计算时间/s	98.25	1.953	-98.01%	—	—	—

8.4　Nastran 超单元在整车中应用方法三

8.4.1　Nastran 关键字说明 2

本节采用 Nastran 超单元应用方法三，通过采用存储到 pch 文件方法使某简易悬臂梁左侧固定，并且在右侧施加一个向下的力。绿色区域为非设计区域，浅蓝色区域为设计区域，如图 8-23 所示。

图 8-23　分析模型

1. 定义超单元输出请求

定义超单元输出,在本实例中用超单元进行静力学求解,因此需要采用 SOL101 求解,命令如下:

```
EXTSEOUT(STIFF,MASS,EXTID = 10,DMIGPCH,DMIGSFIX = SE10)
```

该语句表示需要缩聚超单元模型的超单元编号为 10,以 pch 格式存储超单元矩阵信息,如图 8-24 所示。

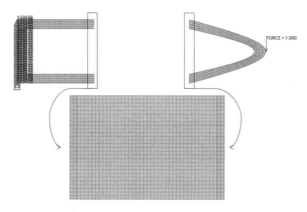

图 8-24　超单元界面连接点

2. 定义内外部连接点

超单元通过界面点与残余模型连接,该界面点在 BULK DATA 中定义,这些界面连接点即为需要定义的外部节点,振动和噪声的响应点也可在该字段中进行定义。这些界面连接点分为自由和约束,一般衬套为自由,螺栓等为约束,可根据实际情况进行确定,但两者的结果差异较小;界面连接点通过 ASET 或 CSET 节点集创建。

(1) 当内外部界面节点为约束时,创建关键字,命令如下:

```
ASET/ASET1,BSET/BSET1,BNDFIX/BNDFIX1
```

(2) 当内外部界面节点为自由时,创建关键字,命令如下:

```
CSET/CSET1,BNDFREE/BNDFREE1
```

8.4.2　创建超单元

1. 创建超单元计算头文件

参考方法二同样采用头文件形式计算超单元,如图 8-25 所示。图中相关语句的说明如下:

(1) SOL101 表示通过静刚度计算得到超单元刚度、质量矩阵。

（2）EXTSEOUT 表示生成刚度和质量矩阵，并以 PCH 文件输出，10 为超单元编号；各个字段的前后位置无影响。

（3）ASET1 表示选择需要保留的节点及保留的节点的自由度。

（4）cms.bdf 表示需要创建的超单元文件。

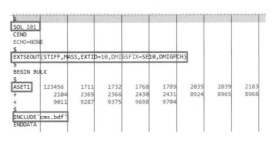

图 8-25　基于方法三创建超单元

2. 超单元计算结果

1）超单元模型计算

通过计算可以得到超单元计算结果，采用方法三计算得到的超单元主要包括 pch 文件，其中这个文件将会在后续的工况计算中调用，如图 8-26 所示。

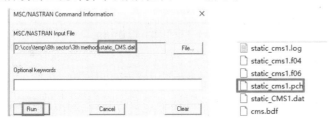

图 8-26　超单元计算结果

2）超单元结果文件说明

静态缩聚的超单元结果文件 .pch 打开后如图 8-27 所示。pch 文件中列表了超单元的编号 10；界面连接点坐标信息，即 BOUNDARY GRID DATA；界面点的自由度缩聚形式，即 ASET；刚度矩阵 KSE10，如图 8-27 所示。

8.4.3　组装超单元及模态计算

1. 装配超单元与残余结构

通过计算得到超单元结果文件后，可以通过以下方法调用超单元，即在计算头文件中写入如下语句。

（1）在 Executive Control Cards 下添加以下关键字：

```
K2GG = KSE10
M2GG = MSE10
```

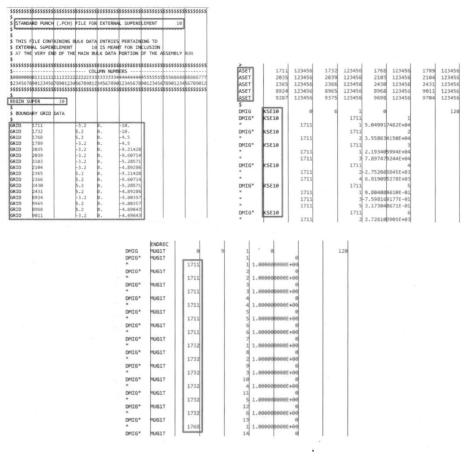

图 8-27　超单元.pch结果图示

（2）在 Bulk Data Cards 中通过 INCLUDE 添加超单元结果，命令如下：

```
INCLUDE ˜static_cms1.pch˜
```

（3）组装方法一：直接在完整模型中将超单元区域模型删除，同时添加（1）和（2）中的关键字，如图 8-28 所示。

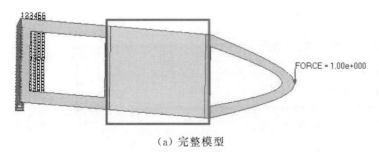

（a）完整模型

图 8-28　基于方法三超单元与残余结构装配模态计算头文件

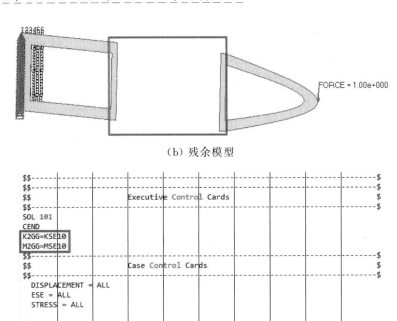

（b）残余模型

```
$$------|------|------|------|------|------|------|------|------$
$$------|------|------|------|------|------|------|------|------$
$$                         Executive Control Cards                $
$$------|------|------|------|------|------|------|------|------$
SOL 101
CEND
K2GG=KSE10
M2GG=MSE10
$$------|------|------|------|------|------|------|------|------$
$$                         Case Control Cards                     $
$$------|------|------|------|------|------|------|------|------$
  DISPLACEMENT = ALL
  ESE = ALL
  STRESS = ALL

$
$HMNAME LOADSTEP                    1"static"
SUBCASE       1
  LABEL= step
  SPC =        1
  LOAD =        3
  ANALYSIS = STATICS
```

（c）添加刚度矩阵

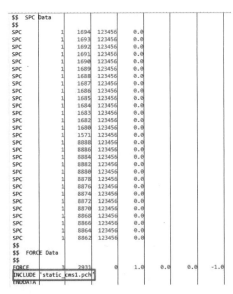

（d）添加超单元结果

（e）组装后的完整模型

图 8-28 （续）

（4）组装方法二：可将残余模型作为一个仅包括节点、单元及连接的独立模型，再通过INCLUDE与计算头文件进行关联，如图8-29所示。

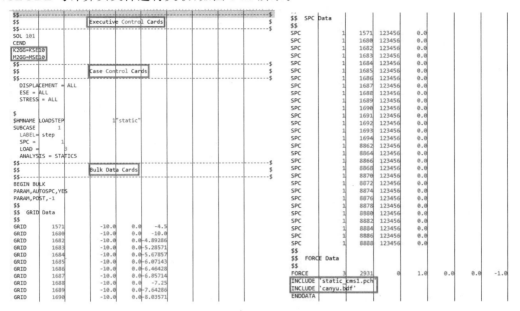

图8-29　基于方法三超单元与残余结构装配模态计算头文件

2. 超单元与残余结构装配后的模态结果

通过计算得到悬臂支架残余部分的位移和应力结果，如图8-30所示。详细的静力对比如图8-31，结果见表8-6，从表中可以看出静力超单元结果与传统方法一致，若针对大模型（如计算整车刚度及优化），则可将不关注区域的子系统模型通过超单元进行关联，可大幅缩短计算时间，提高优化效率。

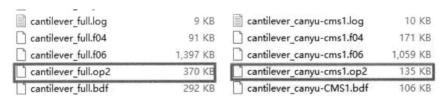

（a）完整模型结果　　　　　（b）基于方法三超单元模型结果

图8-30　超单元与残余结构装配模态计算头文件

表8-6　传统与两种方法超单元动力总成模态结果对比

名　称	完　整	方法三超单元	差　值
位移/mm	3.635e-3	3.635e-3	0
应力/MPa	15.786	15.786	0.08
计算时间/s	1.359	1.718	—

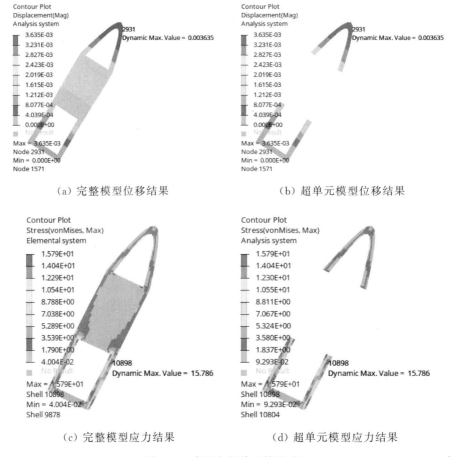

（a）完整模型位移结果   （b）超单元模型位移结果

（c）完整模型应力结果   （d）超单元模型应力结果

图 8-31　完整与超单元结果对比

8.5　小结

本章基于汽车动力总成及支架，采用 Nastran 中不同的超单元方法进行分析对比，从结果可以看出采用超单元方法后，计算时间大幅缩短，效果非常明显，该方法适用解决所有此类问题。

第 9 章

超单元法在动力学及动刚度中的应用

超单元方法通常用于处理大模型及超大模型(如单元达到百万级别),其可以将一个复杂的大模型分为若干个不同的部件,每个部件可以看作一个超单元,每个超单元都是独立的,包括各自的节点、单元、约束及载荷等,同时每个超单元的计算也是独立的,而整个模型的求解就是对残余(剩余)结构的求解,然后通过数据恢复得到各超单元内部节点上的结果。

9.1 动力学背景

在进行整车动力学分析时,为了提升计算效率,在 ADAMS 中的大部分分析采用的是刚性体,并且在很多情况下可以满足要求,主要是由于各个零件之间的弹性变形对于机构各部分的动态特性影响较小,例如汽车悬架的 K&C 分析,但在实际情况下大部分构件(如副车架)在受力时有一定的弹性变形,该变形会影响计算结果的精度;特别是一些底盘件,当采用柔性体时计算结果会更加准确。

柔性体是由模态构成的,要得到柔性体就需要计算构件的模态参数。在 ADAMS 中建立柔性体有 3 种方法:离散柔性连接杆、ADAMS/ViewFlex 模块生成 mnf 文件、第三方软件输出 mnf 文件等。

ADAMS 中的柔性体分为离散式和模态式两种。离散式柔性体以多个梁单元串接建模,串接的单元数量越多越能模拟构件的实际变形。这种柔性体可模拟构件的非线性变形,但只适用于简单结构;模态式柔性体是由外部有限元软件生成的,能根据物体的实际结构进行网格建模。由于采用的是模态线性叠加来模拟物体变形,因此模态式柔性体只适用于结构的线性受力分析。

汽车悬架中的 K&C 分析中 K 特性即悬架运动学特性,是指车轮在垂直方向上往复运动的过程中由于悬架导向机构的作用而导致车轮平面和轮心点产生角位移和线位移变化的特性;C 特性即悬架弹性运动学特性,是指地面作用于轮胎上的力和力矩所导致的车轮平面和轮心产生角位移和线位移变化的特性。

悬架的 K 特性对整车的操纵稳定性影响很大,主要体现在车轮的上下跳过程中,以及车轮的前束角、外倾角等车轮定位参数的变化。C 特性包括悬架侧倾刚度、轮胎侧偏刚度、衬套刚度及各部件的受力变形,同样对整车的操纵稳定性影响很大。基于此,本章主要讲解采用第三方软件如何创建柔性体文件及如何对相关细节进行设置。

9.2　超单元动力学实战一

9.2.1　超单元动力学应用方法一

本节在 OS 中建立副车架模态柔性体模型及相关设置,并进行模态柔性体求解,输出 ADAMS 可识别的带应力、应变的.mnf 中性文件,用作 ADAMS 模型柔性体建模,本节采用全模型输出方法,具体流程如下。

1. 算例说明

以某前副车架为例,首先根据硬点坐标建立副车架的关键连接点,并采用 PLOTEL 单元将这些连接点连接成一个框架,用于模型的快速建模及后处理,如图 9-1 所示。

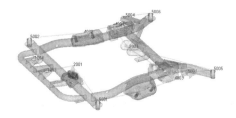

图 9-1　副车架连接点图示

2. 创建连接点 ASET 输出

在连接点位置建立界面 ASET 集,在 load types 中选择 ASET(或 ASET1),约束 123456 自由度,如图 9-2 所示。

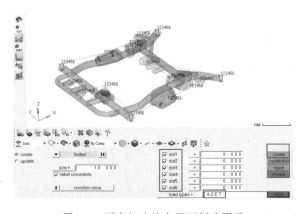

图 9-2　副车架连接点界面创建图示

3. 创建柔性体超单元关键字

创建柔性体 CMS 超单元关键字,将动态缩聚类型设置为 CB(或 CC),根据需要设置相应的模态阶次,例如本例将提取模态频率阶次设置为 20 阶,特征值提取采用 LAN 方法,如图 9-3 所示。

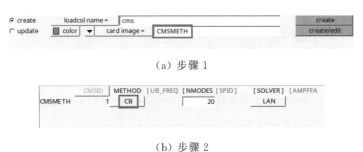

（a）步骤 1

（b）步骤 2

图 9-3　动力学超单元创建图

4. 创建超单元控制卡片

创建超单元控制卡片,包括超单元计算工况、单位及结果输出等,如图 9-4 所示。

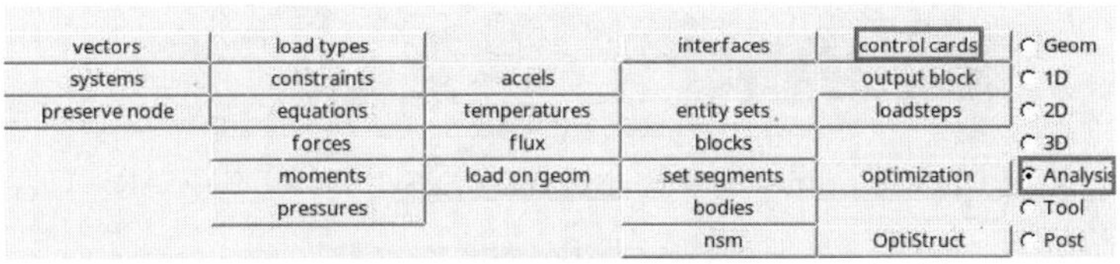

（a）步骤 1

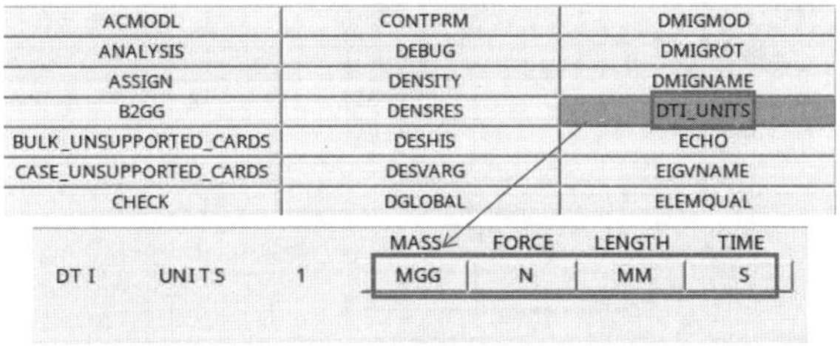

（b）步骤 2,单位定义,确保求解单位与模型保持一致

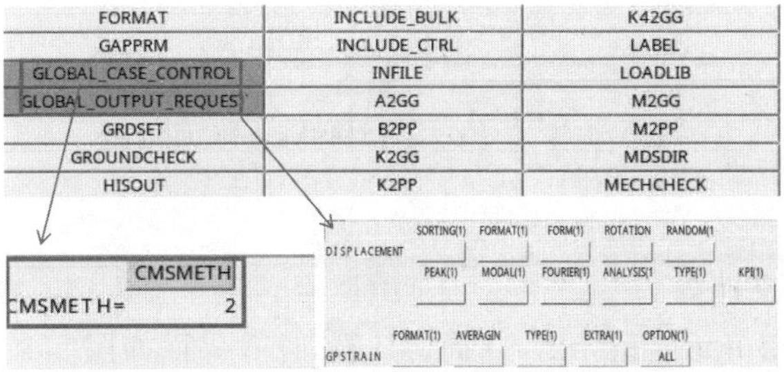

图 9-4　动力学超单元控制参数创建图

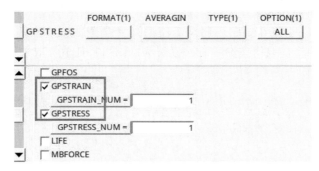

（c）步骤 3，CMS 超单元调用及结果输出设置

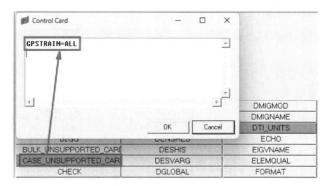

（d）步骤 4，在 14 版中需要通过 CASE_UNSUPPORTED_CARD 写入

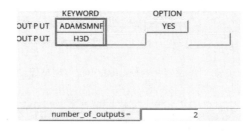

（e）步骤 5，定义 ADAMSMNF 文件输出

图 9-4 （续）

5. 导出模型并提交计算

将建立的副车架超单元模型导出，并提交计算，计算界面如图 9-5 所示，采用 13 版求解器可以直接得到 mnf 结果文件。

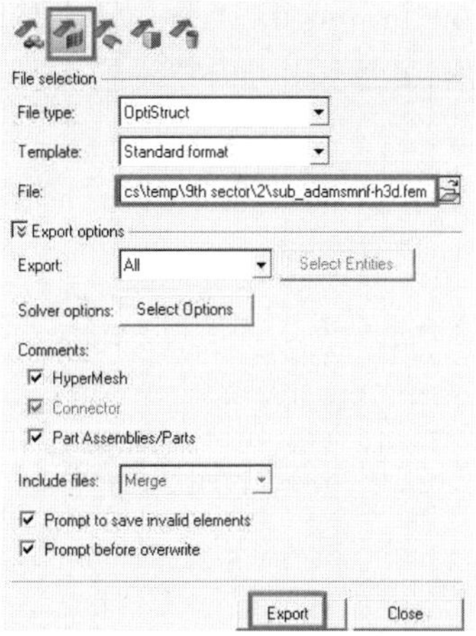

(a) 步骤1,导出模型

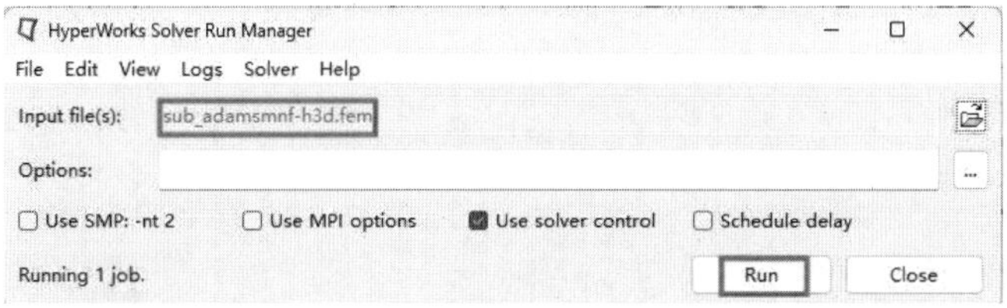

(b) 步骤2,提交计算

图 9-5　导出模型并提交计算

6. 计算结果

通过计算可以得到输出的副车架 h3d 和 mnf 结果,如图 9-6 所示,其中 mnf 结果的大小为 507 900KB。由于模型是全局输出,所以在结果文件.mnf 中会包含模态结果和节点的应力应变等信息。

図 9-6　柔性体超单元结果

9.2.2　超单元动力学应用方法二

若建立的柔性体模型单元较多,并且输出的模态阶次较多,则会导致输出的.mnf 文件很大,在将结果导入 ADAMS 多体建模时可能会需要较长时间,影响工作效率。为了提高建模效率,可以对模型进行简化输出,只输出关注位置的节点应力应变;对一些铸铝件(如采用铝材或其他铸造合金的副车架)若采用实体建模,则可对体网格进行包壳(通过 tool 中的 faces 生成壳单元,壳单元厚度一般为 0.001mm 或 0.01mm,材质与体网格相同),只输出铸件壳单元网格,即为超单元文件的简化输出,具体操作如下。

1. 创建单元及节点 SET 集

建立一个单元 SET 集和一个节点 SET 集,将关注部位的网格单元和节点放到对应的 SET 集中,如图 9-7 所示。

(a) 步骤 1

(b) 步骤 2

(c) 步骤 3

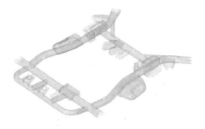

(d) 步骤 4

(e) 步骤 5

图 9-7　动力学超单元 SET 集创建

2. 设置 MODEL 卡片

设置 MODEL 控制卡片,定义超单元的结果和模型输出,以控制计算结果的大小,具体设置流程如图 9-8 所示。

MODEL	OUTPUT	PROPERTY
Model Documentation	P2G	RADPRM
MODESELECT	PARAM	RESPRINT
MSGLMT	PRETPRM	RESTART
OMIT	PFGRID	RESTARTR
OSDIAG	PFMODE	RESTARTW
OUTFILE	PFPANEL	RESULTS

ELSET	GRIDSET

MODEL = 　2　1 NORIGID

Elset_Options
▼ SID
Gridset_Options
▼ SID
Rigidset_options
▼ NORIGID

图 9-8　创建 MODEL 卡片

3. 超单元计算

通过计算可以得到副车架 .h3d 和 .mnf 结果,其中 mnf 结果的大小由 507 900KB 减小至 274 418KB,如图 9-9 所示。

☐ sub_adamsmnf-h3d-set1.fem	7,182 KB
▶ sub_adamsmnf-h3d-set1.h3d	198,809 KB
☐ sub_adamsmnf-h3d-set1.mnf	274,418 KB
☐ sub_adamsmnf-h3d-set1.out	22 KB
☐ sub_adamsmnf-h3d-set1.stat	6 KB

图 9-9　SET 集柔性体超单元结果

9.2.3　超单元动力学应用方法三

1. PLOTEL 输出设置

如果动力学计算中不关注模型的应力状态,仅考虑模型的柔性体状态,则可对副车架模型采用 PLOTEL 单元进行建模,即将之前建立的 PLOTEL 单元作为指定输出,该 PLOTEL 单元用于显示和数据恢复,即为超单元文件的 PLOTEL 输出,具体操作如图 9-10 所示。

　　　　(a) 步骤 1　　　　　　　　　　　　　　(b) 步骤 2

图 9-10　创建 PLOTEL 单元

2. PLOTEL 输出结果

通过计算可以得到输出的 h3d 和 mnf 结果,如图 9-11 所示,其中 mnf 结果大小为 196KB,远小于默认全局输出结果 507 900KB。

sub_adamsmnf-h3d-plot.fem	7,488 KB
sub_adamsmnf-h3d-plot.h3d	1,400 KB
sub_adamsmnf-h3d-plot.mnf	196 KB
sub_adamsmnf-h3d-plot.out	22 KB
sub_adamsmnf-h3d-plot.stat	6 KB

图 9-11　柔性体超单元结果

9.3　超单元动力学实战二

在 9.2 节中通过 OS 软件对 ADAMS 柔性体超单元进行了创建,本节将利用第二种方法创建柔性体超单元。

9.3.1　启动 Motionview 软件

在安装菜单栏中打开 Motionview 14.0 软件,并在标题栏中选择 FlexTools;选择模型文件.fem,该模型仅包括模型信息,无任何载荷等设置,确保连接点按顺序编号,同时设置好单位,如图 9-12 所示。

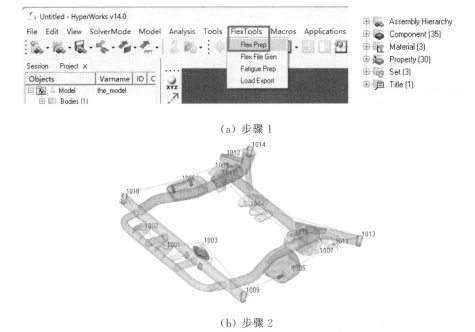

(a) 步骤 1

(b) 步骤 2

图 9-12　柔性体模型文件图

9.3.2　柔性体 h3d 计算

在 FlexTools 界面,设置相应的模型和参数,通过计算可以得到柔性体 h3d 结果,大小为 128 699KB,如图 9-13 所示。

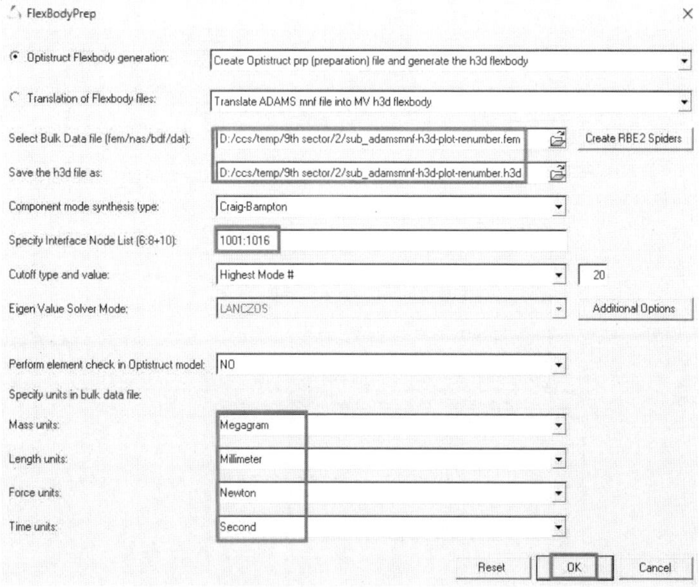

(a) 步骤 1,柔性体 h3d 计算界面

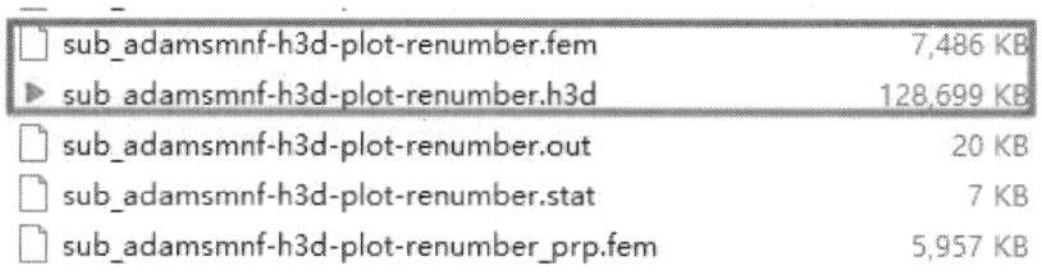

(b) 步骤 2,柔性体 h3d 计算结果

CMS Mode	Frequency	Eigenvalue
1	2.690768E-03	2.858330E-04
2	2.836933E-03	3.177298E-04
3	2.907735E-03	3.337870E-04
4	3.063182E-03	3.704293E-04
5	3.311963E-03	4.330426E-04
6	4.025859E-03	6.398479E-04
7	9.813726E+01	3.802135E+05
8	1.382713E+02	7.547861E+05
9	1.763729E+02	1.228071E+06
10	2.425559E+02	2.322648E+06
11	2.712147E+02	2.903930E+06
12	3.101768E+02	3.798204E+06
13	3.344743E+02	4.416570E+06
14	3.553811E+02	4.985956E+06
15	4.020737E+02	6.382211E+06

(c) 步骤 3,超单元结果图

图 9-13　柔性体 h3d 计算过程

9.3.3　柔性体 mnf 计算

通过计算得到柔性体 h3d 结果后,再在 FlexBodyPrep 界面将 h3d 结果转换成 mnf 结果,大小为 256 160KB,如图 9-14 所示。

（d）步骤 3,mnf 转换界面

sub_adamsmnf-h3d-plot-renumber.fem	7,486 KB
sub_adamsmnf-h3d-plot-renumber.h3d	128,699 KB
sub_adamsmnf-h3d-plot-renumber.mnf	256,160 KB
sub_adamsmnf-h3d-plot-renumber_prp.fem	5,957 KB

（e）步骤 4,mnf 计算结果

图 9-14　mnf 计算过程

9.4　超单元动刚度实战

9.4.1　动刚度背景

使用不同的超单元方法进行安装点动刚度分析,步骤如下:

（1）采用不同的超单元缩聚方法对某副车架关键安装点进行动刚度分析。

（2）同时对比不同超单元缩聚方法与整体模型计算结果间的差异。

（3）计算副车架上冷却模块、3 个悬置及下摆臂前后安装点动刚度,具体模型如图 9-15 所示。

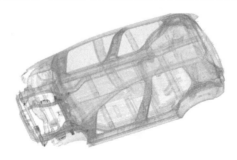

图 9-15　某副车架安装点计算模型

9.4.2　超单元应用流程

1．模型分组

对模型中不变的部分进行超单元模型缩聚，同时将不变部分模型与动态变化模型的连接点采用 PLOTEL 单元连接，即框架显示，如图 9-16 中蓝色线所示。

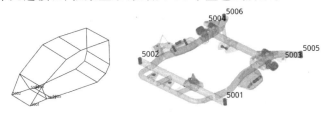

图 9-16　创建 PLOTEL 单元

彩图 9-16

2．采用 GM 方法创建超单元

（1）对连接点采用 BNDFRE1 进行界面自由度定义，如图 9-17 所示。

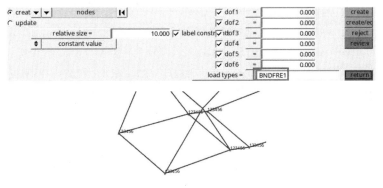

图 9-17　安装点 SET 集创建

（2）采用 CMSMETH 进行子结构模型的超单元缩聚，SOLVER 采用 LAN 方法时可能会报错，需要更换为 AMSES，如图 9-18 所示。

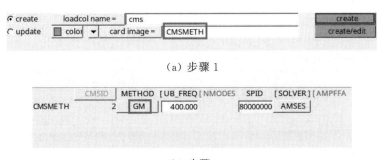

（a）步骤 1

	CMSID	METHOD	[UB_FREQ	NMODES	SPID	[SOLVER]	[AMPFFA
CMSMETH	2	GM	400.000		80000000	AMSES	

（b）步骤 2

图 9-18　创建 GM 超单元

```
*** ERROR # 2817 ***
The CMS generation method GM/CBN with CSET/BNDFREE DOF is not available
at this time using the Lanczos eigenvalue solver.
Please use AMSES or AMLS.
************************************************************************

A fatal error has been detected during input processing:

*** ERROR # 2817 ***
The CMS generation method GM/CBN with CSET/BNDFREE DOF is not available
at this time using the Lanczos eigenvalue solver.
Please use AMSES or AMLS.
```

(c) 步骤 3

图 9-18 （续）

（3）进行控制参数设置，包括输出结果设置、接地检查（接地检查命令可用于对刚度矩阵进行接地检查分析，以通过严格移动模型来暴露无意的约束）、MODEL 卡片设置等，如图 9-19 所示。

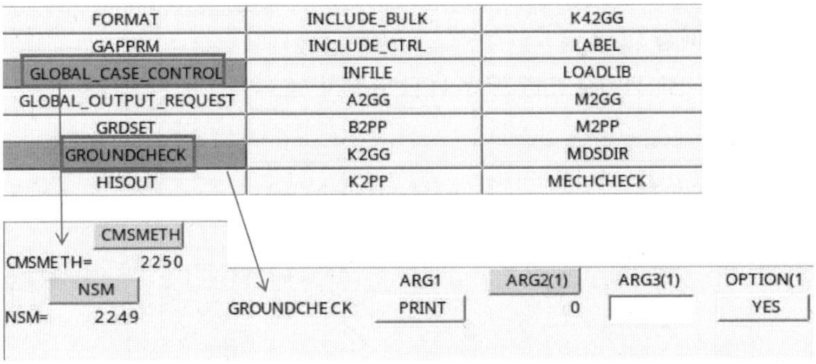

（a）步骤 1

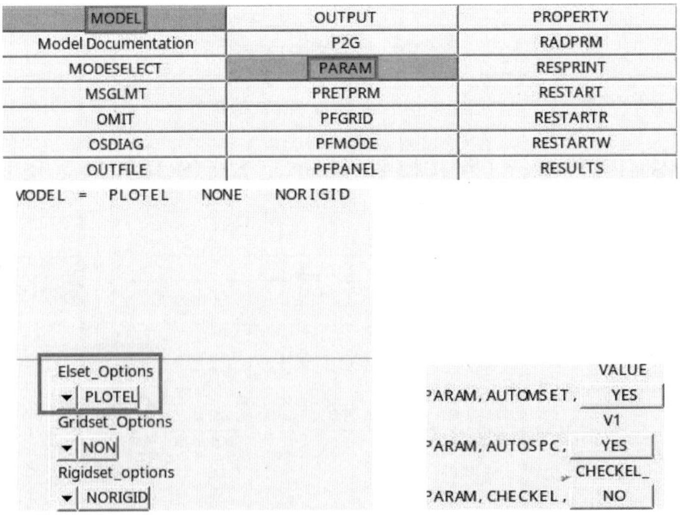

（b）步骤 2

图 9-19   创建超单元输出控制参数

（4）GM 超单元计算结果，如图 9-20 所示。

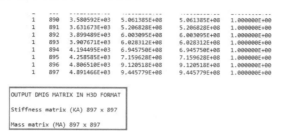

1	890	3.580592E+03	5.061385E+08	5.061385E+08	1.000000E+00
1	891	3.631673E+03	5.206828E+08	5.206828E+08	1.000000E+00
1	892	3.899489E+03	6.003095E+08	6.003095E+08	1.000000E+00
1	893	3.907671E+03	6.028312E+08	6.028312E+08	1.000000E+00
1	894	4.194495E+03	6.945750E+08	6.945750E+08	1.000000E+00
1	895	4.258585E+03	7.159628E+08	7.159628E+08	1.000000E+00
1	896	4.806510E+03	9.120518E+08	9.120518E+08	1.000000E+00
1	897	4.891466E+03	9.445779E+08	9.445779E+08	1.000000E+00

OUTPUT DMIG MATRIX IN H3D FORMAT

Stiffness matrix (KA) 897 x 897

Mass matrix (MA) 897 x 897

（a）步骤 1，刚度和质量矩阵信息

Contour Plot
Displacement(Mag)
Analysis system

CMS FlexBody : Mode 13, Freq = 31.154777 Hz : Frame 14

4.196E+02
3.790E+02
3.384E+02
2.978E+02
2.572E+02
2.166E+02
1.760E+02
1.354E+02
9.480E+01
5.420E+01
No result

Max = 4.196E+02
Flexbody Nodes 664761
Min = 5.420E+01
Flexbgdy Nodes 3105

（b）步骤 2，超单元结果显示

图 9-20　创建超单元输出控制参数

3. 装配超单元与残余模型

（1）方法一：直接在基础模型上将超单元缩聚模型删除，仅保留残余模型（副车架），同时通过 ASSIGN 卡片对超单元结果进行关联，如图 9-21 所示。

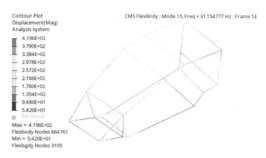

vectors	load types		interfaces	control cards	○ Geom
systems	constraints	accels		output block	○ 1D
preserve node	equations	temperatures	entity sets	loadsteps	○ 2D
	forces	flux	blocks		○ 3D
	moments	load on geom	set segments	optimization	⊙ Analys
	pressures		bodies		○ Tool
		nsm		OptiStruct	○ Post

ACMODL	CONTPRM	DMIGMOD
ANALYSIS	DEBUG	DMIGROT
ASSIGN	DENSITY	DMIGNAME
B2GG	DENSRES	DTI_UNITS
BULK_UNSUPPORTED_CA	DESHIS	ECHO
CASE_UNSUPPORTED_CAP	DESVARG	EIGVNAME
CHECK	DGLOBAL	ELEMQUAL

| | Type(1) | matrixna | |
| ASSIGN | H3DDMIG | BIP | N01_BIP_CMS.h3d |

图 9-21　通过 ASSIGN 命令调用超单元结果

（2）方法二：利用动刚度计算头文件操作，即在头文件中通过 ASSIGN 命令进行超单元关联，如图 9-22 所示。将超单元模型与残余模型进行装配，并设置车身安装点动刚度计算头文件。

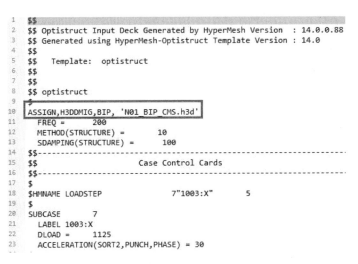

图 9-22　在头文件中通过 ASSIGN 命令调用超单元结果

（3）本例的车身安装点动刚度计算模型树如图 9-23 所示。

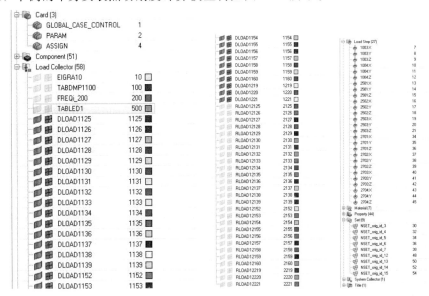

图 9-23　安装点动刚度计算模型树

（4）通过计算得到完整模型与超单元模型的车身安装点动刚度结果，如图 9-24 所示。从结果曲线中可以看出，两种结果完全重合，实线表示完整模型结果，虚线为 GM 超单元结果，X、Y、Z 分别采用红、绿、蓝颜色表示。

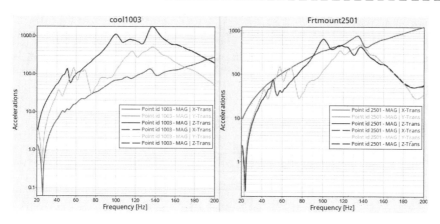

彩图 9-24

图 9-24　安装点与前悬置安装点结果对比

（5）对比完整与 GM 超单元安装点动刚度结果，差值在 2% 以内，满足要求，见表 9-1。同时对比不同界面定义结果，可以看出结果完全一致，见表 9-2。各种方法均可以得到较好的一致结果，求解时间由 46min 缩短至 30s 内。

表 9-1　完整与 GM 超单元安装点动刚度结果对比

车身安装点名称	完整模型	GM-BNDFRE1 超单元方法	差　　值
冷却模块左下安装点 1003X	11650	11616	−0.2146%
冷却模块左下安装点 1003Y	5997	5972	−0.6837%
冷却模块左下安装点 1003Z	1739	1722	−1.3226%
冷却模块右下安装点 1004X	14518	14497	−0.1446%
冷却模块右下安装点 1004Y	5995	5971	−0.6672%
冷却模块右下安装点 1004Z	2583	2557	−0.7743%
前悬置安装点 2501X	1348	1347	−0.0742%
前悬置安装点 2501Y	9027	9019	−0.5207%
前悬置安装点 2501Z	7032	6974	−1.1661%
右悬置安装点 2502X	4376	4379	0.1600%
右悬置安装点 2502Y	2076	2077	0.0963%
右悬置安装点 2502Z	5635	5634	−0.1065%
后悬置安装点 2503X	21536	21593	0.0093%
后悬置安装点 2503Y	7810	7803	−0.1024%
后悬置安装点 2503Z	3868	3840	−0.6980%
前摆臂左前安装点 2701X	18874	18894	0.0000%
前摆臂左前安装点 2701Y	16816	16817	0.0059%
前摆臂左前安装点 2701Z	4344	4349	0.0000%
前摆臂右前安装点 2702X	19186	19191	−0.1251%
前摆臂右前安装点 2702Y	17010	16996	−0.0647%

续表

车身安装点名称	完整模型	GM-BNDFRE1 超单元方法	差　值
前摆臂右前安装点 2702Z	3928	3929	0.0000%
前摆臂左后安装点 2703X	19105	19093	−0.1256%
前摆臂左后安装点 2703Y	40366	40327	−0.4137%
前摆臂左后安装点 2703Z	5364	5361	−0.1305%
前摆臂右后安装点 2704X	18703	18681	−0.1978%
前摆臂右后安装点 2704Y	39444	39426	−0.3372%
前摆臂右后安装点 2704Z	5624	5628	0.0533%
计算时间	0:46:28	0:00:25	−99.10%

表 9-2　完整与超单元不同界面定义安装点动刚度结果对比

车身安装点名称	完整模型	GM-BNDFRE1 超单元方法	GM-ASET1 超单元方法	GM-BNDFIX1 超单元方法	CBN-BNDFRE1 超单元方法
冷却模块左下安装点 1003X	11650	11616	11625	11625	11616
冷却模块左下安装点 1003Y	5997	5972	5956	5956	5972
冷却模块左下安装点 1003Z	1739	1722	1716	1716	1722
冷却模块右下安装点 1004X	14518	14497	14497	14497	14497
冷却模块右下安装点 1004Y	5995	5971	5955	5955	5971
冷却模块右下安装点 1004Z	2583	2557	2563	2563	2557
前悬置安装点 2501X	1348	1347	1347	1347	1347
前悬置安装点 2501Y	9027	9019	8980	8980	9019
前悬置安装点 2501Z	7032	6974	6950	6950	6974
右悬置安装点 2502X	4376	4379	4383	4383	4379
右悬置安装点 2502Y	2076	2077	2078	2078	2077
右悬置安装点 2502Z	5635	5634	5629	5629	5634
后悬置安装点 2503X	21536	21593	21538	21538	21593
后悬置安装点 2503Y	7810	7803	7802	7802	7803
后悬置安装点 2503Z	3868	3840	3841	3841	3840
前摆臂左前安装点 2701X	18874	18894	18874	18874	18894
前摆臂左前安装点 2701Y	16816	16817	16817	16817	16817
前摆臂左前安装点 2701Z	4344	4349	4344	4344	4349
前摆臂右前安装点 2702X	19186	19191	19162	19162	19191
前摆臂右前安装点 2702Y	17010	16996	16999	16999	16996
前摆臂右前安装点 2702Z	3928	3929	3928	3928	3929
前摆臂左后安装点 2703X	19105	19093	19081	19081	19093
前摆臂左后安装点 2703Y	40366	40327	40199	40199	40327
前摆臂左后安装点 2703Z	5364	5361	5357	5357	5361
前摆臂右后安装点 2704X	18703	18681	18666	18666	18681

续表

车身安装点名称	完整模型	GM-BNDFRE1 超单元方法	GM-ASET1 超单元方法	GM-BNDFIX1 超单元方法	CBN-BNDFRE1 超单元方法
前摆臂右后安装点 2704Y	39444	39426	39311	39311	39426
前摆臂右后安装点 2704Z	5624	5628	5627	5627	5628
计算时间	0:46:28	0:00:25	0:00:25	0:00:23	0:00:29

9.5 小结

本章基于汽车某前副车架为例,采用两种方法详细阐述了动力学中柔性体超单元的创建流程和技巧,同时对柔性体超单元中的 SET 集和 PLOTEL 方法进行了对比,根据需要选择合适的方法将极大地提升建模及求解效率。最后基于汽车前副车架安装点动刚度采用不同超单元进行分析对比,采用超单元后求解时间由 46min 缩短至 30s 内,效率提升近 98.9%;同时对比不同界面定义结果,各种方法均可以得到较好的一致结果,为后续进一步的优化及研究缩短了时间,该方法适用解决所有此类问题。

第 10 章

OS 超单元法在汽车传递路径中的应用

传递路径分析(Transfer Path Analysis)可对复杂结构的振动噪声源及传递路径进行分解和排序,精准地找到振动或噪声问题的根源,可应用于整车开发的整个流程中。

TPA 有频域和时域两种算法,频域 TPA 用工作载荷的频谱乘以传递函数,这样得到的该条路径的贡献量也是频域的;时域 TPA 用工作载荷的时域时间与传递函数的逆 FFT 做卷积,这样得到的该条路径的贡献量也是时域的。根据激励源是完全相关还是部分相关,可以分为单参考 TPA 和多参考 TPA,根据使用的数据类型,可以分为传统 TPA 或 OPA/OTPA 等。

TPA 分析其实就是从"源-路径-响应"进行识别和分析,常见的源有路面、发动机或电机、冷却风扇等,路径主要包括结构和声学路径,接受者主要是人的听觉和触觉(噪声和振动等)。

10.1 传递路径分析相关基础

10.1.1 传递路径基础

TPA 分析一般用于整车级分析,如整车路噪或加速噪声等,通过传递路径分析可以找出对响应关注频率较大的路径或响应面。主要从整车的角度进行考查,即激励通过各条可能的路径传递给车内,包括结构声及空气声。在中低频率下,主要以结构声为主;在高频率下,如1000Hz 以上,主要以空气声传递为主,本章主要从结构声的传递路径进行分析,分析模型如图 10-1 所示。TPA 的分析最基本的思路为源(Source)→路径(Path)→响应(Receiver)。

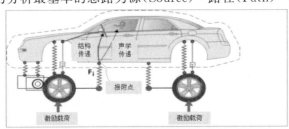

图 10-1 整车传递路径模型

1. 整车两步法 TPA

两步法传递路径分析计算的数学模型及原理如式(10-1)所示。

$$y_k = \sum_{i=1}^{n} \mathrm{TF}_{ik} \times F_i + \sum_{j=1}^{p} \mathrm{TF}_{jk} \times Q_j \tag{10-1}$$

其中,y_k 指各个路径传递到目标点 k 的振动或噪声的总贡献量;$\sum_{i=1}^{n} \mathrm{TF}_{ik} \times F_i$ 表示通过结构传递到目标点 k 的贡献量,$\sum_{j=1}^{p} \mathrm{TF}_{jk} \times Q_j$ 表示通过空气传递到目标点 k 的贡献量;n 和 p 分别表示结构传递和空气传递的路径数。TF 表示传递路径到目标点的传递函数,F 表示结构传递路径处的结构载荷,Q 表示空气传递路径处的声学载荷,因此,通过上式可以确定某一条路径对目标点的影响程度以及贡献量,由贡献量的大小可快速判断出关键路径。从式(10-1)中可以看出 TPA 分析时需要传递函数和载荷数据,而载荷通常不可直接进行测量,绝大多数情况是通过间接方法测试计算得到,而传递函数通过定义完整的路径,包括结构传递和空气传递路径,需要单独进行计算;通过传递函数和载荷数据进行 TPA 计算,进而通过贡献量识别工程问题点和寻找出优化方案。

2. 整车一步法 TPA

一步法传递路径分析也是当前应用较为广泛的整车传递路径计算优化方法,其计算如式(10-2)所示。

$$y_t = \sum_{\text{paths}} |y_i| = \sum_{\text{paths}} \left[\left(\frac{y}{F} \right)_i \times F_i \right] \tag{10-2}$$

其中,y_t 为在某一位置的声学或结构响应;$\left(\dfrac{y}{F} \right)_i$ 为路径 i 的声学或结构传递函数;F_i 为来自路径 i 的连接点的传递力和力矩,这样整车两步法传递路径计算优化问题就被转换为一步法计算问题了,极大地简化了计算设置流程及提高了计算效率等。

10.1.2 OS 超单元传递路径分析

1. OS 超单元传递路径分析方法类型

1)方法一

(1) Two Step TPA 方法需要两步操作,首先需要计算关键接附点的作用力,即 Point Mobility,如图 10-2(a)所示。

(2) 计算关键接附点的传递函数,即常规的 NTF、VTF 等,然后通过接附点的力和传递函数进行 TPA 计算,如图 10-2(b)所示。

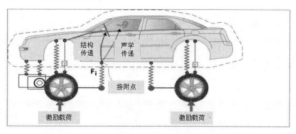

（a）接附点力分析模型

图 10-2 整车两种法传递路径分析模型

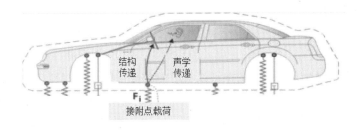

（b）传递函数分析模型

图 10-2　（续）

2）方法二

方法二是 One Step TPA，该方法通过关键字一步就可进行 TPA 的计算分析，非常快捷，省去了许多复杂的过程，也不用担心多个工况的设置等问题，见表 10-1。

表 10-1　一步法 TPA 的参数卡片设置

(1)	(2)	(3)	(4)	(5)	(6)	(7)	(8)
PFPATH	SID	CONPT	RID	RTYPE	CONEL	CONREL	CONVOL

其中关键字的简要说明如下：

（1）PFPATH 为传递路径关键字名称。

（2）SID 为 PFPATH 的代号。

（3）CONPT 为定义的可能的传递路径接附点 SET，为被动侧点。

（4）RID 为响应点 ID，可为振动或噪声，一般为噪声点，即 GRIDC。

（5）RTYPE 为响应类型，可为位移、速度或加速度。

（6）CONEL 为接附点弹性连接单元，如衬套 cbush 单元。

（7）CONREL 为接附点刚性连接单元，如球铰 rbe2 单元，非必选。

（8）CONVOL 主要用于定义 Control Volume，最新版本有这个定义，老版本没有，可采用默认。设置 Control Volume 可以将整车模型从接附点分离，将计算 Control Volume 与外界接附点的载荷，以及分离结构内部接附点到相应点的传递函数，如图 10-2（b）所示的虚线框。

2. OS 超单元整车传递路径分析步骤

（1）完成对完整模型的分析，并得到所需要的分析结果。

（2）选择传递路径分析方法。

（3）创建超单元模型，并定义超单元模型边界。

（4）对超单元模型进行求解计算，得到超单元结果。

（5）装配超单元结果与残余模型，并进行工况分析。

（6）对比超单元结果并与完整模型结果进行对比，检查超单元模型的精度。

（7）根据分析工况的需求，采用超单元进行分析及优化。

10.2 OS 超单元在整车传递路径中实战一

10.2.1 传统方法计算传递路径流程

1. 整车说明

假设某一整车模型由 TB(TrimmedBody)和底盘(Chassis)模型组成,底盘包括前后悬架及动力总成等,完整模型如图 10-3(a)所示,其中 TB 模型如图 10-3(b)所示,底盘模型如图 10-3(c)所示,在本节中会将 TB 模型缩聚成超单元。

(a) 完整模型   (b) 待缩聚的超单元模型   (c) 底盘模型(残余模型)

图 10-3 某整车模型

2. 完整模型计算

本例分别采用两种传递路径分析方法对动力总成激励下的传递路径进行分析,主要考查驾驶员右耳的噪声水平,其激励点和响应点如图 10-4 所示。

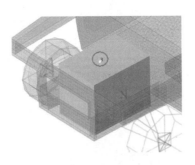 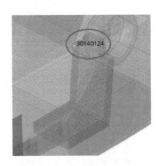

(a) 激励点图示   (b) 响应点

图 10-4 激励点与响应点

1) 方法一:一步法传递路径分析

(1) 根据一步法传递路径分析的参数设置,仅需设置一个参数 PFPATH,考查频率为 20~300Hz,相关设置如图 10-5 所示。

(2) 传递路径分析详细的参数树如图 10-6 所示,包括求解参数设置、载荷集、工况及 Set 集等。

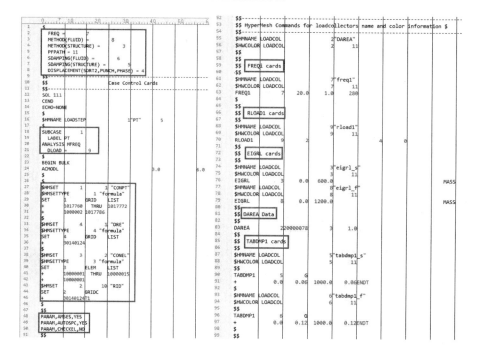

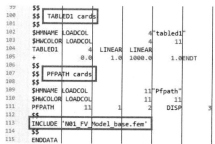

图 10-5 一步法传递路头文件格式

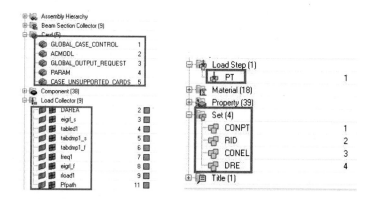

图 10-6 计算参数树图

（3）传递路径分析 PFPATH 详细的参数设置如图 10-7～图 10-10 所示，包括 PFPATH 中的 CONPT（被动侧点）、RID（响应点）及 CONEL（弹性单元）等，而 DRE 为要求解的响应点，该点通常与 RID 一致。

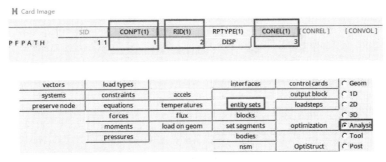

（a）步骤 1

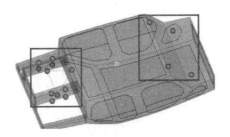

（b）步骤 2

（c）步骤 3

图 10-7　CONPT 设置图

（a）步骤 1

（b）步骤 2

图 10-8　RID 设置图

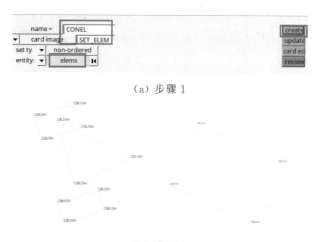

（a）步骤 1

（b）步骤 2

图 10-9　CONEL 设置图

（a）步骤 1

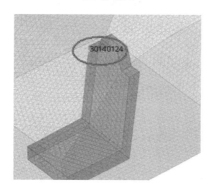

（b）步骤 2

图 10-10　DRE 设置图

（4）求解工况设置，本例采用模态频率响应分析类型，如图 10-11 所示。

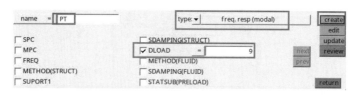

图 10-11　求解工况设置图

（5）求解参数设置，本例采用模态频率响应分析类型，如图 10-12 所示。

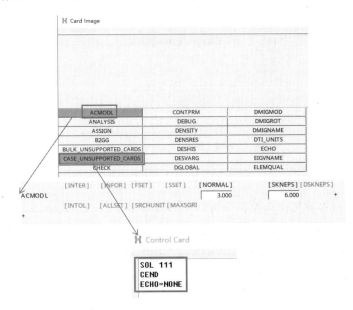

图 10-12　ACMODL 流固耦合参数及不支持卡片（此可不设置）

PFPATH 参数调用如图 10-13 所示。

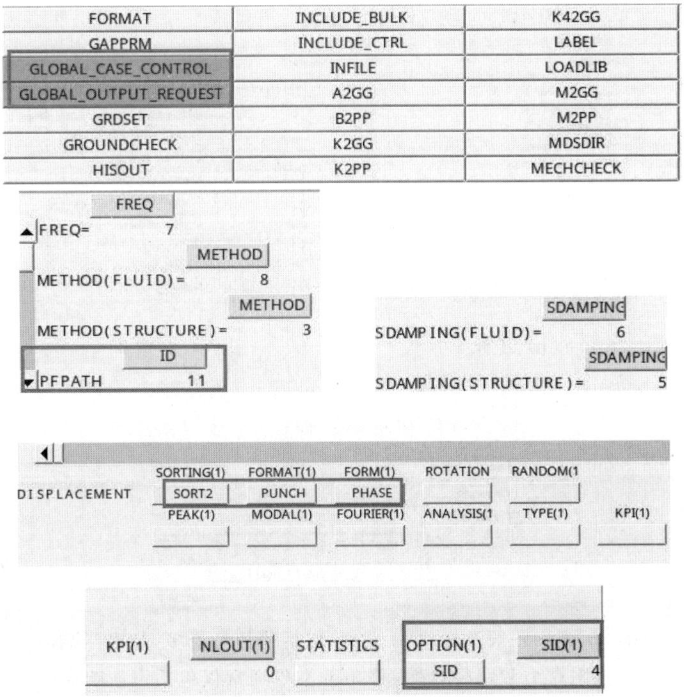

图 10-13　PFPATH 参数调用

求解控制参数设置如图 10-14 所示。

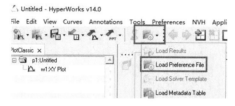

图 10-14　求解控制参数设置

（6）通过计算可得到其传递路径分析结果 N01_FV_PT_OneTPA_head_base.h3d 和 N01_FV_PT_OneTPA_head_base.pch，可通过以下方法进行后处理操作，如图 10-15 所示。

图 10-15(a)和图 10-15(b)为调用 NVH Utilities，以便于进行 TPA 操作。

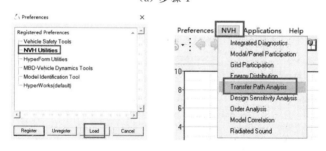

（a）步骤 1

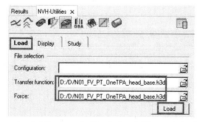

（b）步骤 2　　　　　　　（c）步骤 3

（d）步骤 4，一般选择.h3d 文件，包括的信息更多，如声压响应、
接附点力和路径贡献，而.pch 文件通常仅包括声压响应

图 10-15　传递路径分析结果图

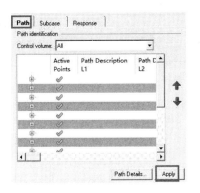

（e）步骤 5　　　　　　　　　　　（f）步骤 6

（g）步骤 7

（h）步骤 8　　　　　　　　　　　（i）步骤 9

图 10-15　（续）

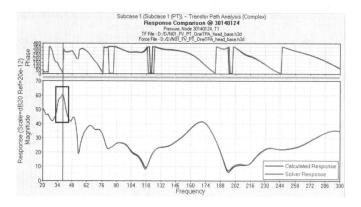

(j) 步骤 10

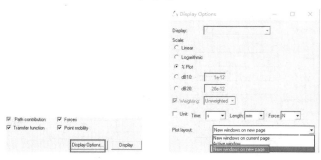

(k) 步骤 11

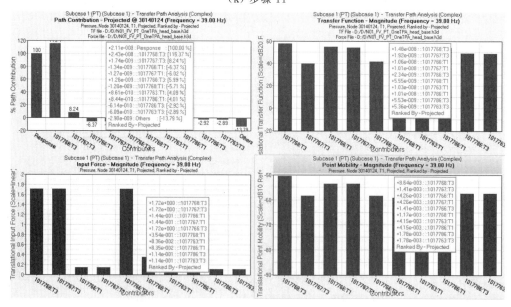

(l) 步骤 12

图 10-15 (续)

(7) 结果解读,图 10-15(l)的分析结果包括路径贡献、传递函数、接附点及接附点动刚度,从这些结果中可以找出所关注频率下的相关信息。如在 39Hz 时驾驶员右耳的峰值响应,从路径上看 1017768:T3(后悬置 Z 向)贡献最大,达到 115.4％,而从传递函数看,后悬置 Z 向相对最大;从接附点力看后悬置 Z 向同样较大,而从接附点动刚度看后悬置 Z 向亦相对较大,综合上述,可知 39Hz 的峰值主要是由于后悬置引起的。在 Study 模块中,若将后悬置 Z 向的贡献度降低 50％,则其峰值降低约 6.81dB,效果明显,如图 10-16 所示。

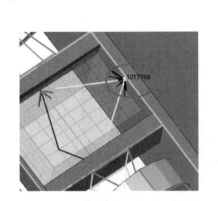

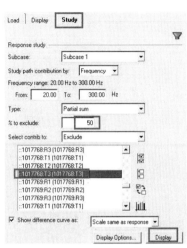

(a) 步骤 1　　　　　　　　　　　(b) 步骤 2

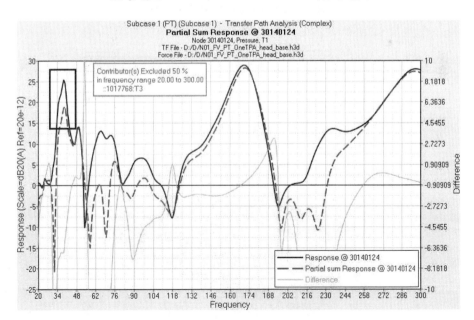

(c) 步骤 3

图 10-16　39Hz 峰值 Study 结果图

2) 方法二:二步法传递路径分析

(1) 根据二步法传递路径分析的要求,首先要计算接附点的力,需要通过整车模型进行计算;其次采用 TB 模型计算接附点到响应点的传递函数;最后通过接附点与传递函数对整车传递路径进行分析。

(2) 利用整车计算接附点的力结果和接附点传递函数对传递路径进行分析。

(3) 为后续方便操作,一般首先建立响应点和需要计算的传递函数的接附点 SET,如图 10-17 所示。

(a) 步骤 1,创建响应点 SET 集

(b) 步骤 2,创建响应点 SET 集

(c) 步骤 3,创建被动侧接附点 SET 集

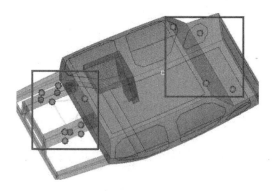

(d) 步骤 4,创建被动侧接附点 SET 集

图 10-17　响应点和接附点 SET 集创建图

（4）传递函数的计算方法有很多种，可以采用头文件或界面建立，本例将介绍界面中的
STEP BY STEP 方法，具体如图 10-18 所示。

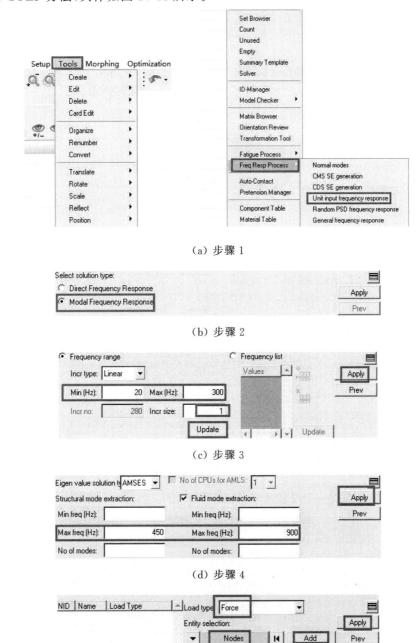

（a）步骤 1

（b）步骤 2

（c）步骤 3

（d）步骤 4

图 10-18　创建完成的接附点传递函数模型树图

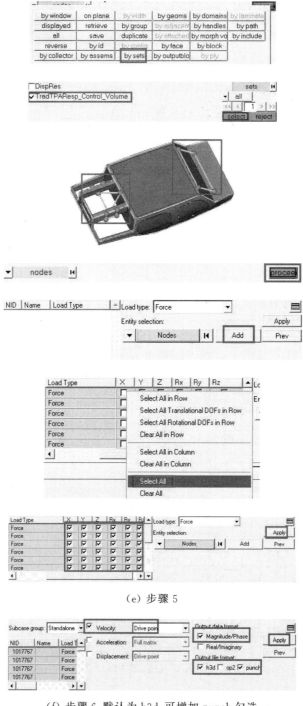

（e）步骤 5

（f）步骤 6，默认为 h3d，可增加 punch 勾选

图 10-18 （续）

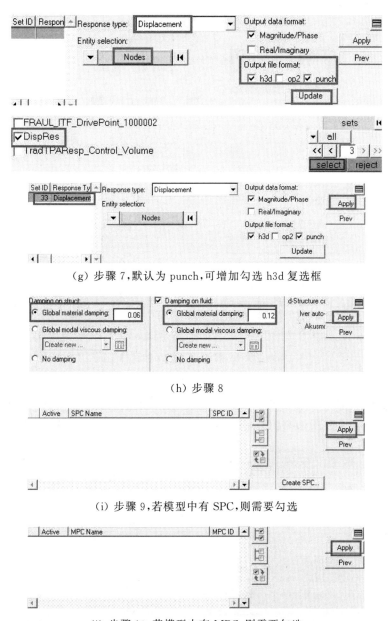

（g）步骤7，默认为 punch，可增加勾选 h3d 复选框

（h）步骤8

（i）步骤9，若模型中有 SPC，则需要勾选

（j）步骤10，若模型中有 MPC，则需要勾选

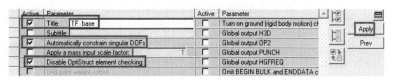

（k）步骤11，模型输出参数设置

图 10-18 （续）

（l）步骤 12，可选择全局输出 H3D 和 PUNCH

（m）步骤 13，接附点传递函数计算工况

图 10-18　（续）

（5）通过计算可以得到传递函数的计算结果，当采用 Optistruct 计算时，可以采用其自带求解器，计算命令可参照图 10-19（a），接附点传递函数的计算结果如图 10-19（b）所示。

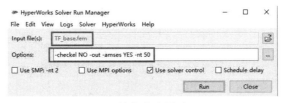

（a）计算命令图示

（b）传递函数计算结果

图 10-19　接附点传递函数计算结果图

（6）接附点力计算方法有很多种，可以采用头文件或界面建立，本例将分别介绍两种创建方法。

方法一：界面创建，本例激励力为动力总成质心 Z 向，响应点为驾驶员右耳，计算频率范围为 $20\sim300\mathrm{Hz}$，采用模态频率响应分析方法求解，相关参数及创建完成的相关模型树设置参数如图 10.20～图 10.22 所示。

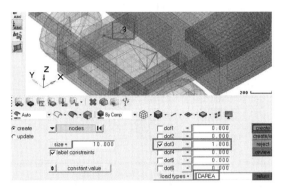

（a）步骤 1，激励点定义

	SID	[V1]	[V2]	[ND]	[MSGLV	[MAXSE	[SHFSC	NORM
EIGRL	3	0.000	600.000					MASS

（b）步骤 2，结构模态定义

	ID	XAXIS	YAXIS
TABLED1	4	LINEAR	LINEAR
	x(1)	y(1)	x(2)	y(2)
	0.000	1.000	1000.00	1.000

	ID	TYPE	
TABDMP1	5	G	
	f(1)	g(1)	f(2)	g(2)
	0.000	0.060	1000.00	0.060

（c）步骤 3，激励力曲线定义　　　　（d）步骤 4，结构阻尼定义

	ID	TYPE	
TABDMP1	6	G	
	f(1)	g(1)	f(2)	g(2)
	0.000	0.120	1000.00	0.120

	ID	F1	DF	NDF
FREQ1	7	20.000	1.000	280

（e）步骤 5，流体阻尼定义　　　　（f）步骤 6，求解频率范围定义

	SID	[V1]	[V2]	[ND]	[MSGLVL	[MAXSET	[SHFSCL	NORM
EIGRL	8	0.000	1200.00					MASS

（g）步骤 7，流体模态定义

	SID	EXCITEID	[DELAY]	[DPHASE]
RLOAD1 *	9	2		
	TC	TD	[TYPE]	
*	4	0		

（h）步骤 8，动态激励力定义

图 10-20　各载荷集参数创建图

响应点及被动侧接附点创建如图 10-21 所示。

（a）步骤 1,响应点创建

（b）步骤 2,响应点创建

（c）步骤 3,被动侧接附点创建,图中 1017768 为被动侧(车身侧)接附点

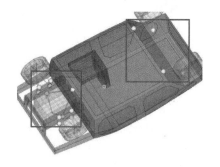

（d）步骤 4,被动侧接附点创建

图 10-21 响应点及被动侧接附点创建图

计算工况及求解参数创建如图 10-22 所示。

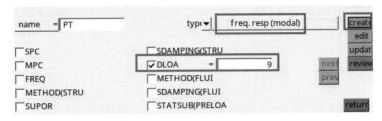

（a）步骤 1，工况创建

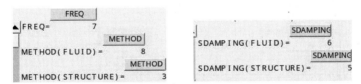

（b）步骤 2，流固耦合参数创建

（c）计算求解参数

图 10-22　工况及求解参数创建图

| GPFORCE | FORMAT(1) PUNCH | FORM(1) PHASE | PEAK(1) | MODAL(1) | USE(1) | OPTION(1) SID | SID(1) 1 |
| GPFORCE | FORMAT(2) | FORM(2) PHASE | PEAK(2) | MODAL(2) | USE(2) | OPTION(2) SID | SID(2) 1 |

(d) 步骤 3,载荷集及输出设置定义

MODEL	OUTPUT	PROPERTY
Model Documentation	P2G	RADPRM
MODESELECT	PARAM	RESPRINT
MSGLMT	PRETPRM	RESTART
OMIT	PFGRID	RESTARTR
OSDIAG	PFMODE	RESTARTW
OUTFILE	PFPANEL	RESULTS

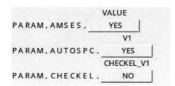

VALUE

PARAM,AMSES,　YES

V1

PARAM,AUTOSPC,　YES

CHECKEL_V1

PARAM,CHECKEL,　NO

(e) 步骤 4,求解参数定义

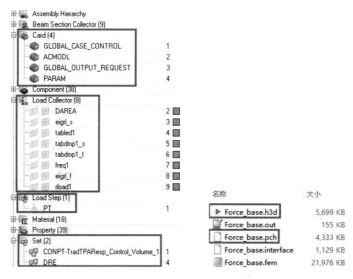

(f) 步骤 5,创建完成的模型树图　　(g) 步骤 6,接附点力计算结果

图 10-22　(续)

　　方法二:采用头文件方法创建,如图 10-23 所示,其中 INCLUDE 的 FV_model.fem 模型需要勾选 OMIT,以便去除 BEGIN 和 ENDDATA 关键字,即模型仅有数据块,无任何载荷集及工况等参数。采用头文件方法计算的接附点力结果如图 10-24 所示。特别注意,在计算接附点力时,若采用 14 版的 optistruct 求解器,则会报内部程序错误,此时可采用更高版本的 optistruct 求解器进行计算。

GAPPRM	INCLUDE_CTRL	M2GG
GLOBAL_CASE_CONTROL	INFILE	MECHCHECK
GLOBAL_OUTPUT_REQUEST	K2GG	MODEL
GRDSET	K2PP	Model Documentation
GROUNDCHECK	K42GG	MODESELECT
HISOUT	LABEL	MSGLMT
INCLUDE_BULK	LOADLIB	OMIT

（a）步骤1

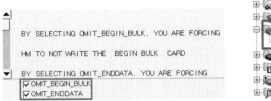

（b）步骤2

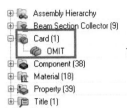

（c）步骤3

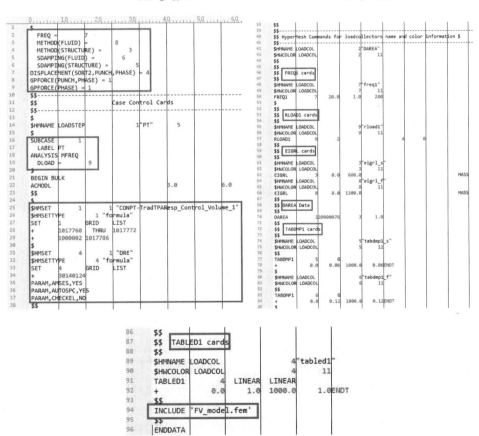

（e）步骤4

图10-23　接附点力头文件方法创建图

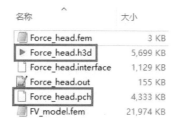

图 10-24　接附点力头文件方法计算结果

（7）两步法传递路径后处理流程，具体操作如图 10-25 所示，当采用二步法处理时，传递函数和接附点力需要分别选择以前步骤计算的 .pch 结果文件，在 Force.pch 文件中包括连接点及单元力信息和响应点声压结果，而在 TF.pch 文件中包括接附点传递函数及响应点声压结果，通过这两个文件就可以计算出各个路径对响应点的贡献，而在 .h3d 文件中无单元力信息，导致无法匹配计算传递路径，所以二步法中需要选择 .pch 文件对传递路径进行分析。

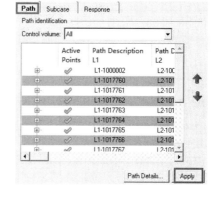

（a）步骤 1　　　　　　　　　　　　　　（b）步骤 2

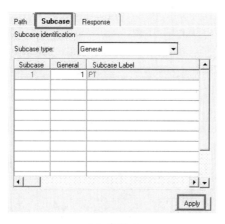

（c）步骤 3

图 10-25　二步法传递路径计算结果

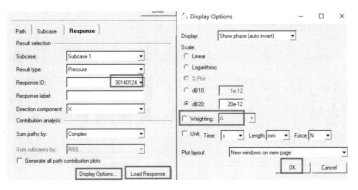

（d）步骤 4

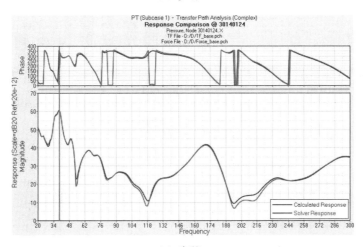

（e）步骤 5

（f）步骤 6

图 10-25 （续）

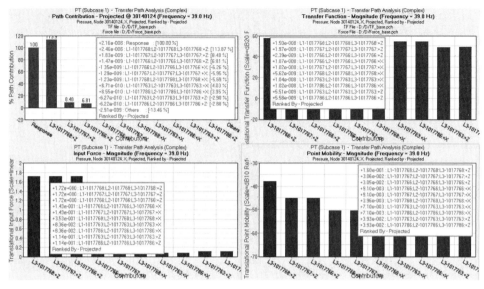

（g）步骤 7

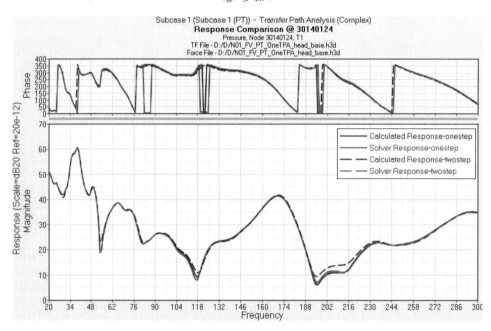

（h）步骤 8

图 10-25 （续）

　　从二步法与一步法传递路径对比结果中可以看出，整体结果及趋势一致，即两种传递路径分析方法均可用于整车分析，但是一步法对计算机硬盘要求非常高，并且计算时间相对较长，在实际项目中推荐采用二步法，相关参数对比见表 10-2。

表 10-2　一步法与二步法参数对比(单元数 29.4920 万个)

名　称	一 步 法	二 步 法	比　例
整体计算时间	6min15s	4min59s	−20.27%
传递函数计算时间	—	2min5s	—
接附点力计算时间	—	2min54s	—
计算结果	精度相对高	精度相对略差	—
硬盘需求	500GB 以上	200GB	—

10.2.2　超单元法计算传递路径流程

1. 超单元计算方法一

在 10.2.1 节中通过采用两种传统方法对整车传递路径进行分析,对于小模型采用以上两种方法效率相当,但对于详细的大模型来讲,其计算时间会延长较多。本节通过对 TB 及 Cavity(声腔)模型进行缩聚,然后采用两种传递路径分析方法进行计算,并对比结果。

对于 TB 及 Cavity 模型的超单元缩聚有很多种方法,可以采用头文件方法、界面建模或 STEP BY STEP 方法。TB 及 Cavity 模型图示如图 10-26 所示。本节将采用 3 种方法对超单元进行缩聚。

图 10-26　TB 及 Cavity 模型图示

1)方法一

通过界面创建超单元,具体包括超单元与残余结构的界面点定义、声压响应点自由度定义及求解控制参数定义等。

(1) CMSMETH 关键字定义,如图 10-27 所示。

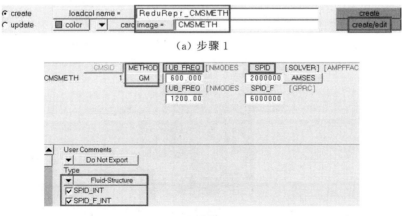

(a)步骤 1

(b)步骤 2

图 10-27　CMSMETH 关键字定义图示

（2）界面接附点边界定义，如图10-28所示。

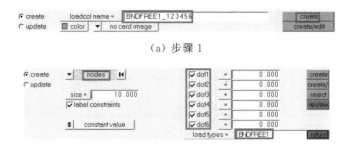

（a）步骤1

（b）步骤2，在高版本中为BNDFRE1

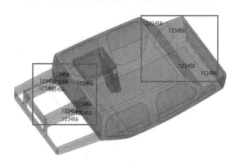

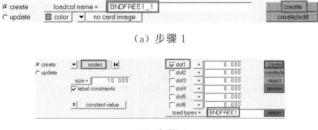

（c）步骤3

图10-28　界面接附点自由度定义图示

（3）声压响应点边界定义，如图10-29所示。

（a）步骤1

（b）步骤2

（c）步骤3

图10-29　响应点自由度定义图示

（4）求解参数定义，如图 10-30 所示。

ACMODL	CONTPRM	DMIGMOD
ANALYSIS	DEBUG	DMIGNAME
ASSIGN	DENSITY	DTI_UNITS
B2GG	DENSRES	ECHO
BULK_UNSUPPORTED_CAR[	DESHIS	EIGVNAME
CASE_UNSUPPORTED_CAR[	DESVARG	ELEMQUAL
CHECK	DGLOBAL	FORMAT

ACMODL	[INTER] [INFOR] [FSET] [SSET]	[NORMAL] 3.000	[SHNEPS [DSKNEP
	[INTOL] [SRCHU [MAXSGR		6.000

（a）流固耦合参数定义

GAPPRM	INCLUDE_CTRL	M2GG
GLOBAL_CASE_CONTROL	INFILE	MECHCHECK
GLOBAL_OUTPUT_REQUEST	K2GG	MODEL
GRDSET	K2PP	Model Documentation
GROUNDCHECK	K42GG	MODESELECT
HISOUT	LABEL	MSGLMT
INCLUDE_BULK	LOADLIB	OMIT

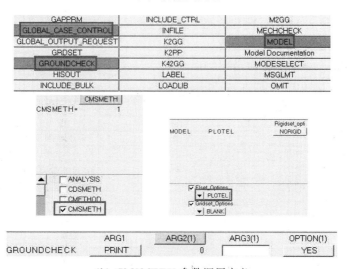

	ARG1	ARG2(1)	ARG3(1)	OPTION(1)
GROUNDCHECK	PRINT	0		YES

（b）CMSMETH 参数调用定义

OSDIAG	PFPANEL	SENSITIVITY
OUTFILE	PROPERTY	SENSOUT
OUTPUT	RADPRM	SHAPE
P2G	RESPRINT	SHRES
PARAM	RESTART	SUBTITLE
PFGRID	RESULTS	SWLDPRM
PFMODE	SCREEN	SYSSETTING

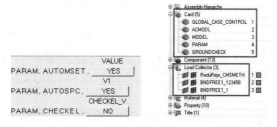

（c）计算控制参数定义　　（d）整体参数模型树图

图 10-30　求解参数定义图示

（5）TB 及 Cavity 超单元计算结果，如图 10-31 所示。

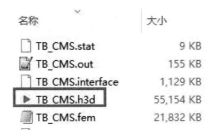

名称	大小
TB_CMS.stat	9 KB
TB_CMS.out	155 KB
TB_CMS.interface	1,129 KB
▶ TB_CMS.h3d	55,154 KB
TB_CMS.fem	21,832 KB

图 10-31 TB 超单元计算结果图示

2）方法二

通过头文件创建超单元，具体包括超单元与残余结构的界面点定义、声压响应点自由度定义及求解控制参数定义等。

计算模型 OMIT 参数及导出，如图 10-32 所示。

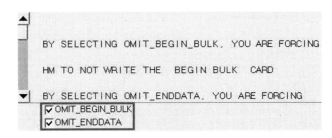

GAPPRM	INCLUDE_CTRL	M2GG
GLOBAL_CASE_CONTROL	INFILE	MECHCHECK
GLOBAL_OUTPUT_REQUEST	K2GG	MODEL
GRDSET	K2PP	Model Documentation
GROUNDCHECK	K42GG	MODESELECT
HISOUT	LABEL	MSGLMT
INCLUDE_BULK	LOADLIB	OMIT

BY SELECTING OMIT_BEGIN_BULK, YOU ARE FORCING

HM TO NOT WRITE THE   BEGIN BULK   CARD

BY SELECTING OMIT_ENDDATA, YOU ARE FORCING

☑ OMIT_BEGIN_BULK
☑ OMIT_ENDDATA

（a）步骤 1

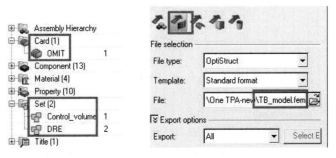

（b）步骤 2，Set 集为界面接附点集合，方便后续操作

图 10-32 头文件 TB 超单元计算结果图示

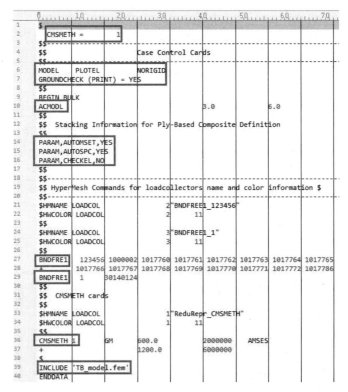

（c）步骤 3，计算头文件内容

（d）步骤 4，计算提交界面

名称	大小
▶ TB_CMS_head.h3d	55,154 KB
TB_CMS_head.out	155 KB
TB_CMS_head.stat	9 KB
TB_CMS_head.interface	1,129 KB
TB_CMS_head.fem	2 KB
TB_model.fem	21,831 KB

（e）步骤 5，计算结果

图 10-32　（续）

3）方法三

通过 STEP BY STEP 方法创建超单元，具体包括超单元与残余结构的界面点定义、声压响应点自由度定义及求解控制参数定义等。

（1）创建超单元的模型中建议先建立好界面接附点 Set 集、响应点 Set 集及 PLOTEL 单元，主要用于超单元数据恢复及结果显示，如图 10-33 所示，方便后续相关操作。

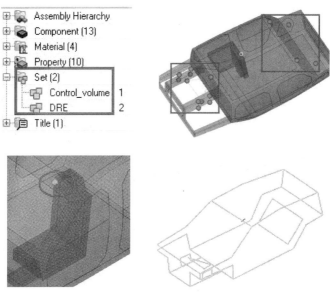

图 10-33　界面接附点、响应点 SET 集及 PLOTEL 单元创建图

（2）创建 TB 超单元，详细的操作步骤如图 10-34 所示。

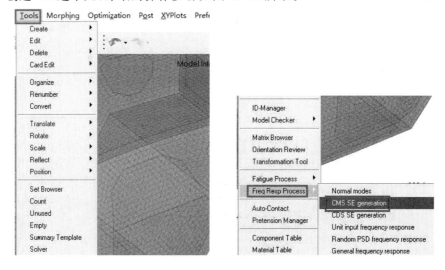

（a）步骤 1

图 10-34　方法三超单元创建

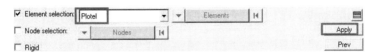

（b）步骤2，设置结构及流体模态上限，一般至少是求解频率上限的2倍以上，主要有CBN和GM，用于生成以DMIG格式储存外部超单元，而CBN不包括结构模型，一般选择GM

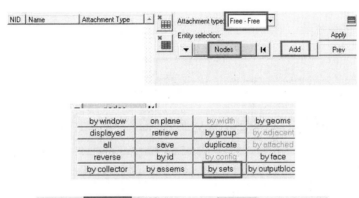

（c）步骤3，一般选择Plotel用于数据恢复和结果显示，也可以选择 **Element sets**

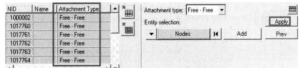

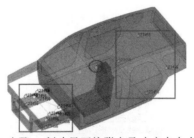

（d）步骤4，创建界面接附点及响应点自由度

（e）步骤5，阻尼定义

图10-34　（续）

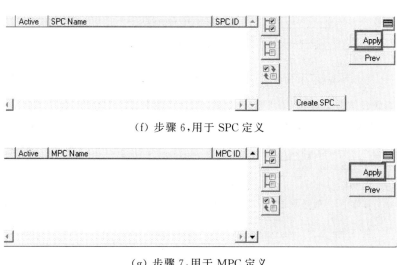

(f) 步骤 6,用于 SPC 定义

(g) 步骤 7,用于 MPC 定义

(h) 步骤 8,相关输出参数定义

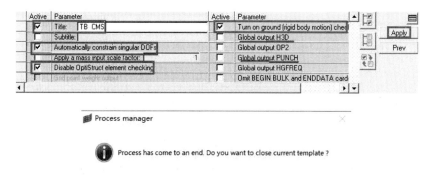

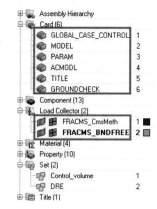

(i) 步骤 9,创建完成的模型树图

图 10-34 (续)

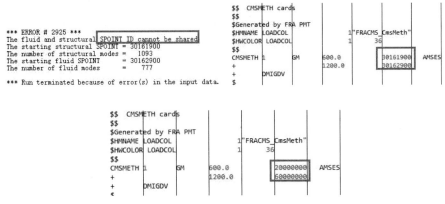

(j) 步骤10,若计算中报错,则表明流体和结构的 SPOINT ID 共用,此时调整 ID 号即可

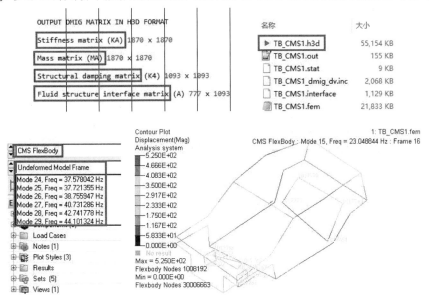

(k) 步骤11,生成的超单元结果

图 10-34　(续)

2. 超单元计算方法二

在前述中采用 CMS(Component Mode Synthesis)方法进行了超单元缩聚,此方法即为部件模态综合法,在实际中应用较为广泛,但对超大模型可能会耗费一定的时间,而另一种 CDS(Component Dynamic Synthesis)方法对于大模型有一定的优势,此方法称为部件动态综合法,也称为传递函数超单元,本节将采用 CDS 方法对 TB 超单元进行缩聚。

1) 方法一

通过界面创建超单元,具体包括超单元与残余结构的界面点定义、声压响应点自由度定义及求解控制参数定义等。CDSMETH 关键字的定义如图 10-35 所示。

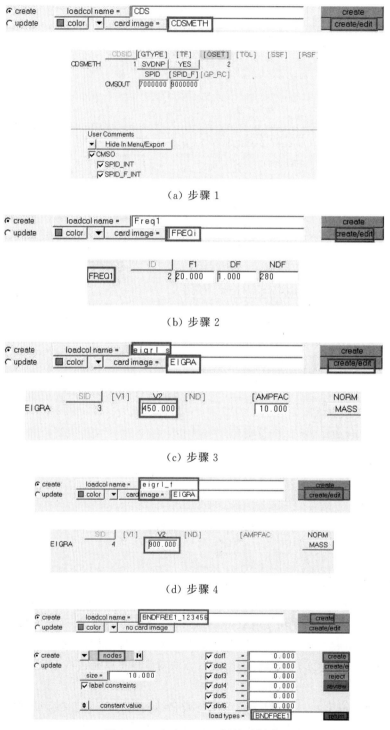

（a）步骤 1

（b）步骤 2

（c）步骤 3

（d）步骤 4

图 10-35　方法一 CDS 超单元创建

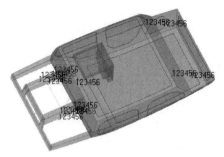

（e）步骤5

ACMODL	CONTPRM	DMIGMOD
ANALYSIS	DEBUG	DMIGNAME
ASSIGN	DENSITY	DTI_UNITS
B2GG	DENSRES	ECHO
BULK_UNSUPPORTED_CARD	DESHIS	EIGVNAME
CASE_UNSUPPORTED_CAR	DESVARG	ELEMQUAL
CHECK	DGLOBAL	FORMAT

ACMODL　[INTER] [INFOR] [FSET] [SSET] [NORMAL 3.000] [SHNEPS[DSKNEP

　　　　[INTOL] [SRCHU [MAXSGR

（f）步骤6

GAPPRM	INCLUDE_CTRL	M2GG
GLOBAL_CASE_CONTROL	INFILE	MECHCHECK
GLOBAL_OUTPUT_REQUEST	K2GG	MODEL
GRDSET	K2PP	Model Documentation
GROUNDCHECK	K42GG	MODESELECT
HISOUT	LABEL	MSGLMT
INCLUDE_BULK	LOADLIB	OMIT

CDSMETH
CDSMETH = 1
FREQ
FREQ = 2
METHOD
METHOD(FLUID) = 4
METHOD
METHOD(STRUCTURE) = 3

MODEL　PLOTEL　Rigidset_option NORIGID

☑ Elset_Options
▼ PLOTEL
☑ Gridset_Options
▼ BLANK

（g）步骤7

OSDIAG	PFPANEL	SENSITIVITY
OUTFILE	PROPERTY	SENSOUT
OUTPUT	RADPRM	SHAPE
P2G	RESPRINT	SHRES
PARAM	RESTART	SUBTITLE
PFGRID	RESULTS	SWLDPRM
PFMODE	SCREEN	SYSSETTING

（h）步骤8

图 10-35　（续）

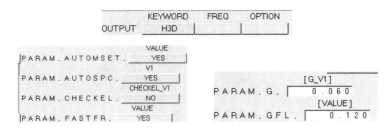

（i）步骤9

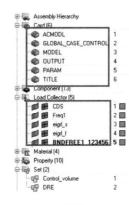

（j）步骤10

图 10-35 （续）

2）方法二

通过 STEP BY STEP 方法创建超单元，具体包括超单元与残余结构的界面点定义、声压响应点自由度定义及求解控制参数定义等。

（1）TB 动力超单元缩聚流程如图 10-36 所示。

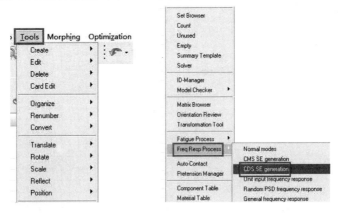

（a）步骤1

图 10-36　方法二 CDS 超单元创建

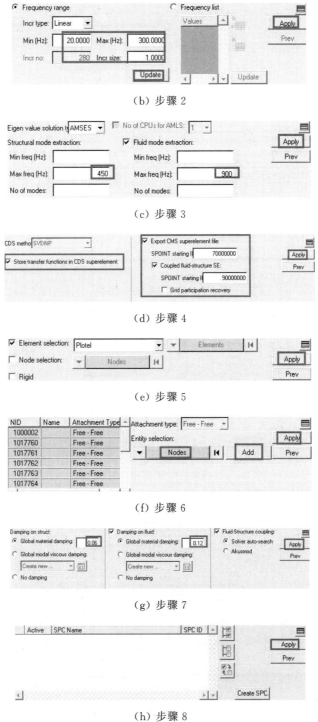

（b）步骤 2

（c）步骤 3

（d）步骤 4

（e）步骤 5

（f）步骤 6

（g）步骤 7

（h）步骤 8

图 10-36　（续）

（i）步骤 9

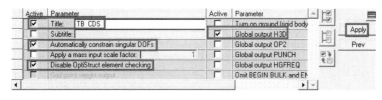

（j）步骤 10

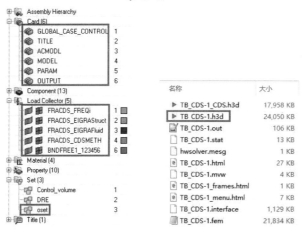

（k）步骤 11

图 10-36 （续）

（2）基于 CDS 超单元的一步法传递路径分析，仅需要在 CMS 一步法超单元传递路径头文件中将 ASSIGN 替换为 CDS 超单元，其详细的后处理流程如图 10-37 所示。

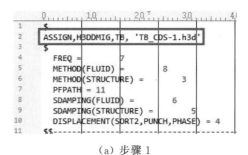

（a）步骤 1

图 10-37 方法二 CDS 超单元传递路径分析

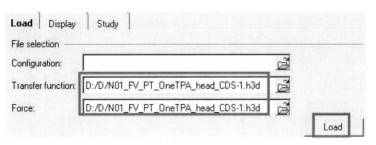

（b）步骤 2

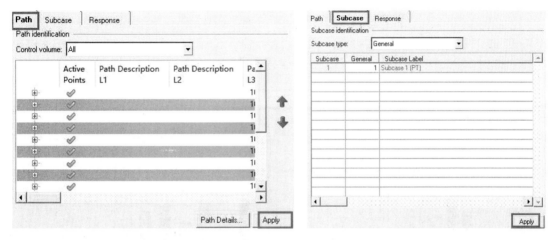

（c）步骤 3　　　　　　　　　　　　　（d）步骤 4

（e）步骤 5

图 10-37　（续）

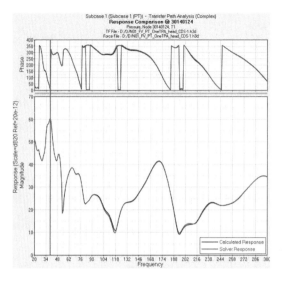

（f）步骤 6

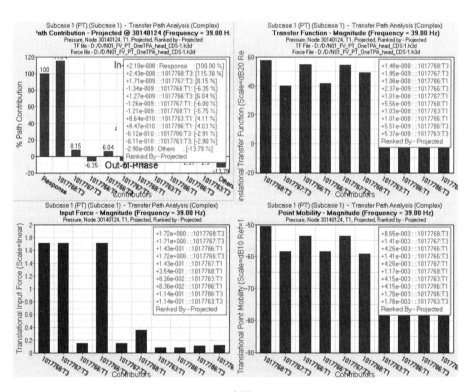

（g）步骤 7

图 10-37 （续）

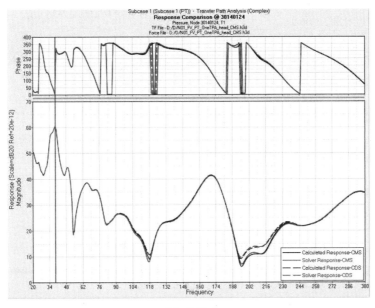

（h）步骤 8

图 10-37　（续）

3. 超单元一步法传递路径计算

一步法传递路径分析的具体设置可参考前节内容，本节采用头文件方法，具体内容如下：

（1）一步法超单元传递路径分析头文件内容，TB 超单元结果可通过 ASSIGN，H3DDMIG，TB，'TB_CMS.h3d'进行关联，其余一步法传递路径关键字 PFPATH 与前节设置相同，如图 10-38 所示，其中 SOL111、CEND、ECHO＝NONE 等 3 个关键字可不设置。

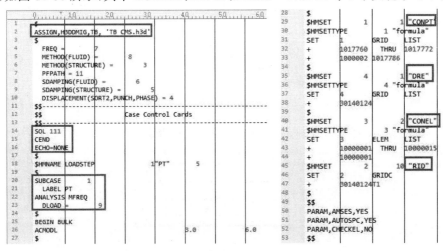

（a）输出及工况设置

图 10-38　一步法超单元传递路径分析头文件

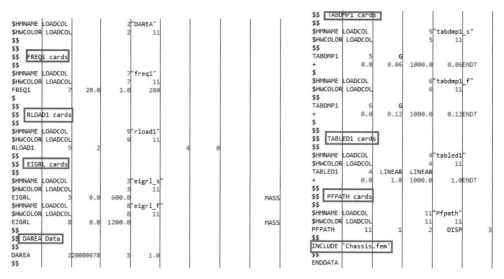

```
$HMNAME LOADCOL            2"DAREA"            $$  TABDMP1 cards
$HWCOLOR LOADCOL          2    11              $$
$$                                             $HMNAME LOADCOL              5"tabdmp_s"
$$  FREQi cards                                $HWCOLOR LOADCOL            5    11
$$                                             $$
$HMNAME LOADCOL            7"freq1"            TABDMP1        5        G
$HWCOLOR LOADCOL          7    11              +          0.0    0.06 1000.0    0.06ENDT
FREQ1            7    20.0    1.0    280        $
$$                                             $HMNAME LOADCOL              6"tabdmp1_f"
$$  RLOAD1 cards                               $HWCOLOR LOADCOL            6    11
$$                                             $$
$HMNAME LOADCOL            9"rload1"           TABDMP1        6        G
$HWCOLOR LOADCOL          9    11              +          0.0    0.12 1000.0    0.12ENDT
RLOAD1          9        2              4      0 $
$$  EIGRL cards                                $HMNAME LOADCOL              4"tabled1"
$$                                             $HWCOLOR LOADCOL            4    11
$HMNAME LOADCOL            3"eigrl_s"          TABLED1        4    LINEAR LINEAR
$HWCOLOR LOADCOL          3    11              +          0.0    1.0 1000.0    1.0ENDT
EIGRL          3    0.0    600.0          MASS  $$  PFPATH cards
$HMNAME LOADCOL            8"eigrl_f"          $$
$HWCOLOR LOADCOL          8    11              $HMNAME LOADCOL             11"Pfpath"
EIGRL          8    0.0   1200.0          MASS  $HWCOLOR LOADCOL           11    11
$$  DAREA Data                                 PFPATH        11        1        2    DISP        3
$$                                             $$
DAREA        220000078        3    1.0          INCLUDE 'Chassis.fem'
$$                                             $$
                                               ENDDATA
```

（b）载荷关键字设置

图 10-38 （续）

（2）一步法超单元传递路径分析结果，如图 10-39 所示，后处理中需要的文件格式为.h3d，该文件包含响应点声压、界面接附点力及路径贡献等详细信息。

名称	大小
▶ N01_FV_PT_OneTPA_head_CMS.h3d	1,275 KB
N01_FV_PT_OneTPA_head_CMS.html	6 KB
N01_FV_PT_OneTPA_head_CMS.out	314 KB
N01_FV_PT_OneTPA_head_CMS.pch	82 KB
N01_FV_PT_OneTPA_head_CMS.stat	468 KB
N01_FV_PT_OneTPA_head_CMS.mvw	6 KB
N01_FV_PT_OneTPA_head_CMS_frames.html	1 KB
N01_FV_PT_OneTPA_head_CMS_menu.html	7 KB
N01_FV_PT_OneTPA_head_CMS.res	1 KB
N01_FV_PT_OneTPA_head_CMS.outsidecv	8 KB
N01_FV_PT_OneTPA_head_CMS.interface	1 KB
N01_FV_PT_OneTPA_head_CMS.fem	4 KB
Chassis.fem	147 KB

图 10-39 一步法超单元传递路径分析结果文件

（3）一步法传递路径结果处理，可参照前节内容，处理结果如图 10-40 所示。

Load | Display | Study

File selection

Configuration:

Transfer function: D:/D/N01_FV_PT_OneTPA_head_CMS.h3d

Force: D:/D/N01_FV_PT_OneTPA_head_CMS.h3d

Load

（a）步骤 1

图 10-40 一步法超单元传递路径分析结果

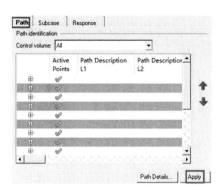

（b）步骤 2　　　　　　　　　　　　　　（c）步骤 3

（d）步骤 4　　　　　　　　　　　　　　（e）步骤 5

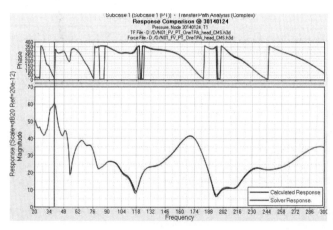

（f）步骤 6

图 10-40 （续）

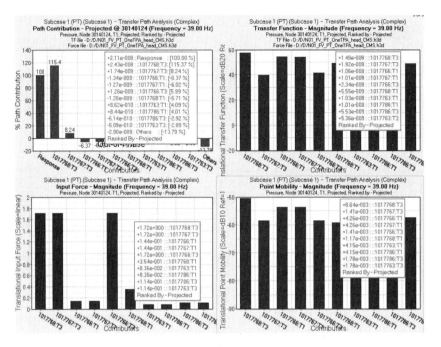

（g）步骤 7

图 10-40 （续）

（4）将一步法传统方法与超单元方法进行对比，对比结果显示两种方法曲线趋势、峰值几乎完全重合，即超单元方法可在实际中应用，如图 10-41 所示。一步法超单元与传统结果对比见表 10-3。

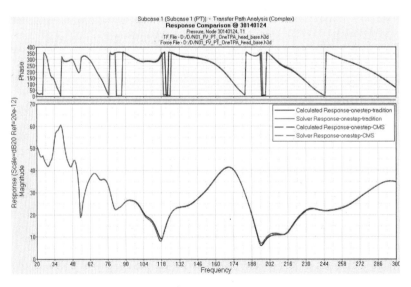

图 10-41　一步法超单元与传统结果对比

表 10-3　一步法超单元与传统结果对比（单元数 29.4920 万个）

名　称	传统方法	超单元方法	比　例
整体计算时间	6min15s	3min42s	−40.8%
超单元计算时间	—	1min42s	—
计算结果	精度相对高	精度相对高	—
硬盘需求	500GB 以上	200GB	—

4. 超单元二步法传递路径计算

二步法传递路径分析的具体设置可参考前节内容,本节采用头文件方法,具体内容如下:

(1) 在二步法超单元传递路径分析中,各界面接附点的传递函数还需要采用完整的 TB 模型进行计算,而接附点力可以采用 TB 超单元与底盘模型进行组装计算,此时可以极大地缩短计算时间,特别是在不采用超单元时往往需要较大的硬盘空间,而采用超单元后将可采用较小的硬盘,并且计算时间缩短明显。

(2) 接附点力采用头文件进行计算,其内容如图 10-42 所示,超单元结果可通过 ASSIGN, H3DDMIG,TB,' TB_CMS. h3d '进行关联,其余二步法传递路径的接附点力关键字与前节设置相同。

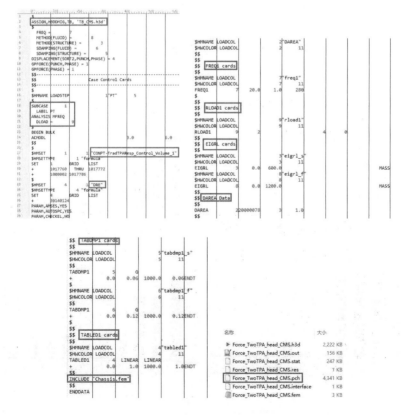

图 10-42　二步法超单元接附点计算头文件及结果

（3）二步法超单元传递路径后处理与前节流程相同,具体结果如图 10-43 所示。

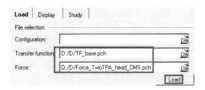

（a）步骤 1

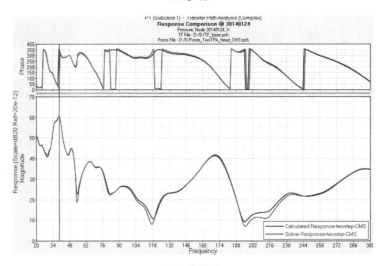

（b）步骤 2

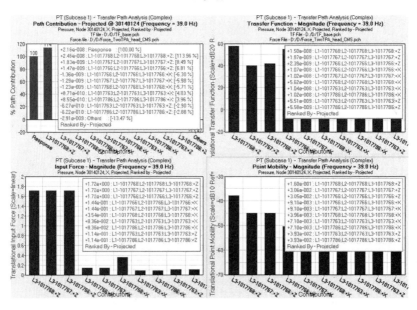

（c）步骤 3

图 10-43　二步法超单元传递路径分析结果

(4) 二步法超单元传递路径与传统结果对比如图 10-44 所示。从结果可以看出,两条曲线基本完全重合,即二步法超单元可在实际中应用。一步法与二步法超单元及传统结果对比如图 10-45 所示,求解时间等对比见表 10-4。

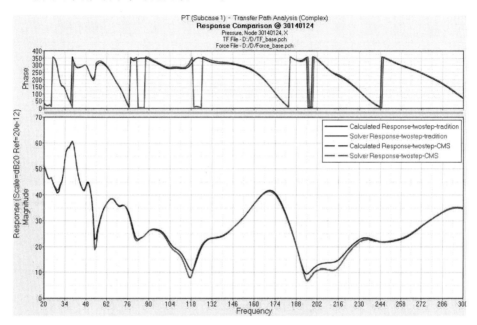

图 10-44 二步法超单元与传统结果对比

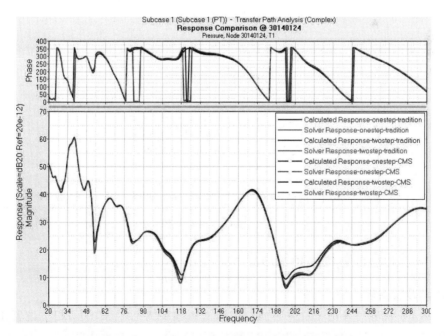

图 10-45 一步法、二步法超单元与传统结果对比

表 10-4   一步法、二步法超单元与传统结果对比（单元数 29.4920 万个）

名　　称	一步法（传统方法）	一步法（超单元方法）	二步法（传统方法）	二步法（超单元方法）
整体计算时间	6min15s		4min59s	3min8s
传递函数计算时间	—	3min42s	2min5s	2min5s
接附点力计算时间	—	—	2min54s	1min3s
超单元计算时间	—	1min42s	—	
计算结果	精度相对高	精度相对高	精度相对略差	精度相对略差
硬盘需求	500GB 以上	200GB	500GB	200GB

10.3   OS 超单元在整车传递路径中实战二

假设某一整车模型由 TB(TrimmedBody) 和底盘（Chassis）模型组成，底盘包括前后悬架及动力总成等，完整模型如图 10-46(a) 所示，其中 TB 模型如图 10-46(b) 所示，底盘模型如图 10-46(c) 所示，在本节中将 TB 模型缩聚成超单元。

(a) 完整模型　　　　(b) 待缩聚的超单元模型　　　(c) 底盘模型（残余模型）

图 10-46   某整车模型

本例分别采用两种传递路径分析方法对动力总成激励下的传递路径进行分析，主要考查驾驶员右耳的噪声水平，其激励点和响应点如图 10-47 所示。

(a) 激励点图示　　　　(b) 响应点图示

图 10-47   激励点与响应点图示

10.3.1   传统方法计算传递路径方法一

1. 参数设置说明

详细的分析设置可参考 10.2 节内容，本节考查频率为 20～300Hz，相关设置如图 10-48 所示，其中 SOL111、CEND 及 ECHO＝NONE 可以不设置，不影响结果。

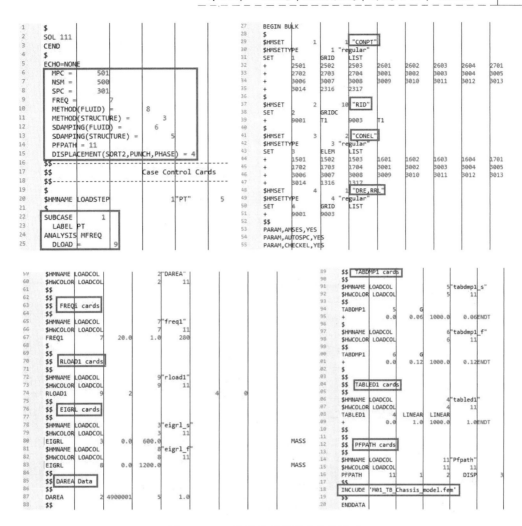

图 10-48　一步法传递路径头文件图示

2. 结果处理

通过分析可以得到传递路径分析结果,进行后处理得到的传递结果如图 10-49 所示。

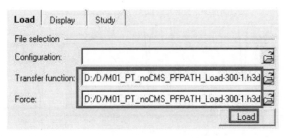

(a) 步骤 1,导入一步法结果

图 10-49　一步法传递路径分析结果图示

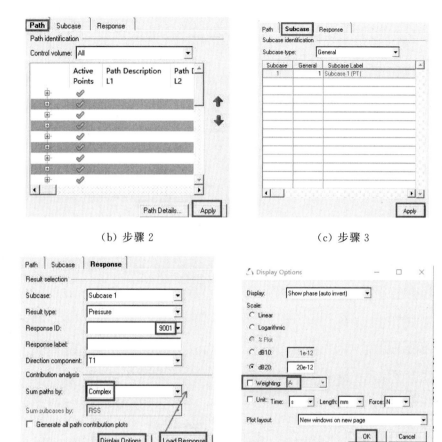

（b）步骤 2　　　　　　　　　　　　（c）步骤 3

（d）步骤 4，对于非整车实际工况，可不勾选计权

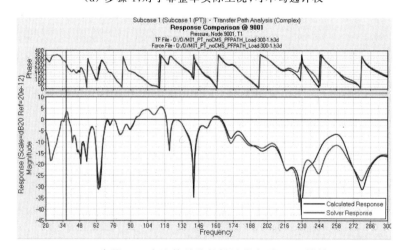

（e）步骤 5，一步法传递路径驾驶员右耳 9001 结果

图 10-49 （续）

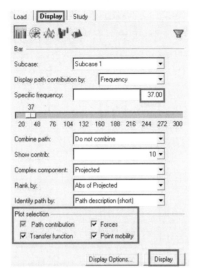

（f）步骤6，显示关注频率下的路径信息

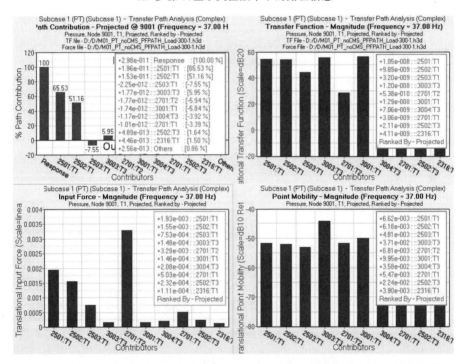

（g）步骤7，一步法传递路径37Hz时的路径贡献量信息，左上图为路径贡献，右上图为接附点传递函数，左下图为接附点力，右下图为接附点动刚度；从图中可以看出，路径主要是由2501T1（左悬置 X 向）和2502T1（右悬置 X 向）贡献，占比分别达到65.53％和51.16％，而从传递函数看基本差别不大；从接附点力看2701T2（左前摆臂 Y 向）较大；从接附点动刚度看3003T3（左后减振器 Z 向）相对较弱

图10-49　（续）

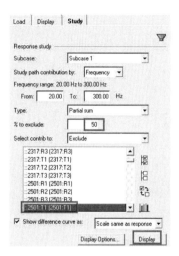

（h）步骤8，2501T1贡献量研究，
降低50％贡献

（i）步骤9，通过降低2501T1路径50％贡献，
37Hz驾驶员右耳降低3.38dB，效果明显

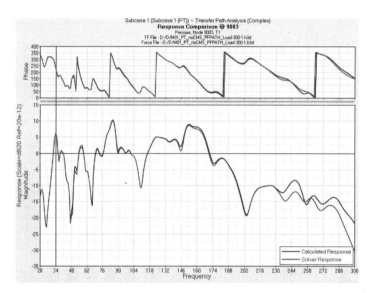

（j）步骤10，右后乘客左耳9003声压结果

图10-49　（续）

10.3.2　传统方法计算传递路径方法二

1. 设置流程

详细的分析设置可参考10.2节内容，本节考查频率为20～300Hz，相关传递函数设置如图10-50所示。

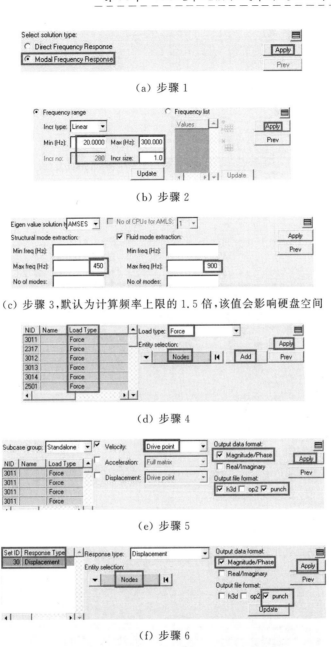

（a）步骤 1

（b）步骤 2

（c）步骤 3，默认为计算频率上限的 1.5 倍，该值会影响硬盘空间

（d）步骤 4

（e）步骤 5

（f）步骤 6

（g）步骤 7

图 10-50　二步法传递函数创建图示

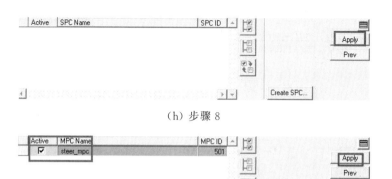

（h）步骤 8

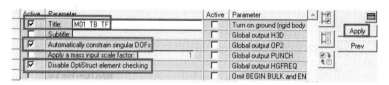

（i）步骤 9，若有 MPC，则一定要勾选

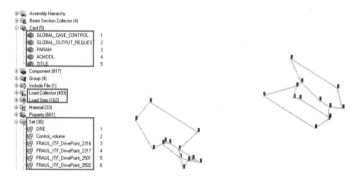

（j）步骤 10

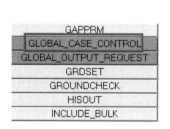

（k）步骤 11，创建完成的模型树，
共有 27×6＝162 个工况

（l）步骤 12，界面接附点载荷

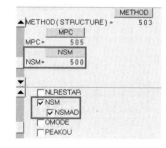

（m）步骤 13，在控制卡片中单独勾选 NSM

图 10-50 （续）

2. 界面接附力设置流程

本节采用头文件方法创建，如图 10-51 所示。

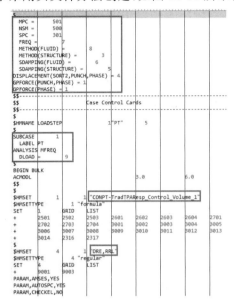

（a）步骤 1，二步法接附力计算头文件

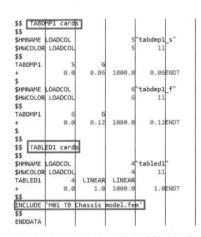

（b）步骤 2，二步法接附点力计算结果

图 10-51　二步法接附点力计算

3. 二步法传递路径计算

详细的分析设置可参考 10.2.1 节内容,如图 10-52 所示。

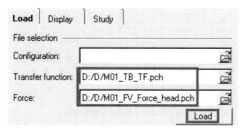

（a）步骤 1

（b）步骤 2　　　　　　　　　　（c）步骤 3

（d）步骤 4

图 10-52　二步法传递路径计算

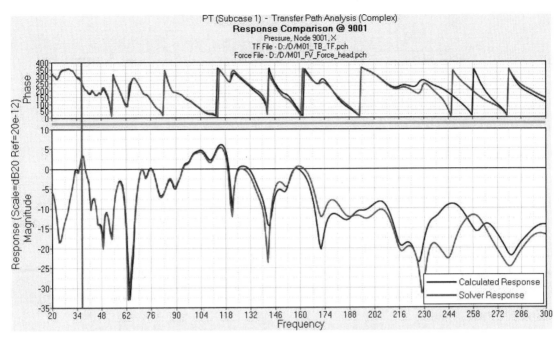

（e）步骤 5，驾驶员右耳 9001 声压结果

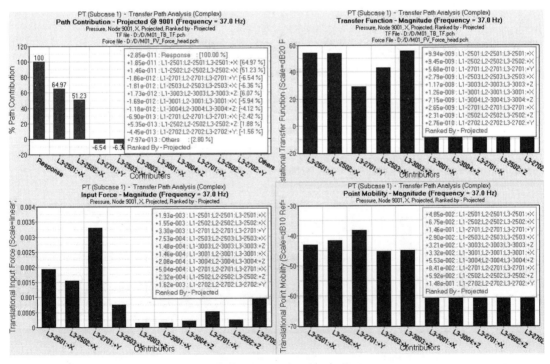

（f）步骤 6，37Hz 下的路径贡献图

图 10-52　（续）

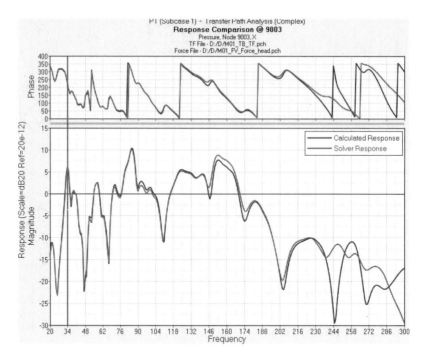

(g) 步骤 7,右后乘客左耳 9003 声压结果

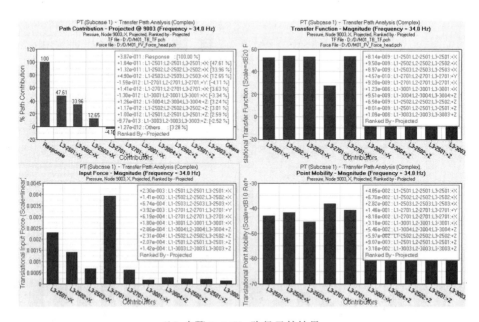

(h) 步骤 8,34Hz 路径贡献结果

图 10-52 （续）

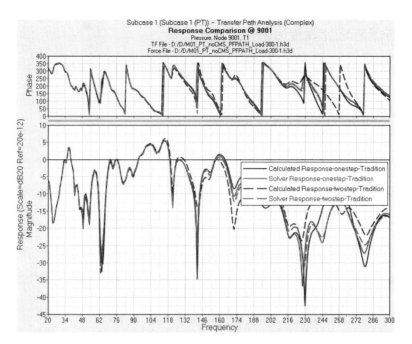

（i）步骤 9，一步法与二步法 9001 声压曲线对比

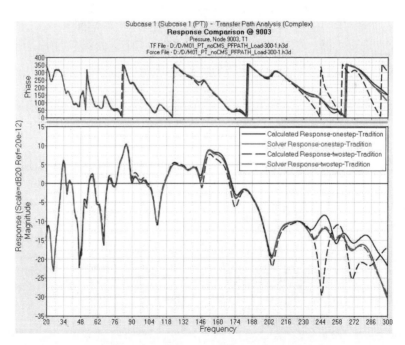

（j）步骤 10，一步法与二步法 9003 声压曲线对比

图 10-52 （续）

10.3.3　超单元方法计算传递路径方法一

本例分别采用两种传递路径分析方法对动力总成激励下的传递路径进行分析,主要考查驾驶员右耳的噪声水平。

1. 设置流程

本节考查频率为 20～300Hz,相关传递函数的设置如图 10-53 所示。

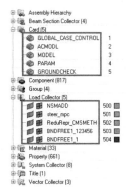

（a）步骤 1,创建完成的超单元模型树

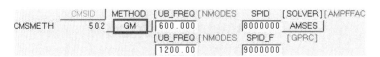

（b）步骤 2,创建超单元缩聚方法

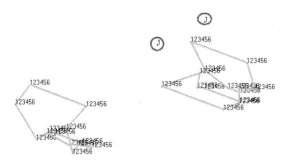

（c）步骤 3,创建界面接附点及响应点自由度

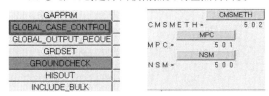

（d）步骤 4,调用超单元关键字

图 10-53　超单元模型创建

2. 一步法超单元传递路径分析

详细的分析设置可参考 10.2.1 节内容,仅需要在传统传递路径头文件中添加超单元调用语句 ASSIGN,H3DDMIG,TB,'M01_TB_CMS.h3d'和将 INCLUDE 中的整车模型替换成底盘(Chassis)模型,其余保持不变,如图 10-54 所示。

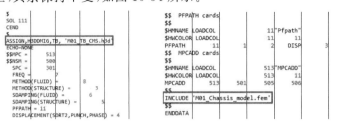

图 10-54 一步法超单元传递路径计算头文件创建

3. 一步法超单元传递路径分析结果

通过分析可以得到一步法超单元传递路径分析结果,如图 10-55 所示。

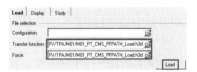

(a)步骤1,导入分析结果

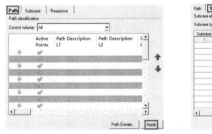

(b)步骤2　　　　　　　　(c)步骤3

(d)步骤4

图 10-55 一步法超单元传递路径计算结果

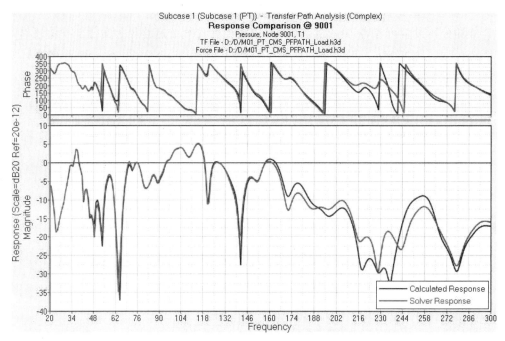

（e）步骤 5，驾驶员右耳 9001 响应结果

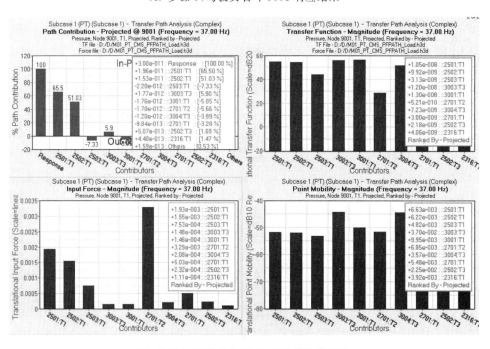

（f）步骤 6，驾驶员右耳 9001 传递路径结果

图 10-55 （续）

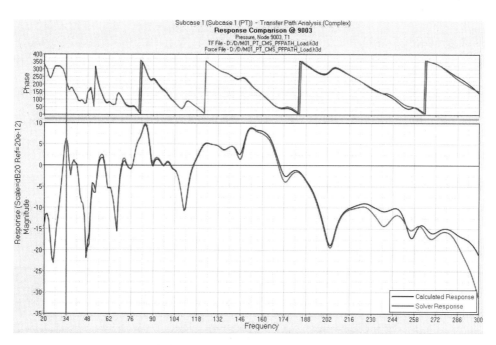

（g）步骤7，右后乘客左耳9003响应结果

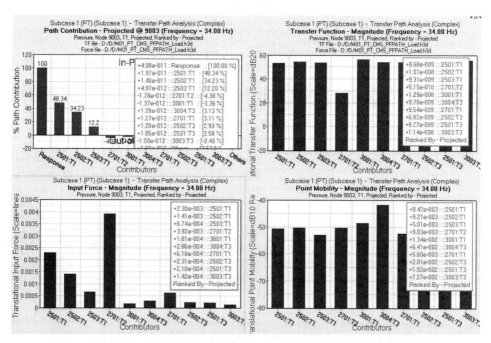

（h）步骤8，右后乘客左耳9003传递路径结果

图 10-55 （续）

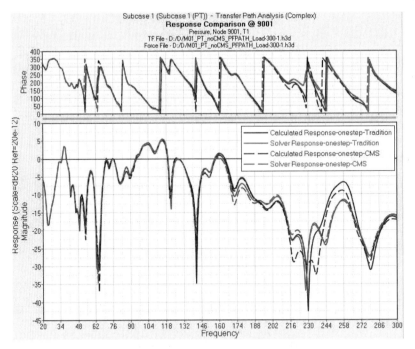

(i) 步骤 9，一步法传统与超单元 9001 结果对比

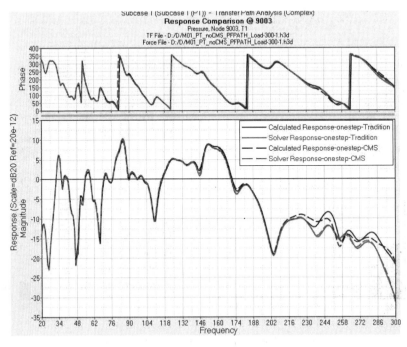

(j) 步骤 10，一步法传统与超单元 9003 结果对比

图 10-55 （续）

10.3.4　超单元方法计算传递路径方法二

1. 设置流程

二步法超单元接附点力详细的分析设置可参考 10.2.1 节内容,传递函数还是采用 TB 模型进行计算,界面接附点力可采用 TB 超单元与底盘模型进行组合计算。接附点力计算头文件仅需要在传统方法头文件中添加超单元调用语句 ASSIGN,H3DDMIG,TB,'M01_TB_CMS.h3d'和将 INCLUDE 中的整车模型替换成底盘(Chassis)模型,其余保持不变,相关设置如图 10-56 所示。

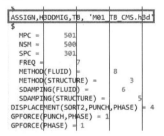
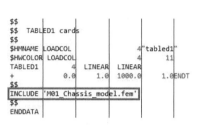

图 10-56　二步法超单元接附点力计算头文件

2. 二步法超单元传递路径分析

详细的分析设置可参考 10.2.1 节内容,具体分析结果如图 10-57 所示。

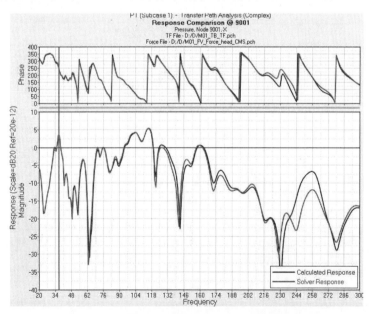

(a) 步骤1,二步法超单元 9001 声压结果

图 10-57　二步法超单元分析结果图

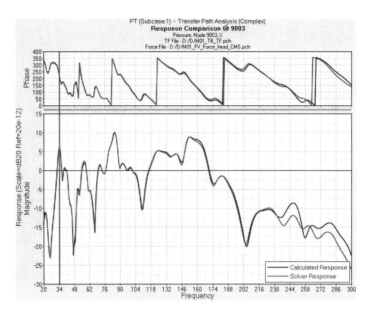

（b）步骤 2，二步法超单元 9003 声压结果

图 10-57　（续）

3. 结果对比

二步法超单元及传统传递路径对比结果如图 10-58 所示，详细的计算参数见表 10-5。

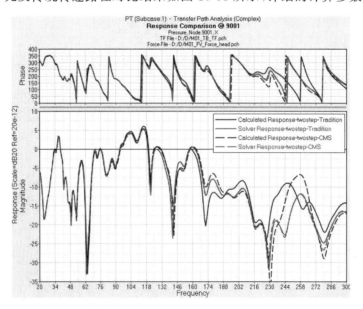

（a）步骤 1，二步法传统与超单元 9001 声压结果

图 10-58　二步法传统与超单元结果对比图

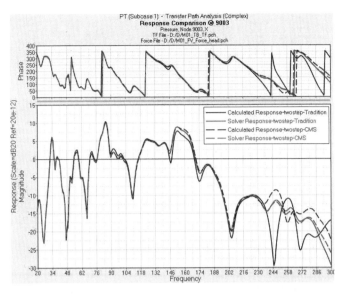

（b）步骤2，二步法传统与超单元9003声压结果

图10-58　（续）

表10-5　一步法、二步法超单元与传统结果对比（单元数157.3662万个）

名　　称	一步法（传统方法）	一步法（超单元方法）	二步法（传统方法）	二步法（超单元方法）
整体计算时间	2h39min56s	51min12s	55min50s	33min11s
传递函数计算时间	—	—	26min01s	26min01s
接附点力计算时间	—	—	29min49s	7min10s
超单元计算时间	—	28min3s	—	—
计算结果	精度相对高	精度相对高	精度相对略差	精度相对略差
硬盘需求	500GB以上	200GB	600GB	300GB

10.4　传递路径在子系统中实战三

10.4.1　背景说明

1. 模型说明

　　传递路径在整车中应用较为广泛，但在子系统中也适用，特别是前期研发过程中，通过进行传递分析可以得到所要关注的区域及关键路径，进而相应地进行优化。

　　某车身与副车架有6个螺栓连接点，需要考查在动力总成单位力矩（曲轴Y向）激励下进行振动传递路径分析，得到哪条路径对驾驶员右后排安装点振动灵敏程度高，分析模型及激励、响应点如图10-59所示。

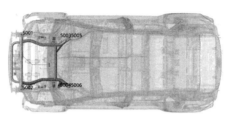

（a）车身与副车架分析模型

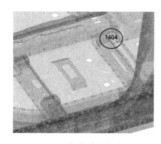

（b）响应点图示

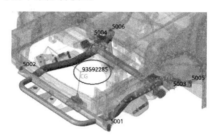

（c）激励点图示

图 10-59　车身与副车架分析模型图

2. 参数说明

在本例中,动力总成采用等效刚体模型进行整车 NVH 分析及优化。通常动力总成一般采用 CONM2＋RBE2 进行模拟,CONM2 需要包括整个动力总成的质量、转动惯量及质心坐标等相关信息,各参数分别见表 10-6。

表 10-6　动力总成各参数说明

动力总成质量及质心参数（整车坐标系）			
质量/kg	x/mm	y/mm	z/mm
60.88	−169.770	39.063	89.913

动力总成转动惯量参数（整车坐标系）						
转动惯量及惯性积	I_{xx}	I_{yy}	I_{zz}	I_{xy}	I_{yz}	I_{zx}
单位（t·mm²）	1235.5	697.3	1332.9	−265.7	46.9	−124

动力总成悬置硬点参数（整车坐标系）		
	X/mm	Y/mm	Z/mm
左悬置	−351.482	−122.501	83.231
右悬置	−191.799	357.786	145.573
后悬置	126.039	42.500	−4.158

动力总成悬置刚度参数（整车坐标系）		
	X/N·mm⁻¹	Y/N·mm⁻¹	Z/N·mm⁻¹
左悬置	74	74	285
右悬置	151	50	151
后悬置	303	98	303

10.4.2　传递路径分析设置

1. 模型调整

在传递路径分析中需要将螺栓 BOLT 单元更改为 CBUSH，CBUSH 的刚度可设置为 1e+8N/mm，如图 10-60 所示。

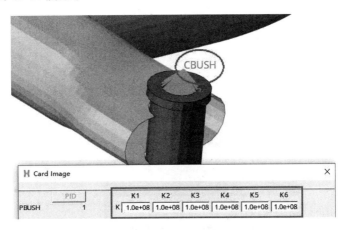

图 10-60　螺栓单元调整图

2. 传递路径分析设置

根据一步法传递路径分析的设置要求，需要设置形成 CONTROLVE 的被动侧节点集 CONPT（6 个 CBUSH 单元车身侧节点），响应点 RID（座椅响应点），连接单元 CONEL（6 个 CBUSH 单元），具体设置如图 10-61 所示。

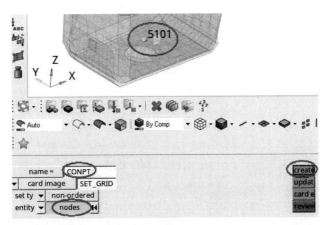

（a）创建车身侧连接点集

图 10-61　传递路径设置流程

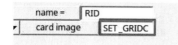

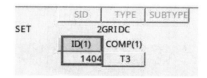

（b）创建响应点

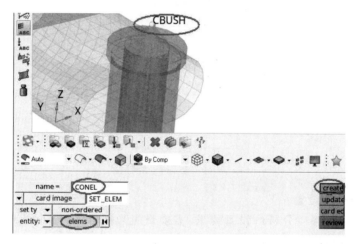

（c）创建连接单元

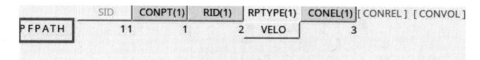

（d）创建 PFPATH 关键字

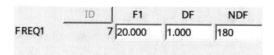

（e）创建扫频频率范围

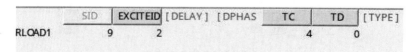

（f）创建动态激励力载荷

图 10-61 （续）

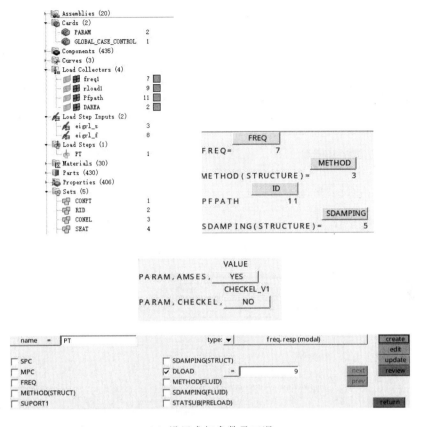

（g）设置求解参数及工况

图 10-61　（续）

10.4.3　传递路径分析结果处理

1. 结果处理流程

对传递路径结果进行处理，详细的操作流程如图 10-62 所示。

　　　（a）步骤 1　　　　　　　　　　　（b）步骤 2

图 10-62　传递路径结果处理流程

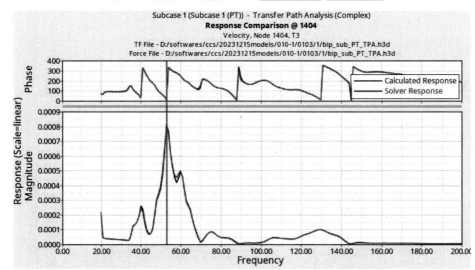

(c) 步骤 3   (d) 步骤 4

(e) 步骤 5

图 10-62 （续）

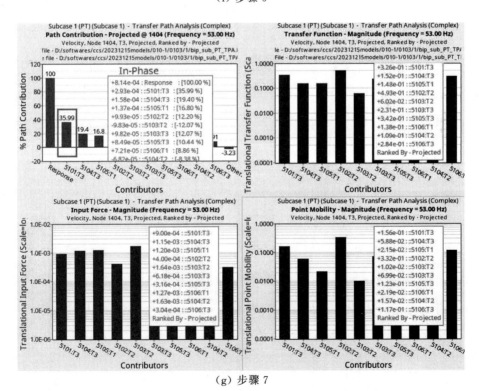

(f) 步骤 6

(g) 步骤 7

图 10-62 （续）

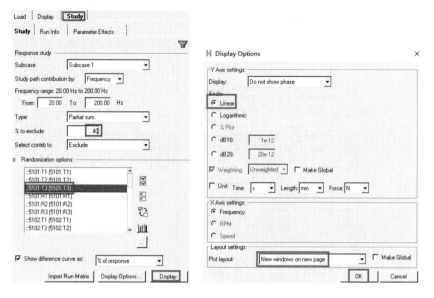

（h）步骤 8

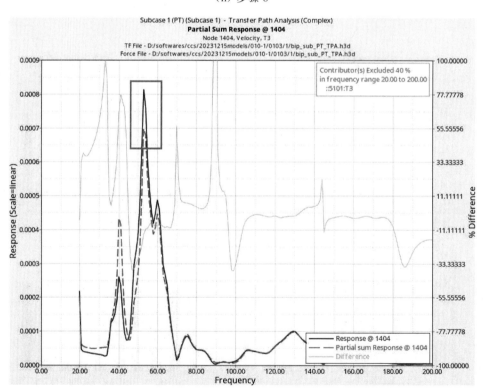

（i）步骤 9

图 10-62 （续）

2. 结果解析

通过以上的传递路径分析,可知在去除 5101:T3 路径 40% 贡献后,53Hz 座椅安装点振动由 0.00081 降至 0.00069,降低 14.81%,进而可根据传递路径分析结果进一步地进行优化及验证等工作。

10.5 汽车 NVH 传递函数实战四

10.5.1 背景说明

1. 模型说明

本节基于某 TB 车身对后悬置接附点的动刚度(IPI)、振动传递函数(VTF)及噪声传递函数(NTF)进行分析,以及如何将 3 个关键传递函数放在同一张图中进行快速查看,以及对优化思路进行讲解;整个分析模型如图 10-63 所示,包括 TB 模型和声腔模型。

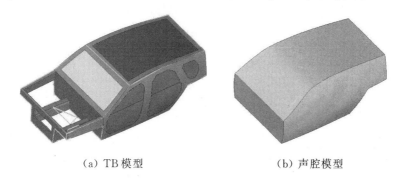

（a）TB 模型　　　　　　　　　　（b）声腔模型

图 10-63　分析模型图

2. 激励点及响应点说明

本节分析模型的激励点为后悬置激励点(编号为 1017768)、振动响应点(编号为 103327)及噪声响应点(编号为 2046377),如图 10-64 所示。

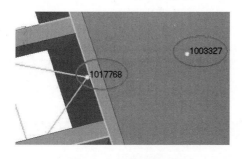

（a）IPI 及 VTF 激励和响应点　　　　　（b）NTF 响应点

图 10-64　接附点及模型图

10.5.2　分析工况设定

1. 创建响应点 SET 集

需要对接附点动刚度、振动传递函数及噪声传递函数进行分析,首先建立相应的 SET 集,即 IPI、VTF 及 NTF 响应点,如图 10-65 所示。

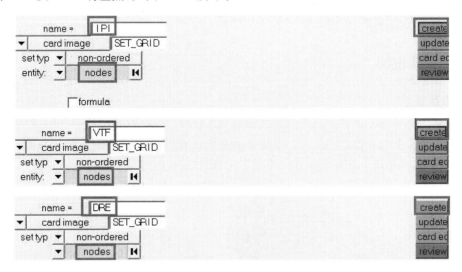

图 10-65　创建 SET 集图

2. 创建分析工况

采用模态频率响应分析方法,需要创建单位激励力 DAREA(在图 10-6(a)中的 rload-x、rload-y 和 rload-z 中)、模态频率 EIGRL、阻尼 TABDMP1、激励频率 FREQ1、动态力曲线 TABLED1 及动态力载荷 RLOAD1 等,如图 10-66 所示。

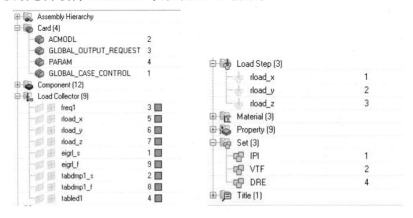

(a) 工况模型树图

图 10-66　创建工况图

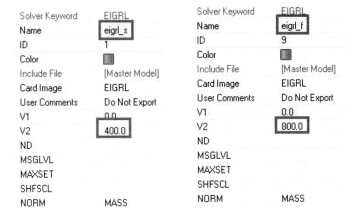

（b）结构及流体采样频率范围

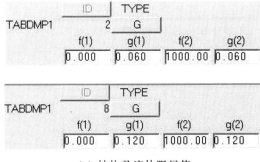

（c）结构及流体阻尼值

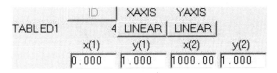

（d）激励力曲线

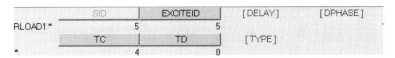

（e）动态激励力

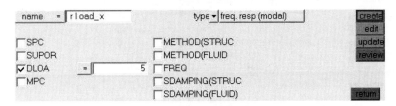

（f）工况设置，亦可采用直接法

图 10-66　（续）

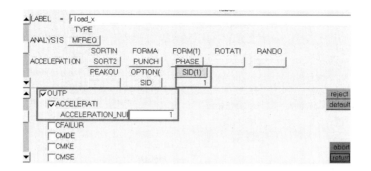

（g）IPI 输出设置

图 10-66　（续）

3. 创建控制参数

创建流固耦合参数 ACMODL（可采用默认参数）、调用各工况共用参数 GLOBAL_CASE_ CONTROL、振动响应点 VTF 及噪声响应点 NTF 等，如图 10-67 所示。

ACMODL	CONTPRM	DMIGMOD
ANALYSIS	DEBUG	DMIGNAME
ASSIGN	DENSITY	DTI_UNITS
B2GG	DENSRES	ECHO
BULK_UNSUPPORTED_CARDS	DESHIS	EIGVNAME
CASE_UNSUPPORTED_CARDS	DESVARG	ELEMQUAL
CHECK	DGLOBAL	FORMAT

	[INTER]	[INFOR]	[FSET]	[SSET]	[NORMAL]		[SHNEPS][DSKNEPS
ACMODL							+
+	[INTOL]		[SRCHUNI [MAXSGRI				

（a）流固耦合参数设置

GAPPRM	INCLUDE_CTRL	M2GG
GLOBAL_CASE_CONTROL	INFILE	MECHCHECK
GLOBAL_OUTPUT_REQUEST	K2GG	MODEL
GRDSET	K2PP	Model Documentation
GROUNDCHECK	K42GG	MODESELECT
HISOUT	LABEL	MSGLMT
INCLUDE_BULK	LOADLIB	OMIT

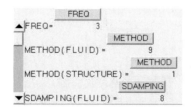

（b）载荷集调用

图 10-67　创建控制参数图

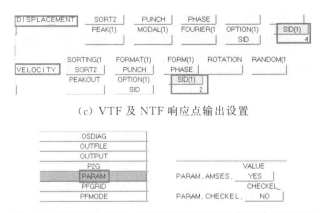

（c）VTF 及 NTF 响应点输出设置

（d）全局参数设置，调用 AMSES 时模态特征值需采用 EIGRA

图 10-67　（续）

10.5.3　分析结果处理

1. 结果处理流程方法 1

将计算结果 PUNCH 文件导入，如查看后悬置点的 Y 向动刚度，动刚度通常看哪个方向激励就看其相对应的结果（该方向为主）；通常将 3 个结果分别存放在 3 张图表中，第 1 张为接附点动刚度曲线（IPI 结果）、第 2 张为声压曲线（NTF 结果）、第 3 张为 Z 向振动曲线（VTF 结果）。对于声压曲线纵坐标可通过以下方式转换成 dB 格式，在 dB20 中输入 2e-11 即可，如图 10-68 所示。

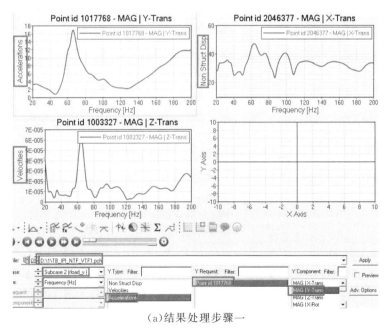

（a）结果处理步骤一

图 10-68　结果分别导入图

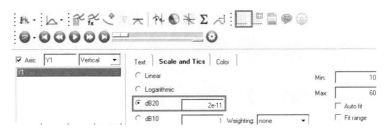

（b）结果处理步骤二

图 10-68 （续）

2. 结果处理流程方法 2

在图 10-68 中采用 3 张图分别导入 3 条曲线,此时查看 3 个结果的关联程度不是很方便,可将 3 条曲线放入同一张图中对比查看,具体流程如图 10-69 所示。

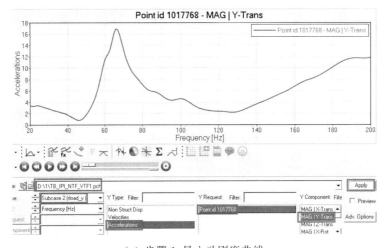

（a）步骤 1,导入动刚度曲线

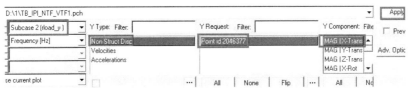

（b）步骤 2,导入声压曲线

（c）步骤 3,导入振动曲线

图 10-69 3 条曲线同图显示操作流程

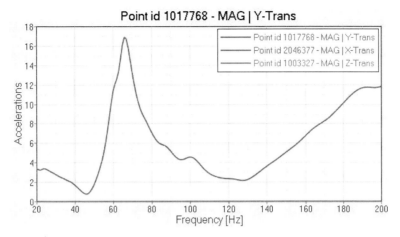

（d）步骤 4，默认情况下 3 条曲线显示状态

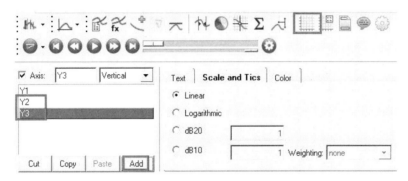

（e）步骤 5，增加 3 个纵坐标

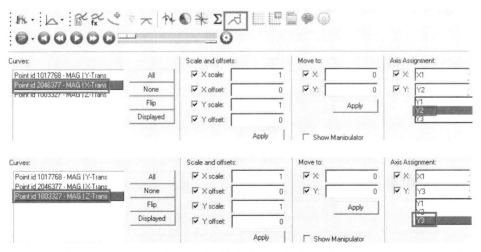

（f）步骤 6，分别指定声压及振动纵坐标

图 10-69　（续）

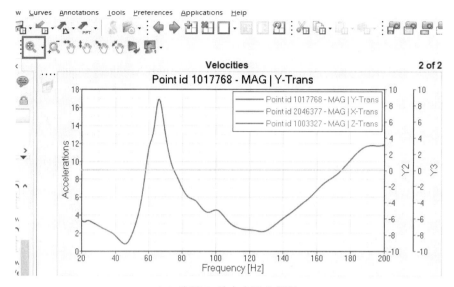

（g）步骤7，单击自适应图标

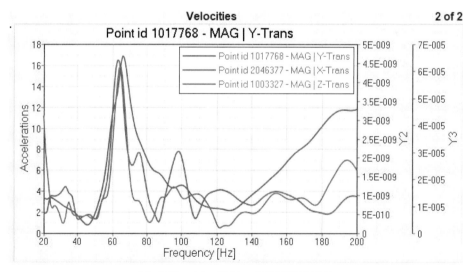

（h）步骤8，同一张图3条曲线默认显示

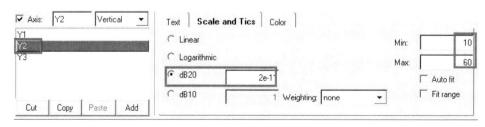

（i）步骤9，将声压曲线转换为dB格式

图10-69　（续）

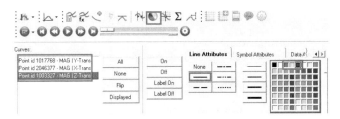

(j) 步骤 10,修改 3 条曲线的颜色(红、绿、蓝)

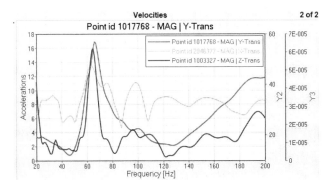

(k) 步骤 11,修改后显示的 3 条曲线

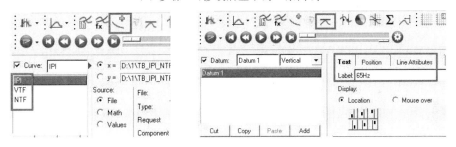

(l) 步骤 12,修改曲线名字(可选)及添加峰值频率

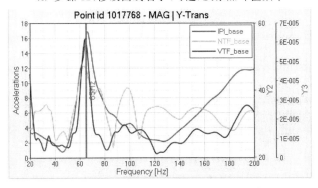

(m) 步骤 13,最终 3 条曲线的显示结果

图 10-69　(续)

3. 结果分析

从图 10-69 的结果中可能看出,声压在 65Hz 有明显峰值,并且动刚度及振动均在此频率有峰值,进一步说明该频率是共有的,需要进一步优化,即优化动刚度结果来改善声压及振动结果。

10.5.4 NTF 优化

1. 优化思路

从声压结果中可以看出在 65Hz 有明显的峰值,并且动刚度也有峰值,即该频率峰值可能与接附点动刚度关联较大,首先优化动刚度。动刚度优化思路主要通过分析该点 Y 向的应变能进而进行相应优化。应变能分析可能施加单位力,以及约束门槛梁前后侧(亦可采用惯性释放方法),具体设置如图 10-70 所示。

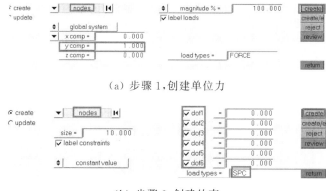

（a）步骤 1,创建单位力

（b）步骤 2,创建约束

（c）步骤 3,创建后分析模型图

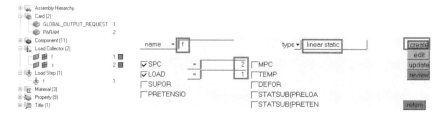

（d）步骤 4,创建静力分析工况

图 10-70　静力工况操作流程

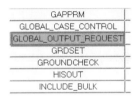
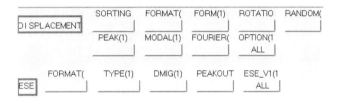

（e）步骤5，创建位移及应变能输出

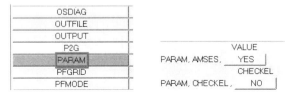

（f）步骤6，创建全局控制参数

图10-70　（续）

2. 应变能结果

将分析完成的单位力静力结果导入，同时选择应变能选项，从结果可以看出，该点Y向应变能较大，即此处的局部刚度较弱，如图10-71所示。

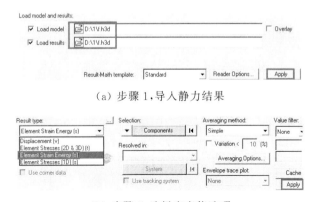

（a）步骤1，导入静力结果

（b）步骤2，选择应变能选项

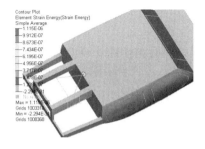

（c）步骤3，应变能结果

图10-71　静力应变能结果查看流程

3. 优化方案

根据单位力应变能结果,由于该点局部刚度较弱,所以采用以下优化方案,即在后悬置处增加斜撑,以增加 Y 向刚度,如图 10-72 所示。

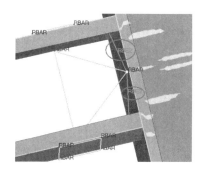

图 10-72　优化方案图

4. 优化结果

(1) 对优化后的模型进行分析,得到的结果如图 10-73 所示,根据单位力应变能结果,由于该点局部刚度较弱,所以采用以下优化方案,即在后悬置处增加斜撑,以增加 Y 向刚度,如图 10-73 所示。采用同样的方法得到同一张图优化后的曲线,同时将优化后的曲线改为虚线。

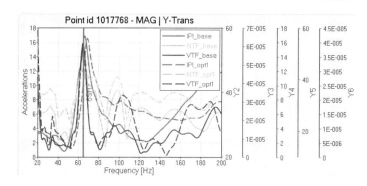

图 10-73　整体优化结果对比图

(2) 可根据需要单独显示各个结果,如只看动刚度优化前后对比结果,如图 10-74 所示,从图 10-74(a)中可以看出,优化后在 65Hz 下动刚度曲线下降,即该频率下动刚度有提升;各个结果汇总见表 10-7,从表中可以看出优化后动刚度响应降低 24.42%,声压降低 8.23%,振动降低 38.26%,改善效果明显。

表 10-7　65Hz 优化前后结果对比

名　　称	优 化 前	优 化 后	比　　例
动刚度峰值	16.887	12.7631	−24.42%
声压峰值	47.1936	43.3102	−8.23%
振动峰值	6.17246e-5	3.81097e-5	−38.26%

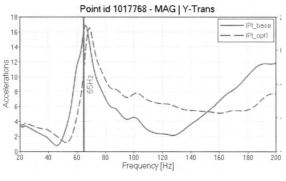

（a）动刚度优化前后对比图

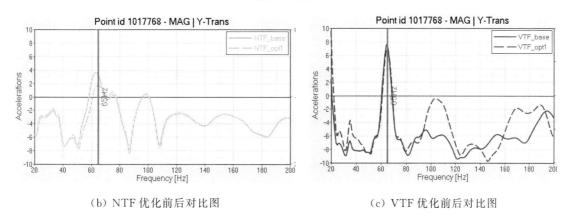

（b）NTF优化前后对比图　　　　　　　　（c）VTF优化前后对比图

图10-74　优化结果对比图

10.6　小结

　　本章基于某整车模型，采用两种传递路径分析方法，同时采用3种方法创建TB超单元，再进行传递路径分析；通过对比超单元与传统方法的传递路径分析结果，可以发现超单元在整车传递路径分析中明显缩短计算时间，并且计算精度与传统方法一致，并通过两个实战模型对超单元传递路径进行分析，超单元对解决此类问题提供了极大便利，该方法适用解决所有此类问题。

附录 A 中英文对照表

CAE：Computer Aided Engineering，计算辅助工程

Benchmark：竞品

TB：Trimmed Body，内饰车身

Chassis：底盘

OS：Optistruct，简化

O-SET：超单元内部自由度

A-SET：超单元外部自由度

GUYAN：人名，超单元静力缩减方法

CC：Craig-Chang Method，CC 超单元方法

CB：Craig-Bampton Method，CB 超单元方法

CBN：Craig Bampton Nodal Method，CBN 超单元方法

GM：General Method(Metrics)，通用方法(矩阵)

CMS：Component Mode Synthesis，部件模态综合法

CDS：Component Dynamic Synthesis，部件动态综合法

DMIG：Direct Matrix Input at Grid points，直接矩阵输入法

ASET/ASET1：Analysis SET(1)，分析节点集

BNDFIX(1)：固定边界

BNDFREE(a)：自由边界

AMSES：Automated Multi-level Sub-structuring Eigenvalue Solution Method，自动多块子结构特征值求解方法

RMS：Root Mean Square，均方根值

PSD：Power Spectrum Density，功率谱密度

PSDF：Power Spectrum Density Function，功率谱密度函数

APSD：Acceleration Power Spectral Density，加速度功率谱密度

VPSD：Velocity Power Spectral Density，速度功率谱密度

DPSD：Displacement Power Spectral Density，位移功率谱密度

Normal Distribution：正态分布

Gaussian Distribution：高斯分布

PPD：Peak-to-Peak Displacement，峰-峰位移

G：Gravity Acceleration，重力加速度

Random Response：随机响应

EFFMASS：有效质量

Modal Participation Factors：模态参与因子

Modal Participation Factor Ratio：模态参与因子比率

Modal Effective Mass：模态有效质量

Modal FRF：模态频率响应函数

FRF：Frequency Response Function，频率响应函数

Substructural Method：子结构方法

Submodel Method：子模型方法

L、Z：Lsdyna 界面数据传递关键字

d3iff：Lsdyna 界面数据格式

SEGMENT：Lsdyna 接触段

NODESET：节点集

ε_e：Engineering Strain，工程应变

ε_t：True Strain，真实应变

ε_p：Plastic Strain，塑性应变

ε_f：Failure Strain，失效应变

$\dot{\varepsilon}$：Engineering Strain Rate，工程应变率

$\dot{\varepsilon}_t$：True Strain Rate，真实应变率

$\dot{\varepsilon}_p$：Plastic Strain Rate，塑性应变率

$\Delta\varepsilon_p$：真实的等效塑性应变增量

σ_e：Engineering Stress，工程应力

σ_t：True Stress，真实应力

σ^*：因损伤减弱后的应力

σ_m：Mean Stress，平均应力

σ_{mises}：等效应力

P：静水压力

Principal stress：主应力

HAZ：Heat Affected Zone，热影响区

Stress Triaxiality：应力三轴度

D：Damage 的简写，损伤

ΔD：累积损伤增量

$\dot{D}$：损伤变化率

D_{crit}：当材料不稳定因子 F＝1 时对应的损伤值

n：损伤累积指数

m：应力衰减指数

F：材料稳定性变量（因子）

ΔF：稳定性变量增量

PCOMP、PCOMPP、PCOMG：复合材料铺层方法

Engineering Constants：工程常数

Negative Volume：负体积

Hourglass：沙漏

ENCAP：欧盟新车安全评鉴协会

MNF：Model Neutral File，模型中性文件

IPI：Input Point Inertance，输入点惯量（导纳），也称为动刚度

VTF：Vibration Transfer Function，振动传递函数

NTF：Noise Transfer Function，噪声传递函数

TPA：Transfer Path Analysis，传递路径分析

POLTEL：显示单元

参 考 文 献

[1]　成传胜. 汽车 NVH 一本通：建模、优化与应用[M]. 北京：机械工业出版社，2023.
[2]　庞剑. 汽车车身噪声与振动控制[M]. 北京：机械工业出版社，2015.
[3]　陈魁. 试验设计与分析[M]. 北京：清华大学出版社，2007.
[4]　余志生. 汽车理论[M]. 北京：机械工业出版社，2009.
[5]　刘勇，陈斌，罗峰. Optistruct 结构分析与工程应用[M]. 北京：机械工业出版社，2021.

图书推荐

书　　名	作　　者
数字 IC 设计入门（微课视频版）	白栎旸
ARM MCU 嵌入式开发——基于国产 GD32F10x 芯片（微课视频版）	高延增、魏辉、侯跃恩
华为 HCIA 路由与交换技术实战（第 2 版·微课视频版）	江礼教
华为 HCIP 路由与交换技术实战	江礼教
AI 芯片开发核心技术详解	吴建明、吴一昊
鲲鹏架构入门与实战	张磊
5G 网络规划与工程实践（微课视频版）	许景渊
5G 核心网原理与实践	易飞、何宇、刘子琦
移动 GIS 开发与应用——基于 ArcGIS Maps SDK for Kotlin	董昱
数字电路设计与验证快速入门——Verilog＋SystemVerilog	马骁
UVM 芯片验证技术案例集	马骁
LiteOS 轻量级物联网操作系统实战（微课视频版）	魏杰
openEuler 操作系统管理入门	陈争艳、刘安战、贾玉祥 等
OpenHarmony 开发与实践——基于瑞芯微 RK2206 开发板	陈鲤文、陈婧、叶伟华
OpenHarmony 轻量系统从入门到精通 50 例	戈帅
自动驾驶规划理论与实践——Lattice 算法详解（微课视频版）	樊胜利、卢盛荣
物联网——嵌入式开发实战	连志安
边缘计算	方娟、陆帅冰
巧学易用单片机——从零基础入门到项目实战	王良升
Altium Designer 20 PCB 设计实战（视频微课版）	白军杰
ANSYS Workbench 结构有限元分析详解	汤晖
Octave GUI 开发实战	于红博
Octave AR 应用实战	于红博
AR Foundation 增强现实开发实战（ARKit 版）	汪祥春
AR Foundation 增强现实开发实战（ARCore 版）	汪祥春
SOLIDWORKS 高级曲面设计方法与案例解析（微课视频版）	赵勇成、毕晓东、邵为龙
CATIA V5-6 R2019 快速入门与深入实战（微课视频版）	邵为龙

书　名	作　者
SOLIDWORKS 2023 快速入门与深入实战(微课视频版)	赵勇成、邵为龙
Creo 8.0 快速入门教程(微课视频版)	邵为龙
UG NX 2206 快速入门与深入实战(微课视频版)	毕晓东、邵为龙
UG NX 快速入门教程(微课视频版)	邵为龙
HoloLens 2 开发入门精要——基于 Unity 和 MRTK	汪祥春
数据分析实战——90 个精彩案例带你快速入门	汝思恒
从数据科学看懂数字化转型——数据如何改变世界	刘通
Java+OpenCV 高效入门	姚利民
Java+OpenCV 案例佳作选	姚利民
R 语言数据处理及可视化分析	杨德春
Python 应用轻松入门	赵会军
Python 概率统计	李爽
前端工程化——体系架构与基础建设(微课视频版)	李恒谦
LangChain 与新时代生产力——AI 应用开发之路	陆梦阳、朱剑、孙罗庚 等
仓颉语言实战(微课视频版)	张磊
仓颉语言核心编程——入门、进阶与实战	徐礼文
仓颉语言程序设计	董昱
仓颉程序设计语言	刘安战
仓颉语言元编程	张磊
仓颉语言极速入门——UI 全场景实战	张云波
HarmonyOS 移动应用开发(ArkTS 版)	刘安战、余雨萍、陈争艳 等
公有云安全实践(AWS 版·微课视频版)	陈涛、陈庭暄
Vue+Spring Boot 前后端分离开发实战(第 2 版·微课视频版)	贾志杰
TypeScript 框架开发实践(微课视频版)	曾振中
精讲 MySQL 复杂查询	张方兴
Kubernetes API Server 源码分析与扩展开发(微课视频版)	张海龙
编译器之旅——打造自己的编程语言(微课视频版)	于东亮
Spring Boot+Vue.js+uni-app 全栈开发	夏运虎、姚晓峰
Selenium 3 自动化测试——从 Python 基础到框架封装实战(微课视频版)	栗任龙

书　　名	作　者
Unity 编辑器开发与拓展	张寿昆
跟我一起学 uni-app——从零基础到项目上线(微课视频版)	陈斯佳
Python Streamlit 从入门到实战——快速构建机器学习和数据科学 Web 应用(微课视频版)	王鑫
Java 项目实战——深入理解大型互联网企业通用技术(基础篇)	廖志伟
Java 项目实战——深入理解大型互联网企业通用技术(进阶篇)	廖志伟
HuggingFace 自然语言处理详解——基于 BERT 中文模型的任务实战	李福林
动手学推荐系统——基于 PyTorch 的算法实现(微课视频版)	於方仁
轻松学数字图像处理——基于 Python 语言和 NumPy 库(微课视频版)	侯伟、马燕芹
自然语言处理——基于深度学习的理论和实践(微课视频版)	杨华 等
Diffusion AI 绘图模型构造与训练实战	李福林
图像识别——深度学习模型理论与实战	于浩文
深度学习——从零基础快速入门到项目实践	文青山
AI 驱动下的量化策略构建(微课视频版)	江建武、季枫、梁举
编程改变生活——用 Python 提升你的能力(基础篇・微课视频版)	邢世通
编程改变生活——用 Python 提升你的能力(进阶篇・微课视频版)	邢世通
编程改变生活——用 PySide6/PyQt6 创建 GUI 程序(基础篇・微课视频版)	邢世通
编程改变生活——用 PySide6/PyQt6 创建 GUI 程序(进阶篇・微课视频版)	邢世通
Python 语言实训教程(微课视频版)	董运成 等
Python 量化交易实战——使用 vn.py 构建交易系统	欧阳鹏程
Android Runtime 源码解析	史宁宁
恶意代码逆向分析基础详解	刘晓阳
网络攻防中的匿名链路设计与实现	杨昌家
深度探索 Go 语言——对象模型与 runtime 的原理、特性及应用	封幼林
深入理解 Go 语言	刘丹冰
Spring Boot 3.0 开发实战	李西明、陈立为